"十三五"国家重点图书出版规划项目
2017年主题出版重点出版物

复兴之路
中国改革开放40年回顾与展望丛书

构建开放型经济新体制
中国对外开放40年

隆国强 ◎ 主编

图书在版编目（CIP）数据

构建开放型经济新体制：中国对外开放40年/隆国强主编.
—广州：广东经济出版社，2017.9（2018.5重印）
ISBN 978-7-5454-5812-1

Ⅰ.①构… Ⅱ.①隆… Ⅲ.①改革开放-研究-中国 Ⅳ.①D61

中国版本图书馆CIP数据核字（2017）第237692号

出 版 人：姚丹林
责任编辑：张晓兰　刘健华
责任技编：许伟斌

Goujian Kaifangxing Jingji Xintizhi
Zhongguo Duiwai Kaifang 40 Nian

出版发行	广东经济出版社（广州市环市东路水荫路11号11~12楼）
经销	全国新华书店
印刷	中华商务联合印刷（广东）有限公司 （深圳市龙岗区平湖镇春湖工业区中商大厦）
开本	787毫米×1092毫米　1/16
印张	26.75　2插页
字数	419 000字
版次	2017年9月第1版
印次	2018年5月第3次
书号	ISBN 978-7-5454-5812-1
定价	68.00元

如发现印装质量问题，影响阅读，请与承印厂联系调换。
发行部地址：广州市环市东路水荫路11号11楼
电话：（020）38306055　37601950　邮政编码：510075
邮购地址：广州市环市东路水荫路11号11楼
电话：（020）37601980　营销网址：http://www.gebook.com
广东经济出版社新浪官方微博：http://e.weibo.com/gebook
广东经济出版社常年法律顾问：何剑桥律师
·版权所有　翻印必究·

复兴之路——中国改革开放 40 年回顾与展望丛书

编委会
EDITORIAL BOARD

编委会主任
魏礼群

编委会副主任
张卓元　迟福林

编委
（按姓氏汉语拼音排序）

蔡　武　曹远征　常修泽
迟福林　贾　康　李晓西
隆国强　宋洪远　宋晓梧
王　珺　魏礼群　张卓元
郑新立

总 序
PREFACE

坚定不移推进改革开放 实现中华民族伟大复兴

实现中华民族伟大复兴，是中华民族近代以来最伟大的梦想。这个梦想，凝聚了几代中国人的夙愿，体现了中华民族和中国人民的整体利益，是每一个中华儿女的共同期盼。为了实现中华民族伟大复兴的中国梦，中国共产党人进行了长期不懈的奋斗和极为艰辛的探索。经过深刻总结历史经验，科学认识中国国情，顺应时代发展潮流，终于找到了一条正确道路。这条道路，就是中国特色社会主义道路，而改革开放则是中国特色社会主义道路最鲜明的特征。

1978年底，中国共产党召开具有重大历史意义的十一届三中全会，开启了改革开放的伟大征程。改革开放是我们党在新的时代条件下带领人民进行的新的伟大革命，目的就是要解放和发展生产力，加快推进国家现代化；就是要推动我国社会主义制度的自我完善和发展，赋予社会主义新的生机活力；就是要在坚持和发展中国特色社会主义的伟大事业中，实现国家富强、人民幸福、民族振兴。回顾改革开放的历史进程，我们党和人民锐意推进改革，从农村到城市、从经济领域到其他各个领域，成功实现了从高度集中的计划经济体制到充满活力的社会主义市场经济体制的伟大历史性转变；我们不断扩大对外开放，从建立经济特区到开放沿海、沿江、沿边、内陆地区，再到加入世界贸易组织、主动参与经济全球化和提出"一带一路"倡议，从大规模"引进来"到大踏步"走出去"，成功实现了从封闭半封闭到全方位开放的伟大历史性转变。我们在深化经济体制改革的同时，不断深化政治体制、行政体制、文化体制、社会体制、生态文明体制改革和党的建设制度改革，在推进国家治理体系和治理能力现代化方面不断迈出新的步伐。

改革开放以来，我国经济社会发展创造了人类史上的伟大奇迹，经济总量连续跃上几个大台阶，综合国力大幅提升，全国人民总体上过上小康生活，城乡面貌焕然一新。同时，我国政治建设、文化建设、社会建设、生态文明建设等各领域各方面都取得了举世公认的巨大成就，中国的国际地位越来越高，影响力越来越大。现在，我们比历史上任何时期都更接近中华民族伟大复兴的目标。实践充分证明，改革开放是当代中国一切发展进步的动力之源，是全国人民大踏步赶上时代潮流的重要法宝，是坚持和发展中国特色社会主义的必由之路，是实现国家现代化和中华民族伟大复兴中国梦的关键抉择。

习近平总书记指出："改革开放只有进行时，没有完成时。没有改革开放，就没有中国的今天，也就没有中国的明天。"这是对我国改革开放以来走过道路的深刻总结，也是实现未来更加美好目标的根本遵循。无论过去、现在和将来，坚持和发展中国特色社会主义都必须坚定不移地依靠改革开放。具有重大历史意义的中国共产党第十九次全国代表大会即将隆重召开，这是在全面建成小康社会决胜阶段召开的一次十分重要的大会。当前，我国不仅处于全面建成小康社会、实现第一个百年奋斗目标的决胜阶段，还处于为实现第二个百年奋斗目标，即建成社会主义现代化强国奠定基础的关键时期。我们必须按照习近平总书记治国理政新理念新思想新战略，在已经取得历史性成就的基础上，不忘初心，继往开来，坚定不移地推进改革开放的伟大事业，为我国未来发展开辟更为广阔的前景，继续沿着中华民族伟大复兴的康庄大道奋勇前进。

2018年，我国将迎来改革开放40周年。为此，广东经济出版社、中国（海南）改革发展研究院联袂策划并组织出版"复兴之路——中国改革开放40年回顾与展望丛书"，献礼党的十九大，献礼我国改革开放40周年。这套丛书共13本，分别针对行政体制改革、计划投资体制改革、现代市场体系建设、所有制结构改革、农村改革、财税体制改革、金融体制改革、对外开放、社会体制改革、文化体制改革、环保体制改革等重点领域，从不同角度客观记录我国改革开放40年的历史进程，并展望改革开放的未来趋势。

这套丛书的主编和作者大多是相关领域知名的专家学者，也是我国改革开放的亲历者、见证者，这套丛书集结了他们长期亲历和研究我国改革开放的重要成果，凝聚了他们对改革开放伟大事业的一腔热情。广东经济出版社对这套丛书的出版给予了全力支持；作为以直谏中国改革为己任的改革智库，中国（海南）改革发展研究院为此书的策划、出版作出了重要贡献。作为编委会主任，我对为这套丛书付出艰辛努力的各位编委会成员、作者，对出版社的领导、编辑表示由衷的感谢！

这套丛书跨越多个领域，力图客观地反映改革开放伟大历程中的理论探索与实践经验，意义重大且任务艰巨，难免有不足之处，欢迎读者批评指正。

魏礼群

2017年7月

目 录

第一章　中国对外开放的回顾与展望 /1
　　第一节　中国对外开放的历程 /1
　　第二节　中国对外开放的经验 /20
　　第三节　中国对外开放的展望 /24

第二章　货物贸易领域的开放发展 /33
　　第一节　"入世"前外贸体制市场化改革不断释放外贸企业活力 /34
　　第二节　"入世"后货物贸易领域对外开放达到前所未有的高度 /42
　　第三节　40年改革开放在货物贸易领域中成绩显著 /54
　　第四节　中国货物贸易的未来 /64

第三章　服务贸易 /73
　　第一节　世界服务贸易：发展历程、动因与未来走势 /74
　　第二节　中国服务业的开放与发展 /84
　　第三节　中国服务贸易政策体系 /88
　　第四节　中国服务贸易发展现状 /97
　　第五节　中国服务贸易的未来 /104

第四章　中国利用外资 /112
　　第一节　中国引进外资的规模增长与结构特征 /112

第二节 中国引进外资的成效与问题 /127
第三节 中国引进外资面临的新形势与新任务 /143

第五章 中国对外投资 /159
第一节 中国对外投资的规模增长与结构变化 /159
第二节 中国对外直接投资的成效与展望 /177

第六章 金融领域的对外开放 /192
第一节 金融业市场准入的对外开放 /193
第二节 中国金融机构国际化 /204
第三节 跨境资金流动开放 /211
第四节 人民币国际化 /228
第五节 金融业对外开放的未来 /236

第七章 对外开放的区域推进 /244
第一节 重点突破：设立经济特区 /245
第二节 从点到线：开放沿海经济带 /254
第三节 从线到面：形成全方位对外开放格局 /262
第四节 总结与展望 /272

第八章 特殊经济区 /283
第一节 国家级经济技术开发区 /284
第二节 其他特殊经济区 /295
第三节 自由贸易试验区 /305

第九章 中国制度性开放：深度融入全球经济 /324
第一节 加入世界贸易组织：打开中国对外开放新篇章 /326

第二节 实施自贸区战略：加快融入区域经济一体化 /340

第三节 推进"一带一路"建设：引领对外开放新格局 /356

第四节 参与全球经济治理：提升国际影响力和制度性话语权 /367

第五节 开展先行先试探索：以主动开放，迎接高水平国际竞争 /376

第六节 对外开放面临前所未有的新形势、新挑战 /381

第七节 新形势下对外开放的战略选择 /396

参考文献 /413

后记 /416

第一章
中国对外开放的回顾与展望

20世纪70年代末,中国打开了封闭多年的国门,开启了不断融入经济全球化浪潮的历史进程。经过近40年不断扩大开放,中国从经济全球化的旁观者变身为经济全球化的参与者、贡献者和受益者。

第一节
中国对外开放的历程

中国的对外开放采取的是渐进式推进的战略,经历了从试水到自觉的历程。在不同的阶段,中国决策者审时度势,深入分析经济全球化带来的机遇与挑战,不断调整开放战略,持续推进扩大开放,扬长避短,趋利避害。

一、对外开放的启动阶段(1978—1991年)

第二次世界大战结束后,国际政治经济格局分化,出现了以美国为首的西方阵营和以苏联为首的社会主义阵营。在西方国家主导的地区,经济全球化逐渐深化。东亚地区,以日本为首、亚洲"四小龙"追随,采取出口导向战略。拉美一些国家则采取了进口替代发展战略。到20世纪七八十年代,拉美国家采取进口替代战略的经济体在经历了早期的快速增长后,遭遇了发展瓶颈,陷入了中等收入陷阱。东亚地区的出口导向发展模式取得了成功,随着这些经济体人均收入水平的提高,其劳动密集型出口导向产业开始向更低成本的经济体转移。东亚地区劳动密集型出口导向产业跨境转移,为后起经济体通过承接产业转移发展有国际竞争力的劳动密集型产业提供了难得的机遇。

中华人民共和国成立后，作为社会主义阵营的一个重要成员，我国与苏联等社会主义国家开展贸易与经济合作。但是，20世纪50年代末中苏关系破裂后，中国被迫陷入两大阵营的夹缝中。中国采取进口替代的发展战略，借助计划经济体制，独立自主推进工业化进程。经过几十年的发展，中国形成了一套保护发展的模式及相应的体制。1979年，中美正式建立外交关系，中国与以美国为首的西方国家的关系迅速改善，这为中国对外开放提供了可能。但是，从长期的封闭式发展转向对外开放，需要突破思想认识、体制机制和既得利益等多方面的束缚，因此，早期的对外开放是一种自我突围。

第一，对外开放理念的形成。

从封闭发展转向开放发展，首先要突破长期形成的思想认识的藩篱。社会主义国家在建设过程中，是否应该和发达资本主义国家开展经济交流，学习先进的技术经验和利用其资金，是一个长久困扰社会主义国家领导人和理论家的问题。早在1975年邓小平就提出把加强技术引进、增加外贸出口作为大政策。"文化大革命"结束后，中国政府开始派出代表团赴境外考察调研，其中，最引人注目的是1978年5月2日到6月6日，由时任国务院副总理谷牧率领30人组成的高级代表团赴西欧国家访问，代表团由中央部委和地方主管财经工作的高级干部组成。1个多月的时间里，代表团走访了法国、西德、瑞士、比利时、丹麦五国的十五个城市，八十多个工厂、矿山、港口、农场、大学和科研单位。代表团成员看到西欧国家先进的科技和发达的经济，受到了极大的震撼。代表团回国后，用半个多月的时间研讨撰写考察报告。中共中央政治局于6月30日听取了代表团汇报，汇报会长达近7个小时，讨论热烈。代表团认为，我国与欧洲资本主义国家发展经济贸易，有助于加速我国的现代化建设。①

按照中央政治局和邓小平的指示，1978年7月6日到9月9日，国务院举办了关于加速现代化建设的务虚会，会议认真总结中华人民共和国成立以来近30年的

---

① 曹普：《谷牧与1978—1988年的中国对外开放》，《百年潮》2001年第11期。

经验教训，研究国外经济发展的成功经验，就有关社会主义现代化建设的一系列问题，特别是对如何加强技术引进、扩大外贸出口、采取灵活方式利用国外资金等问题，进行了深入探讨。①

1978年12月中共十一届三中全会确立以经济建设为中心，实行改革开放，从此拉开了中国改革开放的大幕。

邓小平是中国改革开放的总设计师，邓小平对外开放理论是中国对外开放认识的集中体现。关于对外开放的必要性，邓小平多次指出："任何一个国家要发展，孤立起来，闭关自守是不可能的，不加强国际交往，不引进发达国家的先进经验、先进科学技术和资金，是不可能的。"②"中国要谋求发展，摆脱贫穷和落后，就必须开放。开放不仅是发展国际间的交往，而且要吸收国际的经验。"③ 关于对外开放的可行性，邓小平从战略高度分析了国际大势，提出了"和平与发展"是当今时代主题的重要判断。关于对外开放的原则，邓小平明确指出，中国的对外开放是坚持社会主义的开放、是坚持主权独立基础上的开放，同时也是全方位的开放。关于对外开放的重点，邓小平多次就发展对外贸易，引进外资、技术、管理，建立经济特区和沿海开放布局等问题做出具体的指示。

1984年中共十二届三中全会出台的《中共中央关于经济体制改革的决定》中明确提出："十一届三中全会以来，我们把对外开放作为长期的基本国策，作为加快社会主义现代化建设的战略措施。"

第二，以兴建经济特区为突破口，打造吸引外商投资的环境。

建立经济特区是中国对外开放的突破口。1979年4月中央工作会议期间，广东提出在广东沿海地区设立出口加工基地，利用靠近港澳地区的优势，实行一些比较特殊的优惠政策，加快经济发展。邓小平当即对广东的同志表态说："还是办特区好，过去陕甘宁就是特区嘛。中央没有钱，你们自己去搞，杀出一条血路来。"

1979年7月，中央做出了设立经济特区的重大决策。1980年8月26日，第五

---

① 曹普：《谷牧与1978—1988年的中国对外开放》，《百年潮》2001年第11期。
② 《邓小平文选》（第三卷），人民出版社，1993年，第117页。
③ 《邓小平文选》（第三卷），人民出版社，1993年，第266页。

届全国人民代表大会常委会第十五次会议上，审议批准建立深圳、珠海、汕头、厦门四个经济特区，批准并公布了《广东省经济特区条例》。《广东省经济特区条例》规定："特区鼓励外国公民、华侨、港澳同胞及其公司、企业，投资设厂或者与我方合资设厂，兴办企业和其他事业，并依法保护其资产、应得利润和其他合法收益。"兴办经济特区的目标，是为了吸收利用外资，引进先进技术，拓展对外贸易，加速经济发展，进行经济体制改革试验。

经济特区在贸易投资自由化、便利化方面实行特殊政策，做了大量探索性工作，包括对在特区举办的外商投资企业给予优惠和方便，企业所得税按15%征收；简化外商出入特区手续；用工实行劳动合同制；特区的行政管理机构按照精简、高效的原则设置。

建立经济特区，旨在创造一个对外商直接投资富有吸引力的投资小环境。作为一个发展中国家，引进技术是推进工业化的重要途径。因此，中国外资政策着力吸引能够带来先进技术和实现出口创汇的外商投资企业。中国对外商投资企业提出外汇平衡、出口比例和本地采购比例的要求，这些绩效要求客观上对外商投资企业产生了筛选作用，经筛选后的大部分外商投资企业是出口导向型的。

1984年邓小平视察了深圳等经济特区，充分肯定了经济特区的业绩。他为深圳特区题词："深圳的发展和经验证明，我们建立经济特区的政策是正确的。"他还指出，深圳等经济特区"是个试验"[①]"是个窗口，是技术的窗口，管理的窗口，知识的窗口，也是对外政策的窗口……特区成为开放的基地，不仅在经济方面、培养人才方面使我们得到好处，而且会扩大我国的对外影响"[②]。

在经济特区建设取得成功经验之后，邓小平同志提出，"除现在的特区之外，可以考虑再开放几个港口城市"[③]。1984年4月，中央决定开放14个港口城市，在这些城市设立经济技术开发区，实行经济特区的部分政策。1985年，在长江三角洲、珠江三角洲、闽东南地区开辟沿海经济开放区，之后又扩展到辽东半岛、山东

---

① 《邓小平文选》（第三卷），人民出版社，1993年，第133页。
② 《邓小平文选》（第三卷），人民出版社，1993年，第52页。
③ 《邓小平文选》（第三卷），人民出版社，1993年，第52页。

半岛等地。1988年4月，中央决定建立海南经济特区。1990年，中央决定开发开放上海浦东地区。邓小平指出，"沿海地区要加快对外开放，使这个拥有两亿人口的广大地带较快地先发展起来，从而带动内地更好地发展，这是一个事关大局的问题"①。至此，我国沿海地区形成了较为完整的经济开放带。

建立与完善外资法律，为推进对外开放保驾护航。法律是投资环境的重要组成部分，从封闭转向开放，外资法律从无到有。外资立法从开放之初就被摆到重要议程，1979年，第五届全国人民代表大会第二次会议审议通过了我国第一部利用外资的法律《中华人民共和国中外合资经营企业法》；1986年制定了《中华人民共和国外资企业法》；1988年制定了《中华人民共和国中外合作经营企业法》。这三部法律构建了我国利用外商直接投资的基本法律体系。

第三，吸引出口型外商投资，大力发展加工贸易。

改革开放之初，中国主要出口初级产品，外汇十分紧张。如何把中国丰富的劳动力优势变成劳动密集型制成品，实现出口创汇，具有十分重要的意义。"三来一补"——来料加工、来样加工、来件装配和补偿贸易——是开放早期实现劳动密集型产品出口的重要方式。"三来"贸易中，合作外商提供机器设备、原材料、零部件、样品等，合作中方提供土地、厂房、劳工，加工组装后的产品由合作外方负责出口外销，中方收取工缴费。补偿贸易是指外商提供生产技术和设备，由我方企业进行生产，以返销其产品的方式分期偿还对方技术、设备价款或信贷本息。

"三来一补"的好处在于，中方前期投入少，只负责加工组装，不承担进口中间投入品的费用，也不承担出口风险。其不利之处在于，原材料、零部件和外销均由合作外商控制，出口规模也取决于合作外商的能力，收取的工缴费有限。合作外方也受制于中方伙伴企业的能力。

20世纪70年代后，韩国、中国台湾、中国香港和新加坡面临本地劳动力成本上升的挑战，大量劳动密集型出口加工企业面临着对外转移的压力。中国内地实行对外开放、吸引外资、鼓励出口的一系列政策，以及劳动力成本低、土地成本低的

---

① 《邓小平文选》（第三卷），人民出版社，1993年，第278页。

优势，对劳动密集型出口企业产生了极强的吸引力。外商投资企业来华设厂，自主进口原材料、零部件，加工后自主寻找外方买家，形成了进料加工的新模式。与来料加工相比，进料加工过程中，中间投入品的所有权发生了转移，在华企业承担进口费用和出口市场风险，但自主权大大提高。越来越多的外商投资企业开始采取进料加工贸易的方式。

面对来料加工和进料加工贸易的发展，我国及时制定出台了加工贸易政策，即对用于加工复出口的进口料件实行保税政策，进口时不征关税和进口环节税，出口后核销。加工贸易政策并非中国的首创，很多国家在出口加工区等特殊经济区内实行这一政策。中国的创新在于，加工贸易政策的实施不限于特殊经济区，任何地方的任何企业均可申请开展加工贸易，这对海关的监管能力是一个重大考验。

加工贸易政策的实行，使来华外商投资企业能够充分利用我国低成本的劳动力、土地优势，顺利地参与全球生产价值链分工。与此同时，对非加工贸易进口仍然维持较高的关税水平，可以继续保护国内原有的工业体系，以免受到进口产品的冲击。加工贸易政策的实行，使我国抓住了东亚地区劳动密集型出口导向产业跨境转移的机遇，吸引出口加工型外商投资者，将其资金、技术、管理和海外销售渠道的优势与我国低成本的劳动力、土地优势相结合，使我国劳动密集型制造业的国际竞争力越来越强。加工贸易快速发展，成为出口创汇的主要方式。从贸易方式看，我国对外贸易的顺差主要来源于加工贸易。国家可以用这些宝贵的外汇进口短缺的技术和其他资源，推进国家的工业化进程。所以说，加工贸易是全球化背景下推进工业化的一条新道路。①

第四，推进外贸与外汇管理体制改革，增强本土企业出口创汇能力。

计划体制下我国对外贸经营权实行严格管制，全国仅有十来家国有外贸企业具有外贸经营权，同时对外贸企业经营实行计划管理。只有这些国有外贸企业才能开展对外贸易。外贸经营权管制虽然有利于国家计划用汇，保证宝贵的外汇用于国家发展最需要的地方，但客观上切断了生产企业与国际市场的联系，不利于生产企业

---

① 隆国强等：《加工贸易——工业化的新道路》，中国发展出版社，2003年。

了解国际市场需求，抑制了出口。

放松外贸经营权管制，始于 1978 年 10 月第一机械工业部成立中国机械设备出口公司（后改为进出口公司），为本部门工业企业提供外贸服务，成为第一个工贸结合的试点。自此开始，越来越多的工业企业取得了外贸经营权。到 1993 年底，中国有外贸经营权的各类企业超过 8000 家，如果算上在华外商投资企业，允许从事对外贸易的企业在 9 万家左右。计划体制下外贸垄断经营的格局被基本打破。

推行外贸承包责任制。为了调动外贸企业经营的积极性，1988 年初国务院决定在全国范围内全面推行对外贸易承包经营责任制，其总体方向是"自负盈亏、放开经营、工贸结合、推行代理制"。由各省、自治区、直辖市、计划单列市和直接承担出口任务的国家外贸公司分别向国家承包出口收汇、上缴外汇和经济效益指标，超出承包基数的外汇实行分成。超过部分的外汇收入实行全部或大部分由地方、部门、企业留成的办法，凡地方、部门和企业按规定所得的留成外汇，允许按照国家有关规定自主使用。

实行汇率双轨制。留成外汇除了自用外，也出现了调剂余缺的需求。为此，国家设立了外汇调剂市场，允许外汇额度进入调剂市场，并跨省调剂，各地方政府、各部门不得用行政手段干预外汇资金的横向流通。调剂市场的汇率由市场供需决定，汇率水平与官方汇率不同，出现了汇率双轨制。另外，由于外汇管制的存在，还存在着外汇"黑市"，外汇价格比调剂市场价格更高。外汇调剂市场确定的外汇价格高于官方汇率，有利于鼓励扩大出口。

二、对外开放的深化阶段（1992—2001 年）

这一时期中国对外开放面临极其复杂的外部环境。1991 年底苏联解体，东欧巨变，这是第二次世界大战后国际格局最大的变化。关贸总协定乌拉圭回合完成谈判，达成了《服务贸易总协定》（GATS）、《与贸易有关的投资措施协议》（TRIMs）、《与贸易有关的知识产权协定》（TRIPs）等新协定，成立世界贸易组织（WTO）取代关贸总协定。原苏联的加盟共和国和东欧社会主义国家逐渐被纳入经济全球化的浪潮，经济全球化的广度、深度达到了前所未有的水平。美国克林顿政府大力推动信息高速公路建设,信息产业引领美国经济走向繁荣。东亚经济经历持续的繁荣发展,于1997年突然遭遇亚洲金融危机,危机重创了东亚大部分经济体。

面对国际国内复杂的形势,1992年春天,邓小平发表南方谈话,开启了我国改革开放的新篇章。南方谈话回答了关于社会主义市场经济的很多重大理论问题,如"三个有利于"标准、社会主义与市场经济的关系、科学技术是第一生产力、"两手抓、两手都要硬"等,进一步明确了改革开放的方向。邓小平提出:"改革开放胆子要更大一些,敢于试验,不能像小脚女人一样。看准了的,就大胆地试,大胆地闯。"① 南方谈话掀起了改革开放的新高潮。

中国共产党第十四次全国代表大会于1992年10月12~18日在北京举行,明确提出建立社会主义市场经济体制。1993年11月11~14日,中共十四届三中全会举行,通过了《中共中央关于建立社会主义市场经济体制若干问题的决定》。该决定指出,要进一步扩大对外开放,加快开放步伐,发展开放型经济;实行全方位开放;进一步改革对外经济贸易体制,建立适应国际通行规则的运行机制;积极引进外来资金、技术、人才和管理经验。

第一,利用外资跃上新台阶。

首先,着力打造全方位开放格局。中共十四届三中全会通过的《中共中央关于建立社会主义市场经济体制若干问题的决定》指出:"继续推进经济特区、沿海开放城市、沿海开放地带,以及沿边、沿江和内陆中心城市的对外开放,充分发挥开放地区的辐射和带动作用;加快主要交通干线沿线地带的开发开放;鼓励中、西部地区吸收外资开发和利用自然资源,促进经济振兴;统筹规划,认真办好经济技术开发区、保税区,形成既有层次又各具特点的全方位开放格局。"按照该决定部署,我国对外开放的空间布局由沿海地区快速向沿边、沿江和内陆中心城市推进。2000年,国家实行西部大开发战略,国家制定了更加优惠的政策,鼓励外商投资企业向中西部地区投资。

其次,特殊经济区体系不断丰富。经济特区和经济技术开发区的成功,使人们

---

① 《邓小平文选》(第三卷),人民出版社,1993年,第372页。

认识到特殊经济区在开放中所具有的独特优势。这一时期，在批准设立更多经济技术开发区的同时，一些新的特殊经济区也开始纷纷设立。

1990年6月，经中央批准，在上海创办了中国第一个保税区——上海外高桥保税区。1992年以后，国务院又陆续批准设立了14个保税区，即天津港、大连、张家港、深圳沙头角、深圳福田、福州、海口、厦门象屿、广州、青岛、宁波、汕头、深圳盐田港、珠海保税区。保税区具有保税仓储、出口加工、转口贸易三大功能，是海关特殊监管区。

边境经济合作区是中国沿边开放城市发展边境贸易和加工出口的区域。自1992年以来，经国务院批准的边境经济合作区有17个，对发展我国与周边国家（地区）的经济贸易和睦邻友好关系、繁荣少数民族地区经济发挥了积极作用。

1988年开始设立的国家级高新技术产业开发区在这一时期数量快速增加，投资环境不断完善，在吸引外资和扩大出口方面也发挥着越来越重要的作用。

设立出口加工区。为了加强对加工贸易的监管，引导新增加工贸易企业进入海关特殊监管区，2000年国务院决定设立出口加工区，首批设立的15个试点出口加工区设在经济技术开发区内。后续又批准设立了几十个出口加工区。

1992年10月上海浦东新区成立，标志着国家级新区作为承担国家重大发展和改革开放战略任务的综合功能区的问世。此外，1994年2月国务院批准设立中国和新加坡两国政府的重要合作项目——苏州工业园。

最后，以产业导向为特点的外商投资政策体系基本建立。1987年，我国首次颁布《指导吸收外商投资方向暂行规定及其目录》；1992年颁布《关于商业零售领域利用外资问题的批复》；1994年颁布《外资金融机构管理条例》；1995年6月，颁布《指导外商投资方向暂行规定》和《外商投资产业指导目录》。《外商投资产业指导目录》将外商投资项目分为鼓励类、允许类、限制类和禁止类，适用不同的准入程序和政策待遇，引导外资重点投向基础设施、基础产业、高新技术产业和老企业的技术改造，鼓励兴办出口型企业。自此开始，《外商投资产业指导目录》成为我国利用外资产业导向的重要政策工具。此后，按照国家发展战略重点的调整，《外商投资产业指导目录》多次进行了修订。2000年6月，为适应西部大开发的新形势，我国制定了《中西部地区外商投资优势产业目录》，对中西部地区的外商投资项目提供更加优惠的政策待遇。

在国家一系列重大对外开放政策的鼓励与引导下，这一时期我国吸收外资连年跨上新台阶。1992年，中国吸收外商直接投资金额从1991年的44亿美元激增到110亿美元，增长了150%，1993年再次激增150%，达到275亿美元。自1993年以后，吸收外商直接投资金额继续增长，中国一直是世界上当年度吸收外商直接投资最多的发展中国家。

第二，实行汇率并轨与经常项目可兑换。

外汇双轨制虽然有利于刺激出口，但也造成了很多不规范现象，不适应社会主义市场经济体制的要求。因此，1994年启动了汇率并轨改革。一是将官定汇率和外汇调剂市场的双重汇率并轨成统一的由银行间外汇市场决定的汇率，综合考虑当时的官定汇率、调剂市场汇率和"黑市"汇率，并轨时的汇率水平定在1美元兑8.7元人民币，1994年平均汇率为8.62元/美元，和1993年的平均汇率5.76元/美元相比有较大幅度的贬值。这对于扩大出口和吸收出口导向型外商投资都有积极作用。二是对外贸企业实行统一的结汇制，取消各类外汇留成，取消出口企业外汇上缴和额度管理制度。三是对进口等经常项目下的用汇凭有效凭证实行售汇制度，取消用汇计划。四是于1996年12月1日实行人民币经常项目下的可兑换。

第三，深化外贸体制改革，对外贸易快速增长。

按照建立社会主义市场经济体制的要求，坚持统一政策、放开经营、平等竞争、自负盈亏、工贸结合、推行代理制的改革方向，不断深化外贸体制改革。一是加速转换各类企业的对外经营机制，按照现代企业制度改组国有对外经贸企业，赋予具备条件的生产和科技企业对外经营权，发展一批国际化、实业化、集团化的综合贸易公司。二是国家主要运用汇率、税收和信贷等经济手段调节对外经济活动。改革进出口管理制度，取消指令性计划，减少行政干预；对少数实行数量限制的进出口商品的管理，按照效益、公正和公开的原则，实行配额招标、拍卖或规则化分配。三是完善出口退税制度。适应增值税改革的新形势，把出口退税改为由中央财政统一退还出口产品所含增值税和消费税，对间接税实行出口退税是国际惯例。四是积极推进以质取胜和市场多元化战略,设立出口商品发展基金和风险基金,成立进出口银行,对出口贸易提供信贷支持和保险服务。发挥进出口商会协调指导、咨询服务的作用。降低关税总水平,合理调整关税结构,严格征管,打击走私。规划配额许可证管理,实行配额有偿招标、拍卖或规则化分配制度。五是加强对外贸易的法制化建设,1994年7月1日开始实施《中华人民共和国对外贸易法》,1997年2月25日开始实施《中华人民共和国反倾销和反补贴条例》。

这一阶段对外贸易快速增长。1992—2001年间,进出口总额从1655.3亿美元增加到5096.5亿美元,年均增长13.3%;其中出口额从849.4亿美元增长到2661亿美元,年均增长13.5%。1997年亚洲金融危机爆发前的五年,我国出口增长速度达到了16.6%。亚洲金融危机严重冲击了东亚各国的出口,我国多措并举应对挑战,保持了出口正增长。这一时期我国外贸出口增长速度远远高于全球货物贸易增长速度。原因是多方面的,一是出口导向型外商直接投资快速增长,这一时期来华外商投资企业中,制造业占比高达70%,主要是出口型的加工制造企业,把我国当作其面向全球市场的低成本制造基地,外资企业在出口中的比例迅速上升。二是与此相关联,加工贸易从1992年开始超过一般贸易的份额,成为主要的出口贸易形式,在本期末占全部出口的比重达到55%。加工贸易贡献了大量贸易顺差,从1993年以后,中国货物贸易一直保持顺差。三是人民币汇率的贬值也有利于增强我国货物的出口竞争力。另外,全球经济在美国经济带动下走强,外需扩张,也是一个有利因素。

三、规则化开放阶段(2002—2012年)

2001年12月11日,中国经过长达15年的谈判,正式成为世界贸易组织(WTO)第143个成员。[①] 中国在加入世界贸易组织的协定书中,就贸易投资自由化、便利化做出了一揽子承诺。作为世界贸易组织成员,中国承诺遵守世界贸易组织的

[①] 1986年中国开始恢复关贸总协定(GATT)缔约方的谈判,1995年世界贸易组织(WTO)取代GATT,中国的"复关"谈判转为"入世"谈判。

相关规则。"入世"谈判大大提升了国民的开放意识与规则意识,其影响是深远的。① 由此,中国进入"规则化"对外开放的新阶段,把对接国际经贸规则作为扩大与深化对外开放的重要内容。

第一,落实"入世"承诺,以大开放促大改革。按照"入世"承诺和世界贸易组织的规则,中国修订了2300多项法律法规,清理了数十万份政府相关文件,废止了不符合世界贸易组织的政府文件。加入世界贸易组织有力地促进了我国市场化改革,有利于我国完善社会主义市场经济体制,是以开放促改革的经典案例。

在货物贸易领域,中国加入世界贸易组织的协定书中的承诺主要涉及国民待遇、贸易政策修改与统一实施等多个方面。一是在"入世"3年内取消贸易权的审批制,所有企业将有权在中国的全部关税领土内进口所有货物。外商投资企业从事进出口不需建立特定形式或单独的实体,也不需要获得包含分销在内的新的营业执照。二是关税减让和关税配额。关税总水平由"入世"前的14%降到2005年的约10%,其中工业品由13%降至约9.3%,农产品由19.9%降至约15.5%。在2005年前取消"减让表"中所列所有信息技术产品的关税。自加入之日起取消7类农产品的关税配额,实行单一关税。三是削减非关税措施。最迟于2005年1月1日取消400多个税号商品的非关税措施(包括配额、许可证和特定招标等)。四是对进口产品适用与世界贸易组织一致的反倾销反补贴规则。五是技术性贸易壁垒(TBT)及卫生与植物卫生措施(SPS)。中国承诺所有技术法规、标准和合格评定程序符合《技术性贸易壁垒协定》,在5年内将国际标准作为技术法规基础的比例提高10%(加入时为40%);自加入之日起保证其所有与SPS措施有关的法律、法规、法令、要求和程序符合《实施卫生与植物卫生措施协定》。

在服务贸易领域,中国签署《服务贸易总协定》(GATS)时,承诺对境外消费和跨境提供模式减少限制。在商业存在模式方面,在世界贸易组织服务贸易分类的160多个部门和分部门中,中国对100多个部门和分部门做出了开放承诺,占服务部门总数的62.5%,不过,在多数承诺开放的部门仍然保留了不同的限制,如

---

① 隆国强:《新兴大国的对外开放新战略——加入WTO十周年的回顾与展望》,载王洛林主编:《加入WTO十年后的中国》,中国发展出版社,2012年。

股比限制、地域限制、经营范围限制或高管人员的国籍限制等。在自然人跨境流动模式中保留了较多限制。

在外资政策方面，中国签署了《与贸易有关的投资措施协议》（TRIMs），承诺对外资实行国民待遇，取消了此前对外资企业在出口和外汇方面的业绩要求。2007年3月，第十届全国人大第五次会议审议通过的《中华人民共和国企业所得税法》实现了内外资企业所得税的统一。不断扩大外资准入。2002年、2004年和2007年，我国先后对《外商投资产业指导目录》进行了修订，扩大了鼓励外商投资的范围，突出了产业重点；我国还相继颁布了40多项开放服务业的法规、规章，有步骤地推进服务业对外开放；2004年，我国修订了《中西部地区外商投资优势产业目录》，拓展了中西部地区鼓励外商投资范围。2005年和2006年，我国相继出台了进一步扩大开放、促进东北老工业基地振兴和中部崛起的政策措施。

第二，货物贸易与服务贸易并举，贸易大国地位确立。

加入世界贸易组织后，一系列的改革开放重大举措的实施增强了我国对全球投资的吸引力，充分释放了我国参与全球竞争的巨大潜力，货物贸易与服务贸易均得到了快速发展。

一是加工贸易快速增长，转移升级步伐加快。经济全球化不断深化的一个重要成果，就是全球生产价值链的形成。加工贸易是中国融入全球生产价值链的主要方式。1994—2008年，加工贸易取代一般贸易，成为中国对外贸易发展的主要方式。通过劳动密集环节参与全球生产价值链，充分发挥了中国低成本劳动力的比较优势。吸引大量的跨国产业转移到中国，将外商投资者的资金、技术、管理与国际销售渠道的优势与中国低成本劳动力优势有机结合，形成了中国在全球劳动密集型制成品上无与伦比的竞争优势。针对社会上对加工贸易的不同看法，21世纪初国务院发展研究中心课题组对加工贸易发展进行了深入调研，提出了加工贸易是全球化背景下工业化新道路的理论判断，并对加工贸易产业升级、延长国内价值链及监管改革提出了建议。[①] 广东作为我国加工贸易的发源地，较早开始"腾笼换鸟"、转

---

① 隆国强等：《加工贸易——工业化的新道路》，中国发展出版社，2003年。

型升级的探索。2011年，商务部、国家发改委、工业和信息化部、人力资源和社会保障部、海关总署、国家税务总局联合发布《关于促进加工贸易转型升级的指导意见》，提出要"着力优化加工贸易产业结构和区域布局，提升产业层次，延长产业链，实现加工贸易发展速度、质量和效益的统一，发挥加工贸易转型升级在促进产业结构调整、推动外贸发展方式转变及改善民生方面的作用"。

二是外贸体制改革取得重大进展，一般贸易快速增长。按照加入世界贸易组织的承诺，我国取消了外贸经营权的审批制，改为备案制，外贸经营主体如雨后春笋般涌现，国有外贸公司改革相应取得突破性进展，有力地促进了包括一般贸易方式在内的各类贸易方式的发展。加之全球经济处于繁荣期，外需强劲，我国货物出口进入高速增长期。从中国加入世界贸易组织到2008年全球金融危机爆发前，中国年均出口增长27.2%。金融危机短暂冲击了中国对外贸易，但中国外贸进出口很快恢复高速增长。中国在全球贸易体系中的排名快速提升，2009年中国货物出口额首次超越德国成为世界第一，2013年中国成为货物贸易进出口额第一大国。

三是国际服务贸易快速发展，地位不断提高。国际服务贸易早已有之，20世纪70年代以来，在多方面因素的作用下，国际服务贸易增长速度一直高于国际货物贸易，在国际贸易体系中的地位日益重要。以《服务贸易总协定》为代表的服务贸易规则的不断完善、货物贸易快速发展的带动效应、信息技术进步带来的服务外包等新变化，为我国发展服务贸易带来新的战略机遇。加入世界贸易组织时，我国对商业存在、跨境交付、跨境消费模式下的服务贸易开放做出了承诺，大幅减少限制。加入世界贸易组织后，我国把发展服务贸易作为对外开放战略的新重点，2006年商务部成立服务贸易司，负责服务贸易促进与协调工作。2009年1月，国务院办公厅下发了《关于促进服务外包产业发展问题的复函》（国办函〔2009〕9号），批准北京、天津、大连等20个城市为中国服务外包示范城市，并在这20个试点城市实行一系列鼓励和支持措施，加快我国服务外包产业发展。其后，中央政府和地方政府制定出台了一系列促进服务贸易发展的规则与政策文件。服务贸易进入快速增长期，例如，2002—2006年，中国服务贸易出口和进口增速分别达到23.5%和20.9%，比全球服务贸易出口与进口增长速度分别高近9个百分点和7个多百分点。2012年，中国服务贸易进出口总额达4705.8亿美元，位居世界第三位，其中出口额位居世界第五位，进口额居第三位。

第三，"引进来"与"走出去"相结合，跨境投资大国地位初步形成。

加入世界贸易组织，中国对外资准入大幅开放，中国营商环境的市场化、国际化、法治化水平不断提升，加之中国经济再次进入高速增长的"黄金十年"，中国对外商投资的吸引力大幅提高，跨国公司掀起了对华投资的热潮。2002年，来华外资突破500亿美元，2004年、2005年、2007年，来华外资分别突破600亿美元、700亿美元、800亿美元，2008年达到1083亿美元。中国自1993年以来，一直是吸引外商直接投资最多的发展中国家。2011年中国吸收外商直接投资突破1200亿美元，位居全球吸收外商直接投资东道国前列。

随着我国对外开放的扩大和发展阶段的变化，在重视"引进来"的同时，"走出去"在我国对外开放战略中的地位逐渐提升。1992年，党的十四大报告中明确指出，要"积极扩大我国企业的对外投资和跨国经营"。1997年，在全国外资工作会议上，江泽民同志首次提出了"引进来"与"走出去"相结合："我们不仅要积极吸引外国企业到中国来投资办厂，也要积极引导和组织国内有实力的企业走出去，到国外投资办厂，利用当地的市场和资源。'引进来'和'走出去'，是我们对外开放方针的两个紧密联系、相互促进的方面，缺一不可。"1997年亚洲金融危机后，国内第一次出现了产能过剩，1999年，国务院办公厅转发外经贸部、国家经贸委、财政部通过的《关于鼓励企业开展境外带料加工装配业务的意见》，提出支持我国企业以境外加工贸易的方式"走出去"，随后各有关部门制定了具体实施的配套文件。2000年初，江泽民同志在中央政治局讲话中，在全面总结我国对外开放经验的基础上，首次把"走出去"战略上升到"关系我国发展全局和前途的重大战略之举"的高度。2000年3月，全国人大九届三次会议上把"走出去"战略提高到国家战略层面。2001年，对外投资等"走出去"战略的内容写入了《中华人民共和国国民经济和社会发展第十个五年计划纲要》。2012年党的十八大提出，加快"走出去"的步伐，增强企业国际化经营能力，培育一批世界水平的跨国公司。

从对外投资的实际情况看,1979年我国企业就开始对外投资,但金额一直很少。2003年我国对外投资额仅28.5亿美元。此后,在"走出去"战略的指导下,对外投资进入了井喷期,2012年达到878亿美元,年均增长速度达到46.4%。在世界对外投资源地排名中,2012年中国成为仅次于美国、日本的对外投资第三大源地。

第四,启动区域经济合作,提出自由贸易战略。

自由贸易区(Free Trade Area,FTA)是由两个以上独立关税区达成的全面贸易投资自由化的制度安排,是区域贸易安排(Regional Trade Arrangement,RTA)中最常见的一种。1990年以前,世界上只有20个RTA,20世纪90年代开始,进入了RTA加速建立的时期,1991—2000年,年均建立6.2个;2001—2010年,年均建立12.8个。中国加入世界贸易组织前后,开始启动自由贸易区相关工作。2000年11月,朱镕基在新加坡举行的第四次中国—东盟领导人会议上首次提出建立中国—东盟自由贸易区的构想(即"10+1"),并建议在中国—东盟经济贸易合作联合委员会框架下成立中国—东盟经济合作专家组,就中国与东盟建立自由贸易关系的可行性进行研究。2001年3月,中国—东盟经济合作专家组在中国—东盟经济贸易合作联合委员会框架下正式成立。专家组围绕"中国加入世界贸易组织的影响""中国与东盟建立自由贸易关系"两个议题进行了充分研究,建议中国和东盟用10年时间建立自由贸易区。这一建议于2001年11月,在文莱举行的第五次中国—东盟领导人会议上正式宣布。2002年11月,朱镕基和东盟10国领导人签署了《中国与东盟全面经济合作框架协议》,决定到2010年建成中国—东盟自由贸易区。2004年1月1日,自由贸易区的先期成果——"早期收获计划"顺利实施。2004年11月,双方签署自由贸易区《货物贸易协议》,并于2005年7月开始相互实施全面降税。2007年1月,双方又签署了自由贸易区《服务贸易协议》,并于7月顺利实施。随后,我国又与新西兰、智利、澳大利亚等开展了自由贸易区谈判。截至2012年,我国共签署了9个自由贸易协定。在多边贸易谈判停滞不前的形势下,与其他经济体签署贸易投资自由化、便利化程度更高的区域贸易安排协定,是我国扩大开放的内在需要,是新一轮对外开放的重要内容,因此,2007年党的十七大把自由贸易区建设上升为国家战略。

第五，金融市场双向开放，人民币国际化启航。

积极稳妥推进金融市场开放，是这一阶段对外开放的重要内容。一是在加入世界贸易组织时，我国承诺在银行、证券、保险等金融服务业对外商投资者开放。二是于 2005 年 7 月 21 日开始实行以市场供求为基础、参考一篮子货币进行调节、有管理的浮动汇率制度。三是分步推进资本项目的开放。推进资本项目开放坚持"循序渐进、统筹规划、先易后难、留有余地"的原则。2002 年 11 月 5 日，中国人民银行和证监会联合发布《合格境外机构投资者（QFII）境内证券投资管理暂行办法》，允许合格投资者在经批准的投资额度内投资人民币金融工具。四是支持国内银行、证券公司和保险公司等金融机构对外投资，开展国际化经营。五是推进债券市场双向开放，既积极推动境内金融机构到香港地区和其他国际金融市场发行债券，又积极扩大境外金融机构参与境内债券市场的发展。六是稳步推进人民币国际化。2003 年 3 月国家外汇管理局发布《关于境内机构对外贸易中以人民币作为计价货币有关问题的通知》，允许境内机构在签订外贸进出口合同时采用人民币作为计价货币。2009 年 4 月国务院决定在上海和广东省的广州、深圳、珠海、东莞开展跨境贸易人民币结算试点。2010 年 10 月将人民币外贸结算试点扩大到北京等 20 个区、市，2011 年 8 月决定在全国允许跨境贸易以人民币结算。2011 年 1 月中国人民银行开展了允许境内机构在对外投资中使用人民币结算试点。同年 11 月，商务部发文允许境外投资者可以合法获得的境外人民币依法来华开展直接投资。在跨境信贷方面，2012 年 9 月中国人民银行允许境内非金融机构以人民币境外放款，11 月补充规定要求放款人与借款人之间应具有股权关联关系。中国人民银行批准《前海跨境人民币贷款管理暂行办法》，自 2013 年 1 月 1 日起允许深圳前海深港现代服务业合作区内符合条件的企业从香港地区经营人民币业务的银行借入人民币资金。另外，中国人民银行与多国央行签订了本币互换协议，与香港地区、伦敦等金融监管部门签署协定，支持建立人民币离岸交易中心，这些举措再加上人民币汇率稳中有升，均有利于推进人民币国际化。

四、大国开放阶段（2013年至今）

经过近40年改革开放，中国经济快速发展，国力迅速增强，在全球经济贸易体系中已经位列前列。2010年，中国GDP超过日本跃居世界第二①，中国的制造业增加值超过美国从而成为世界最大的制造大国。2009年中国的货物出口额首次超越德国成为世界第一，2013年中国成为世界货物贸易进出口额第一大国。同时中国也成为世界前三位的外商投资东道国和来源国。2013年以后，中国对外开放迈入了大国开放的新阶段。

第一，以自由贸易试验区为引领，构建开放型经济新体制。

中共十八届三中全会通过的《中共中央关于全面深化改革若干重大问题的决定》指出："适应经济全球化新形势，必须推动对内对外开放相互促进、引进来和走出去更好结合，促进国际国内要素有序自由流动、资源高效配置、市场深度融合，加快培育参与和引领国际经济合作竞争新优势，以开放促改革。"围绕构建开放型经济新体制的目标，在多个领域推进扩大开放。

建立自由贸易试验区，为构建开放型经济新体制探路。2013年9月27日，国务院批准成立中国（上海）自由贸易试验区，2015年4月20日，国务院决定扩展其实施范围。2015年4月20日，国务院批准在广东、天津和福建成立3个自由贸易试验区。2017年3月31日，国务院批准在辽宁、浙江、河南、湖北、重庆、四川、陕西成立7个自由贸易试验区。

围绕构建开放型经济新体制，自由贸易试验区主要开展了以下试验：一是推进以简政放权为核心的政府职能转变，改革投资管理体制。二是推进以便利化为重点的贸易监管模式创新，通关效率大大提高。三是扩大外资准入。以服务业开放作为重点，率先试行对外商投资实行准入前国民待遇和负面清单管理。四是完善政府事中、事后监管和风险防范体系。五是创新对外投资管理服务体制。扩大企业及个人对外投资，确立企业及个人对外投资主体地位。自由贸易试验区成立以来开展了上

---

① 国际货币基金组织评估指出，按购买力平价计算的GDP，中国在2014年超过美国居世界第一。

百项改革试点,及时总结经验并向全国复制推广,充分发挥了为全面深化改革和扩大开放探索新途径、积累新经验的作用。

第二,推进"一带一路"建设。

2013年秋季,习近平主席在访问哈萨克斯坦和印度尼西亚时,分别提出建设丝绸之路经济带和21世纪海上丝绸之路合作倡议,统称为"一带一路"合作倡议。这一倡议覆盖亚欧60多个国家,40多亿人口,市场潜力巨大。2015年3月28日,商务部、国家发改委、外交部联合发布了《推动共建丝绸之路经济带和21世纪海上丝绸之路的愿景与行动》,阐明了"一带一路"倡议的时代背景、共建原则、框架思路、合作重点、合作机制、中国政府为之做出的积极行动和中国各地的开放态势。"一带一路"合作倡议坚持发展导向,倡导开放包容、合作共赢,践行共商共建共享。"一带一路"合作倡议内容十分丰富,包括政策沟通、道路联通、贸易畅通、货币流通和民心相通。倡议提出不到4年,全球100多个国家和国际组织积极支持和参与"一带一路"建设,联合国大会、联合国安理会等重要决议也纳入"一带一路"建设内容。"一带一路"建设逐渐从理念转化为行动,从愿景转变为现实,境外经贸合作区、基础设施等早期收获项目开工建设,中欧班列开通,建设成果丰硕,进展之快超出预期。2017年5月14~15日在中国北京举行"一带一路"国际合作高峰论坛,机制建设被提上日程,包括两年一次的"一带一路"国际合作高峰论坛及后续联络机制,成立"一带一路"财经发展研究中心、"一带一路"建设促进中心,同多边开发银行共同设立多边开发融资合作中心,同国际货币基金组织合作建立能力建设中心,等等。

第三,推动由外贸大国向外贸强国转变。

针对国际国内形势新变化,2015年5月,国务院印发《关于加快培育外贸竞争新优势的若干意见》,该意见提出要巩固外贸传统优势、加快培育竞争新优势,推动由贸易大国向贸易强国转变。

该意见强调,要大力推动我国外贸由规模速度型向质量效益型转变,努力实现五个转变:一是推动出口由货物为主向货物、服务、技术、资本输出相结合转变;二是推动竞争优势由价格优势为主向技术、品牌、质量、服务为核心的综合竞争优势转变；三是推动增长动力由要素驱动为主向创新驱动转变；四是推动营商环境由政策引导为主向制度规范和营造法治化国际化营商环境转变；五是推动全球经济治理地位由遵守、适应国际经贸规则为主向主动参与国际经贸规则制定转变。该意见还提出了加快培育外贸竞争新优势的六大任务。

第四，积极参与全球经济治理体系变革。

面对全球经济治理体系变革，中国作为一个新兴经贸大国，应积极参与。一是积极参与多边贸易体系新协定谈判，为贸易便利化协定的达成做出贡献。二是为全球经济治理体系变革提供新方案，贡献中国智慧。倡议并推动成立亚洲基础设施投资银行、金砖国家新开发银行。作为G20杭州峰会主办国，中国坚定反对贸易投资保护主义，大力倡导建设开放型世界经济，继续推动贸易和投资自由化便利化，推动G20杭州峰会制定了《二十国集团全球贸易增长战略》和全球首个多边投资规则框架《二十国集团全球投资指导原则》。三是提升中国在国际金融体系中的投票权。中国与国际社会一道推动国际金融机构份额和治理结构改革，扩大特别提款权的使用范围，强化全球金融安全网，提升国际货币体系的稳定性和韧性。2016年1月国际货币基金份额改革，中国份额占比将从3.996%升至6.394%，排名从第六位跃居第三位，仅次于美国和日本。2016年10月1日人民币正式加入特别提款权（SDR）。特别提款权的价值由美元、欧元、人民币、日元、英镑这五种货币所构成的一篮子货币的当期汇率确定，所占权重分别为41.73%、30.93%、10.92%、8.33%和8.09%。四是以周边为基础加快实施自由贸易区战略，打造面向全球的高标准自由贸易区网络。

第二节
中国对外开放的经验

回顾我国近40年的发展历程，无论是从世界发展的历史透视，还是与同时期其他国家的发展成就比较，中国经济发展创造了奇迹，中国对外开放取得的成就是中国经济奇迹的重要组成部分。中国是经济全球化的参与者、受益者，也是经济全球化的建设者、贡献者。

在经济全球化背景下，任何一个国家如果不开放，就会"死路一条"。但是，从各国实践看，并不是"一开就灵"，对外开放本身不是万灵药，必须要有合适的战略与得力的举措，才能真正实现趋利避害。

总结中国对外开放的经验，不仅有益于指导我国在未来进一步扩大开放中少走弯路，继续取得成功，也有利于其他发展中国家借鉴我国经验，为实现全球2030可持续发展目标贡献中国智慧。

第一，顺应经济全球化大势，坚持对外开放不动摇。

中国的对外开放，是在邓小平对外开放理论的直接指导下展开的伟大实践。邓小平对外开放理论主要是基于对国际大势的判断、对历史经验教训的总结和对国际经验的借鉴，它由四个主要部分组成：一是对中国对外开放的国际环境的基本判断；二是对中国对外开放的必要性的认识；三是对社会主义与对外开放关系的重新认识；四是提出中国对外开放具体政策措施。①

压缩式增长理论可以较好地解释后起国家如何在开放条件下实现快速追赶。假定其他条件不变，后起国家追赶的速度跟它与先进国家的技术差距成正相关，即后起国家可以通过引进技术、模仿和学习等多种渠道，缩小与先进国家的差距，实现蛙跳式发展而不必重复先行国家走过的每一个台阶，这就是所谓的后发优势。在封闭条件下，后进国家无所谓后发优势，只有在开放条件下，才具备后发优势。

正是基于对经济全球化是大趋势的准确判断和对外开放是时代要求的深刻认识，中共十一届三中全会以来，我国把对外开放作为基本国策，作为加快社会主义现代化建设的战略措施。中共十八届五中全会提出了"创新、协调、绿色、开放、共享"的新发展理念，开放发展成为指导未来长期发展的重大理念。

第二，紧紧围绕国家发展大局，制定对外开放战略。

---

① 隆国强、许宏强：《邓小平对外开放理论与我国的对外开放实践》。

对外开放要服务于国家发展战略。中国是一个后起的发展中国家，实现工业化是实现国家现代化的中心任务。因此，中国对外开放的理论支撑，并不是直接源于自由贸易理论，而是源于发展经济学的相关理论。1966年，时任世界银行副行长钱纳里（H. Chenery）和斯特劳特（A. Strout）提出"两缺口"模型。他们从国民经济恒等式推导出，储蓄缺口（即投资减去储蓄）等于外汇缺口（即进口减去出口），如果引进外资，则可以同时弥补两个缺口，因此有利于加速发展中国家的工业化。在"两缺口"理论的基础上，我国形成了独具特色的以"出口创汇"为核心目标的开放战略。在这一理论的指导下，中国借鉴东亚出口导向型经济体的成功经验，实行了进口替代与出口导向相结合的发展战略，在具有比较优势的劳动密集型产业，实行出口导向型战略，在不具比较优势的资本技术密集型产业，则沿用中华人民共和国成立以来一直实行的进口替代战略。用劳动密集型产业出口创汇，将外汇用于进口先进的技术、设备和相关的资源、中间投入品，支持国家工业化。

实施以"出口创汇"为核心目标的对外开放战略，关键在于将中国劳动力比较优势转化为在国际市场上的竞争优势，其中一个政策重点是吸引出口型外商直接投资。中国从对外开放的初期开始，就高度重视利用外商直接投资，外商直接投资可以带来先进的技术、管理、国际营销渠道，有利于出口创汇，自20世纪90年代后，外商投资企业占中国出口的比重一直超过50%，而且连续多年一直是贸易顺差，是中国出口创汇的主力军。正是因为外商直接投资具有"要素包"① 特性，所以在一个国家成功解决外汇缺口之后，无须大量借用外国资金，但仍然需要继续大力吸引外商直接投资。

另一个政策重点是大力发展加工贸易。加工贸易是中国对外开放中独具特色的制度安排。要实行进口替代与出口导向相结合的战略，中国必须继续对国内市场特别是资本、技术密集型产业实行保护，但如果不实行加工贸易政策，这种贸易保护会阻碍中国参与全球加工产业链。因此，加工贸易政策实质上是令我国既能够继续保护国内市场，又能够顺利参与全球分工的一种制度安排。加工贸易累计为中国创

---

① 江小涓提出的外商直接投资"要素包"理论，回答了外汇充裕条件下为什么还要继续吸引外商直接投资的问题。

造了上万亿美元的贸易顺差，令中国成功解决了制约工业化发展的外汇缺口，使得中国有能力自国际市场进口推进工业化所需的资源、能源、先进技术、装备和零部件，为中国顺利推进工业化奠定了基础。

第三，顺应国内外形势变化，与时俱进地调整开放重点与策略。

回顾过去40年发展历程，中国所处的国际环境发生了巨大变化。20世纪80年代美国经济处于滞胀，全球经济增长低迷。20世纪90年代中后期到2008年，世界经济空前繁荣，资金充裕，外需强劲。同时，1997年亚洲金融危机和2008年国际金融危机也带来严重冲击。在40年发展历程中，中国国内发展水平持续提高，比较优势转换，产业结构持续升级，发展目标与动力调整。内外部形势的深刻变化，要求对外开放战略因时而变、因势而变，决不能一成不变，特别是不能因为以往的成功而固守旧战略。

中国对外开放能成功，一个重要原因是顺应国内外形势变化，与时俱进地调整对外开放的重点与策略，经历了不断扩大、不断深化的渐进式开放历程：从早期着力发展劳动密集型产业到后期着力培育国际竞争新优势；从早期着重吸引劳动密集产业出口型外资到后期着重吸引技术先进型和服务业外商直接投资；从早期以"引进来"为主到后期"引进来"与"走出去"相结合，着力打造世界级的跨国公司；从沿海开放战略起步，不断拓展到形成全方位开放格局；涉外经济体制从早期"摸着石头过河"发展到对标高水平国际经贸规则构建开放型经济新体制；从学习、引进、适应国际经贸规则到主动参与全球经济治理、引领国际规则制定。

第四，防范风险，维护国家经济安全。

对外开放是一把双刃剑，既可以引进资金、技术、管理、信息等生产要素，通过竞争和示范促进技术进步和效率提升，促进一国加速发展，也可能冲击国内产业与市场、冲击金融稳定，导致资金、人才外流。因此，在对外开放中要树立底线思维，防范风险，维护国家经济安全，才能真正实现趋利避害。

中国对外开放能成功，另一个原因在于从一开始就注重兴开放之利、避开放之害。一是紧紧围绕国家发展战略制定开放战略，确保对外开放有利于国家战略实施；二是渐进式推进开放，不断增强抗风险能力，按照抗风险能力渐进扩大和深化开放；三是稳步推进金融开放，防范金融风险。

第三节
中国对外开放的展望

展望未来，国际环境发生深刻变化，蕴含新机遇和新挑战；国内经济发展进入新常态，对开放提出新要求；对外经济关系加速调整，参与国际竞争有了新条件。站在新的历史起点上，中国将与时俱进地调整对外开放战略。

一、对外开放处于新的战略机遇期

2008年国际金融危机爆发后，世界经济进入深度调整期。世界经济增长速度下降，市场需求不振，贸易保护主义抬头，国际贸易增长速度连续几年低于世界经济增长速度。国际经济格局深刻调整，发达经济体经济复苏步伐缓慢。受大宗商品价格大幅回落的影响，部分严重依赖大宗商品出口的新兴市场经济体面临出口下降、资金外流、汇率贬值的压力，有的甚至出现了经济负增长，金融风险上升。与此同时，全球经济治理处于变革期，中国和其他发展中国家在国际经济组织中的份额上升、话语权增强，二十国集团作为全球宏观经济政策协调新平台的作用日益凸显。区域合作加快发展，成为构建国际经贸新规则的重要平台，新的国际经贸规则呼之欲出。

国际环境新变化蕴含着新机遇与新挑战。对我国而言，机遇大于挑战，我国发展仍处于可以大有作为的重要战略机遇期。第一，以信息技术为代表的新技术革命方兴未艾，不仅催生大量新兴产业，而且将深度改造提升传统产业，打破原有产业格局，为我国实现"弯道超车"带来机遇。第二，跨国公司加速对华转移高端产业活动。中国吸收外商直接投资多年位居世界前三位，是跨国公司最重要的投资目的国之一。跨国公司对华投资结构不断升级，先进制造业与现代服务业占比逐年上升。第三，高端人才加速向我国汇聚。2004年我国留学归国人员仅有2万多人，2015年达到40.5万人。还有越来越多的外籍科学家、工程师和企业管理人员来中国工作。第四，全球性基础设施建设热潮带动我国的出口结构升级。我国企业在基础设施建设领域具备较强的国际竞争力。全球性基础设施建设热潮不仅为我国企业提供工程承包的市场机遇，而且将带动我国的资本和技术密集型产品出口，显著提升我国的出口结构。第五，世界经济低迷为我国企业提供了海外并购的机遇。我国的对外投资快速增长，已成为居世界前三位的对外投资大国。我国企业开展对外投资并购，可以获取海外先进技术、研发能力、知名品牌、销售渠道和能源资源，大幅提升整合全球资源与市场的能力，有力促进我国的产业结构升级和技术进步。

二、我国对外经济关系的新变化

中国对外经济关系的新变化具有两重含义。一个层面是结构性变化，即中国比较优势的重大变化，另一个层面是中国经济规模带来的新变化，即中国作为一个新兴大国面临新的国际经济关系。

1. 中国比较优势的新变化

在改革开放后的30年间，低成本的劳动力是中国参与全球分工与竞争的基础支撑因素，中国之所以成为劳动密集型制成品最大的出口国，主要得益于此。改革开放之初，我国人均GDP只有254美元，目前已经上升到近8000美元。我国出口部门工资成本与其他发展中国家比价关系发生了逆转，一些低端的劳动密集型产业已经失去国际竞争力，面临对外转移的压力。由于工资、土地、能源成本的持续上升和人民币汇率持续升值，我国制造业综合低成本优势受到大幅削弱，美国波士顿咨询集团2015年8月发布的报告《全球制造业的经济大挪移》认为，中国制造业成本仅比美国低5%不到。

在传统比较优势持续削弱的同时，我国参与国际分工的新优势正在涌现：每年有700多万名高校毕业生，为创新与产业结构升级提供人力质量红利；拥有全球最多的研发人员和全球第二的研发投入；拥有完善的基础设施和产业配套能力，为产业升级提供基础；中国经济发展进入新常态，消费结构与产业结构加速升级、绿色发展转型等吸引创新资源、高端产业加速汇聚。如果说过去的低成本优势有利于我国参与全球竞争的规模性扩张，未来的新优势则有利于我国提升在国际分工中的地位。

比较优势转换是发展阶段演进的必然结果。回顾"二战"结束后追赶型经济发展的历程，不难发现，凡是不能实现竞争优势升级的国家，大多落入了中等收入陷阱。根据世界银行的资料，在101个中等收入经济体中，只有13个经济体能够适应比较优势转换而动态地实现竞争优势升级，跨越了中等收入阶段，进入高收入经济体的行列。"十三五"时期，是我国比较优势转换的关键期，随着人均收入水平的进一步提升，我国面临着国际竞争优势从劳动密集型产业向资本与技术密集型产业升级的迫切压力。只有顺利实现竞争力的升级，我国才能跨越中等收入陷阱。

2. 新兴大国和平发展面临复杂的对外经济关系

中国的崛起将是21世纪影响世界格局的最大的历史事件。作为一个新兴大国，中国在国际分工价值链中的升级，必然伴随着中国在全球经济格局中影响力的迅速提升。目前，我国已经成为世界第二大经济体。这就要求我们及时把握经贸大国参与国际分工的新优势，用全新的视角来看待中国与世界的关系。以往我们把国际经济环境作为影响中国经济发展的外生变量，今天，中国经济本身已经成为世界经济发展变化的一个重要的自变量，中国的发展将越来越多地影响世界经济，而世界经济变化也将越来越深地影响中国经济。因此，新形势下，要从中国经济与世界经济的互动中看待二者的关系。

中国经济实力显著增强带来参与全球分工合作的新优势与新要求。第一，巨大的国内市场。市场寻求型投资将取代成本寻求型投资成为外商对华直接投资的主要动机，为抓住中国市场需求不断升级的机遇，外商投资企业将加速对华转移现代服务业、现代制造业，加强在华的研发活动。国内大市场也有利于分摊研发新产品的成本，促进创新。巨大的市场还有利于我国与其他国家开展自由贸易区谈判。第二，雄厚的资金实力。我国拥有全球最多的外汇储备，对国际金融市场的影响不断上升。我国对外投资能力与潜力巨大，已经成为世界上位列前三的对外投资大国，对外投资合作在我国对外开放中的地位迅速上升。从宏观上看，强大的资金实力和对外投资能力成为我国发展对外经济关系的有力工具；从微观上看，我国企业可以通过对外投资整合全球资源与市场，成长为世界级的跨国公司。第三，对初级产品的巨大需求。随着我国经济规模的扩张，对农产品、资源、能源的需求迅速上升，我国对外部初级产品的依赖将日益加剧。一方面，巨大的进口需求是我国与资源富集国家深化合作的有利条件；另一方面，这也迫切要求我国提高利用全球市场保障我国资源安全的能力。

中国经济实力显著增强带来的对外经济关系的新变化，有利有弊。一方面，很多国家看好中国雄厚的经济实力和发展前景，希望利用中国的市场、技术、资金，搭上中国发展的快车，对发展对华经贸关系空前重视。我国国际影响力增大后，如果我们能够善用这种影响力，就可以"创造"国际机遇。这与以往作为小国只能捕捉机遇是不同的。另一方面，国际社会对新兴大国的态度是十分复杂的，守成大国将中国视为竞争对手，一些国家担心中国强大后会对国际规则、国际格局进行挑战，因此采取经济上利用中国机遇、安全上防范中国的两手政策。期待、羡慕、担心、防范等各种情绪相互交织，"中国机遇论""中国威胁论"此起彼伏，令中国的外部环境变得异常复杂。

三、中国经济发展新常态对新时期对外开放的新要求

中国经济发展进入新常态，这是中国经济发展的一个重大阶段性变化。与以往相比，经济新常态有三个基本变化：一是增速换挡，从超高速转为中高速；二是结构升级，经济结构迈向中高端；三是动力转换，增长动力从主要依靠要素数量型投入转变为主要依靠创新和由此带动的结构升级。

中国经济新常态对开放战略提出了新要求。在我国工业化快速推进阶段，对外开放战略的主要任务是解决制约工业化的外汇缺口，利用外部资源和市场实现工业化快速发展的目标，因此出口创汇是以往开放战略的主要目标。在经济新常态下，开放战略要充分利用外部资源和市场，与国内资源和市场有机整合，促进创新、结构升级与价值链提升。在供给侧，要充分利用全球的高端生产要素，包括人才、技术、管理等，促进国内企业的创新，提升我国产品的质量、技术、品牌，不断提升

我国在全球价值链中的分工地位。同时，要通过以开放促改革，推进体制机制创新，激发创新活力，释放发展潜力，促进资本技术密集型产业发展，提升国际竞争力。在需求侧，要不断提升我国高附加价值产品与服务的国际市场份额，充分利用国际市场，支撑我国企业的创新，加速出口结构升级，促进国内产业结构升级。

四、实施新兴大国竞争力升级战略

新时期我国对外开放战略，可以概括为"新兴大国的竞争力升级战略"，其核心目标有二：一是营造互利共赢的国际环境，保障我国的和平崛起；二是推进我国产业的国际竞争力从劳动密集型产业向资本与技术密集型产业的升级，提升我国在全球生产价值链中的分工地位。

实施对外开放新战略，要打造参与国际竞争新优势，构建对外开放新体制，形成对外开放新格局。与以往相比，新时期对外开放战略内容将更加均衡，要从以往的以贸易为主转变为贸易与投资并重，在贸易领域要从以往的以货物贸易为主转变为货物贸易与服务贸易并重，在投资领域要从以往的以"引进来"为主转变为"引进来"与"走出去"并重，"引进来"要从以往的以引资为主转变为引资与引智、引技并重。对外开放的领域将大大拓展，将从经贸领域向金融领域拓展，从实体经济领域向规则与治理领域拓展。对外开放的对象将更加全面，从以往的以发达经济体为主转变为发达经济体和发展中经济体并重，形成双向开放新格局。对外开放的水平将大幅提升，从"大进大出"转变为"优进优出"，在全球分工价值链中的地位大幅提升，对全球生产价值链的掌控力明显增强，在全球治理体系中的影响力大大增强，在全球范围内保障资源安全的能力大幅增强，战略纵深与发展空间大大拓展。促进竞争力升级与价值链升级的开放型经济新体制基本成型。

第一，培育参与国际竞争新优势。

随着经济发展水平的提高，我国劳动力成本逐步上升。必须加快培育我国国际竞争新优势，不断提高我国在全球生产价值链中的地位，加快从贸易大国向贸易强国迈进。在传统劳动密集型产业中，应从以往主要依靠低成本参与国际竞争转变为主要依靠质量、技术、品牌和服务参与国际竞争，保持和提升国际竞争力。在资本和技术密集型产业中，应通过扩大开放引进新技术、新业态，促进技术创新和商业模式创新，加速形成新的国际竞争力。应高度重视增强服务业的国际竞争力，把扩大服务业开放作为新一轮对外开放的重点，借鉴国际先进经验，提高服务业能级和水平，大力发展服务贸易。充分发挥我国的人力资源优势，大力发展知识密集型的服务外包。加快推动金融业对外开放，促进金融业发展，提升金融机构的国际竞争力，打造上海国际金融中心。有序推进人民币资本项目可兑换和人民币国际化。大力开展对外投资，培育一大批中资跨国公司，增强我国企业在全球整合资源的能力，不断提高对全球价值链关键环节的掌控力。

第二，构建开放型经济新体制。

习近平总书记指出，应提高利用国际国内两个市场、两种资源的能力，要牢牢抓住体制改革这个核心，坚持内外统筹、破立结合，坚决破除一切阻碍对外开放的体制机制障碍，加快形成有利于培育新的比较优势和竞争优势的制度安排。应从制度和规则层面深化改革，推进包括放宽市场投资准入、加快自由贸易区建设、扩大内陆沿边开放等在内的体制机制改革，完善市场准入和监管、产权保护、信用体系等方面的法律制度，着力营造法治化、国际化营商环境。对外开放新体制要主动与国际规则对接，加快形成与国际投资、贸易通行规则相衔接的基本制度体系和监管模式，既充分发挥市场在资源配置中的决定性作用，又更好地发挥政府作用。中共十八届三中全会对开放型经济新体制做出了全面系统的顶层设计。要加快落实这一蓝图，必须找准建立开放型经济新体制的突破口。一是充分发挥自由贸易试验区先行先试的探索作用，尽快形成一批可复制、可推广的新制度，加快在促进贸易投资便利、监管高效便捷、法制环境规范等方面先试出管用、有效的成果。二是以开放促改革。积极商签高水平自由贸易区协定，推进与主要经济体的双边投资协定谈判，不断提高贸易投资自由化、便利化水平，以扩大对外开放倒逼改革，加快形成开放型经济新体制。

第三，打造对外开放新格局。

统筹协调各个区域在对外开放中的分工合作，实现优势互补。沿海地区应全面参与国际分工，打造参与国际竞争新优势，引领国际竞争力升级。内陆沿边地区应推进跨境基础设施互联互通，建设国际大通道和国际经济合作走廊，成为落实周边外交战略和丝绸之路经济带建设的战略支点。积极探索内陆开放型经济新模式，有序承接产业转移，大力发展服务外包。进一步发挥各类特殊经济区引领开放的平台作用，打造对外开放新高地。充分发挥港澳优势，深化内地与港澳合作，推动协同发展。坚持"九二共识"和"一个中国"原则，深化海峡两岸经济合作。不断深化与美、欧、日等发达经济体的双边合作，提高经济合作的机制化水平。大力推进与发展中经济体的投资合作、贸易合作和金融合作，保障能源资源安全，构建以我为主的国际产业链，打造互利共赢的利益共同体，形成陆海内外联动、东西双向开放的全面开放新格局。

第四，积极参与全球经济治理体系，提升我国的制度性话语权。

面对全球经济治理变革，我国要不断提升在全球经济治理体系中的制度性话语权和影响力。积极参与国际经贸规则制定，推动国际经济秩序朝着更加公平合理的方向发展。不断增强软实力，提出完善全球经济治理的新理念和新倡议。坚定不移地维护多边贸易体系的主体地位，推动多哈回合谈判尽早取得成果。积极参与世界贸易组织新议题谈判，推动贸易投资自由化、便利化不断取得新进展。积极参与全球金融与货币体系改革，加强金融监管合作，增强防范金融风险的能力。积极参与二十国集团的政策协商，促进提升其作为全球宏观经济政策协调平台的地位。积极参与跨境投资、网络安全、气候变化等国际经济治理新议题谈判，引领国际经贸规则走向。我国应充分展示负责任大国形象，在构建新型大国关系的同时加强同发展中国家团结合作，努力寻求各方利益的汇合点，推进务实合作，做好对外援助，切实做到弘义融利，努力实现合作共赢。

第五，以"一带一路"建设为统领，大力推进区域经济合作。

要秉持和平合作、开放包容、互学互鉴、互利共赢的理念，加强与沿线国家开展战略对接和政策协调，以基础设施建设与互联互通为优先领域，以经贸合作为重点领域，以经济走廊建设为战略支撑，积极推进国际产能合作，建设一批境外产业园区，形成具有标志性意义的早期收获项目。充分发挥亚洲基础设施投资银行、丝路基金等金融机构的作用。加快实施自由贸易区战略，推进区域全面经济伙伴关系协定谈判，提出区域合作新倡议，推动亚太自由贸易区建设，致力于形成面向全球的高标准自由贸易区网络。

第六，积极推进金融业对外开放，稳妥推进资本项目可兑换与人民币国际化。

金融开放具有全局性影响，金融开放的滞后影响我国能否充分把握经济全球化的新机遇。但也要认识到，金融开放也蕴含系统性风险，金融开放必须要与监管能力的增强同步推进。很多发展中国家监管能力的提升滞后于金融开放，导致金融风险增加，发展进程被打断，教训十分深刻。我国推进金融开放，一是坚持金融服务实体经济的原则，积极推进金融服务业扩大开放。以扩大市场准入为着力点，统筹协调金融业对内开放与对外开放，以开放促进我国金融业发展。二是着力打造上海国际金融中心。三是提升中资金融机构国际化水平，提高其国际竞争力。四是稳步推进人民币国际化。人民币国际化起步良好，未来要借助"一带一路"、对外援助等，进一步推进人民币国际化。同时也要认识到，人民币国际化是一个水到渠成的历史过程，不应设定过高的目标，更不能操之过急。五是稳妥推进人民币在资本项目下的完全可兑换。要牢固树立风险意识和底线思维，积极主动深化国内金融改革，不断增强金融监管能力，以金融改革支撑资本项目开放。要处理好利率市场化改革、汇率市场化改革与资本项目可兑换的关系，循序渐进，稳步推进资本项目可兑换。

第七，加强国际合作，保障资源能源安全与粮食安全。

由于人均资源能源储量低的基本国情，我国已经严重依赖国际市场的供应，也已经成为世界最大的资源能源进口国。随着我国经济规模的壮大，我国将进一步加大对外部资源能源的依赖。因此，新一轮对外开放战略的一个重要任务，是通过加强国际合作，保障资源能源安全。由于人均耕地资源的限制，未来我国也必须利用全球资源来保障粮食安全。一是要明确利用全球资源保障我国矿产、能源和粮食安全的目标，即资源供给有保障、价格合理较稳定、运输通道多元化。二是积极参与国际资源能源治理体系，充分利用现有全球治理体系保障资源能源供给安全。三是要加强与资源能源富集国家和地区的合作。与资源富集国家和地区在政治、安全、经贸等多个领域全方位深化合作，综合运用援外、投资、贸易等多种经贸手段，重点推进矿业、农业与能源合作、基础设施合作、国际产能与园区合作、建立自由贸易区等。四是加强多元化的资源能源国际大通道建设，统筹规划海上运输与陆路通道。五是增强对国际大宗商品价格的影响力，维护大宗商品在合理价位上的基本稳定，避免价格大起大落的冲击。六是适当增加战略储备能力，统筹战略储备与商业储备，保障资源能源安全。

第八，着力增强国家软实力，提升我国的全球影响力。

一是要牢固树立三种意识，即互利共赢的开放发展意识、新兴大国的国际责任意识和国际分工意识；二是要防止三种情绪，即狭隘的民族主义情绪、民粹主义情绪和自满自大情绪；三是要积极推进国家治理能力与治理体系的现代化；四是要大力培养和有效激励国际化的人才，深入推进人事制度改革，大力选派优秀人才进入国际组织，在国际组织与国内政府之间建立高层次人才双向流动的新机制；五是要建设中国特色新型高端智库，推进智库的组织形式与管理方式改革，提高综合研判能力与战略谋划能力，充分发挥智库作为国家软实力的作用，大力提升我国在国际规则制定中的影响力、话语权，增强我国在国际事务中运用自身能力的巧实力；六是要围绕2030可持续发展议程，系统总结与分享中国发展经验，深入开展国际发展研究与合作。

总之，未来15年是我国竞争力升级的关键时期，也是我国跨越中等收入阶段迈入高收入国家行列的关键时期。我们必须制定对外开放新战略，必须统筹国际国内两个大局，同步推进国内改革与对外开放，同等重视增强国家软实力与硬实力，为实现中华民族伟大复兴奠定坚实基础。

第二章
货物贸易领域的开放发展

国际货物贸易带来的是商品的跨境流动，即商品流。一国的跨境商品流动越通畅，意味着该国的开放程度就越高。货物贸易领域的开放发展既是中国开放型经济建设的主要内容，也是开放型经济建设的重要动力。货物贸易出口自改革开放以来在近40年的时间里，一直扮演着经济增长主要引擎的角色，被誉为经济增长的"三驾马车"之一。虽然这一角色在最近几年因国际贸易环境恶化而有所淡化，但货物进出口对中国在经济新常态下实现稳定持续发展的作用依然不容忽视。在众多影响货物贸易发展的因素中，对外贸易体制的改革是决定货物贸易领域开放程度的关键，为中国经济通过与国际市场接轨融入世界全球化浪潮创造了前提条件，并提供了根本性保障。中国的对外贸易体制改革可以分为两个大的阶段。阶段划分的时间节点是中国加入世界贸易组织（WTO），即加入WTO前进行外贸体制市场化改革的阶段，以及加入WTO后在兑现"入世"承诺约束条件下的市场化深化和国际化提升阶段。

本章分为四节，每节探讨的主要内容如下：第一节和第二节将分别对外贸体制改革的两个阶段进行探讨，通过梳理外贸体制改革历程，找到中国国际货物贸易发展取得成功的关键。外贸体制改革作用的结果是货物贸易的又快又好发展，主要表现为货物贸易规模的扩大、商品结构的调整、贸易方式的转变和海外市场分布的变化。第三节将从这几个方面探讨中国货物贸易的开放发展在过去40年间取得的成绩。第四节在总结过往的基础上，对中国国际货物贸易未来发展的主要趋势进行展望和探讨，使国际货物贸易在新的历史时期为中国经济的创新发展、协调发展、绿色发展、开放发展、共享发展提供新动能。

第一节
"入世"前外贸体制市场化改革不断释放外贸企业活力

中华人民共和国成立后,在国内实行计划经济、外部面临美国及其盟国经济封锁的背景下,中国形成了高度集中、严格指令性计划、统一对外的垄断外贸体制。在这种外贸体制下,外贸的作用仅限于"互通有无、调节余缺"。垄断外贸体制严重束缚了外贸的发展,外贸业务效率低下,全国外贸规模长期低于100亿美元。与此同时,在全球货物贸易快速发展的推动下,世界经济全球化呈现出快速推进之势。根据WTO的统计,全球货物出口于1955年突破1000亿美元,于1966年突破2000亿美元,于1970年突破3000亿美元,到1978年突破了13000亿美元。在这种大背景下,中国领导人深刻意识到不能关起门来搞建设,于是将改革开放确定为中国的基本国策。但当时中国的外贸体制与世界的国际贸易制度存在明显差异。"二战"后,以美国为主导的西方世界大力推行贸易自由化,各国实行市场主导的贸易制度。这种贸易体制主要包括三方面内容:由供求决定的市场价格体系,较为自由的外贸经营体系,以汇率、关税等经济手段为主的外贸管理体系。中国的垄断外贸体制显然无法与国际对接。这就需要中国进行外贸体制的市场化改革,打造与国际市场规则相适应的外贸经营和管理体制。中国外贸体制的市场化改革从下放外贸经营权开始,经过外贸承包经营责任制改革、汇率制度改革等阶段,极大地释放了外贸企业的活力。而且从开放的历程中不难看出,中国开放型经济建设也始于外贸体制的市场化改革。总体而言,对外开放推动了外贸体制改革,并促进了外贸的大发展;外贸的大发展反过来为新一轮的改革开放创造了有利条件。

一、外贸体制改革的动力:打破垄断和开门搞建设

1958年出台的《关于对外贸易必须统一对外的决定》规定了外贸要遵守五个

方面的"统一",标志着垄断外贸体制的正式形成。这五个方面的"统一"包括：①统一办理,"对社会主义国家和对资本主义国家政府间的贸易,全由对外贸易部秉承中央意旨统一办理";②价格统一,"对资本主义国家进出口同类商品对外成交价格必须统一,对外贸易部各总公司必须按月或按季统一规定进出口价格的掌握的幅度,下达各对外贸易机构执行";③外汇统一管理,"任何地方任何机关未经中央批准,不得命令银行动用国家外汇,向外开证";④业务统一组织,"各口岸邀请外商来华谈判或派人出国进行贸易活动,必须事先报对外贸易部批准,由对外贸易部统一组织进行";⑤机构统一,"除对外贸易部所属各总公司和各口岸对外贸易机构外,任何地方任何机构不许做进出口买卖"。

对外贸易部是外贸的主管部门,但仅限于计划的执行。外贸计划具有严格的指令性,主要包括出口商品收购计划、出口计划、进口计划、进口商品国内调拨计划、国内销售计划、储运计划等,由国家计划委员会根据国民经济的发展和综合平衡的需要制定。年度进出口计划下达到对外贸易部后,再由对外贸易部下达给其下属的国营外贸公司,进行具体操作。最初,对外贸易部所属的进出口公司仅有10余家,对外成交的口岸仅限于广州、大连、上海、青岛和天津5个口岸。

虽然1974年国家给地方下放了部分进出口经营权,允许轻工部、建筑材料工业部、农业机械工业部、石油化学工业部、冶金工业部等部门成立出口供应公司,允许第一机械工业部成立产销结合的机械设备出口公司,但这些措施并没有触动垄断贸易体制的基本框架和运行机制。

在垄断外贸体制下,外贸业务定位于"互通有无、调节余缺",外贸出口的目的只是换取进口所需的外汇,而进口的目的是满足国内生产所需的必要生产资料。垄断外贸体制严重制约了外贸的发展。中国货物进出口规模在1973年之前一直不足65亿美元。虽然1974年在政策调整的作用下,进出口总额有所上升,并于1978年达到206.4亿美元,但当年的出口额仅占到世界出口额的0.75%。而且由于没跟上同期全球贸易快速发展的步伐,中国在世界贸易中的排名由1953年的第17位下降到第32位。① 更为重要的是，除垄断的外贸公司外，国内企业长期无法接触到国际市场，导致很多企业在最初与国际接轨时，因无法适应国际市场环境而付出了不菲的学费。

粉碎"四人帮"后，以邓小平为代表的中国领导人深刻地意识到不能再关起门来搞建设，必须实行对外开放。1979年6月30日，邓小平在会见第二次中日民间人士会议日方委员会代表团时提到："二十几年的经验是关起门来搞建设不可能发展生产力。""关门有两种，一种是对国际，一种是对国内，就是一个地区对另一个地区，一个部门对另一个部门。所以我们提出，要使我们的经济发展得快一点，就是对内要搞活，对外实行开放政策。"② 开门搞建设，必须要对垄断的外贸体制进行改革。以外贸体制改革实现货物贸易领域对外开放的序幕就此拉开。

二、外贸体制市场化改革的主要阶段

外贸体制的市场化改革遵循了当时的渐进式、增量改革的总体模式。改革主要分为三个阶段：第一阶段以下放外贸经营权为主要内容，第二阶段以外贸承包经营责任制改革为主要内容，第三阶段以汇率体制改革为开端。从改革的效果来看，外贸体制市场化改革一方面通过下放外贸经营权和建立并完善外贸承包经营责任制，使企业日益成为外贸市场的主体，大大提升了外贸企业的主动性、积极性，增强了外贸发展的活力；另一方面随着指令性计划退出、汇率制度改革以及关税调整的进行，外贸管理的市场化程度越来越高，管理效率迅速提高，进一步释放了外贸发展潜力。

1. 1978—1987年：以下放外贸经营权为主要内容的改革

下放外贸经营权始于工贸结合试点。1978年10月第一机械工业部成立中国机械设备出口公司（后改为进出口公司），负责开展为本部门工业企业服务的进出口贸易，成为第一个工贸结合的试点。随后，中共中央、国务院于1979年7月15日

---

① 宋元明：《对外贸易迅速发展，外贸体制改革步步深入——纪念改革开放20周年》，《国际贸易问题》1999年第1期。
② 季崇威：《论中国对外开放的战略和政策》，社会科学文献出版社，1995年，第6页。

发布了第 50 号文件,即《中共中央、国务院批转广东省委、福建省委关于对外经济活动实行特殊政策和灵活措施的两个报告》,确定了在深圳、珠海、汕头、厦门试办经济特区,在外贸方面给予两省较多的自主权,允许其有权安排和经营本省的对外贸易,包括可自行审批来料加工、补偿贸易和合资经营等项目。之后,外贸管理权和经营权在全国范围内进一步下放。一些全国性的、地区性的工贸结合进出口公司和联营公司相继成立。少数大型企业如武钢、首钢等开始直接经营外贸业务。有些省、市成立了具有国际投资信托业务性质的公司。

1983 年 2 月,中央和国务院批准了中共四川省委、四川省人民政府提交的《关于在重庆市进行经济体制综合改革试点意见的报告》,实行国家对市的外贸计划单列,市各外贸公司与经贸部各总公司直接挂钩,盈亏由各总公司统一核算。国家给省的有关外贸方面的管理权下放给市,由市直接进行对外谈判、报价、成交、签约、结汇。同时积极创造条件,开辟重庆到港、澳等地的直达航线。同年 4 月,中央和国务院批准扩大上海市在对外经济贸易方面的权力。

除下放外贸经营权外,当时的外贸体制改革还包括以下三个方面的重要内容:一是将外贸指令性计划与指导性计划和市场调节结合起来,外贸领域的计划不再实行单一指令性计划;二是实行进出口许可证制度,建立外贸经营权审批制;三是实行外贸减亏增盈分成制度和地区差别的外汇分成制度,对出口商品实行退税,鼓励出口。

这一阶段的改革打破了旧有的垄断外贸体制,外贸领域的企业主体日益增多。改革极大地释放了外贸领域的活力,促进了外贸的快速发展。1987 年中国货物进出口总额达到 681.1 亿美元,是 1978 年的 3.2 倍。

2. 1988—1993 年:以建立和完善外贸承包经营责任制为主要内容的改革

相对于垄断外贸体制,下放外贸经营权改革虽然极大地激发了外贸企业的活力,但体制中仍存在一些亟待解决的问题。这些问题主要包括三个方面:一是外贸企业的业务在一定程度上仍受计划管理,尤其是出口收汇的指令性计划,企业经营自主权依然有限,企业的积极性并未充分调动起来;二是各地方和部门争相成立外贸公司,外贸领域的无序竞争问题日益严重,为了争货源、争客户,外贸公司往往对内抬价抢购，对外减价竞销，外贸秩序因市场主体的增加而出现混乱增多的现象；三是由于国家对外贸企业亏损仍进行补贴，外贸领域吃"大锅饭"的问题依然突出。造成这些问题的根本原因在于计划管理和外贸企业的责权利相互分离。外贸企业一方面在出口收汇硬性指令计划的管理下，不断以高价争夺货源、低价争夺海外客户；另一方面在利用外贸经营权从进出口业务中获利的同时，可以不用为亏损承担责任。

为解决这些问题，1988 年初国务院决定在全国范围内全面推行对外贸易承包经营责任制。外贸承包经营责任制改革依托于 1986 年开始的承包经营责任制改革①这一大背景，其总体方向是"自负盈亏、放开经营、工贸结合、推行代理制"。在建立外贸承包责任制方面的改革内容主要包括七个方面：一是由各省、自治区、直辖市、计划单列市和直接承担出口任务的国家外贸公司分别向国家承包出口收汇、上缴外汇和经济效益指标，完成承包基数内的外汇实行分成，超过部分的外汇收入实行全部或大部分由地方、部门、企业留成的办法，凡地方、部门和企业按规定所得的留成外汇，允许按照国家有关规定自主使用；二是在轻工、工艺和服装三个行业实行外贸企业自负盈亏的试点改革；三是继续缩小指令性计划的范围；四是进一步放开外贸经营权，除少数关系国计民生的、大宗的、资源性的重要进出口商品由国家指定公司经营外，其余各类由外贸公司放开经营；五是各外贸进出口总公司的地方分支机构除保留少数经营国家统一经营商品的分支机构外，均由所在地方按照国家统一政策管理；六是国家成立外汇调剂中心，地方、部门和企业的留成外汇可以在调剂中心买卖；七是实行全面的出口退税政策，鼓励来料加工、进料加工商品的出口，发展出口商品生产基地及扩大出口信贷。

外贸承包责任制的建立不但改变了地方政府和外贸企业对盈亏不用负责的状况，且进一步扩大了外贸企业的经营自主权。这一时期的改革措施很快就取得了明

---

① 为解决企业"大锅饭"的积弊，调动企业的积极性，增加企业的活力，1986 年 12 月国务院出台了《关于深化企业改革增强企业活力的若干规定》，开始了国内企业以所有权与经营权相分离为原则、以承包合同确定国家与企业之间责权利关系的承包经营责任制改革。1988 年 2 月 27 日，国务院发布《全民所有制工业企业承包经营责任制暂行条例》，对承包经营责任制的内容和形式、承包经营合同、承包经营合同双方的权利和义务、企业经营者、承包经营企业的管理等问题做了具体规定。

显成效，主要表现为外贸规模上了一个新的台阶。据统计，1988年中国货物进出口总额突破了1000亿美元。

但是，最初建立的外贸承包责任制在实践中又暴露出很多局限性。与其他领域的承包责任制不同，外贸承包责任制中地方政府和外贸企业都是承包主体。为鼓励外贸企业完成出口创汇任务，地方政府财政对外贸企业进行补贴。因此虽然实施了外贸承包责任制，但外贸企业依然能够获得补贴（只是补贴的支付方由国家转移到了地方），并未真正做到自负盈亏。此外，地方政府进行包干的指标的基数根据各地情况而定。而各地区、各企业历史上形成的成本、外汇留成等存在很大差异，以此为基础确定的基数在某种程度上强化了不平等的竞争环境，加剧了地区间、企业间的无序竞争。

鉴于此，1990年12月9日国务院出台了《关于进一步改革和完善对外贸易体制改革若干问题的决定》。根据该决定及落实情况，外贸承包责任制的完善主要包括取消国家财政对外贸企业的出口补贴，实行自负盈亏机制；改革按地区实行不同外汇留成比例的做法，按大类商品全国实行统一的外汇留成比例，一般商品按外汇牌价上缴20%给国家，其余留给经营进出口的外贸企业；各省、自治区、直辖市及计划单列市和各外贸、工贸专业进出口总公司及其他外贸企业向国家承包出口总额、出口收汇和上缴中央外汇（包括收购）额度任务，承包任务根据"八五"计划对外贸发展的要求和全国外贸出口的实际情况逐年核定；大幅度调低进口关税，减少进口许可证管理商品品种；对出口商品取消了分级管理、分类经营的做法，减少实行配额许可证管理的出口商品品种，出口配额的分配与出口实绩挂钩；出台《外经贸企业转换经营机制的实施细则》，进一步深化外贸企业经营机制改革，在外贸企业中建立责权利结合的岗位责任制，试行股份制，让职工少量持股；对于产品技术比较复杂、出口量较大、符合自营出口条件的大中型国营生产企业和紧密型生产企业集团自营出口本企业产品继续给予支持，其进出口经营权由经贸部审批；搞活外汇调剂，在保证完成上缴国家外汇额度和收购任务后，允许外汇额度进入调剂市场，并跨省调剂，各地方政府、各部门不得用行政手段干预外汇资金的横向流通。

随着外贸承包责任制的完善，中国外贸企业的经营由单纯追求出口创汇向以经济效益为中心转移，对内高价抢货源、对外低价抢客户的现象得到了抑制，出口秩序混乱的局面得以改善；新的外汇留成办法按大类商品实行全国统一的外汇留成比例，为各地的外贸企业创造了平等竞争的条件；外贸企业的经营自主权进一步扩大，1993 年实行配额许可证管理的出口商品品种减少到 138 种，比 1992 年减少了 52%。这极大地提升了外贸企业的积极性。1991—1993 年中国每年的进出口增加额都在 300 亿美元左右，到 1993 年接近 2000 亿美元。

3. 1994—2000 年：以汇率体制改革为开端的全面市场化改革

1993 年 11 月，中共十四大明确提出了建立社会主义市场经济体制的改革目标。十四届三中全会出台了《中共中央关于建立社会主义市场经济体制若干问题的决定》。自此，全国经济体制改革朝着市场化方向迈进。外贸体制改革也开始步入了向市场化全面推进的阶段，这一阶段的外贸体制改革以汇率体制改革为开端。

从汇率体制改革入手推进外贸体制改革，主要原因在于当时中国外贸经营和管理中的汇率问题日益凸显。理论上，由于汇率贬值有利于提升国产商品的出口竞争力，升值有利于提升本币进口商品的能力，汇率可以被一国或地区作为调节进出口的工具使用。改革开放前，由于外汇由国家统收统支，因此汇率只是国家内部进行会计核算的工具，对进出口起不到任何调节作用。改革开放之后，中国在较长一段时间内实行外汇调剂市场汇率与官方汇率并存的"双轨制"汇率制度。此外，当时还存在"黑市"汇率。在多种汇率并存的情况下，国内、国外市场的价格体系难以打通，企业在经营过程中也很难进行有效的成本控制。这越来越影响中国对外贸易的进一步发展。在这种背景下，加快进行汇率形成机制改革的速度成为当时外贸体制进行全面市场化改革的突破口。时任对外贸易经济合作部部长吴仪明确指出："在当前形势下改革汇率制度，是真正抓住了关键。这些措施较之以往的改革措施在统一政策、放开经营、自负盈亏、平等竞争等方面取得了重大突破，将使长期困扰外贸发展的一些深层次问题得以有效地解决，从而有利于中国外贸体制按国际规范运行，有利于外贸企业更广泛、更深入地参与国际分工和交换，发展开放型经济，实现国内经济与国际经济的互接互补。"①

汇率体制改革具体包括四方面内容：一是将官方汇率和外汇调剂中心的双重汇率并轨成统一的由银行间外汇市场所决定的汇率；二是对外贸出口企业实行统一的结汇制，取消各类外汇留成，取消出口企业外汇上交和额度管理制度；三是对进口等经常项目下的用汇凭有效凭证实行售汇制度；四是1996年12月1日起实行人民币经常项目下的可兑换。

除了汇率体制改革外，这一阶段的外贸体制改革还包括了以下六个方面的内容：一是取消进出口贸易的指令性计划，实行指导性计划，不再召开全国外贸出口计划会议；二是各部委所属外贸企业与原主管部委脱钩，并按照现代企业制度进行改造；三是从1994年开始逐步过渡到由中央财政统一退税的出口退税制度；四是设立出口商品发展基金和风险基金，成立进出口银行，对出口贸易提供信贷支持和风险担保，逐步降低关税，清理非法定减免关税；五是加强外贸立法，先后发布实施《中华人民共和国对外贸易法》（1994年）、《中华人民共和国反倾销和反补贴条例》（1997年）；六是进一步减少对进出口的数量限制，对部分供给富余的进出口商品实行配额和许可证管理，对配额许可证商品实行配额有偿招标、拍卖或规则化分配。

这一阶段的外贸体制市场化改革进一步活跃了外贸市场，外贸管理进一步与国际规范接轨，取得了明显的成效。首先，汇率并轨后，人民币兑美元汇率在较长的时间内较为稳定，这大大降低了外贸企业的汇兑风险，为外贸的发展创造了有利的条件。其次，《中华人民共和国对外贸易法》的颁布实施标志着中国对外贸易管理走上法制化轨道，《中华人民共和国反倾销和反补贴条例》的出台使得中国外贸管理更加与国际通行规则接轨。在这一阶段，中国对进出口的数量限制措施大幅减少，关税税率也不断下调，贸易领域的开放程度明显提高。据统计，2001年中国发放出口（进口）配额许可证商品的出口（进口）金额均不超当年出口（进口）总额的8%。加入世界贸易组织前，中国关税总水平降至15.3%，其中工业品的关

---

① 吴仪：《如何面对一场没有硝烟的世界商战——关于外贸体制改革问题》，《中国改革》1994年第7期。

税水平略低于关税总水平，为14.7%。

表2-1 1992年、2001年中国进出口配额许可证发放情况

年份	出口配额许可证		进口配额许可证	
	商品种类	发证商品出口额占总额的比例	商品种类	发证商品进口额占总额的比例
1992	232	48.45%	53	38.33%
2001	66	7.7%	33	8%

资料来源：张小济：《走向世界市场：30年对外开放回眸》，中国发展出版社，2008年。

表2-2 中国1993—2001年的关税水平

年份	1993	1995	1997	2001
关税总水平	36.4%	23%	17%	15.3%

资料来源：张小济：《走向世界市场：30年对外开放回眸》，中国发展出版社，2008年。

第二节
"入世"后货物贸易领域对外开放达到前所未有的高度

2001年11月11日对中国的对外开放而言是一个极其重大的日子。这一天，中国政府代表正式签署了加入世界贸易组织（WTO）的所有法律文件，开启了中国对外开放的新征程。在兑现"入世"承诺的过程中，中国外贸管理体制沿着深化市场化和提升国际化的方向快速推进，关税水平大幅降低，非关税壁垒明显减少，跨境商品流动的通道更加顺畅。除了多边贸易框架下的对外开放，中国还在推进区域经贸合作过程中有重点地扩大与相关成员之间的货物贸易开放力度。中国经济融入全球化的广度和深度显著提升。2008年国际金融危机后，中国经济进入新常态，外贸体制改革也随之步入以促进外贸转型升级为主要目标的新阶段。

一、与货物贸易有关的"入世"承诺

1. 中国承诺

《中国入世议定书》中与货物贸易有关的承诺主要涉及国民待遇、贸易政策修改与统一实施、取消贸易权限制、关税减让与关税配额、非关税措施(包括进口配额许可招标措施、反补贴反倾销措施、技术性贸易壁垒及卫生与植物卫生措施)、出口补贴、知识产权保护等诸多领域。从表2-3可以看出,这些承诺内容具体,且有很明确的时间表。

在各项与货物贸易有关的承诺中,较重要承诺及其时间节点包括五个方面:一是取消贸易权的审批制。中国承诺在"入世"3年内取消贸易权的审批制,所有企业将有权在中国的全部关税领土内进口所有货物。外商投资企业从事进出口不需建立特定形式或单独的实体,也不需要获得包含分销在内的新的营业执照。二是关税减让和关税配额。中国承诺将关税总水平由"入世"前的14%降到2005年的约10%,其中工业品将由13%降至约9.3%,农产品将由19.9%降至约15.5%。在2005年前取消减让表中所列所有信息技术产品的关税,至2008年将关税总水平降至10%,自加入之日起取消7类农产品的关税配额,实行单一关税。三是削减非关税措施。中国承诺最迟于2005年1月1日取消400多个税号商品的非关税措施,包括配额、许可证和特定招标等。四是对进口产品适用反倾销反补贴规则。中国承诺对进口产品实施与世界贸易组织一致的反倾销反补贴规则。五是技术性贸易壁垒(TBT)及卫生与植物卫生措施(SPS)。中国承诺所有技术法规、标准和合格评定程序符合《技术性贸易壁垒协定》,在5年内将国际标准作为技术法规基础的比例提高10%(加入世界贸易组织时为40%);自加入世界贸易组织之日起保证其所有与SPS措施有关的法律、法规、法令、要求和程序符合《实施卫生与植物卫生措施协定》。

表 2-3　与货物贸易有关的主要承诺

主要领域	主要承诺
非歧视（包括国民待遇）	取消双重定价做法，并消除供国内销售而生产的产品和供出口而生产的产品之间待遇的差别。 自加入之日起，全面遵守和执行给予进口产品的国民待遇的原则。 修改、调整并废除和停止实施违反 WTO 国民待遇原则的所有现行法律、法规及其他措施。
贸易政策修改与统一实施	中国将及时修改或废除与《WTO 协定》和议定书的有关承诺不一致的行政法规、部门规章及其他措施，以便中国的承诺在有关时限内得以全面实施。 在全部关税领土内统一实施与 WTO 有关的贸易制度。 所有涉外经贸法律、法规和部门规章将在官方刊物或政府网站上公布，未经公布的不予执行。 在实施法律法规及其他措施之前提供草案，并提供一段可向有关主管机关提出意见的合理时间。
贸易权	逐步放开企业进出口经营权，在 3 年内取消贸易权的审批制：所有企业将有权在中国全部关税领土内进口所有货物（议定书附件 2A 所列供继续实行国营贸易的货物除外）。但是，此种权利不包括在国内市场的分销权。提供分销服务将依照中国服务贸易项下的减让表进行。 （A）自加入时起，将取消中国企业和外商投资企业作为获得或维持进出口权的标准的任何当地成分、出口实绩、贸易平衡、外汇平衡和以往表现要求，如在进出口方面的表现。 （B）对于全资中资企业，将降低获得进出口权的最低注册资本金要求，第一年降至 500 万元人民币，第二年降至 300 万元人民币，第三年降至 100 万元人民币，并将在 3 年过渡期结束时取消审批制。 （C）在过渡期内，将逐步放开外商投资企业进出口权的获得和范围。此类企业将根据以下的时间表被给予新的或额外的进出口权，即自加入后 1 年起，外资占少数股权的合资企业将被给予完全的进出口权，自加入后 2 年起，外资占多数股权的合资企业将被给予完全的进出口权。 （D）在加入后 3 年内，将给予所有在中国的企业进出口权。外商投资企业从事进出口不需建立特定形式或单独的实体，也不需要获得包含分销在内的新的营业执照。 在进出口权方面提供国民待遇：除议定书另有规定外，将给予所有外国个人和企业，包括未在中国投资或注册的外国个人和企业，不低于

(续表)

主要领域	主要承诺
贸易权	在中国的企业的待遇。获得进出口权的任何要求仅为通关和财政目的，将不构成贸易壁垒。拥有进出口权的外国企业和个人需要遵守所有与WTO相一致的有关进出口的要求，如与进口许可、技术性贸易壁垒及卫生与植物卫生措施有关的要求，但将不适用与最低资本金和以往表现有关的要求。 　　对于所有进出口货物，将在国内销售、许诺销售、购买、运输、分销或使用方面，包括直接接触最终用户方面，给予国民待遇。 　　逐步放开指定经营产品的进口权：中国对天然橡胶、木材、胶合板、羊毛、晴纶、钢材实行指定公司经营，对于指定经营的产品，在3年的过渡期内，每年调整和扩大指定经营制度下的企业清单，并最后取消指定经营制度。在3年期末，所有在中国的企业及所有外国企业和个人将被允许在中国全部关税领土内进口和出口此类货物。 　　中国将取消将贸易量作为获得这些产品贸易权的一项标准，降低最低资本金要求，并将指定经营企业的范围扩大到在生产最终货物过程中使用此类货物的企业和在中国分销此类货物的企业。在过渡期内，指定经营制度下的任何企业资格标准不对进出口构成数量限制。
关税减让	根据减让表的规定，中国关税总水平将由"入世"前的14%降到2005年的约10%，其中工业品将由13%降至约9.3%，农产品将由19.9%降至约15.5%。农产品的关税减让承诺实施到2004年结束，98%的工业品关税减让则将到2005年结束，但汽车及汽车零部件的关税将到2006年7月1日分别降至25%和10%（平均水平），部分化工品的关税减让则将到2008年结束。 　　将对所有进口木材和纸制品适用相同的关税，包括优惠计划、关税同盟或自由贸易区下适用的税率。 　　对于汽车的成套散件和半成套散件未设立关税税号。如中国设立此类税号，则关税将不超过10%。 　　中国自加入时起同时加入《信息技术协定》（ITA），并将在2005年前取消中国减让表所列所有信息技术产品的关税。此外，自加入时起，取消ITA产品的所有其他税费。 　　自加入时起，采取和适用减免税时实施最惠国待遇。 　　中国承诺遵守GATT1994关于海关规费和费用的规定。

（续表）

主要领域	主要承诺
关税配额	自加入时起，中国将对包括小麦、玉米、大米、棉花、食糖、豆油、棕榈油、菜籽油、羊毛等农产品和化肥、毛条等工业品实施关税配额管理。 自加入时起，即取消一些农产品的关税配额，实行单一关税，有关的产品包括大麦、大豆、油菜籽、花生油、葵花油、玉米油和棉籽油。以关税配额取代对食糖、棉花和3种化肥（磷酸氢二铵、三元复合肥和尿素）实行的配额。 自加入时起，保证在透明、可预测、统一、公平和非歧视的基础上管理关税配额，使用能够提供有效进口机会的明确规定的时限、管理程序和要求，反映消费者喜好和最终用户需求，且不抑制每一种关税配额的足额使用。 对于议定书附件2（国营贸易产品和指定经营产品）所列实行关税配额管理的货物，中国将适用减让表中与关税配额管理有关的规定和议定书中有关的承诺，包括对非国营贸易企业给予贸易权以进口供此类企业进口的关税配额分配量。 对于实行关税配额管理的货物，将不再要求单独的进口许可证批准，而在配额分配过程中，将提供任何必要的进口许可证。
进口配额、许可和招标	中国将按照议定书附件3（非关税措施取消时间表），最迟于2005年1月1日取消现行的对400多个税号商品所实施的非关税措施，包括配额、许可证和特定招标等措施，涉及产品包括汽车、机电产品、天然橡胶、彩色感光材料等。在此期间，相关产品的配额将享有一定的增长率。 只有附件3所列机电产品实行特定招标管理，将根据《机电产品进口管理暂行规定》（1993年9月22日经国务院批准、1993年10月7日国家经济贸易委员会和对外贸易经济合作部1号令颁布）的第三章进行管理。 中国将不采用、不重新采用或实施除议定书附件3所列措施以外的非关税措施，除非根据《WTO协定》条款被证明为合理的。 对于议定书附件3所列实行配额和许可证管理的产品，任何在配额年度拥有进出口权的企业，包括拥有某一类配额产品的进口权或生产所需货物的进口权的企业，均可申请配额和许可证以进口这些产品。 对于实行自动进口许可制度的产品，自加入时起，在任何情况下对进口申请一律予以批准，不对进口货物产生限制；任何符合法律要求的申请者均有资格提出申请并获得许可证；主管部门在收到自动许可申请后，将迅速批准。 配额按照规定的标准和程序进行分配。

（续表）

主要领域	主要承诺
对进口产品的反倾销反补贴规则	在加入前修改相关的法律和程序，使中国的反倾销反补贴规则与WTO一致。 中国根据加入前提出的申请已发起的（反倾销反补贴）调查，应不受到WTO成员根据《反倾销协定》提出的质疑。 尽管根据《反倾销协定》规定，《反倾销协定》的各项条款适用于根据《WTO协定》对中国生效之日或之后提出的申请而发起的调查和对现行措施的复审，但是，中国将对下列情况，适用《反倾销协定》的规定： （A）退还已征收的超过倾销幅度的税款的程序，包括加入前已采取的与反倾销措施有关的倾销幅度的计算； （B）按照加入后提出的请求，对加入之前已有措施进行的任何复审应不迟于实行反倾销措施之日起5年开始。 对反倾销税的最终裁决和就继续征收反倾销税的必要性进行复审等行政行为提供司法审查机制，利害关系方可以要求通过司法、仲裁或行政法庭按照程序迅速进行审议。
取消出口补贴	中国承诺遵守WTO《补贴与反补贴措施协定》，逐步取消与规则不符的补贴措施。 在加入时取消所有属于《补贴与反补贴措施协定》第3条禁止的以出口实绩为条件而给予的补贴，视使用国产货物替代进口货物情况而给予的补贴，任何与《补贴与反补贴措施协定》不符的与经济特区和其他特殊经济区有关的补贴。 对国有企业提供的补贴将受到《补贴与反补贴措施协定》的约束，特别是在国有企业是此类补贴的主要接受者或国有企业接受此类补贴的数量异常之大的情况下。
技术性贸易壁垒（TBT）及卫生与植物卫生措施（SPS）	使所有技术法规、标准和合格评定程序符合《技术性贸易壁垒协定》。不迟于加入之日，将使《商检法》及其《实施细则》与目前实行进口商品安全许可制度的商品有关的技术法规和合格评定程序以及其他相关法律法规符合《技术性贸易壁垒协定》。 在加入后不迟于4个月内，通知接受《良好行为规范》。为政府标准化机构规定明确的政策，以定期审议现有标准，特别是使之酌情与相关国际标准相协调。此外，承诺加速对现有的自愿性国家、地方和行业标准的修订工作，以便使之与国际标准相协调。

(续表)

主要领域	主要承诺
技术性贸易壁垒（TBT）及卫生与植物卫生措施（SPS）	进一步提高使用国际标准作为技术法规基础的比例，在5年内再增加10%（目前为40%）。采用国际标准作为合格评定程序的基础，不对进口产品造成歧视。 自加入之日起完全遵守《实施卫生与植物卫生措施协定》（以下简称《SPS协定》），将保证其所有与SPS措施有关的法律、法规、法令、要求和程序符合《SPS协定》。 仅在保护人类和动植物的生命或健康所必需的限度内实施SPS措施。不会以作为对贸易的变相限制的方式实施SPS措施。如无充分的科学依据，则不维持不必要的SPS措施。
知识产权保护	中国有关知识产权的立法已经基本符合《与贸易有关的知识产权协定》（以下简称《TRIPS协定》）。为了与《TRIPS协定》相一致，中国在"入世"前已经对《专利法》做了进一步修改，并承诺，在加入时完成《著作权法》《商标法》以及涵盖《与贸易有关的知识产权协定》不同领域的有关实施细则的修改，全面实施《TRIPS协定》。

资料来源：根据商务部网站（http://www.mofcom.gov.cn）公布的资料整理。

2. 其他成员对中国的承诺

其他成员也需要兑现对中国在货物贸易领域的开放承诺。承诺主要包括三个方面：一是在2008年12月31日之前，世界贸易组织成员不能对中国出口的纺织品同时使用特别保障条款和纺织品保障条款，在2008年之后，对纺织品适用特别保障条款；二是有些经济体针对中国出口货物维持的与《WTO协定》不一致的非关税措施将在中国加入世界贸易组织后5~6年内逐步取消；三是在中国加入后15年内完全取消在对中国出口产品进行反倾销调查时使用第三国替代价格的做法。根据最后一条承诺，2016年底之后中国将改变在本国出口产品反倾销调查中遭受不公正待遇的情况，即适用第三国替代价格的做法。

表2-4 其他成员对中国在货物贸易领域的主要承诺

领域	主要承诺
反倾销反补贴调查	WTO成员承诺，在中国加入后15年内完全取消目前在对中国出口产品进行反倾销调查时使用第三国替代价格的做法。议定书规定，在此过渡期内，WTO成员仍可以对中国出口产品使用替代国价格计算倾销幅度，但是，只要接受调查的生产企业能够证明，其出口产品是在市场经济条件下生产的，则WTO成员应遵守WTO《反倾销协定》，采用被调查产业的国内生产成本计算倾销幅度。 上述过渡性条款的模式也适用于反补贴措施。
纺织品服装限制措施	WTO成员在中国加入之日的前一日对原产于中国的纺织品和服装的进口所维持的配额，将向世贸组织纺织品监督机构（TMB）作出通知，作为适用《纺织品与服装协定》（ATC）的配额增长的基础水平。对于这些基础水平，《纺织品与服装协定》有关条款规定的增长率的增长应自中国加入之日起酌情适用。 WTO成员对原产于中国的纺织品和服装可采取临时限制措施。在2005—2008年，如中国的某一类纺织品对WTO成员市场造成"市场扰乱"，WTO成员可临时实行限制，但4年内对一种产品只能用一次，一次只能持续一年，不能重复使用。在2008年12月31日之前，WTO成员不能对纺织品同时使用特别保障条款和纺织品保障条款，在2008年之后，对纺织品适用特别保障条款。
某些经济体对个别商品的非关税措施	欧盟、阿根廷、匈牙利、墨西哥、波兰、斯洛伐克、土耳其等成员认为中国目前的外贸制度还未完全符合WTO义务，在中国"入世"后不能立即取消对中国出口货物维持的数量限制、反倾销措施、保障措施等非关税措施。这些针对中国出口货物维持的，且与《WTO协定》不一致的非关税措施被列入议定书附件7，将在中国加入WTO后5~6年内逐步取消。如欧盟对中国鞋、陶瓷制品的数量限制在2005年1月1日前全部取消。此外，受制于数量限制的产品还将在过渡期内享受一定的配额增长率。

资料来源：根据商务部网站（http://www.mofcom.gov.cn）公布的资料整理。

二、"入世"是中国外贸体制改革向纵深发展的主要推手

2001年前后,"入世"对中国经济的影响是一个被国内外各界人士深度热议的话题。虽然有的人认为"入世"将引"狼"入室,会对中国国内经济造成严重冲击,众多产业将在外部竞争中被摧毁,但更多的人认为"入世"既是机遇又是挑战。"入世"后中国对外贸易的优异表现充分证明,"入世"给中国外贸发展带来的机遇大于挑战。"入世"不仅仅成为中国扩大对外开放的新动力,更为中国经济高速发展营造了一个更加开放的外部环境。除了兑现"入世"承诺带来的直接变化外,"入世"还推动了中国内外贸一体化和全面放开外贸经营权的改革,加快了政府外贸管理职能和方式的转变,从而成为外贸进入高速发展阶段的制度保障。

按照"入世"承诺,中国要对与承诺有关的法律法规进行必要的修改、废除或重新制定,以使外贸管理更加符合《中国入世议定书》的内容,以及世界贸易组织的各项协定(如《TRIPS协定》)和原则(如非歧视、国民待遇和最惠国待遇)。资料显示,到2005年底,中国制定、修改了《中华人民共和国对外贸易法》等3000多部法律、法规和部门规章,覆盖了货物贸易、服务贸易、与贸易有关的知识产权保护以及透明度、贸易政策的统一实施等各个方面。仅在"入世"后3年内,地方政府就清理出19万条地方性法规和政策措施,并根据世界贸易组织的规则和"入世"承诺分别进行了修改或废止。① 其中较为重要的法律、法规调整包括:2004年全面修订了《中华人民共和国对外贸易法》,将外贸经营权惠及自然人,并将审批制改为备案登记制。2011年颁布出台了《货物进出口管理条例》《货物进口许可证管理办法》《货物自动许可管理办法》,使外贸管理手段更加合乎国际规范。在修订法律、法规的同时,中国货物进口的关税水平按承诺逐步降低,非关税壁垒明显削减。至2007年过渡期结束,中国完全兑现了与贸易有关的各项承诺。

而且,为适应经济融入全球化和国际贸易自由化的新形势,中国对内进行了以

---

① 《入世十年推动中国法治进程》,《法制日报》,引自 http://news.sina.com.cn/o/2011-12-09/081823603006.shtml.

内外贸一体化为主要内容的外贸体制改革,将原国家经济贸易委员会内负责贸易的部门和原对外经济贸易合作部合并成商务部,统一负责国内外经贸事务的管理,大力推动政府外贸管理职能的转变。作为由计划经济向市场经济过渡的转型国家,中国外贸体制中存在很多地方不适应"入世"带来的新形势,其中亟待解决的是内外贸人为割裂问题。在计划经济时期中国外贸与内贸在管理上被人为分割,这严重影响了整个市场体系的竞争性、统一性和开放性。早在20世纪90年代初就有专家提出内外贸一体化的发展思路。马洪在1992年指出:"部门对市场的分割,在商品市场方面主要表现为内贸与外贸分家,商业与物资分设。随着近年来流通体制的改革,商业与物资相互分割和相互封锁的状况有了较大改变,但内外贸分家的割据基本如旧。今后,要逐渐打破这种界限,通过试点,建立起一批内外贸兼营的大型流通企业。这样做有利于把国内市场和国际市场联系起来,发挥两类部门的综合优势。"[①] 加入世界贸易组织为加快内外贸一体化步伐提供了有利的契机。随着商务部的组建,中国实现了内外贸的统一管理,为企业利用好国内外两个市场创造了有利的制度和政策环境。在中国国内市场日益发展的条件下,越来越多的企业开始兼顾国内外市场。这也成为2008年国际金融危机期间很多外贸企业通过发展内贸渡过难关的重要经验之一。

此外,加入世界贸易组织并不是中国单方面兑现开放承诺,其他成员对中国的开放承诺意味着向中国制造的出口商品打开了海外市场的大门,尤其是纺织品服装的出口。图2-1显示,2001—2008年中国纺织品服装出口大增。2008年中国纺织品服装的出口总额达到1194.6亿美元,是2000年的3.25倍。[②]

总体而言,在进入21世纪的最初7~8年内,至2008年国际金融危机爆发,兑现"入世"承诺构成了中国外贸体制改革的外部硬约束,同时为中国经济更深入地融入全球化创造了有利条件。"入世"之所以对中国经济产生如此巨大的影响,根本原因还在于世界贸易组织的各项协定原则上与中国市场经济建设和改革开放的宗旨基本一致,因而这一阶段的外贸体制改革延续了以往市场化改革的方向,

---

① 马洪:《马洪集》,中国社会科学出版社,2000年,第112页。
② 根据Wind数据库数据计算。

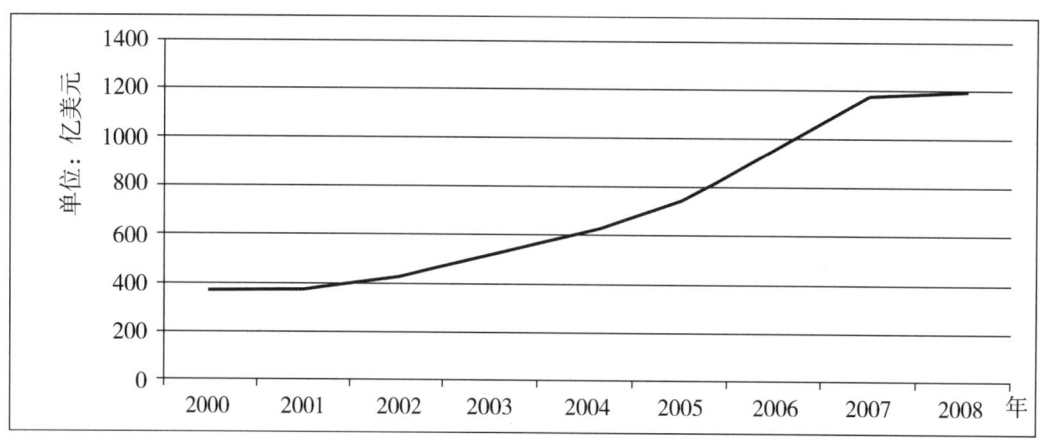

图 2-1 2000—2008 年中国纺织品服装出口增长情况

数据来源：Wind 资讯。

且更加顺应经济全球化和贸易自由化的国际大趋势，从而缔造了支撑中国外贸高速增长的重要战略机遇期。2001—2008 年间，中国货物进出口年均增幅高达 22.4%，货物进出口总值于 2004 年突破 1 万亿美元，2007 年突破 2 万亿美元，实现了举世瞩目的跨越式发展。

三、后 WTO 时代，以转型升级为总目标的货物贸易发展策略

2008 年，美国次贷危机引发了全球性金融危机。危机爆发至今已历时近 10 年，世界经济依然没有走出这场危机。危机波及范围之广、持续时间之长，世人始料未及。危机中，全球贸易增速明显放缓，且打破了之前几十年来一直高于全球经济增速的发展格局。世界贸易组织的统计数据显示[①]，2012 年、2013 年、2014 年和 2015 年全球贸易增长率分别为 0.86%、2.44%、0.25% 和 -13.23%。2012 年开始世界贸易与同期全球经济总量（GDP）的比率持续下降。在这种大背景下，外部需求不振必然成为中国货物出口保持稳定增长的一大挑战，这也成了中国货物贸易转型升级的外部推手。

与此同时，中国国内生产要素（包括劳动力、土地、环境等）成本快速上升，

---

① https://www.wto.org/english/res_e/statis_e/wts2016_e/WTO_Chapter_02_e.pdf.

成为货物贸易转型升级的内部压力和动力。由于要素禀赋和外汇短缺的限制，中国改革开放以来很长一段时间内利用劳动力、土地、环境等生产要素成本低的优势，发展劳动、资源密集型产品加工制造，并通过扩大出口换取国内工业化发展所需要的能源、资源、技术和资金。长期以来中国出口产品以低附加值、低收益产品为主，中国出口加工企业处于全球价值链的低端，在价值链收益的分配中处于被动地位。虽然中国成了"世界工厂"，但却鲜有能够在全球价值链上占据主导地位的企业，更谈不上拥有价格和收益分配的主导权。中国企业在与国际大型跨国公司的竞争中一直处于劣势地位。有数据显示，2005 年世界 500 强企业在营业总收入、总利润和总资产方面分别是 2005 年中国 500 强企业的 12 倍、14 倍和 17 倍。[①]

中国迫切需要解决货物贸易一直以来存在的"大而不强"问题，从而实现由"贸易大国"向"贸易强国"的转变。外贸转型升级不可避免地成了新形势下外贸领域改革开放的主题。自 2008 年以来，为促进外贸转型升级，中国采取了一系列的支持政策。有关政策主要集中在四个方面：一是稳定出口，优化出口结构，限制"两高一资"产品出口，鼓励机电、汽车等高新技术产品出口。具体措施包括：商务部构建了出口商品技术服务体系，组织中国机电产品进出口商会编制并发布《出口机电产品国际认证指南》。2009 年 10 月商务部、国家发改委、工业和信息化部、财政部、海关总署、质检总局发布了《关于促进中国汽车产品出口持续健康发展的意见》。2009 年 12 月商务部、科技部发布了《关于鼓励技术出口的若干意见》。2010 年 7 月 15 日取消了部分钢材、部分有色金属加工材、银粉、酒精、玉米淀粉、部分农药、医药、化工产品、部分塑料及制品、橡胶及制品、玻璃及制品的出口退税。二是加强进口管理，实施积极的进口战略。2011 年 3 月商务部、国家发改委、财政部、中国人民银行、海关总署、税务总局、质检总局、国家外汇管理局发布了《关于"十二五"期间实施积极的机电产品进口促进战略的若干意见》。2014 年国务院办公厅发布了《关于加强进口的若干意见》。三是加大了外贸领域的简政放权力度，大力推进外贸企业信用制度建设、"三互"大通关、无纸化办公等举措，以

[①] 张小济：《走向世界市场：30 年对外开放回眸》，中国发展出版社，2008 年。

及推广上海自由贸易试验区的相关政策,提升外贸便利化水平。2007年,根据《国务院办公厅关于开展行政法规规章清理工作的通知》(国办发〔2007〕12号)的要求,各外贸主管部门对本部门的行政法规、规章进行了清理,拉开了新一轮简政放权的序幕。2008年1月海关总署发布了新修订的《中华人民共和国海关企业分类管理办法》,成为企业信用制度建设的基础。2014年12月商务部发布了《贸易政策合规工作实施办法(试行)》。2014年12月底,国务院印发《落实"三互"推进大通关建设改革方案》,要求强化大通关协作机制,实现口岸管理相关部门信息互换、监管互认、执法互助。2015年海关总署、商务部发布《关于进一步扩大自动进口许可证通关作业无纸化试点的公告》。海关总署还及时在全国推广上海自由贸易试验区的14项贸易便利化创新政策。四是加速建设双边自由贸易区,定向扩大贸易领域的对外开放。截至2016年末,包括香港、澳门地区在内,中国共与14个经济体签署了自由贸易协定。通过这些自由贸易协定中的关税减让安排和贸易便利化措施,中国与相关贸易伙伴的外贸开放程度进一步提升。另外,中国有9个谈判中的自由贸易协定,6个正在研究的自由贸易协定,以及1个优惠贸易安排——亚太贸易协定。这些举措为中国外贸的转型升级创造了有力的政策支持。中国外贸结构不断优化,越来越多的高科技装备、人工智能、生物芯片、云计算、大数据等智能制造成果正在加速打开国际市场,中国产品在全球制造业价值链中的地位也在不断提升。

第三节
40年改革开放在货物贸易领域中成绩显著

中国对外开放的一个重要标志是中国商品大规模走向国际市场,并从国际市场换回发展所需要的技术,而不仅仅是资源能源。纵观近40年的改革开放历程,货物进出口的快速发展始终伴随其中。在外贸体制改革的过程中,国内外贸企业如雨后春笋般成长起来，外商投资企业大量进驻，中国的货物进出口持续高速增长，其在国际市场上的份额不断提高。中国"世界工厂"的地位得以确立，并进一步深化。中国在为全球生产提供物美价廉的原材料、为海外市场提供低价优质的消费品的同时，改变了全球的贸易格局。在 2008 年国际金融危机爆发之前，中国货物贸易进出口总额已经超过 2 万亿美元，其中货物出口总额超过 1.2 万亿美元。危机导致全球贸易增速放缓，中国虽然受此影响也出现了对外贸易下滑的情况，但要好于世界其他主要贸易国，中国货物出口占全球市场的份额依然保持升势，2009 年中国超越德国成为世界第一大出口国。在规模持续扩大的同时，中国货物进出口的商品结构也在不断优化，高技术产品在出口中的比重明显提高，出口产品逐步实现从劳动密集型向资本技术密集型的转变。就贸易方式而言，中国在改革开放之初创造性地运用了加工贸易，依靠当时仅有的劳动力、土地低成本优势，吸引海外资本和技术，大力发展两头（资金技术和市场）在外的"三来一补"加工贸易，走出了一条新型工业化的道路。近年来，顺应比较优势的变化和外贸转型升级的发展，中国货物贸易中一般贸易开始成为主要方式。从贸易的地区分布来看，中国货物进出口对象国的多元化趋势明显，尤其是与新兴经济体和"一带一路"沿线国家的贸易往来日益频繁。本节将从贸易规模、商品构成、贸易方式和境外市场分布几个方面来梳理改革开放 40 年间中国货物贸易领域取得的优异成绩。

一、持续扩大的贸易规模

自改革开放以来中国的货物进出口一直处上升态势，直至 2008 年国际金融危机爆发。2008 年中国货物进出口总额达到 25632.55 亿美元，是 1978 年的 124 倍多。1978—2008 年的 31 年间中国进出口额的年均增长率高达 17.44%。受国际需求不振的影响，2009 年中国货物进出口出现了负增长，增速为 -13.9%。2010 年、2011 年出现了强劲反弹，增幅分别为 34.7%、22.5%。之后，中国货物进出口的增速连续三年呈现出单位数增长态势，而 2015 年、2016 年连续两年又出现了负增长，分别为 -8.1%、-6.8%。

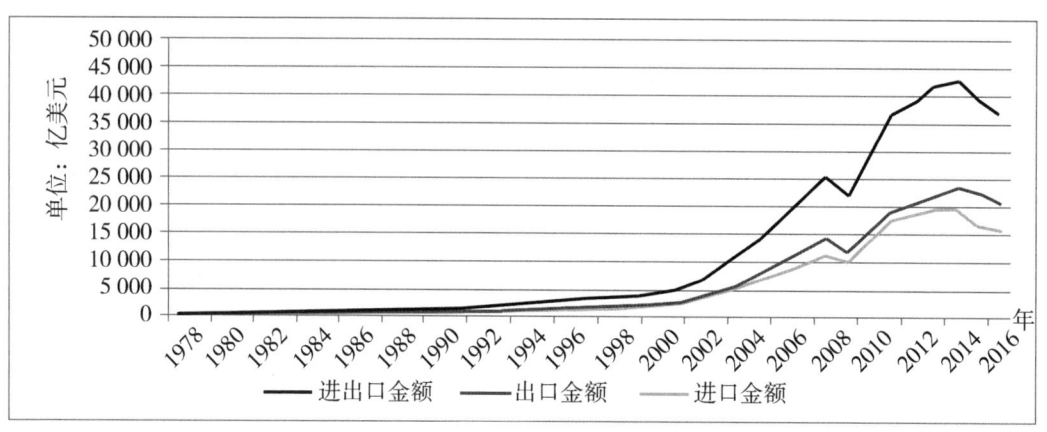

图 2-2　1978—2016 年中国货物进出口发展状况

数据来源：Wind 资讯。

与贸易规模快速增长相对应的是中国货物贸易在全球贸易中的比重稳步上升。其中中国货物出口在全球贸易出口中的比重在改革开放之初不足 1%，但在 2008 年国际金融危机前已经超过了 8%。危机期间，即便中国外贸形势面临诸多挑战，但中国作为货物贸易大国的地位并没有减弱。中国货物出口在全球市场中的份额继续呈现出增长状态。2013 年中国成为全球第一大贸易国。2015 年中国货物出口在全球出口中的比重升至 13.8%。中国货物出口在全球市场份额中保持升势主要得益于中国贸易政策的及时调整。这使得中国货物进出口的整体状况在全球贸易持续低迷期间相对好于全球其他经济体。

货物进出口规模扩大在出口大于进口的情况下意味着贸易顺差的增长。中国自 1994 年汇率形成机制改革之后一直处于贸易顺差状态，到 2016 年累计贸易顺差超过 3.6 万亿美元。西方经济学理论将净出口（出口与进口之差）视为拉动 GDP 增长的"三驾马车"之一。中国净出口规模越大，对经济增长的贡献率越高。有研究显示，从占国内生产总值（GDP）的比重来看，2002—2007 年出口拉动对中国 GDP 的贡献持续快速上升，从 11.6% 上升到 18.7%。[1] 从经济实践来看，贸易顺差一度是中国外汇储备最重要的来源，为中国改革开放初期获取发展所需的外部资

---

[1] 任泽平、陈昌盛：《出口对中国经济增长的贡献究竟有多大》，《中国经济报告》2010 年。

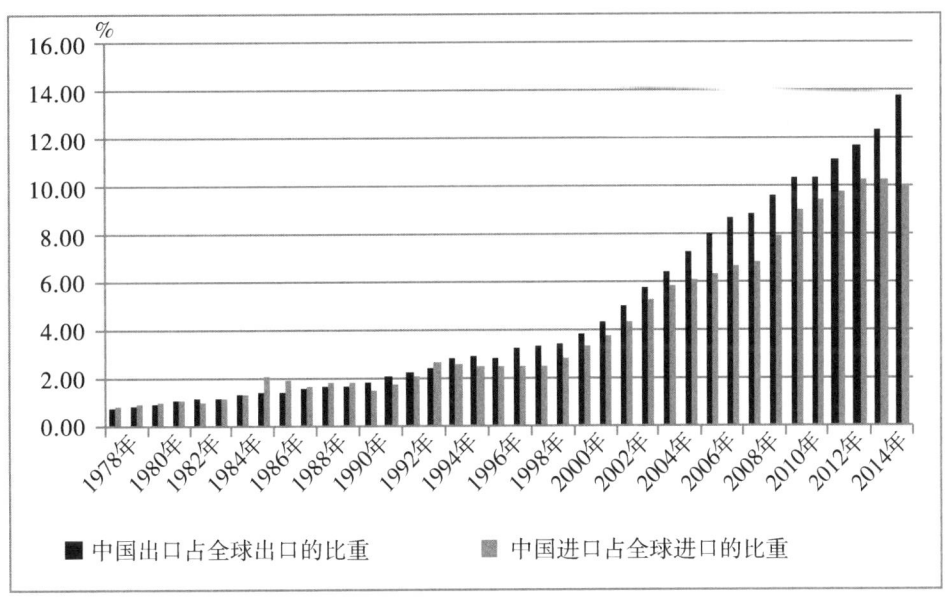

图2-3 1978—2015年中国货物进出口在全球进出口中的比重

数据来源：Wind资讯。

源、技术提供了有力的资金支持，也为当前中国"走出去"战略、"一带一路"倡议的深入推进积累了资本实力。

二、不断优化的商品构成

在近40年的改革开放中，中国出口的商品构成经历了从以初级产品为主到以劳动密集型产品为主，再到以资本、技术密集型中的机电和高新技术产品为主的优化过程。表2-5中的数据显示，2000年之后的10年间，以机电产品和高新技术产品为代表的资本、技术密集型产品在中国出口中的比重快速提升，曾于2009—2010年连续2年超过90%，目前稳定在86%左右；同期，这些产品在进口中的比重在提升中有明显起伏，2005年达到83.05%的高点，目前稳定在80%左右。

表 2–5　中国高新技术产品、机电产品的进出口份额（2000—2016 年）

年份	出口份额/%			进口份额/%		
	高新技术产品	机电产品	合计	高新技术产品	机电产品	合计
2000	14.86	42.26	57.12	23.33	45.70	69.03
2001	17.46	44.64	62.10	26.33	49.49	75.82
2002	20.84	48.24	69.08	28.07	52.71	80.78
2003	25.17	51.90	77.07	28.90	54.51	83.41
2004	27.90	54.51	82.41	28.76	53.79	82.55
2005	28.64	56.01	84.65	29.96	53.09	83.05
2006	29.05	56.70	85.75	31.25	54.04	85.29
2007	28.50	57.45	85.95	30.02	52.19	82.21
2008	29.05	57.52	86.57	30.19	47.56	77.75
2009	31.37	59.35	90.72	30.80	48.85	79.65
2010	31.21	59.16	90.37	29.56	47.29	76.85
2011	28.91	57.18	86.09	26.56	43.21	69.77
2012	29.35	57.57	86.92	27.87	43.03	70.90
2013	29.89	57.29	87.18	28.63	43.08	71.71
2014	28.20	55.97	84.17	28.14	43.61	71.75
2015	28.82	57.65	86.47	32.63	48.00	80.63
2016	28.79	57.66	86.45	32.99	48.59	81.58

数据来源：Wind 资讯。

出口商品构成调整的背后动因是商品在国际市场上的竞争力的变化。由于比较优势指数通常被用来衡量一国在某类商品上的竞争力，因此也可以被用来衡量出口商品构成的优化情况。比较优势指数包括显性比较优势指数（RCA）[①] 和显性贸易

[①] RCA 可以用来计算一个国家某种出口商品占其出口总值的比重与该类商品占全球出口总值的比重这两者之间的比率。如果 RCA > 1，表示该国在此种商品具有显性比较优势，出口竞争力较强；如果 RCA < 1，则说明该国商品没有显性比较优势，出口竞争力较弱。RCA 的计算公式为：RCA = $(X_{ij}/X_{it})/(X_{wj}/X_{wt})$；其中，$X_{ij}$ 表示 i 国 j 商品的出口值；X_{it} 表示 i 国出口总值；X_{wj} 表示全球 j 商品的出口总值；X_{wt} 表示全球出口总值。

优势指数（RTA）①。国务院发展研究中心对外经济研究部2011年一项关于中国比较优势的研究通过采用RCA和RTA分析，得出如下结论：20世纪80年代，中国的比较优势在于初级产品；20世纪90年代以来，中国的比较优势转到了劳动密集型产品上；进入21世纪的前10年，劳动密集型产品仍是中国比较优势最强的产品，但资本、技术密集型产品开始显示出比较优势。之所以在机电和高新技术产品在贸易中占比超过50%的情况下依然认为劳动密集型产品是中国比较优势最强的产品，是因为机电和高新技术产品虽然是资本、技术密集型产品，但中国企业处于价值链的低端，其所生产的产品主要集中在资本、技术密集型产业价值链的劳动密集环节。但是，值得注意的是，以生命科学技术、材料技术、航空航天技术、仪器仪表为代表的真正高端的资本、技术密集型产品的出口份额始终处于升势。说明中国在资本、技术密集型产品上的比较优势正在稳步向前推进。

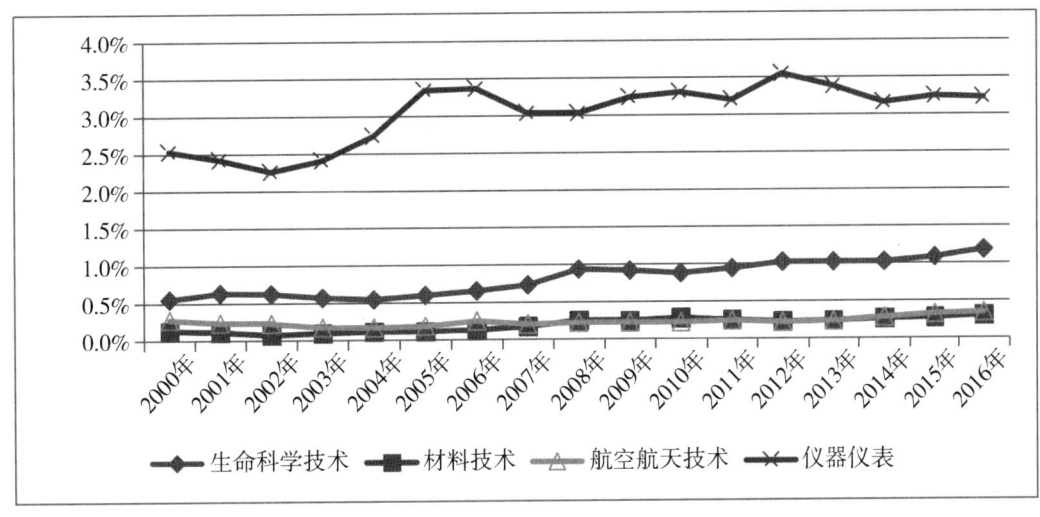

图2-4 部分机电和高新技术产品出口占比情况

数据来源：Wind资讯。

---

① RTA在计算显性比较优势指数时同时考虑到进口和出口，以剔除加工贸易导致的偏差。RTA值大于0，表示该产品具备比较优势；RTA值小于0，则表示该产品不具备比较优势。RTA的计算公式为：$RTA = RXA - RMA$；$RXA = (X_{ij}/X_{it})/(X_{wj}/X_{wt})$，$RMA = (M_{ij}/M_{it})/(M_{wj}/M_{wt})$。其中，RXA代表出口显性优势指数，就是前文所说的RCA；X_{ij}表示i国j商品的出口值；X_{it}表示i国出口总值；X_{wj}表示全球j商品的出口总值；X_{wt}表示全球出口总值；RMA代表进口显性优势指数；M_{ij}表示i国j商品的进口值；M_{it}表示i国进口总值；M_{wj}表示全球j商品的进口总值；M_{wt}表示全球进口总值。

三、与发展阶段相适应的贸易方式

加工贸易和一般贸易是中国货物贸易最主要的两种贸易方式。加工贸易是利用境外原材料、零部件加工组装成成品后出口到境外的贸易方式。改革开放初期,加工贸易主要包括来料加工、来件加工、来样加工和补偿贸易①,当时通称为"三来一补"。但随着加工制造技术的成熟,加工贸易由"三来一补"发展到以进料加工和来料加工为主,后期又发展到包括设计、研发环节在内的原厂委托加工(OEM)和原厂委托设计加工(ODM)形式。

根据2014年发布的《中华人民共和国海关加工贸易货物监管办法》,加工贸易是指经营企业进口全部或者部分原辅材料、零部件、元器件、包装物料,经加工或装配后,将制成品复出口的经营活动,包括进料加工、来料加工。加工贸易的进口料件在进口时一般实行保税监管,加工成品出口后海关根据核定的实际加工复出口的数量予以核销,如果销往国内需要依法补缴海关关税和其他由海关代征的税款。一般贸易是与加工贸易相对而言的贸易方式,两者的区别主要表现在一般贸易进口的商品在进口时要依法缴纳海关关税和其他由海关代征的税款,然后才能由海关批准货物和运输工具的放行。

从图2–5中可以看出,一般贸易和加工贸易在中国货物进出口中的地位呈现出交替主导的态势。1994年前,一般贸易是主要的贸易形式,但在中国贸易中的比重逐年降低;加工贸易的份额则快速提升。从1994年开始,加工贸易超过一般贸易成为最主要的贸易方式。加工贸易在中国贸易中的比重在1998年达到顶点(53.4%)。2008年开始,一般贸易重回主导地位。中国贸易方式主导地位的这种交替转换契合了当时发展阶段的贸易发展条件,是中国货物贸易转型升级的一个重要方面。应势而为,这也是中国货物贸易能够通过改革开放实现持续快速发展的宝贵经验。

在改革开放之初,中国的制造业缺乏国际竞争力,整个国家能够用来进行国际

---

① 补偿贸易是国际贸易中以产品偿付进口设备、技术等费用的贸易方式。

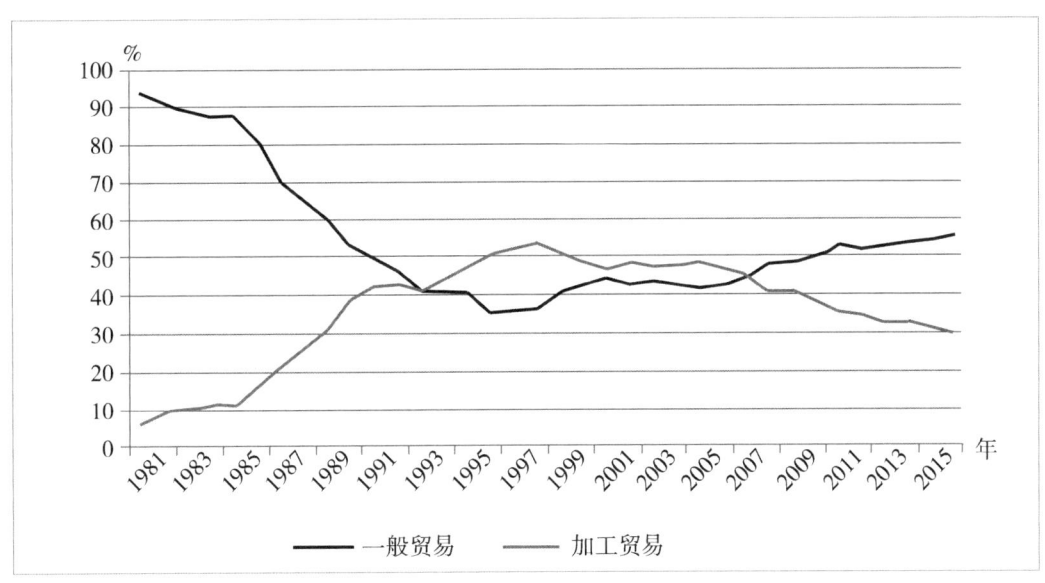

图 2-5　一般贸易、加工贸易在中国货物进出口中的比重（1981—2016 年）

数据来源：Wind 资讯。

交换的主要是初级产品。在这一背景下，中国创造性地运用了加工贸易方式，利用国内低成本劳动力、土地等生产要素充沛的优势，吸引港澳台地区、日本以及欧美等地的资本在内地发展生产料件和成品市场两头在外的加工制造业。正是加工贸易这一贸易方式在中国的创造性运用，成就了中国"世界工厂"的地位，也为中国找到了一条在全球化条件下推进工业化的捷径。

自从 20 世纪 70 年代末中国实行加工贸易政策以来，加工贸易出现了爆炸式的增长。加工贸易进出口总额 1980 年仅为 16.66 亿美元，到 2014 年达到顶点，略高于 1.4 万亿美元。第一，加工贸易的作用体现在它是中国承接跨国产业转移的重要方式，为中国持续融入全球价值链并提升在全球价值链中的地位创造了有利条件。中国改革开放之初正值全球价值链从亚洲"四小龙"转出之时，加工贸易使得中国抓住了这次全球价值链大转移的有利时机，实现了国内经济与国际经济的大融合。第二，加工贸易方式在动员更多的生产要素（农村闲置劳动力、土地资本和外来资金）投入制造业的同时，管理和技术外溢效应明显，使中国在原来工业门类齐全的基础上提升了制造业的国际竞争力，也为中国充分利用加入世界贸易组织带来的境外市场开放做好了准备。2001 年，中国加工贸易净出口达到 534.6 亿美元，占全部国有及规模以上工业企业增加值的比重达到16.5%。如果考虑到从事加工贸易的企业在国内销售的工业增加值,加工贸易对中国工业增加值的贡献会更高。第三,加工贸易两头在外的特征使得中国在国际贸易体系中的地位随着加工贸易的大发展而迅速提升,使中国成为国际社会公认的"世界工厂"。第四,加工贸易创造的大量顺差使中国积累了大量的外汇储备,使中国能够进口发展其他产业所需的先进设备和技术,而且为中国抵御外部金融风险做出积极贡献。第五,加工贸易发展中产业结构不断升级,带动了中国的贸易结构从纺织服装等传统劳动密集型产业向机电和高新技术等资本、技术密集型产业升级。在21世纪初,中国约3/4的机电产品出口采取了加工贸易的方式。

加工贸易对中国开放型经济建设及工业化做出了毋庸置疑的贡献,但随着中国劳动力、土地低成本优势的降低以及环境约束的强化,中国在传统劳动密集型产业加工组装上的竞争力逐渐弱于越南、柬埔寨、孟加拉国等后进国家。而且在中国经营的企业越来越看重中国国内市场,加工装配所使用的国产原材料和加工部件比重越来越高。这些变化最终导致了一般贸易重回主导地位,贸易方式的转变也因顺应了发展条件和形势的变化而更加积极地作用于中国的外贸发展。由此可见,从顺应发展阶段要求的角度来看,加工贸易向一般贸易转变是中国外贸转型升级的题中应有之义。

四、更加多元化的外部市场

市场多元化战略自20世纪90年代开始就是中国外贸发展战略的重要组成部分。中国"九五"计划中明确提出要坚持市场多元化的对外贸易战略,"积极参与和维护全球多边贸易体系,发展双边和多边贸易,相互促进,实现市场多元化,在巩固提高传统市场占有率的基础上,大力开拓新市场,拓展出口渠道"。多元化的海外市场既有利于国家规避因出口市场集中度过高带来的市场不稳定、外部风险冲击过大的风险,又可以拓宽海外资源、技术和设备的来源渠道,保障国内生产需要,还能够有效拓展国家在世界范围内的朋友圈,提升国家在国际经济体系中的地位。市场多元化战略的顺利推进强力地支持了中国开放型经济的稳定发展。

中国外贸市场的多元化主要表现为进出口贸易中国别和地区分布的变化。欧盟、美国、日本(以下简称"欧、美、日")在20世纪后期一直是中国最主要的贸易伙伴。欧、美、日与中国的货物贸易基本上占到了中国货物进出口总额的半壁江山,最高时超过了50%。但进入21世纪后,中国与其他经济体的贸易往来日益频繁,规模扩大的速度明显超过了与欧、美、日。这在图2-6中相应地显示为这三个经济体在中国贸易中的比重,无论是出口还是进口,均呈现出持续下滑的态势。

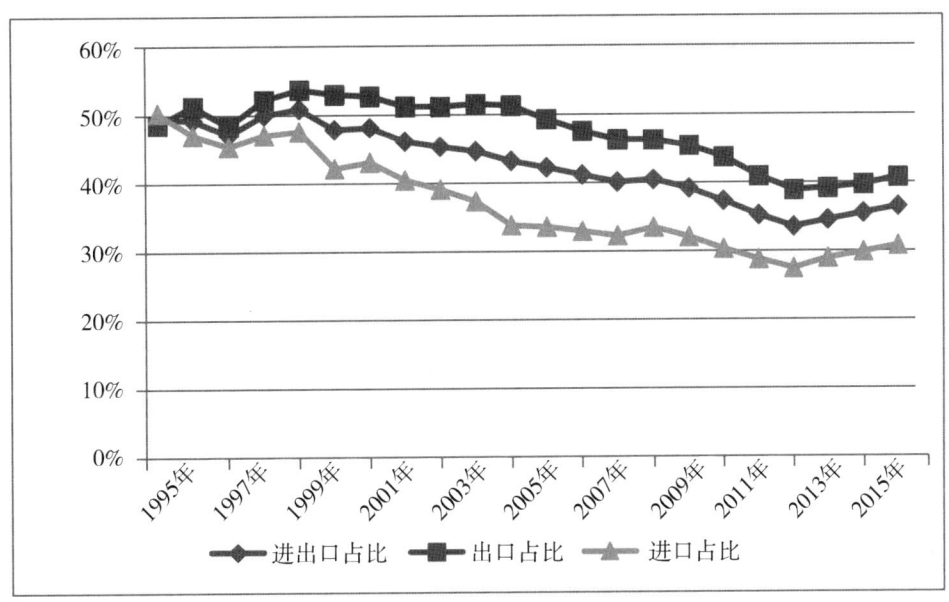

图2-6 1995—2016年欧、美、日在中国货物进出口中比重的变化情况

数据来源:Wind资讯。

在中国货物进出口中,欧、美、日这些发达经济体份额的下降,其他经济体份额的上升,为世界经济贸易格局的调整做出了重要贡献。第二次世界大战结束以来,在长达半个多世纪的时间里,发达经济体始终在全球贸易中占据主导地位。作为经济体量最大的发展中国家、发展持续稳定的新兴经济体,中国对改变世界贸易格局的贡献不容忽视。一方面中国贸易地位的提升本身就代表了发展中国家在世界贸易中地位的提升;另一方面中国通过市场多元化战略带动了其他发展中国家外贸的发展,进一步提高了发展中国家的国际贸易地位。在20世纪90年代初,发达经

济体在国际贸易中的比重超过70%。但随后，发展中经济体在国际贸易中的份额不断提高，地位持续提升。世界贸易组织发表的《2014世界贸易报告》显示，自2000年以来，发展中国家在全球贸易中的比重从33%上升到48%。

第四节
中国货物贸易的未来

作为全球第二大经济体、第一大贸易国，中国在国际经济中的地位决定了中国货物贸易的未来不仅关系到中国经济自身的发展，还关系到全球货物贸易的未来。正如习近平总书记2017年初在日内瓦出席"共商共筑人类命运共同体"高级别会议时指出："世界好，中国才好；中国好，世界才更好！"中国货物贸易不再单纯被动地接受来自外部市场环境变化的影响，而是与外部市场形成了互相促进、相辅相成的有机整体。中国货物贸易的持续稳定发展必然能够为世界货物贸易的发展做出更大贡献。当前，中国货物贸易面临着诸多挑战，主要表现为全球经济持续低迷、国际社会逆全球化急剧升温、全球价值链重构、国内制造成本的持续提高等。中国货物贸易的未来需要在应对这些挑战的过程中实现持续发展。为此，中国货物贸易的发展重点不仅仅是打造自身新的比较优势和实现在全球价值链上的升级，更重要的是要与国际社会加强合作，坚定不移地完善和推进全球化，使全球化更适应全球经济发展的新形势，惠及更多经济体。

一、中国货物贸易正面临严峻挑战

第一，全球经济尚未摆脱国际金融危机的阴霾，未来走势的不确定性依然较大。根据国际货币基金组织（IMF）预计，2017年全球经济将增长3.4%，其中，发达国家增长1.8%，新兴经济体增长4.6%，均较2016年略有提高。但从主要经济体未来的经济政策走向来看，这种偏乐观的预测存在着较大变数。美国经济在特朗普总统主政时期能否继续保持温和增长，很大程度上取决于美国新政府的政策能否给企业和消费者带来充足的信心，以促进美国的企业投资和消费者消费。从目前的情况来看，特朗普总统要想兑现降低税收等促进企业投资的竞选承诺还存在很大阻力，而且美联储提高加息频率的可能性增大，也使得美国国内投资和消费的提升更加不确定。欧洲经济受英国脱欧、难民问题和欧洲个别国家竞选结果难以预料等因素影响，回升势头受阻的可能性依然很大。在日本，安倍经济学的破产充分显示了日本经济难以摆脱增长动力不足的困境，正如法国巴黎银行的一份研究报告指出的，"日本的利率低到了极端的水平，因此，进一步降息对于企业支出行为的影响已经微乎其微了"[1]。新兴市场和发展中国家的经济增长也面临着诸多困难，包括美联储加息过程中资本外流问题、大宗商品价格的不稳定、各国国内结构性改革难以推进等等。据世界贸易组织统计，2015年，世界贸易量增长2.8%，连续4年低于3%，并且连续4年低于世界经济增速；贸易额从2014年的19万亿美元大幅下降13%至16.5万亿美元。发达国家出口量增长2.6%，进口量增长4.5%，其中欧洲成为2015年全球贸易亮点，拉动全球进口量增长1.5%。发展中国家出口量增长3.3%，进口量增长0.2%，其中亚洲出口量增长3.1%，进口量增长1.8%。在这种情况下，中国能够实现在全球贸易中份额的增长实属不易。

第二，"逆全球化"急剧升温。国际金融危机爆发以来，由于世界经济增速放缓，需求回升乏力，国际市场竞争加剧，国际贸易投资保护主义日趋严重，严重影响了国际市场的公平竞争。世界贸易组织报告显示，2015年10月至2016年5月，二十国集团成员实施了145项新的贸易限制措施，平均每月有近21项新措施出台，月均新措施数量为2009年世界贸易组织开始监测贸易限制措施以来的最高水平[2]。其中，针对中国的贸易摩擦不断升温，中国成为国际上贸易救济设限的首要目标国。2015年，共有23个经济体对华启动98起贸易救济调查（包括反倾销、反补

---

[1] 《时代》杂志：《安倍经济学破产给全球的教训》，http://finance.sina.com.cn/stock/usstock/c/2016-02-24/doc-ifxprucu3181356.shtml.

[2] 商务部：《中国对外贸易形势报告（2016年秋季）》，http://zhs.mofcom.gov.cn/article/cbw/201611/20161101564835.shtml.

贴和保障措施），比2014年增加3起，增幅为3.16%①。近期，英国脱欧、美国特朗普总统的"美国优先"主张、欧洲极右翼政党在欧洲国家大选中的表现，更是加剧了逆全球化的倾向。如果逆全球化现象持续发酵，将会对中国的贸易环境产生更大的负面影响。

第三，全球价值链重构带来的不确定性正在增大。目前，世界上的主要经济体都在致力于经济结构调整。其中，美、日、欧等发达经济体正大力推进再工业化或再制造业化，并采取了支持提升人力资源、改善基础设施和鼓励创新等措施，例如在人力资源方面，美国政府推出了美国毕业生计划，并为此投入120亿美元资金，其目标是利用10年时间，使社区学院的毕业生数量增加500万名。美国特朗普政府还在酝酿降低企业所得税、对进口商品征收边境税等政策。日本推出了人才与职工培训计划。法国出台了促进新老员工技能传承的补贴计划。利用这些措施，发达经济体不但希望将未转出的制造企业留在本土，而且试图吸引转移出去的企业将高附加值的生产环节再转移回去。从实践来看，来自发达经济体的一些跨国企业也正在重新调整或考虑调整其生产销售的全球布局。这些企业更加注重通过贴近目标市场缩短供应链的方式，而不是通过提高远距离离岸生产的规模化水平，来降低运营成本，提高整体效益。如此一来，中国将不再是这些跨国企业供应全球的生产基地，而仅仅是供应本国和周边国家（地区）的区域性生产中心。

第四，国内与生产有关的各种成本持续提高。成本的提升主要集中在四个方面：一是劳动力成本上升。根据《2016全球制造业竞争力指数》报告，自2005年以来的十年期间，中国的劳动力成本上升了5倍，比1995年上涨了15倍。劳动力成本的上升为中国出口导向型的传统劳动密集型产业带来了严峻的挑战。二是土地成本上升。2008年以来，政府土地出让成本大幅上升，收益下降。政府对土地的使用政策开始变化，导致工业用地成本上升。如上海2014年3月宣布将新增工业用地的使用年限由50年缩减为20年，为工业用地成本的变化带来不确定性。有研究人员对上海宝山区一处工业用地成本进行计算，认为该地块的年土地使用成本由

---

① 《2015对华贸易救济调查大盘点》，http://intl.ce.cn/sjjj/qy/201601/20/t20160120_8393655.shtml。

原来的 18.6 元/米², 增长到现在的 43.5 元/米², 成本增长了 133.87%。① 三是环境成本上升。中国环保部环境规划院发布的 2010 年绿色国民经济核算部分结果显示：2010 年中国生态环境退化成本近 1.54 万亿元，占 GDP 的比例为 3.5% 左右。② 这充分显示，中国经济发展中的环境问题非常突出。为此，中国在经济社会发展中坚定不移地贯彻绿色发展理念。环境约束对传统的中国制造而言带来了转型升级的压力和挑战，但绿色技术的发展也为相应的产业提供了有力支持和新的发展机遇。四是城市生活成本上升。中国城镇化方兴未艾。由工业化带来的城镇化在实现经济发展的同时，也推高了城市的生活成本。这种情况在上海和深圳等一线城市最为明显。英国经济学人智库的全球生活成本调查显示，2015 年上海的生活成本蝉联中国内地城市的第一，已跟昔日的"亚洲最贵城市"东京比肩，排名由 2014 年的 13 位攀升至全球第 11 位，2016 年下降了 5 位至 16 位；深圳排名则在 2013—2015 年实现三级跳，分别为 39 位、28 位、16 位，2016 年降至 21 位；北京在 2013—2014 年保持稳定排名在 46 位，2015 年排名大幅上升 15 位至全球第 31 位，2016 年又回落至 47 位。③ 从该调查可以看出，中国一线城市的生活成本总体处于升势，生活成本快速上升使得这些城市也要加快实现本地产业转型升级。中国东部的一些出口导向型企业在政府的引导下开始向中西部转移，也有部分企业将生产线转移到越南、柬埔寨、孟加拉国等周边国家。在后一种情况下，中国的货物出口规模势必因贸易转移效应而缩减。

二、中国货物贸易未来发展的重点

1. 加强国际合作，积极推动全球化的深化

全球化的走向关系到全球货物贸易发展的制度环境的变化。任何国家的任何逆全球化措施都意味着将缩小全球货物贸易的发展空间。尤其是一些贸易体量大的经

---

① 《工业用地成本翻倍了 投资上海得再考虑考虑》, http://www.nbd.com.cn/articles/2015-02-02/895151.html.

② 环境部规划院：《2010 年中国生态成本达 1.5 万亿》, http://finance.sina.com.cn/china/20130115/091914288855.shtml.

③ 《2017 全球生活成本调查：世界主要城市排名》, http://www.uker.net/rank/other/985656.html.

济体,其对全球化的态度更值得关注。由于全球化的根本动力和主要支撑力没有改变,全球化依然存在深化的空间和潜力。全球化的根本动力是国家和企业整合全球资源提升生产力的内在要求,主要支撑力在于技术因素和制度因素两个层面。从技术因素来看,各种技术的发展为推动全球分工奠定了基础,特别是运输技术和信息技术:运输技术的发展,比如低成本的海运、集装箱运输技术,大大降低了货物跨境流动的成本,使得在全球分工下的物流费用能够大幅度下降,从而推动了全球分工的深化;信息技术的发展,大大降低了信息跨境传递的成本,使全球分工、全球生产这种组织方式成为可能,比如沃尔玛超市的每一个收银台都能即时在系统里体现每笔收入、物流、库存等信息。从制度因素来看,制度性成本的下降也促进了全球化的深化。比如由世界贸易组织和各国政府推动的贸易投资自由化和便利化、大幅下调关税、取消非关税壁垒等,都降低了制度性成本,从而促进了全球化的进程。

全球化虽然拥有发展的空间,但必须看到它的进一步深化正面临着逆全球化的风险。目前,全球化深化的阻力来源于推进过程中利益分配与成本分担的不平等问题。不平等既存在于国与国之间,也存在于国家内部。在"二战"后全球化推进的前50年里,发达经济体是主要受益者,发展中经济体受益较少,当时反对全球化的声音主要源自发展中经济体。但是进入21世纪以来,以中国为代表的新兴经济体在全球化过程中实现了经济的快速发展,国际经济贸易格局开始改变。于是以往全球化最积极的领导者(如英国、美国)开始提倡逆全球化。很多来自这些国家的著名学者开始越来越多地谈论全球化带来的"不平等",尤其是其国内的"不平等"。

当然,国际社会中依然有很多包括中国在内的支持全球化的力量。中国领导人在多个场合发出支持全球化的强音。2017年1月,习近平总书记在达沃斯论坛上指出:"经济全球化确实带来了新问题,但我们不能就此把经济全球化一棍子打死,而是要适应和引导好经济全球化,消解经济全球化的负面影响,让它更好地惠及每个国家、每个民族。"为此,国际社会应加强合作,正如习近平总书记所说:"面对经济全球化带来的机遇和挑战,正确的选择是,充分利用一切机遇,合作应对一切挑战,引导好经济全球化走向。"

为此,中国一是要更积极地参与全球化进程,团结国际社会所有支持全球化的力量,大力支持多边贸易体制取得新进展,构建全球化成果的共享机制;二是要继续加强双边和区域经贸合作,通过打造覆盖全球的高标准、高水平的自由贸易区网络,进一步提高中国的对外开放力度;三是要与"一带一路"沿线国家共同努力推进区域内的政策沟通、设施联通、贸易畅通、资金融通、民心相通,同沿线各国共享中国的发展机遇;四是要积极落实开放发展理念,切实扩大市场准入,进一步提升国内自由贸易试验区的开放水平,完善各项便利化措施,打造公平竞争环境和优良营商环境。

2. 认清自身形势,努力打造新的比较优势

现实中,比较优势从来不是静止不变的。在近40年的改革开放中,中国在货物贸易领域的发展所遵循的比较优势也是动态变化的。虽然在相当长的时间内,中国货物贸易在劳动密集型产品上具有明显的比较优势,但这一比较优势形成的基础和条件在发生变化。最初的比较优势是在低成本劳动力、土地和环境等要素基础上形成的,但在这些要素成本缓慢提高的过程中,规模经济扩大带来的单位产品成本优势逐渐成为主要因素,之后则出现了"机器换人"——机械化使得单位产品的成本优势能够继续保持下去。在这段时期,中国的劳动力优势不再是单纯的低工资,而是体现在低的单位产量劳动投入补偿上面。但是,这种维持劳动密集型产品的比较优势的办法在当前已难以继续使用下去。多项研究显示,如果考虑劳动生产率因素,中国制造成本仅比美国制造成本低4%~5%。这意味着中国商品出口的竞争力必须摆脱以往对低成本的依赖。

中国经过近40年的开放发展,积累起一些可被用来发展新的比较优势的有利条件,具体包括:大市场、完备的产业配套、大量高技能工人、低成本的科技型人才储备,以及善于管理开放型经济的政府。随着收入的提高,中国近14亿人口的大市场由潜力变为现实。2016年中国的市场规模超过33万亿元人民币。珠三角、长三角经济区域等地完备的产业配套所产生的产业聚集效应,是未来中国产业转型升级的重要基础。加工贸易长期发展的结果是中国拥有大量的高技能工人,在国际

市场上,"中国制造"不再是低档品的代名词,很多高档品牌都标着"中国制造"。中国虽然在劳动力成本上的优势逐渐弱化,但中国发达的信息技术教育和培训使得科技型人才储备不断提高,这些人力资源与发达经济体相比,极具成本优势。在改革开放和向社会主义市场经济转型的过程中,中国政府成了全球发展中经济体中极具管理开放型经济经验的政府。

上述条件将助推中国摆脱由资源禀赋差异等自然条件决定的比较优势的束缚,使中国实现外贸的转型升级,成为高生产率产业的全球发展基地。为此,中国应充分发挥大市场的优势,进一步扩大市场准入,吸引更多的资金、技术和高端产品进入;在国内产业从东部沿海向中西部转移的过程中,对跟随主导企业转移的配套中小企业提供必要的支持,实现整个产业链条的同步转移;更加注重对专业化高端人才的培育,并通过完善专业人才引进制度,吸引优秀的海外人才到中国来创业兴业;在国家治理体系和治理能力现代化建设的过程中,相应提升外贸管理部门的治理能力,使之更加适应全球市场的新变化,以及中国发展的新形势和新要求。

3. 开拓发展思路,继续推进外贸在全球价值链上的升级

"二战"以后,随着全球贸易和投资自由化程度的提升以及运输技术和信息技术的快速进步,全球价值链(GVC)得以形成和发展。全球价值链是跨国、跨地区、跨企业的网络组织,在价值链上的企业为提升商品或服务的生产效率而将生产、销售、回收处理等环节放在全球范围内布局。全球价值链是国家和企业在全球配置资源的必然结果,其形成和发展与全球化背景下产业的跨国转移密不可分。将中国外贸转型升级问题放在全球价值链框架下进行分析十分符合时代的客观要求。中国自改革开放以来,积极融入全球化进程,成为全球价值链上的世界性生产基地。中国外贸的转型升级体现了中国外贸生产企业在全球价值链上位置的提升。

按照高投入高回报的市场运作规则,企业在价值链上的位置决定了其可以获得的回报价值——附加值的规模。即便是整条价值链上的各个环节能够获得该产业的平均利润率,若加工制造环节因投入低于研发和销售环节,其附加值也就相对低于研发和销售,造成全球价值链的"微笑曲线"化。如果考虑到一个产业包括技术含量不等的产品,"微笑曲线"将呈现出开口的大笑状态。在"微笑曲线"上,企

业在价值链上的升级有三个主要方向：一是向"微笑曲线"的两端升级，即由附加值较低的加工制造环节向研发和销售环节升级；二是向本产业的高端产品生产制造升级，即在同一产业内由附加值较低的产品制造向附加值较高的产品制造升级；三是向技术含量高的产业升级，即利用在原有产业积累的资本进入新的产业。在这三类升级过程中，企业通过进入高附加值的价值增值环节、嵌入更高级别的价值链，获取先进技术和更紧密的市场联系，从而提高其在国际市场上的竞争力，最终从国际化经营规模扩大中获得更多回报。随着企业实力的扩大，企业应在价值链升级的基础上实现更高层次的提升，即成为价值链上的主导企业。只有如此，企业才能使价值链产生的效益分配更有利于自身，即获得高于价值链所有环节平均利润率的附加值。

上述目标的实现，既需要企业自身在资本实力积累、国际化经营战略推进方面做出持久的努力，也需要国家从政策层面为企业实现全球价值链上的升级并成为主导企业提供必要的支持。在发达经济再制造业化的背景下，企业需要更积极地开拓国际市场以便参与到全球价值链重构中，在"走出去"的过程中在全球布局生产基地，获取技术，打造全球销售网络，成为一个真正具有国际影响力的跨国企业。值得注意的是，随着资本实力的提升，企业通过并购获得全球价值链的主导权不失为一条捷径。为此，企业应学习掌握并灵活运用并购方式，以快速成长为全球价值链上的主导企业。

在外贸转型升级过程中，国家的政策措施主要作用于三个层面：第一个层面是支持企业融入全球价值链，第二个层面是支持企业实现价值链升级，第三个层面是对有可能成为主导企业的企业提供必要的帮助。具体政策措施主要包括五个方面：一是通过财政和金融政策，帮助企业解决在开拓国际市场过程中遇到的资金困难，尤其是在技术创新、品牌发展、销售网络建设等环节遇到的困难，以促进企业扩大国际市场规模。二是鼓励企业积极主动地开发新兴产业。那些在新兴领域先行一步的企业成为价值链上的主导企业的机会更大，也更容易。三是继续推进贸易领域的开放，通过进一步提升贸易领域的竞争力，推动企业转型升级。为此，可考虑进一步降低货物贸易的关税水平，扩大进口规模，发挥进口在资源配置和利用效率、促进产业结构提升等方面的积极作用。四是利用国家日益提升的国际影响力，帮助企业排除通往主导企业道路上的各种障碍。面对针对中国的贸易投资保护主义日益升温的局面，除了要鼓励企业以技术创新、提升产品质量等方式积极应对外，中国还应充分利用世界贸易组织框架下的争端解决机制、区域一体化、双边外交渠道等多种手段，解决好各种贸易和投资摩擦问题，为企业实现全球价值链升级营造良好的外部环境。五是为中国企业参与并购争取更加公平的机会。由于意识形态等非经济因素的影响，中国企业在国际并购中一直无法得到平等的待遇。中国政府应与他国政府加强沟通和交流，帮助企业争取更加公平的机会。

第三章
服务贸易

现代经济是服务的经济。① 随着一国经济的发展,服务业在国内生产总值中的比重持续上升。随着信息技术的快速发展,服务业更加专业化,并且越来越多的服务可以实现离岸生产、在岸消费,可贸易性大大提高。服务贸易在国际贸易中的作用日益提升。从关贸总协定到世界贸易组织的一个重要改变就是将服务贸易纳入了国际贸易体制范畴。各成员国签订了《服务贸易总协定》(GATS),为影响服务业市场准入的政策制定了规则。中国的服务业在国内生产总值中的比重已经超过50%,对民经济的贡献达到58.4%(2016年),服务贸易达到7130亿美元(2015年),在国际服务贸易中的比重达到6%。但与货物贸易相比,中国服务贸易在国际贸易中的地位还有很大的提升空间;与发达经济体相比,中国服务贸易的竞争力还很低。中国一直是服务贸易净进口国,且服务贸易逆差呈扩大趋势。未来,服务业在中国国民经济中的比例将持续增加,进一步提高服务贸易竞争力将是中国新时期对外开放的重要任务。

本章的结构如下:第一节至第三节分别从世界服务贸易发展、中国服务业对外开放、服务贸易政策体系三个维度梳理和把握中国服务贸易领域开放发展的背景和条件。其中,第一节主要通过对世界服务贸易发展的历程、动因和未来走势的梳理和探讨,探寻中国服务贸易发展的大背景,以便能够更准确地把握中国服务贸易的未来。第二节介绍了中国服务业的开放发展。中国服务贸易的发展是中国服务业开放发展的结果,探讨中国服

---

① 伯纳德·霍克曼、迈克尔·考斯泰基:《世界贸易体制的政治经济学》,刘平、洪晓东、许明德等译,法律出版社,1999年,第123页。

务贸易领域的开放问题毫无疑问要对中国服务业的对外开放进行深入解析。第三节是中国服务贸易政策体系。如同其他领域开放取得的成绩一样，中国服务贸易近40年的开放发展离不开政府政策的支持。第四节根据发展规模、行业结构和国别构成来分析中国服务贸易发展取得的成绩。第五节主要分析中国服务贸易发展的未来，认为中国服务贸易发展有很大的提升空间，提出了相应的发展方向和政策建议。

第一节
世界服务贸易：发展历程、动因与未来走势

一、世界服务贸易的发展历程

服务贸易的发展历程比较漫长，在相当长的时间里是伴随着国际货物贸易的发展而发展，扮演着补充性角色，如运输、保险等。服务贸易重要性的提升有两个较大的前提条件：一是服务业在各国，尤其是发达经济体中的作用快速提高。有资料显示①，服务业在世界经济总量中的比重达到70%，在发达经济体中的比重达到80%左右。二是信息技术的快速发展，大大提升了服务的专业化、服务产品的多样化以及服务的可贸易性。在这两大条件的共同作用下，服务贸易在国际贸易中的作用越来越重要。国际服务贸易已占到世界贸易总额的1/4，若再加上物化服务（软件、音像制品等）则要占1/3以上。

1. 世界服务贸易的产生

世界服务贸易起源于原始社会末期、奴隶社会早期。伴随着以物物交换为主的

---

① 《商务部：服务业占世界经济总量的比重为70%》，http://www.bizvisit.com/zixun/news2-show.asp？id=54.

简单商品经济的兴起,仓储、运输、饮食等服务贸易逐渐产生,但这些服务贸易在当时的世界贸易中占比极少,还不能算作真正意义上的服务贸易。

到中世纪,丝绸之路的蓬勃发展、航海和造船技术的改进使得世界服务贸易规模不断扩大,尤其是金融和运输服务贸易。佛罗伦萨拥有100多家高利贷商铺,其业务范围遍布欧洲大陆,并且兼营票据、保险、委托、存款等业务,在欧洲多数大城市设立分号,广泛地从事与货物贸易相关的服务贸易活动。① 15世纪,热那亚的商船载重量已达到800~1000吨,每年多次在意大利、罗马尼亚、佛兰德以及地中海东部各国之间往返运输。②

哥伦布于1492年发现美洲大陆,达伽马于1497年绕过好望角,打通了欧洲通往印度的海上通道,麦哲伦船队则在1521年完成环球航行③,这些地理大发现进一步扩大了欧洲贸易市场和商业资本流通范围,形成了一个涉及中欧、波罗的海、地中海、大西洋沿岸的世界市场,服务贸易的种类和数量增加了。荷兰16~17世纪的船运量比14世纪增长了近10倍。成立于1782年的鸾凤公司是英格兰第一家开展海外业务的保险公司,其于1786年在德国汉堡建立代办处,1805年涉足美洲市场,在纽约开展业务,并逐步将保险业务推广到美国的许多城镇。④ 同时,移民和奴隶贩卖成为世界服务贸易的新类别,大规模的资本主义殖民行动为世界服务贸易发展注入了新活力。

2. "二战"后世界服务贸易快速发展

第二次世界大战后,由于科技革命的推动,世界劳动生产率得到了极大的提高,国际分工细化,世界产业结构升级速度提升,个人收入水平大幅增加,刺激了居民对高消费服务产品的需求,服务业在国民经济结构中的比重迅速扩大。在国际货物贸易、对外直接投资迅猛增长的引领下,服务业及服务贸易日益国际化,服务

---

① 范小新:《服务贸易发展史与自由化研究》,中国社会科学院博士论文,2002年,第33页。
② 卡洛·M. 奇波拉:《欧洲经济史》(第一卷),北京:商务印书馆,1988年,第254~255页。
③ 宋则行、樊亢:《世界经济史》(修订版)(上卷),北京:经济科学出版社,1998年,第24~31页。
④ 克拉潘:《现代英国经济史》(上卷),北京:商务印书馆,1964年,第358~359页。

贸易出现了惊人的增长。

20世纪70年代以后,以美国为代表的主要资本主义国家陷入"滞胀"困境,世界经济增速放缓,但世界服务贸易却保持着较高的增长速度。1970年,澳大利亚的服务贸易额仅为9.30亿美元,而到1980年则增长到38.57亿美元,10年内增长了3倍之多,年均增长率达15.81%。1970—1980年,加拿大服务贸易额从24.60亿美元增长到74.37亿美元,年均增长率为11.98%。① 而1980—1993年,世界服务贸易依然保持着高速增长的势头,服务进出口贸易总额从7707亿美元增长到19127.8亿美元,年均增长率达7.51%,比同期货物贸易年均增长率高2.38%。② 据国际货币基金组织的统计资料显示,"二战"后发达的工业化国家主导了世界服务贸易的发展,世界十大服务出口国几乎全是欧美发达国家,其服务贸易额占世界服务贸易总额的一半以上。

而随着1993年12月关贸总协定"乌拉圭回合"谈判结束,《服务贸易总协定》(GATS)达成,第一次为世界服务贸易提供了体制上的安排与保障,各国相继开放服务市场,服务贸易自由化趋势遍及各个服务业,从传统的商贸、运输、旅游到法律、金融、信息等,都成为世界各国谈判和扩大市场准入的对象。1997年,世界贸易组织逐步达成《全球基础电信协定》《信息技术协定》和《开放全球金融服务市场协定》三项协议,再一次推动了世界服务贸易的发展。

3. WTO框架下,世界服务贸易加速发展

进入21世纪,经济全球化、信息技术进步与科技革命、国际产业结构调整等,都不断推动着世界服务业发展,增强服务的可贸易性。在世界贸易组织多边贸易机制作用下,世界服务贸易进入加速发展时期。2000—2015年,虽然世界经济多有起伏,但各国服务贸易活动频繁,世界服务贸易依然保持着迅猛的增长态势,规模逐步扩大,从2000年的29550.6亿美元增长到2015年的93657.1亿美元,年均增长率8.36%,比货物贸易年均增长率高0.81%,特别是2002—2008年,世界服务贸易以年均13.02%的增长率高速扩张,其中服务出口贸易年均增长率为8.41%,

---

① 数据资料来源于OECD数据库,由作者自行整理、计算所得。
② 数据资料来源于WTO数据库,由作者自行整理、计算所得。

比货物出口贸易高1.14%,服务进口贸易年均增长率为8.31%,比货物进口贸易高1.23%。[①] 由此可见,世界服务贸易发展速度一直高于货物贸易,且增速不断提高。

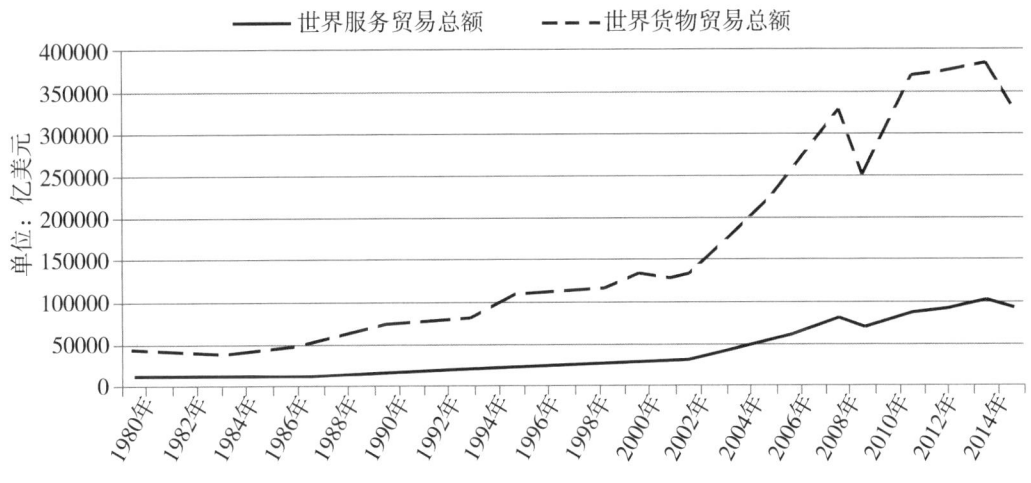

图3-1 1980—2015年世界服务贸易与货物贸易发展趋势

数据来源:WTO数据库

二、世界服务贸易发展的主要动因

1. 经济全球化和区域一体化推动世界服务贸易自由化

"二战"后各国纷纷放松了对商品、服务、技术、资金、人员跨国流动的管制。管制的放松推动了经济全球化和区域经济一体化的发展,进而推动了包括服务贸易在内的世界服务贸易的快速发展。过去,许多国家出于保护国家安全和自身产业的目的,对服务贸易开放设置了重重障碍,直到"二战"以后,发达国家纷纷开始解除或放松服务业管制活动,美国、英国、日本等都加入该行列,该活动几乎涵盖了从电信和运输服务到金融和专业服务的所有服务行业,许多发达国家的服务业市场出现了自由化。[②] 而在《服务贸易总协定》签订和实施以后,越来越多的发展中

---

① 数据资料来源于WTO数据库,由作者自行整理、计算所得。
② A. Sapir and C. Winter: Services Trade. D. Greenaway and L. A. Winters (eds.). Surveys in International Trade. Blackwell, Oxford UK and Cambridge USA, 1994, pp.278.

国家认识到，开放服务业有助于打破发达国家垄断，学习国外先进的服务理念和经验，有效引进新技术，提高本国服务业的全球竞争力，增强连锁行业和服务业的生产效率，加速经济增长，因此开始在其服务领域有选择地吸引外资，逐步减少对服务业的限制，为世界服务贸易的发展松绑。

经济全球化大力推进资源在世界范围内的合理整合和高速流通，为服务贸易发展提供了丰富的通道和宽阔的空间，同时世界贸易组织等国际组织主动加快服务贸易自由化的谈判速度，使得各国政府逐步为服务业解锁，加强市场的资源配置作用，为世界服务贸易创造良好的政治环境。而且，区域一体化趋势也有力地提高了国家间的服务贸易融合度，如欧盟在部分服务业部门（航空运输、证券、银行等）的法规中制订互惠条款，各成员国银行只需得到本国批准，就可在欧盟范围内开展业务、设立分支机构。

2. 科技进步是世界服务贸易发展的加速器

近年来，科学技术特别是信息技术的发展大大提高了信息处理、通信、交通能力，改变了贸易的构成、内容和方式，为咨询、信息和以技术服务为核心的各类专业服务领域提供了新的服务手段，推动高新技术跨境服务贸易更快发展，使大量原本不可贸易的服务变成可贸易品，拓展了世界服务贸易边界，变革了经营管理手段。首先，互联网、人造卫星、微芯片、光导纤维等技术的产生，使许多服务的提供不再需要消费者和服务生产者的物理接近，仅仅通过电视会议和计算机就可与世界紧密相连，改变了服务组织同顾客的交易方式，使得信息更加便于传送、储存、处理、甄别、搜集，如保险、银行等金融服务因此就可以与生产者分离并传送到消费者手中，从而使金融服务加入服务贸易行列。① 其次，科学技术的大量应用促进了服务标准化，进而使企业在提供个性化服务定制过程中规范流程、步骤，提高服务效率，更好地满足了顾客的需求。最后，信息全球化极大地削减了服务贸易成本，推动跨国公司全球扩张进程。电子信息技术的应用使得职员不再被强制集中于固定场所，而是借助互联网络建立灵活多样的经营组织方式，刺激软件开发、电

---

① Deepak Nayyar. The political economy of international trade in services. Cambridge Journal of Economics, 1988 (12), pp. 279–298.

信、信息咨询等服务业进入全球市场。

3. 货物贸易大发展是世界服务贸易快速发展的有力支撑

传统的服务贸易与货物贸易密切相关，如作为服务贸易重要的组成部分，国际运输服务就是随国际货物贸易的产生和发展而出现、演进的，再如成套设备的跨国维修和保养、货物贸易结算服务、贸易保险服务等，都是由于货物贸易而产生的重要服务贸易项目。"二战"以后，国际货物贸易额不断增加，1948年为1200亿美元，2015年贸易总额已达到332070亿美元，68年间增长了275.73倍，远超同期世界国民生产总值和工业生产总值的增长速度。① 在国际货物贸易迅猛提升的带动下，传统服务贸易项目也相应地在数量上、规模上成倍增长，为世界服务贸易繁荣奠定了坚实的基础。

4. 跨国公司全球价值链布局是世界服务贸易发展的内在动力

跨国公司借助信息、技术、资金上的巨大优势以及配置全球资源的能力，长期占据世界服务贸易的主导地位。目前，跨国公司几乎垄断了全球国际技术贸易，与跨国公司经营有关的国际性经营服务（涵盖经营咨询、培训、法律、保险、金融、教育、通信、数据处理、信息服务等）和知识产权交易的出口额大约占世界服务出口额的一半。②

在全球经济低迷的背景下，跨国公司逐步调整全球产业布局，根据制造业的国际转移，一步步使服务业向新兴经济体转移，使服务贸易成为经济焦点。为获取新兴国家原材料，降低关税和消除高额运输成本，跨国公司将部分非核心辅助型职能部门迁移出去成为独立经营单位，或者放弃原本由公司内部提供的服务、资源，转而利用公司外部单位供应的更专业化的服务、资源，从而推动IT服务、会计服务、保险、金融、法律服务、人力资源管理等多个领域深入开展国际业务。另外，因为众多大型跨国公司与全球知名咨询服务公司建立起稳定的合作伙伴关系，所以当这些跨国公司在新的地区或国家开拓业务时，合作的咨询服务公司为保障服务的连贯

---

① 数据来源于WTO数据库，由作者自行整理、计算所得。
② 刘绍坚：《国际服务贸易发展趋势及动因分析》，《国际贸易问题》2005年第7期，第71页。

性和高质量，也会跟随进入该地区，从而带动了服务贸易的发展。同时，制造业的国际转移也会带动世界服务贸易的发展。当跨国公司完成制造业转移，并在移入国家或地区取得一定的生产优势后，出于多元化经营和持续发展的考虑，会投资产业链上与自身相联系的服务业。跨国公司通常会利用已经形成的客户关系、谈判优势和规模经济优势，从自身产品营销和售后服务入手，不断延伸到技术咨询、信贷、运输、人员培训等领域，进一步占据在相关服务领域的主导地位。如制造业跨国公司设立与贸易、金融有关的附属企业，计算机制造和电信等行业把经营活动扩展到软件开发、数据处理等领域，制造企业把其研究与工程、咨询、开发、电信等服务部门扩展成为面向世界、自主经营的盈利单位，增强服务贸易发展动力。①

三、世界服务贸易的未来走势

1. 结构处于不断转型升级之中

随着互联网和信息技术的广泛应用，世界服务贸易处于结构不断转型升级之中，显露出高科技化、知识化特征。自 2000 年以来，旅游服务出口贸易占比大幅缩减，从 47.96% 减少到 39.40%，其中 2004—2008 年下降幅度最大。运输服务出口贸易所占比重也呈现下滑现象，从 34.84% 下降为 28.05%，减少了 6.79%。而 2000—2015 年，随着信息通信技术的迅速发展和应用的不断深化，应用与服务、硬件与软件紧密融合，软件与网络深度耦合，软件和信息服务业加快向体系化、服务化、融合化、网络化方向演进，产业技术创新加速，新兴应用层出不穷，持续推动计算机和信息服务贸易蓬勃发展，其在世界服务贸易所占比重迅速提高，出口贸易由 2000 年的 4.59% 上升到 2015 年的 15.24%，是服务贸易中发展最为快捷的产业。同时，保险、金融出口贸易也保持稳定的增长态势，对世界服务出口贸易的重要性越来越强，2015 年在服务出口贸易中的占比分别为 3.99% 和 13.32%。由于高新科技的大量融入，世界服务贸易发展显露出高科技化趋势，在当今世界经济中的作用越来越重要，金融电子化、电信业数字化、计算机智能化接连出现。

---

① 郑长娟、谢晓峰：《服务国际化的内涵及动因分析》，《国际商务——对外经济贸易大学学报》2006 年第 4 期，第 76 页。

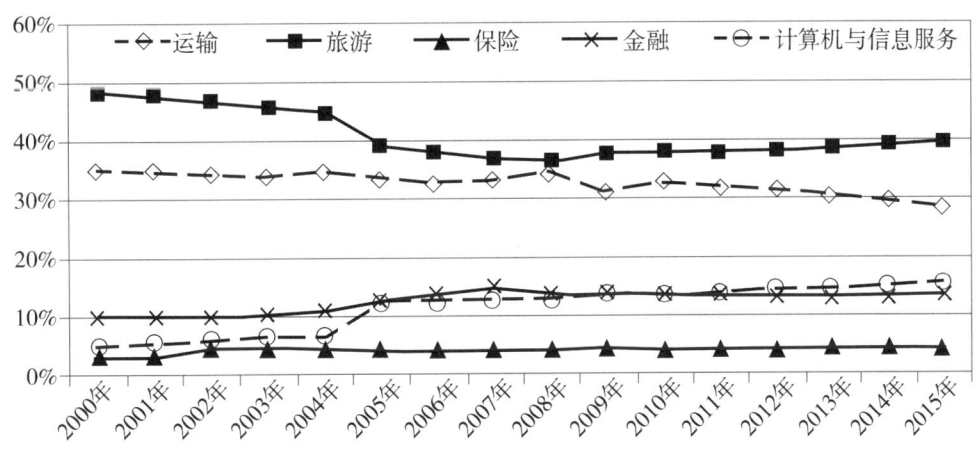

图 3-2 2000—2015 年世界服务贸易结构

数据来源：WTO 数据库。

2. 地区差异不断扩大

世界服务贸易在迅速发展的同时，其地区的非平衡性也不断加强，各地区间在发展水平上的差异不断扩大。服务贸易的发展与不同经济体的经济发展水平以及服务业发展水平是密切相连的。一般地，经济发展水平较高、服务业占比较大的经济体，其服务贸易的竞争力较强，在世界服务贸易格局中的地位较高。欧盟是世界上服务贸易额最大的地区，该地区服务贸易的发展专业化强，与经济的拟合程度高，长期处于服务贸易净出口地位。亚洲仅次于欧盟，服务贸易额占世界总额的比例位居第二，由于中国（包括台湾、香港地区）、韩国、新加坡的服务贸易快速崛起，亚洲在世界服务贸易舞台中的份额还将不断上升。虽然美国1983—2015年一直是世界上最大的服务贸易出口国和进口国，但其服务出口贸易占世界服务出口贸易的比重逐年下降，服务进口贸易占世界服务进口贸易的比重则相对稳定，保持在11%左右。与此相对，印度凭借语言、电子信息领域的产业政策、专业人才规模、服务质量的优势，经济已经迈入快车道，服务贸易也开始高速发展，在世界市场中的重要性逐步增强，其服务贸易总额占世界服务贸易总额的比重从1980年的0.75%提高到2015年的2.96%，其离岸服务外包产业已经跻身世界前列。同时，经济全球化使得人们的生活水平不断提高，并对生活品质产生了更高要求，泰国、菲律宾凭借优越的地理环境和丰富的旅游资源，吸引世界各地游客涌入，促进了当地旅游业等现代服务业发展，服务贸易状况迅速改善，2015年两国服务贸易总额分别为1107.53亿美元、517.52亿美元。综上所述，世界服务贸易发展呈现地区非平衡性，欧盟国家以及美国等发达国家依然占据核心地位，但在全球化浪潮的推动下，发展中国家的服务贸易状况不断改善，正逐步拉小与发达国家之间的距离，在世界服务贸易市场上的活跃度越来越高。

表3-1 2000—2015年部分国家或地区服务贸易占世界服务贸易的比重　　　　单位：%

年份	美国	英国	瑞典	西班牙	荷兰	意大利	德国	法国	瑞士	加拿大
2000	16.49	7.27	1.53	2.88	3.49	3.73	7.32	4.73	1.43	2.80
2001	15.96	7.21	1.55	3.03	3.44	3.80	7.58	4.74	1.35	2.73
2002	15.48	7.49	1.50	3.08	3.50	3.78	7.59	4.83	1.34	2.66
2003	13.98	7.64	1.61	3.32	3.80	3.94	7.90	4.92	1.35	2.60
2004	13.41	7.72	1.62	3.28	3.67	3.76	7.63	4.83	1.41	2.44
2005	12.42	7.83	1.43	3.15	3.40	3.60	7.07	5.60	2.19	2.41
2006	12.37	7.82	1.43	3.19	3.14	3.57	6.93	5.39	2.06	2.38
2007	11.85	7.57	1.46	3.25	3.01	3.51	6.76	5.31	2.05	2.20
2008	11.50	6.62	1.44	3.18	3.02	3.14	6.73	5.37	2.04	2.08
2009	12.27	6.34	1.37	3.05	3.17	2.95	6.75	5.33	2.25	2.16
2010	12.22	5.90	1.32	2.80	3.92	2.80	6.40	5.07	2.15	2.29
2011	11.87	5.82	1.40	2.79	3.80	2.65	6.34	5.13	2.22	2.23
2012	12.04	5.84	1.38	2.11	3.52	2.43	6.08	4.96	2.20	2.26
2013	11.83	5.73	1.40	2.02	3.52	2.35	6.28	5.16	2.19	2.15
2014	11.46	5.73	1.42	2.01	3.68	2.28	6.03	5.28	2.15	1.92
2015	12.38	5.90	1.39	1.94	3.58	2.11	5.73	5.00	2.14	1.83
年份	韩国	日本	新加坡	中国台湾	中国香港	泰国	印度	俄罗斯	巴西	澳大利亚
2000	2.16	6.17	1.98	1.54	2.20	0.99	1.18	0.87	0.83	1.28
2001	2.08	5.70	2.04	1.45	2.21	0.92	1.23	1.04	0.82	1.17
2002	2.09	5.37	2.03	1.44	2.23	1.01	1.26	1.15	0.71	1.18
2003	2.03	5.03	2.14	1.31	1.99	0.92	1.33	1.17	0.66	1.23
2004	2.12	5.12	2.23	1.26	1.96	0.95	1.67	1.20	0.63	1.26
2005	2.12	4.64	2.00	1.12	1.91	0.91	1.93	1.33	0.70	1.18
2006	2.18	4.29	2.18	1.05	2.05	0.99	2.21	1.40	0.75	1.13
2007	2.25	4.03	2.19	0.98	1.94	0.99	2.28	1.50	0.84	1.18
2008	2.41	4.06	2.32	0.91	1.83	1.01	2.48	1.70	0.94	1.17
2009	2.22	3.94	2.40	0.87	1.82	0.96	2.49	1.54	1.02	1.17
2010	2.37	3.91	2.68	1.02	2.00	1.05	3.06	1.62	1.16	1.28
2011	2.25	3.66	2.78	1.02	1.94	1.10	3.08	1.72	1.25	1.33

（续表）

年份	韩国	日本	新加坡	中国台湾	中国香港	泰国	印度	俄罗斯	巴西	澳大利亚
2012	2.39	3.60	2.93	1.03	1.99	1.16	3.12	1.91	1.29	1.35
2013	2.27	3.23	3.07	0.99	1.93	1.21	2.93	2.09	1.26	1.28
2014	2.26	3.50	3.06	1.02	1.81	1.08	2.83	1.84	1.25	1.16
2015	2.23	3.54	3.02	1.10	1.90	1.18	2.96	1.47	1.09	1.09

数据来源：WTO数据库。

3. 深受贸易保护主义影响

服务贸易不同于货物贸易。服务通常是无形的，且不易储存，不易征收关税。服务贸易的发展更加依赖于各国对放松经济管制的态度与作为，依赖于国际贸易规则的制定与演变。全球化的深化是服务贸易持续发展的重要保障，一旦全球化发生逆转，将会严重遏制服务贸易的发展。当前，国际社会出现了比较多的逆全球化声音。虽然从大的发展趋势来看，全球化不会出现走回头路的情况，但是规则极有可能会发生变化。对于服务贸易而言，一旦规则发生变化，其发展的不确定性将会大幅提升。而服务贸易的持续发展需要一个更加开放、宽松的制度环境。

服务贸易保护主义产生的主要动因在于两个方面。一是要保证政府对本国国民经济的管控。在国际经济合作实践中，服务业通常是各国国内受保护程度较高的行业，服务贸易也因此比货物贸易存在着更多的障碍。服务业受到保护的原因在于：许多服务部门，如交通运输、通信、电力、金融等服务行业均属于一国经济的关键部门，在经济中具有十分重要的地位，各国政府倾向于对这些行业进行严格保护，以避免其被外部力量控制。二是出于维护政治稳定和文化传统的考虑。有些并非国民经济命脉的服务部门，如教育、新闻、娱乐、影视、音像制品等，属于意识形态范畴，对国家的政治稳定和文化独立有非常重大的影响，任何国家的政府都不希望这些部门为外国势力所控制。为此，各国均选用严格限制市场准入或实行隐蔽的非关税壁垒措施来保护本国服务业和服务贸易。如政府通过制定不利于外国竞争者的技术法规、标准阻碍外国服务商的进入和开展服务业务；禁止劳改产品出口；政府在安排服务支出时，优先考虑支持本国企业；实行最低工资标准，同工同酬；对外汇的出入境实行管制；政府对本国服务产品出口实行隐蔽性补贴、减免税等。

鉴于国际贸易规则对促进服务贸易发展的重要作用，以及服务贸易的贸易保护主义主要是以政府规章制度和政策措施等非关税壁垒的形式存在，今后推动世界服务贸易的发展还应落脚于通过建立多边或区域贸易合作框架来放松管制，实现国家间的对等开放。

第二节
中国服务业的开放与发展

在开放的大格局里，服务业的开放是影响中国服务贸易发展的重要因素。如同其他领域开放一样，服务业开放一方面通过引入竞争，提高本地服务企业的竞争能力；另一方面通过技术、管理等方面的溢出效应，提升本地服务企业的业务水平。中国服务业的对外开放是随着整个国家对外开放战略的推进逐步展开的，分为起步阶段、有限开放阶段、扩大开放阶段和全面开放阶段。开放的步伐与外资进入的步伐相一致。

一、起步阶段（1979—1990年）

随着中国实行改革开放，《中华人民共和国中外合资经营企业法》于1979年诞生，这是中国历史上第一部外商投资法，标志着中国服务业开启了对外开放的新篇章，外资的利用也进入有法可循、有法可依的阶段。在这一时期，由于计划经济的影响，农业、工业依然是国民经济重点支撑行业，服务业并没有引起足够的重视，服务业外商投资基本属于试探性质，整体开放水平较低。房地产、金融、饭店、旅游、餐饮等行业是较早开始对外资开放的，如20世纪80年代初建成的南京金陵饭店、广州白天鹅宾馆、北京建国饭店等合资饭店是中国最早一批的外商投资项目，1979—1982年，中国批准设立了31家外资金融代表机构，分别位于广州、上海、青岛、北京、天津、大连等开放城市和经济特区。而从 1978 年的《指导吸收外商投资方向暂行规定》中可知,当时大部分服务业仍禁止或限制外商投资。

在这一阶段,中国服务贸易主要集中于旅游、金融、海外工程建设的发展。20 世纪 80 年代,中国服务贸易总额占世界贸易总额的比重一直在 0.6% 左右。①

二、有限开放阶段(1991—2001 年)

1991—2001 年,中国服务业对外开放进入了有限开放阶段。随着发达国家相继进入后工业社会,世界产业结构调整步伐加快,服务业对经济发展的贡献远远超过工业和农业,成为世界经济腾飞的新动力。中国也在这一时期大力调整产业结构,重视服务业的开发、利用,服务业占国内生产总值比重从 34.5% 增长到 41.2%,仅比工业低 3.6%。② 同时,中国在此期间参与国际服务贸易谈判,并由此开始注重服务业的对外开放,服务业对外开放也从试点转为开放,尽管开放水平有所提升,但依然远低于发达国家,属于较低水平。

1. 中国积极参与制定《服务贸易总协定》(GATS)与 WTO 服务贸易谈判

1991 年,中国第一次提交初步承诺,对旅游、航运、近海石油勘探、银行、广告和专业服务 6 个行业做出开放承诺,而在 1992 年、1993 年,中国进行了多次磋商和谈判,对初步承诺做出调整,开放以下服务市场:旅游(餐馆、酒店)、公路运输、内河、远洋、广告、保险、银行、计算机服务(设备保养与维修、系统设计、软件、数据处理)、建筑工程、专业服务(技术检测与分析、地下水调查、地球物流和其他科学勘探、地质、牙科、教育翻译、科技资讯、会计、法律等)、近海石油勘探、陆上石油服务、租赁、城市规划等 14 个部门,租赁、房地产、交通运输、公用事业、信托投资 5 个行业限制设立外商独资企业,广播、邮电通信、出版、印刷、电视和电影以及中国政府另有规定的其他行业则禁止设立外商独资企

---

① 数据来源于 WTO 数据库,由作者自行整理、计算所得。
② 数据来源于中经网数据库。

业。同时，中国的初步承诺是有条件的。①

2. 服务业开放与发展受到中国政府的支持和重视

1992年6月，中共中央、国务院出台了第一份促进服务业发展的文件——《关于加快发展第三产业的决定》。同年10月，中国共产党第十四次全国代表大会明确提出"大力促进第三产业的兴起"，由此可以看出，中国服务业的发展引起了国家的高度重视。

3. 中国服务业对外开放从试点向有限开放转变

1995年，国务院发布《外商投资产业指导目录》。1997年，国务院修订了《外商投资产业指导目录》并发布，由此可知，中国服务业对外商投资的管制越来越少。1997年，中国共产党第十五次全国代表大会强调，中国要有步骤地推进服务业的对外开放，推动服务业对外开放由试点转为逐步开放。外资可以通过商业存在的方式入驻中国保险、金融等十几个部门，但交通运输、电信等公共服务业依然设有外商进入限制。1996—1998年，分别在香港汇丰银行、美国花旗银行、日本兴业银行、日本三和银行、日本第一劝业银行、渣打银行、日本东京三菱银行、东方汇理银行、巴黎国际银行进行人民币本币业务的试点工作。1999年，中国允许外资银行在中国所有中心城市设立分支机构。同年，中国允许部分城市试办1~2家中外合作、合资商业企业，经营类型由零售扩展为批发。到2001年，中国服务贸易呈现快速增长趋势，贸易总额达到719.33亿美元，比1991年增加了6倍②，其中旅游、劳务合作、对外承办工程增长最为迅速。

2001年12月11日，中国加入世界贸易组织（WTO），并承诺进一步取消限制、开放更多服务业，严守"入世"时间表，中国服务业迈入扩大开放的阶段。

三、扩大开放阶段（2002—2006年）

2002—2006年是中国加入世界贸易组织过渡期，中国服务业开放水平进一步

---

① 乐夏瑕：《中国服务业对外开放的内部结构变迁效应——基于对外贸易和FDI的视角》，宁波大学硕士论文，2014年。
② 数据来源于WTO数据库。

提高，进入到扩大开放阶段，主要表现为以下几点：

第一，外商直接投资逐步移向服务业，全球产业转移也开始以服务业为主导，中国为了顺应经济全球化趋势，更好地调整本国产业结构，加快发展服务业与扩大开放水平成为中国的政策重点和重要战略。

第二，从整体看，尽管中国加入《服务贸易总协定》（GATS）时，对境外消费和跨境提供方面减少了限制，承诺对几乎所有服务部门至少进行局部开放，服务业开放水平大幅升高，但与其他国家相比，商业存在、自然人移动方面依然存在诸多限制。

第三，中国服务贸易发展速度极高，服务贸易进出口总额从 2002 年的 854.61 亿美元提升到 2006 年的 1917.54 亿美元，年均增长率达 22.91%，其中出口达 914.27 亿美元，在世界排名第九，进口达 1003.27 亿美元，在世界排名第六。[①]

第四，服务业外商直接投资依然保持高速增长势头，2006 年，服务业实际利用外资总额为 116.85 亿美元，年均增长率为 20.13%，其中批发和零售业、居民服务和其他服务业、公共管理和社会组织增幅最大，年均增长率都超过 40%。[②]

第五，中国依据加入世界贸易组织时的承诺，将逐步实现服务业全面放开。"入世"后，中国在践行最初承诺时，还着重修订、清理 2300 多项与外经贸相关的法律法规，服务业对外开放速度再次提升。2006 年 11 月，中国除个别特殊领域外，取消了服务业对外资的限制，完成"入世"承诺，中国服务业进入全面开放新阶段。

四、全面开放阶段（2007 年至今）

2007—2008 年，国务院相继出台了《国务院关于加快发展服务业的若干意见》《国务院办公厅关于加快发展服务业若干政策措施的实施意见》，面对全球化加速，中国加快发展服务业，全面深化改革进程，同时还修订了《外商投资产业目录》，加强政府对服务业外商投资的指导作用。

---

① 数据来源于 WTO 数据库。
② 数据来源于中经网数据库。

当前，在世界贸易组织服务贸易分类的 160 多个部门和分部门中，中国开放了 100 多个部门和分部门，包括分销、证券、保险、银行、电信服务等，占服务部门总数的 62.5%，其开放程度已经接近发达国家水平。商务部数据显示，2016 年，中国新设立外商投资企业 27900 家，同比增长 5%，其中 12 月当月新设立 3545 家外商投资企业，同比增长 21.1%。2016 年，中国服务业实际使用外资金额 5715.8 亿元，同比增长 8.3%，占外资总量的 70.3%。①

总体上看，中国在传统服务贸易上具有一定优势，且还有很大的上升空间，在部分生产性服务贸易上对世界市场的需求在不断增加，特别是制造业发展所需要的相关服务，同时，新兴服务贸易发展相对滞后，国际竞争力还有待提高。与此相对，中国一直致力于为服务业和服务贸易发展营造公平竞争的市场环境、透明的法律环境、稳定有序的经营环境。2012 年，商务部、国家统计局联合修订《国际服务贸易统计制度》，建立符合国际规范的服务贸易统计制度，促进服务贸易健康发展。同年，中国注册会计师协会印发《关于支持会计师事务所进一步做强做大的若干政策措施》，为服务业的良好发展创造条件。

第三节
中国服务贸易政策体系

中国一直以来鼓励服务贸易发展，为此采取了一系列政策措施，形成了包括协调管理机制、支持政策、贸易促进平台、自由贸易试验区、国际合作等在内的政策体系，成为服务贸易发展的重要保障。

一、健全服务贸易协调管理机制

2006 年，商务部设立服务贸易司，牵头负责全国服务贸易的促进和协调工作。

---

① 数据来源于商务部数据库。

2007年，商务部会同国家发改委、财政部等34个部门建立了服务贸易跨部门联系机制。2015年8月国务院批复建立由国务院领导同志牵头负责的国务院服务贸易发展部际联席会议制度。联席会议制度主要职能为：在国务院领导下，统筹协调服务贸易发展工作；加强对服务贸易工作的宏观指导，研究加快服务贸易发展的政策举措，协调各部门服务进出口政策；统筹服务业对外开放，将服务业国内改革与对外开放有机结合，服务业对外开放与促进服务进出口有机结合；指导服务贸易创新发展试点和特色服务出口基地建设，协调解决工作推进中遇到的重大问题；及时总结推广服务贸易发展中的典型经验；完成国务院交办的其他事项。

二、出台服务贸易支持政策，政策体系逐步完善

近年来，中国政府积极扩大服务业开放，不断创新支持服务贸易的政策措施，对服务贸易发展起到了有力的促进作用。国务院发布的《关于加快发展服务业的若干意见》《关于加快发展服务业若干政策措施的实施意见》和《服务业发展"十二五"规划》等促进服务业发展的政策文件都把大力发展服务贸易作为重要内容。2012年以来，中国政府相继出台了《服务贸易发展"十二五"规划纲要》和《中国国际服务外包产业发展规划纲要（2011—2015年）》，初步形成了系统、全面的服务贸易规划体系。2014年以来，国家支持服务贸易发展的政策力度明显加大：国务院先后发布《关于加快发展对外文化贸易的意见》《关于促进服务外包产业加快发展的意见》《关于加快发展服务贸易的若干意见》等三份文件。

2017年，商务部等部门先后印发《服务贸易发展"十三五"规划》和《中国国际服务外包产业发展"十三五"规划》，"扩规模、优结构、增动力、强基础、促平衡"成为"十三五"期间服务贸易发展的主要思路。一揽子新的政策也在酝酿中。例如，培育一批具备较强国际竞争力的大型跨国服务企业和服务品牌；推动财税、金融部门加大对服务出口重点领域的支持力度，对高技术、高文化含量服务领域给予税收优惠，提升高附加值服务出口占比；加快立法进程，研究制定《国际服务贸易条例》，研究修订《技术进出口管理条例》，调整《中国禁止进口限制进口技术目录》和《中国禁止出口限制出口技术目录》；出台《服务出口重点领域指

导目录》和《服务外包产业重点发展领域指导目录》,重点培育通信、金融、保险、计算机和信息服务等资本和技术密集型服务的出口能力等。

国务院发布的三份文件《关于加快发展对外文化贸易的意见》《关于促进服务外包产业加快发展的意见》《关于加快发展服务贸易的若干意见》中列出了文件涉及的从文化贸易、服务外包产业、服务贸易出发促进服务贸易加快发展的具体政策措施。随着这些政策措施逐步落实,效果开始显现,未来一段时期服务贸易将迎来黄金发展期。

1.《关于加快发展对外文化贸易的意见》

2014年3月,国务院印发《关于加快发展对外文化贸易的意见》,对加快发展对外文化贸易、推动文化产品和服务出口做出全面部署。

该意见强调了坚持"统筹发展、政策引导、企业主体、市场运作"的基本原则,明确了到2020年的发展目标,从四个方面提出了扶持对外文化贸易发展的政策措施:一是鼓励各种所有制文化企业从事对外文化贸易业务,并享受同等待遇,明确了支持企业加强内容创新、拓展出口平台和渠道、开展技术创新等重点方向。二是加大财税支持力度,明确对国家重点鼓励的文化产品和服务出口实行增值税零税率或免税,同时提出文化企业也可享受服务外包企业相关税收优惠政策。三是从信贷、债券、保险、担保、外汇管理等方面加大金融支持力度。四是明确为文化企业出口提供通关便利,减少行政审批,简化因公出境审批手续。加强知识产权保护,为文化企业开拓海外市场提供公共信息服务,加强人才培养,建立健全中介组织。

2.《关于促进服务外包产业加快发展的意见》

2014年12月,国务院印发《关于促进服务外包产业加快发展的意见》,这是国务院首次对促进服务外包产业加快发展做出全面部署,提出加快发展服务外包产业的政策措施。

(1)加强规划引导。全面客观评估服务外包产业"十二五"规划的实施情况,研究制定《中国国际服务外包产业发展"十三五"规划》,明确提出"十三五"期间服务外包产业的重点领域、主要任务和保障措施等。科学谋划服务外包产业集聚区布局，尽快形成产业集聚，发挥引领带动作用。有关部门要将服务外包产业集聚区的教育资源，物联网、大数据、云计算和移动互联及新技术应用的基础设施，以及企业的技术、管理和商业模式创新项目等纳入"十三五"相关规划。

（2）深化国际交流合作。提升双边经贸合作质量，在现有机制框架下有序推进服务外包产业务实合作，营造有利于共同发展的国际环境。加大支持服务外包企业参加国际展会、项目洽谈等活动。结合实施"走出去"战略和对外援助，综合运用贸易、出口信贷、对外投资合作和对外援助等多种措施，支持有条件的服务外包企业"走出去"，开展研发外包、知识流程外包和业务流程外包等高附加值项目合作。鼓励企业和机构在国际市场购买技术含量高、业务模式新的高端服务，引进先进技术、先进经营方式和管理经验，加快推动国内服务外包产业转型升级。

（3）加大财政支持力度。完善现有财政资金政策，优化资金安排和使用方向，改进支持方式，加大对国际服务外包业务的支持，鼓励开展国际服务外包研发、人才培训、资质认证、公共服务等。充分发挥财政资金的杠杆引导作用，通过设立国际服务外包产业引导基金等市场化支持方式，引导社会资金加大对承接国际服务外包业务企业的投入，扩大服务出口。

（4）完善税收政策。从区域和领域上扩大对技术先进型服务企业减按15%税率缴纳企业所得税和职工教育经费不超过工资薪金总额8%部分税前扣除的税收优惠政策实施范围。根据服务外包产业集聚区布局，统筹考虑东、中、西部城市，将中国服务外包示范城市数量从21个有序增加到31个。实行国际服务外包增值税零税率和免税政策。

（5）加强金融服务。拓宽服务外包企业投融资渠道。鼓励金融机构按照风险可控、商业可持续原则，创新符合监管政策、适应服务外包产业特点的金融产品和服务，推动开展应收账款质押、专利及版权等知识产权质押。支持政策性金融机构在有关部门和监管机构的指导下依法合规创新发展，加大对服务外包企业开拓国际市场、开展境外并购等业务的支持力度，加强服务外包重点项目建设。鼓励保险机构创新保险产品，提升保险服务，扩大出口信用保险规模和覆盖面，提高承保和理赔效率。利用现有资金政策，引导融资担保机构加强对服务外包中小企业的融资担保服务。支持符合条件的服务外包企业进入中小企业板、创业板、中小企业股份转让系统融资。支持符合条件的服务外包企业通过发行企业债券、公司债券、非金融企业债务融资工具等方式扩大融资，实现融资渠道多元化。

（6）提升便利化水平。深化境外投资审批制度改革，推进境外投资便利化，实行以备案为主的管理方式，最大限度地缩小核准范围，简化审批手续。进一步提升通关便利化水平，创新服务外包海关监管模式。创新服务外包检验检疫监管模式，简化承接国际服务外包业务所需样机、样本、试剂等的审批程序，实施分类管理，提供通关便利。加快落实外汇管理便利化措施，具备条件的服务外包企业可申请参与服务外包境外投资外汇管理改革试点，根据试点情况及时研究推广。鼓励在跨境贸易和投资中使用人民币结算。为从事国际服务外包业务的外籍中高端管理和技术人员提供出入境和居留便利。提高国际通信服务水平，支持基础电信运营商为服务外包企业网络接入和国际线路租赁提供便利。

3. 《关于加快发展服务贸易的若干意见》

2015年1月，国务院印发《关于加快发展服务贸易的若干意见》，这是国务院首次全面系统地提出服务贸易发展的战略目标和主要任务，并对加快发展服务贸易做出全面部署，提出一系列促进服务贸易发展的政策措施。

（1）加强规划引导。发挥规划的引领作用，定期编制服务贸易发展规划。指导地方做好规划工作，确立主导行业和发展重点，扶持特色优势行业发展。加强对重点领域的支持引导，制定重点服务出口领域指导目录。建立不同层级的重点企业联系制度。

（2）完善财税政策。充分利用外经贸发展专项资金等政策，加大对服务贸易发展的支持力度，进一步优化资金安排结构，突出政策支持重点，完善和创新支持方式，引导更多社会资金加大对服务贸易发展的支持力度，拓宽融资渠道，改善公共服务。结合全面实施"营改增"改革，对服务出口实行零税率或免税，鼓励扩大服务出口。

（3）创新金融服务。加强金融服务体系建设，鼓励金融机构在风险可控的前提下创新金融产品和服务，开展供应链融资、海外并购融资、应收账款质押贷款、仓单质押贷款、融资租赁等业务。鼓励政策性金融机构在现有业务范围内加大对服务贸易企业开拓国际市场、开展国际并购等业务的支持力度，支持服务贸易重点项目建设。鼓励保险机构创新保险品种和保险业务，探索研究推出更多、更便捷的外贸汇率避险险种，在风险可控的前提下采取灵活承保政策，简化投保手续。引导服务贸易企业积极运用金融、保险等多种政策工具开拓国际市场，拓展融资渠道。推动小微企业融资担保体系建设，积极推进小微企业综合信息共享。加大多层次资本市场对服务贸易企业的支持力度，支持符合条件的服务贸易企业在证券交易所上市、在全国中小企业股份转让系统挂牌、发行公司债和中小企业私募债等。

（4）提高便利化水平。建立和完善与服务贸易特点相适应的口岸通关管理模式。探索对会展、拍卖、快递等服务企业所需通关的国际展品、艺术品、电子商务快件等特殊物品的监管模式创新，完善跨境电子商务通关服务。加强金融基础设施建设，为跨境人民币结算提供便利，鼓励境内银行机构和支付机构扩大跨境支付服务范围，支持服务贸易企业采用出口收入存放境外等方式提高外汇资金使用效率。加强人员流动、资格互认、标准化等方面的国际磋商与合作，为专业人才和专业服务"引进来"和"走出去"提供便利，为外籍高端人才办理在华永久居留证明提供便利。

（5）打造促进平台。支持商协会和促进机构开展多种形式的服务贸易促进活动，通过政府购买服务的形式整体宣传"中国服务"，提升服务贸易品牌和企业形象。支持企业赴境外参加服务贸易重点展会。积极培育服务贸易交流合作平台，形成以中国（北京）国际服务贸易交易会为龙头、以各类专业性展会论坛为支撑的服务贸易会展格局，鼓励其他投资贸易类展会增设服务贸易展区。积极与主要服务贸易合作伙伴和"一带一路"沿线国家签订服务贸易合作协议，在双边框架下开展务实合作。

三、拓展服务贸易促进平台

2006年，商务部设立中国服务贸易指南网，为企业提供信息咨询、市场供求等信息服务。2007年，国务院批准成立中国服务贸易协会，服务贸易领域中介组织建设取得突破。2012年,商务部会同北京市人民政府举办首届中国(北京)国际服务贸易交易会,搭建了世界上第一个综合性服务贸易国际展会。2013年,商务部、科技部、国家知识产权局和上海市人民政府联合主办首届中国(上海)国际技术进出口交易会,是首个集技术展示和交易服务为一体的国家级、国际性、专业性的展会。此外,举办以中国(深圳)国际文化产业博览交易会、中国国际服务贸易(重庆)高峰会、中国(大连)国际软件和信息服务交易会、中国(香港)国际服务贸易洽谈会等为代表的大型服务贸易展示洽谈会,逐步形成了覆盖面广、重点突出的服务贸易会展格局。

四、发挥自由贸易试验区和服务贸易创新发展试点的政策先行先试作用

以上海自由贸易试验区为例,其在2013年提出涵盖金融服务、航运服务、商贸服务、专业服务、文化服务、社会服务等领域在内的23条服务业扩大开放措施。例如,允许符合条件的外资金融机构设立外资银行,允许符合条件的民营资本与外资金融机构共同设立中外合资银行等。在此基础上,2014年又提出14条服务业扩大开放措施,其中航运服务领域6条、商贸服务领域3条、专业服务领域4条、社会服务领域1条。例如,在航运领域放宽了一些行业的外资股比限制,允许外商以独资形式从事国际海运货物装卸、国际海运集装箱站和堆场业务,允许外商独资从事航空运输销售代理业务等;在商贸领域取消了对外商投资邮购和一般商品网上销售的限制等;在专业服务领域,允许取得中国会计师资格的香港、澳门地区专业人士担任会计师事务所合伙人;在社会服务领域,取消了外商投资医疗机构最低投资总额和经营年限的限制。① 此外,广东、天津、福建自由贸易试验区试点方案也包括不少服务业开放的举措。这些服务业开放的政策在自由贸易试验区的先行先试有利于为其在全国范围内推广提供经验,为推动中国服务贸易发展提供有利条件。

2016年2月,国务院印发《关于同意开展服务贸易创新发展试点的批复》,同意在天津、上海、海南、深圳、杭州、武汉、广州、成都、苏州、威海和哈尔滨新

---

① 上海市新闻办:中国(上海)自由贸易试验区2014版负面清单情况说明会,2014-07-02.

区、江北新区、两江新区、贵安新区、西咸新区等省、市（区）开展服务贸易创新发展试点，试点期为2年，自国务院批复之日起算。①

试点方案强调，要对试点地区加大政策保障力度：一是加大中央财政支持力度，对试点地区进口国内急需的研发设计、节能环保和环境服务等给予贴息支持。二是完善税收优惠政策。在试点地区扩大技术先进型服务企业认定范围，由服务外包扩大到其他高技术、高附加值的服务行业。经认定的技术先进型服务企业，减按15%税率缴纳企业所得税；职工教育经费不超过工资薪金总额8%部分据实税前扣除，超过部分，准予在以后纳税年度结转扣除。三是落实创新金融服务举措。鼓励金融机构大力发展供应链融资、海外并购融资、应收账款质押贷款和融资租赁等业务。鼓励政策性金融机构在现有业务范围内加大对服务贸易企业开拓国际市场、开展国际并购的支持力度。四是设立服务贸易创新发展引导基金，为试点地区有出口潜力、符合产业导向的中小服务企业提供融资支持服务。五是对试点地区经认定的技术先进型服务企业，全面实施服务外包保税监管模式。

五、积极开展服务贸易的多双边交流与合作

建立和完善了与国际组织、外国政府的工作联系机制，与欧盟建立了服务贸易工作部门对话机制，与六大国际组织和美国、英国、日本等主要发达国家的政府部门建立了工作联系，与德国、澳大利亚、英国、爱尔兰、印度等主要服务贸易伙伴国签署了服务贸易合作备忘录，开展双边务实合作。积极推进自贸区战略，与澳大利亚、韩国等发达国家签订了高水平的自贸协定，均涉及服务贸易，为推动服务贸易的发展和中国服务企业"走出去"创造了有利条件。

到2016年底，中国已经签署的自贸协定达到14个，涉及22个国家和地区。这14个协定分别是中国与新加坡、东盟、巴基斯坦、新西兰、智利、哥斯达黎加、韩国、冰岛、秘鲁、澳大利亚、瑞士的自贸协定，内地与香港、澳门的更紧密经贸关系安排（CEPA），以及大陆与台湾的海峡两岸经济合作框架协议（ECFA），这

---

① 新华网：《国务院批复同意开展服务贸易创新发展试点》，2016-02-25.

14个已签署的自贸协定都涉及服务贸易内容。另外，还有一些正在谈判、研究阶段的自贸协定，涉及的国家如哥伦比亚、摩尔多瓦、印度、马尔代夫等。

表3-2 中国签署的自由贸易协定（服务贸易）

FTA	签署时间	生效时间
中国内地—香港	2003年6月29日	2003年6月29日
中国内地—澳门	2003年10月17日	2003年10月17日
中国—东盟	2007年1月14日	2007年7月1日
中国—新西兰	2008年4月7日	2008年10月1日
中国—智利	2008年4月13日	2010年8月1日
中国—新加坡	2008年10月23日	2009年1月1日
中国—巴基斯坦	2009年2月21日	2009年10月10日
中国—秘鲁	2009年4月28日	2010年3月1日
中国—哥斯达黎加	2010年4月8日	2011年8月1日
中国—冰岛	2013年4月15日	2014年7月1日
中国大陆—台湾	2013年6月21日	暂时搁置
中国—瑞士	2013年7月6日	2014年7月1日
中国—韩国	2015年6月1日	2015年12月20日
中国—澳大利亚	2015年6月17日	2015年12月20日

为了全面了解中国服务贸易自由贸易协定的自由化承诺，本书着重研究中国内地—香港、中国内地—澳门、中国—韩国所签订的自贸协定，以此深入了解中国目前服务贸易自由贸易协定的发展情况。

2015年11月27日、28日，中国商务部副部长与香港特区财政司司长、澳门特区经济财政司司长分别签署了《〈内地与香港关于建立更紧密经贸关系的安排〉服务贸易协议》《〈内地与澳门关于建立更紧密经贸关系的安排〉服务贸易协议》，并都于2016年6月1日正式实施。这两份协议是中国首次明确内地全境以准入前国民待遇加负面清单方式全面开放服务贸易领域的自由贸易协定，具有以下三个突出特点：首先，开放水平高、力度大，中国内地对香港开放服务部门达到153个，其中62个部门实现国民待遇，在使用负面清单的领域，限制性措施仅有120项，且其中28项限制性措施进一步放宽了准入条件，电信、文化、跨境服务等使用正面清单的领域，新增开放措施28项；其次，明确内地全境基于香港最惠待遇，即以后只要有优于CEPA的贸易措施均可直接适用于香港；最后，进一步健全与负面清单模式相适应的配套管理制度，香港服务提供者在开放的服务领域设立公司、变更合同、审批章程均实行备案管理制，方便他们进入内地市场。《〈内地与香港关于建立更紧密经贸关系的安排〉服务贸易协议》《〈内地与澳门关于建立更紧密经贸关系的安排〉服务贸易协议》的签署、实施，标志着香港、澳门与内地全境基本实现服务贸易自由化。

中国—韩国自由贸易协定是迄今为止中国对外签署的涉及国别贸易额最大的自由贸易协定，也是中国迄今为止涉及领域最多的自由贸易协定，该协定文本有22章，协定范围涵盖服务贸易、货物贸易、投资和规则等17个领域。该协定首次在自贸区谈判中涉及电子商务和地方合作的内容，也是首次设立电信、金融服务单独章节，这些内容是中国第一次与其他国家或地区签订涉及上述行业的自由贸易协定，而该协定的签署也将为大连、延边、青岛、威海、烟台等拥有对韩引资基础和贸易优势的城市带来巨大机遇。另外，中国—韩国自由贸易协定还涉及物联网、影视产业合资合拍及政府采购合作、投资自由化等内容。同时，中、韩两国还将在协定生效的2年内，以负面清单模式和准入前国民待遇，开展投资和服务贸易的第二阶段谈判。中国—韩国自由贸易协定的签署展示了两国深湛的东方智慧，在利益整体平衡的前提下，求同存异、大胆探索，有效示范了一次亚太区域规则融合的结果。

第四节
中国服务贸易发展现状

自从1978年改革开放以来，对外贸易已成为中国经济现代化的主力军。商品贸易取得了显著的成绩，而中国服务贸易起步较晚，受到的关注不多。但毫无疑问，中国服务贸易在过去近40年的改革开放中也取得了不俗的成绩。中国服务贸易出口(仅仅是商务服务)占世界服务贸易出口的比重已从 1982 年的 0.67% 提升到 2015 年的 6%,而服务进口额占比从 0.46% 增长到 10.11%。①

一、中国服务贸易规模迅速扩大

在经历了服务业对外开放的四个发展阶段后,中国服务贸易进出口总额增长了 170 多倍,从 1982 年的 43.41 亿美元增长到 2015 年的 7815.06 亿美元。由于受到 2008 年世界金融危机的影响,2009 年中国服务贸易出口额下降了 15.94%,远高于 1997 年东南亚金融危机所引起的降幅。然而,中国服务进出口贸易在 2010 年就迅速恢复到危机以前的水平。但与长期处于顺差状态的货物贸易不同,从 1992 年起,中国服务贸易就一直处于逆差状态,且逆差值逐步扩大,到 2015 年,中国服务贸易逆差值达 1808.55 亿美元。②

从图 3-3 中可以看出,中国服务贸易进出口额随时间的变动与四大阶段的开放水平相契合,每一阶段中国服务贸易进出口增长率与 GDP 增长率保持相同的步调,前三个阶段逐步提高,在第四阶段出现小幅降低,但依然保持高速增长的态势。

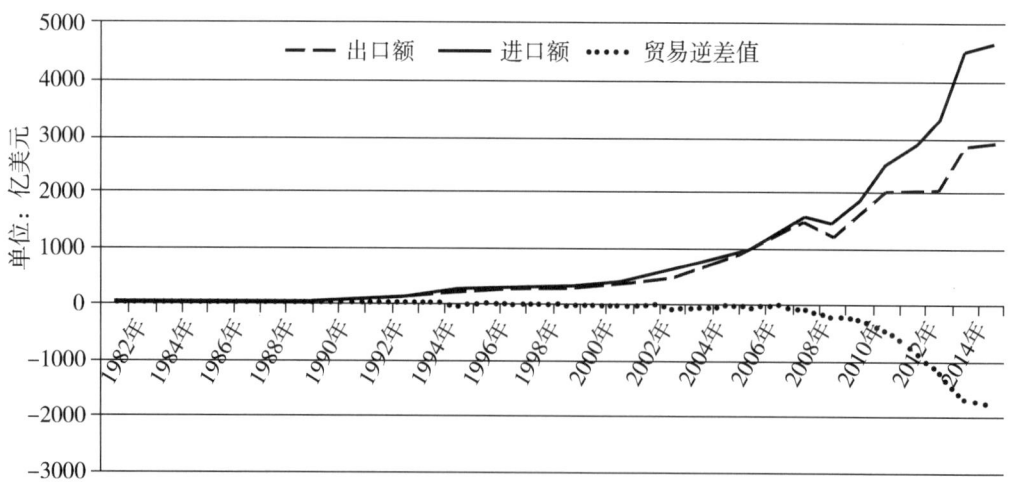

图 3-3 1982—2015 年中国服务贸易发展

数据来源:WTO 数据库。

---

① 数据来源于 WTO 数据库。
② 数据来源于 WTO 数据库。

在起步阶段，服务贸易开放水平较低，服务贸易进出口额也处于较低水平，且增长速度也较低，是四个阶段中速度最缓慢的，但快于世界服务贸易增长速度。到有限开放阶段，中国尝试开放少量服务业，中国服务贸易进出口出现了明显的增加，增长速度快于货物贸易。1998年，受到东南亚金融危机的影响，服务贸易的出口和进口都出现不同程度的缩减，然而中国服务贸易仅用1年的时间就恢复并再度增长，在扩大开放阶段，中国重视服务业的对外开放，将服务贸易作为经济增长的重点之一，服务贸易出口增长极为迅猛，年均增长率超过进口，中国服务贸易以几乎是世界服务贸易的两倍的速度扩张，在全面开放阶段，中国将75%的服务部门对外商开放，由于2008年美国次贷危机、2010年欧洲债务危机的相继爆发，中国服务贸易出现了较多的波动，但服务贸易依然保持着两倍于世界平均水平的速度增长。从改革开放以来，中国服务贸易一直保持远高于中国GDP和世界服务贸易的增长速度发展，已成为中国经济活力的源泉，而且在每一阶段，中国服务进口贸易的增长速度总是高于出口贸易的增长速度，这也反映了服务贸易逆差扩大的趋势。

表3-3 中国与世界的服务贸易、货物贸易增长率对比

单位：%

阶段	中国服务贸易		中国货物贸易		世界服务贸易		世界货物贸易		GDP增长率	
	出口	进口	出口	进口	出口	进口	出口	进口	中国	世界
起步 （1979—1990年）	11.65	12.19	17.03	15.55	8.25	7.73	8.98	8.88	9.07	3.14
有限开放 （1991—2001年）	17.85	27.24	15.24	15.83	6.05	5.57	5.58	5.71	10.26	2.72
扩大开放 （2002—2006年）	23.47	20.91	29.59	26.90	14.63	13.76	14.52	14.11	10.68	3.55
全面开放 （2007年至今）	14.54	19.42	10.85	9.96	5.87	6.06	4.51	4.35	9.25	2.46
全部 （1979年至今）	16.30	20.50	16.50	15.66	7.86	7.48	7.63	7.54	9.69	2.91

数据来源：WTO数据库、世界银行数据库。

注：GDP是按照2010年不变价美元测算的。

二、中国服务贸易行业构成不断优化

对于中国服务出口贸易，运输服务、旅游服务、其他服务在四个阶段中所占的比重不断变化。在起步阶段（1979—1990年），运输服务是中国服务贸易中的重中之重，其所占比重超过40%，有力地推动着中国货物贸易的发展，但由于交通工具的更新换代及基础设施的大量建设，运输服务的成本不断降低，其在中国服务贸易中的份额逐步减少，与此相对，其他服务出口出现小幅增长，旅游服务出口情况则相对稳定，其比重保持在30%左右。当进入有限开放阶段（1991—2001年），随着基础设施的不断完善，饭店、宾馆、机场逐步增多，并且中国风景的国际知名度也逐步提高，旅游服务出口受到极大推动，其所占比重从1991年的34.18%增长到2001年的54.08%，成为中国服务贸易出口最多的部门，而运输服务业出口则大幅缩水，所占份额维持在10%。在扩大开放阶段（2002—2006年），计算机的普及、互联网的兴起有效地推动其他服务快速发展，并且中国逐步放开服务业对外商的限制，从而使得其他服务出口占据了中国服务贸易出口的主导地位，其比重上升至41.21%，同时，由于受到货物贸易蓬勃发展的刺激，中国运输服务出口比重再度增长，增长到20%以上。到全面开放阶段（2007年至今），数字技术、云计算、大数据等的广泛应用，有效推动了其他服务出口贸易发展，其占比一直处于近50%的水平上，其中计算机、通信和信息服务业增长最为迅猛，从4.42%增长到8.60%，而房地产业受到2008年金融危机的影响，出现较大的波动，但整体趋势仍是增长的。另外，运输服务出口也受到金融危机、欧债危机的影响，对中国服务出口贸易发展的贡献度越来越小。

对于中国服务贸易进口，运输服务、旅游服务、其他服务所占比重波动性更强，运输服务从78.9%降为16.21%，旅游服务从2.88%升为62.66%，其他服务从9.73%变为21.13%。从整体上看，旅游服务的增长态势和运输服务的下滑趋势是中国服务贸易进口的主要特征。运输服务曾是中国服务贸易进口中最重要的成分，占比在1990年达到最高值78.9%，自此便长期处于缩减状态，而自2001年中国加入世界贸易组织后，受货物贸易大繁荣的带动，运输服务出现增长态势，随后又因为2008年全球金融危机爆发,世界经济低迷,中国运输服务再次被波及,陷入萎靡状态。在起步阶段,由于中国居住政策和外汇限制,旅游服务进口发展缓慢,从1991年以后,中国政府放松对外汇和移民的管制,积极融入全球化潮流,在居民收入大幅提高的带动下,旅游服务进口开始稳步增长,旅游服务发展成为中国服务贸易进口额最高的部门,期间虽然受到SARS的影响,但很快就得以恢复。在起步阶段,其他服务受制于对外开放水平,发展速度较低,在中国服务贸易中占比平均低于20%,而在随后的有限开放阶段、扩大开放阶段,鉴于中国政府对服务贸易的放开,其他服务业需求得到全面解放,进口贸易提升较快,在中国服务贸易进口中的比重超过40%,但在全面开放阶段,由于世界经济形势的影响,欧盟国家经济复苏乏力,日本经济长期低迷,美国正处于经济恢复的关键时期,中国其他服务进口受到削弱,维持在近30%的水平上。

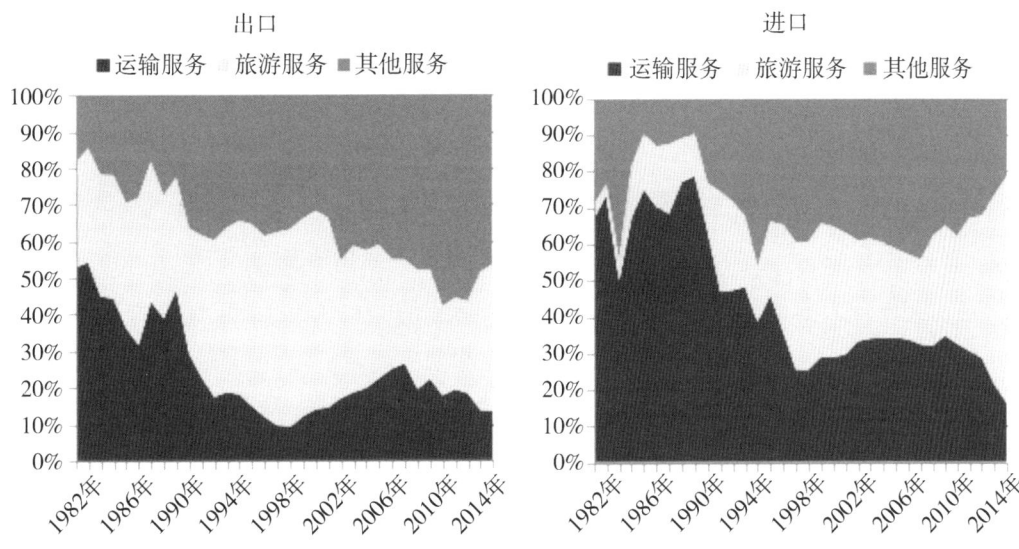

图3-4 中国服务贸易结构

数据来源:WTO数据库。

三、中国服务贸易国别构成较为集中

2014年,中国服务贸易出口目的地主要是美国、英国、日本、中国台湾,对这四个国家或地区的服务贸易出口额占中国服务贸易出口总额的51%。2011—

2014年，中国服务出口贸易对美国、英国的依赖逐渐增强，对日本、台湾地区的依赖性逐步削弱，其中对台湾地区的出口贸易的依赖性减少最多。

2014年，中国服务贸易进口来源地主要是美国、英国、日本、新加坡，对这四个国家的服务贸易进口额占中国服务贸易进口总额的47%。2011—2014年，中国对日本的服务贸易进口额增加最快，增长了37.79%，其次是新加坡，增长了7.22%，但中国对美国的服务贸易进口额有所下降，说明中国服务贸易进口对美国的依赖性有减弱的趋势。

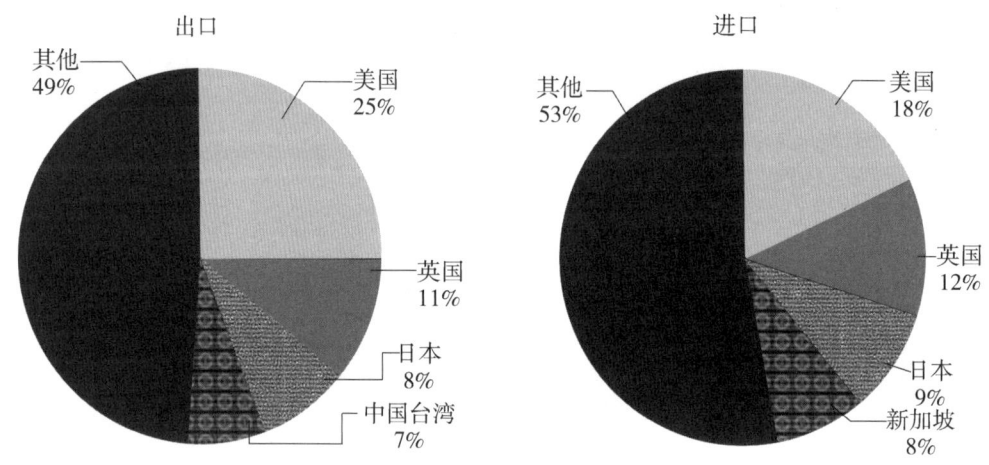

图3-5　2014年中国服务贸易地域分布

数据来源：2016年《中国第三产业统计年鉴》。

四、中国服务进出口贸易构成

根据相对比重可以发现，中国的服务贸易，无论是出口还是进口，在对外贸易中所占的比重都远低于世界平均水平。世界服务进口贸易、出口贸易在世界进口、出口贸易中所占的比重相对稳定，徘徊于20%上下，这说明世界货物贸易和服务贸易保持相同的发展速度。然而，对于中国来说，服务进出口贸易所占比重波动性较强，其中服务出口贸易比重均低于12%，服务进口贸易则多数处在10%~20%之间。

1986—1990年，中国服务出口贸易占比大幅下降，低于10%，而同期，中国

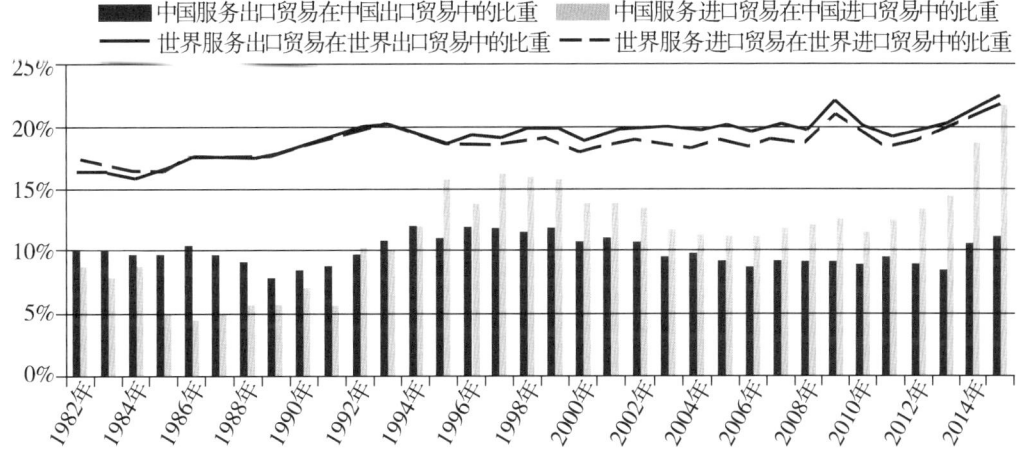

图3-6 1982—2015年中国服务贸易与世界服务贸易进出口比重比较

数据来源：WTO数据库。

服务进口贸易占比却保持着上升的态势，从5.13%增长到10.25%。1992年，中国服务进口额超过服务出口额，中国服务贸易出现逆差，并且逆差现象一直保持到现在。同时，在有限开放的前半段时期，即1994年以前，中国货物贸易与服务贸易在国际收支上呈现的特征是相似的，时而产生小额顺差，时而又出现小幅逆差，总体维持在收支平衡的状况。然而，1994年之后，中国货物贸易出现了大量顺差，并呈现井喷式的增长，于2015年达到最大值5929.98亿美元，中国服务贸易则长期处于逆差，且逆差值不断增大，也在2015年达到最大值1803.55亿美元。由此可知，中国服务贸易与货物贸易进入了非平衡发展状态，具体来说，中国货物出口贸易和服务进口贸易增长率远大于中国货物进口贸易、服务出口贸易增长率，导致非平衡态势愈演愈烈。

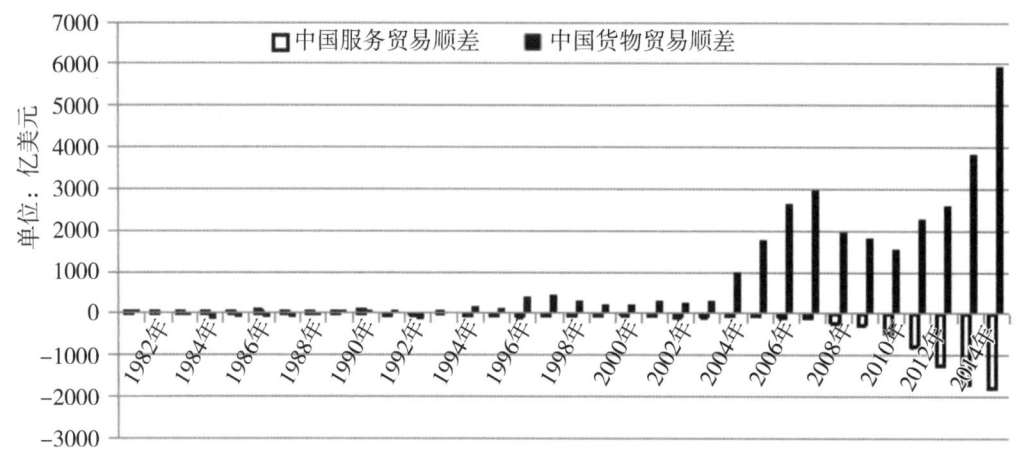

图 3-7 1982—2015 年中国服务贸易顺差与中国货物贸易顺差

数据来源：WTO 数据库。

第五节
中国服务贸易的未来

尽管中国服务贸易具有较高的增长率，在世界市场上所占份额也不断提高，但中国服务贸易的发展仍然落后于货物贸易。中国服务贸易的规模远不及货物贸易，从另一个角度来看，这意味着拥有广阔的发展空间。要想把发展空间从潜力变为现实，应从提升服务业的国际竞争力入手，就行业来看应以信息技术为重点。为此，未来服务贸易政策也应做出相应的调整。

一、中国服务贸易未来发展重点：提升信息技术领域的竞争力

印裔美国经济学家巴拉萨（Balassa，1965）提出了衡量一国或地区某种产品是否具有相对优势的指标——显示性比较优势指数（Revealed Comparative Advantage，RCA）。该方法也可以用于衡量一国或地区某服务贸易部门的相对优势，具体公式如下：

$$\mathrm{RCA}_{c,i,t} = \frac{x_{c,i,t} / \sum_i x_{c,i,t}}{\sum_c x_{c,i,t} / \sum_c \sum_i x_{c,i,t}} \quad (1)$$

其中 i 代表一种产品或产业，c 代表国家，t 代表年份，x 代表出口总额。如果 RCA 的值大于 1，说明该国在这种产品或产业上具有比较优势，数值越大，比较优势越显著；而 RCA 的值小于 1，则说明该国在这种产品或产业上具有比较劣势。当 RCA > 2.5 时，表示该国在这种产品或产业上具有极强的竞争优势；当 RCA < 0.8 时，表示该国在这种产品或产业上具有很弱的竞争优势。

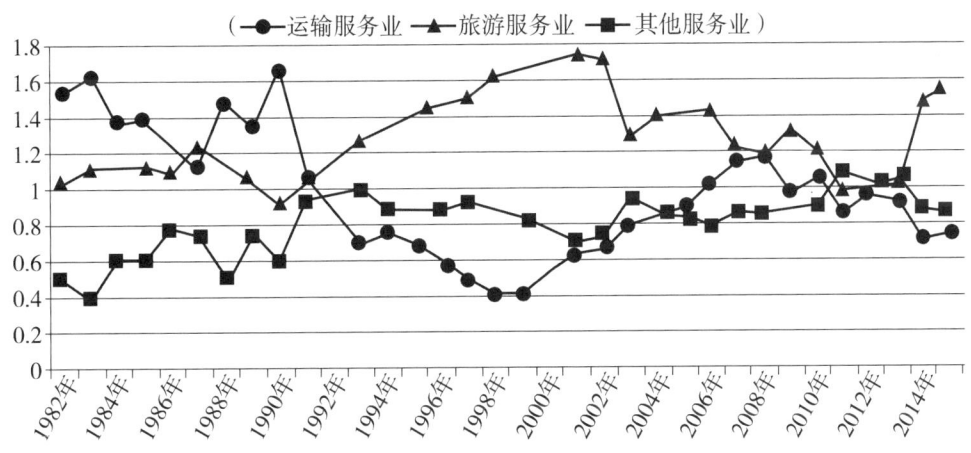

图 3-8 中国服务贸易 RCA 指数

数据来源：WTO 数据库。

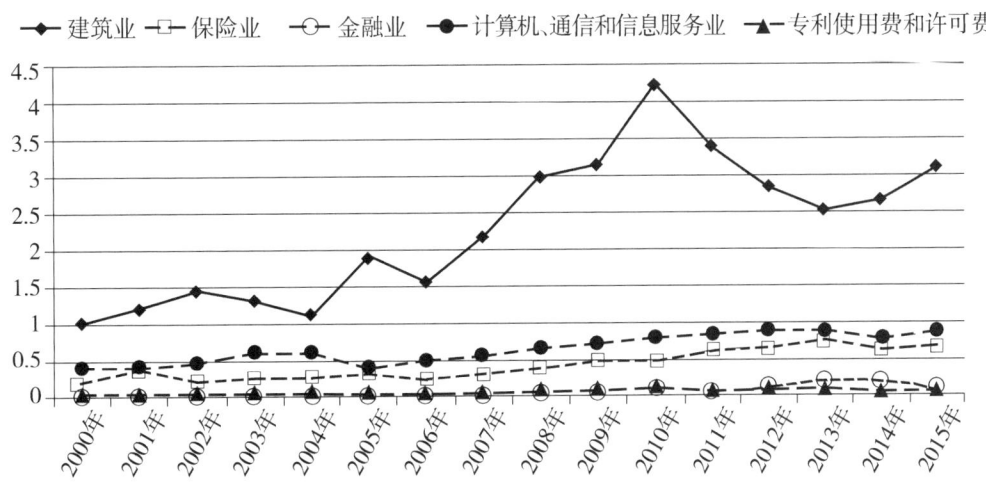

图 3-9 中国重点服务部门 RCA 指数

数据来源：WTO 数据库。

通过图3-8、图3-9可以看出，目前中国具有显示性比较优势的服务贸易部门是旅游服务业和建筑业。1982—2001年，中国旅游服务业RCA指数不断增加，从1.03增加到1.73；2002—2011年，由于互联网的快速发展，使得人们跨境旅游的需求相对减弱，所以旅游服务业RCA指数一直下滑；2012—2015年，在中国经济发展方式转型升级及居民收入大幅提高的影响下，旅游服务贸易迎来了第二次高速发展的机会，RCA指数不断增长，2015年RCA指数达1.54。从总体上看，中国旅游服务贸易具有较强的竞争力，发展较为稳定，对世界服务贸易市场有一定的影响力。在建筑方面，自加入世界贸易组织以来，中国凭借高速的经济发展态势及良好的对外开放环境快速发展房地产业，国际竞争力迅速提升，2010年RCA指数达到4.22，随后受到金融危机、欧债危机的多重降温，建筑业的国际比较优势削弱，在2013年，中国"一带一路"倡议提出后，建筑业借此机会走出国门，出口额不断增长，国际影响力再次提升，RCA指数恢复到3.09。同时，金融业，保险业，计算机、通信和信息服务业的RCA指数都呈现增长的趋势，但仍低于0.8，均具有较弱的竞争力，还需要继续加强信息技术、云计算等科学技术的应用，提升竞争优势。

改革开放以后，中国运输服务业的国际竞争力不断弱化，RCA指数从1.61降为0.74，虽然2000—2008年受货物贸易大繁荣的刺激，中国运输服务贸易竞争力再次增强，但2008年金融危机的爆发，极大地挫伤了国际货物贸易的发展动力，中国运输服务业的竞争优势再度弱化，至此运输服务业RCA指数低于0.8。

由于RCA指数忽略了服务贸易进口情况，本书另选择沃尔拉斯（Vollrath，1991）提出的显示竞争力指数（the Revealed Competitiveness，RC）来综合评价中国服务贸易竞争力。显示竞争力指数就是对RCA指数取对数减去按照RCA公式计算的进口显示比较优势指数的对数值，具体公式如下。

$$RC = \ln RCA - \ln RMA = Ln\left(\frac{x_{c,i,t}/\sum_i x_{c,i,t}}{\sum_c x_{c,i,t}/\sum_c \sum_i x_{c,i,t}}\right) - Ln\left(\frac{m_{c,i,t}/\sum_i m_{c,i,t}}{\sum_c m_{c,i,t}/\sum_c \sum_i m_{c,i,t}}\right)$$

（2）

其中m代表进口额。

通过图3-10可以看出，中国旅游服务贸易具有最高的RC指数，但随着时间推移，中国旅游服务贸易RC指数不断下降，从2.27降为-0.43，由具有较高的国际竞争力变得缺乏国际竞争力。1982—1990年，其他服务贸易的RC指数出现大幅提高，国际影响力不断增强，但进入20世纪90年代后，其他服务贸易的RC指数突然降低，并保持在0值附近，这一现象一直持续到2008年，而后其他服务贸易的RC指数呈现上扬态势，到2015年，其他服务贸易RC指数为0.68，这可能是因为中国经济进入新常态，经济结构不断调整完善，而且世界经济局势动荡，为其他服务贸易的发展提供了机遇。1982—1996年，中国运输服务贸易RC指数处于下滑状态，最低达到-0.95，极其缺乏竞争力，是中国服务贸易的主要短板，这可能是由中国前期基础设施建设不全面引起的，随着铁路、机场的数量增多，以及货物贸易的高速增长，中国运输服务贸易状况得到极大改善，RC指数接近0，进入一种相对平衡的发展阶段。

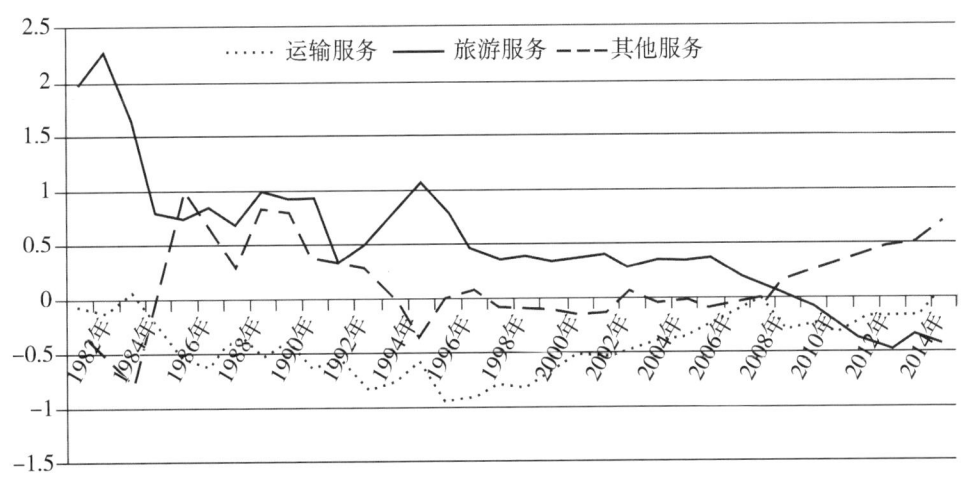

图3-10 中国服务贸易RC指数

数据来源：WTO数据库。

另外，本书运用结构优化指数BSCI（Bender，2001）来反映中国服务贸易出口结构是否向世界的动态需求方向变化，如果该指数为正，说明中国服务贸易出口结构出现优化趋势，指数越大则结构优化程度越显著，具体计算公式如下：

$$BSCI = \sum_{i=1}^{n}\left\{\left[\frac{x_{i,t}/\sum_{i}x_{i,t}}{x_{i,t-1}/\sum_{i}x_{i,t-1}} - 1\right] \times \left[\frac{m_{i,t}/m_{i,t-1}}{Average(m_{i,t}/m_{i,t-1})} - 1\right] \times \left[\frac{x_{i,t}}{\sum_{i}x_{i,t}} - 1\right]\right\}$$

(3)

通过计算可以得出，中国服务贸易结构优化指数总体上保持在0附近，并没有呈现出明显的结构优化迹象。通过图3-11可以看出1983—1992年，中国服务贸易结构优化指数出现较大波动，多数时候指数大于0，说明中国服务贸易结构出现较为显著的优化倾向。而自1993年起，中国服务贸易优化指数就一直低迷，在0值上下小幅波动，仅在2003年和2014年出现较为明显的优化倾向。

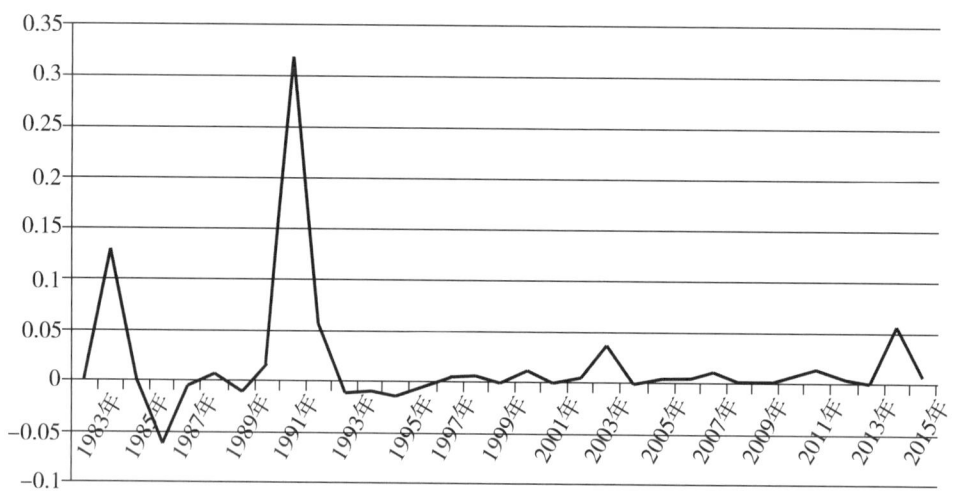

图3-11 中国服务贸易结构优化指数

数据来源：WTO数据库。

综上所述，中国服务贸易出口规模持续扩大，结构虽然不断优化，但从竞争力的角度来看，具有竞争力的部门主要集中于旅游服务业和金融业，且旅游服务业的国际竞争力逐渐弱化，对服务贸易的激励作用减弱，虽然金融业拥有较强的竞争力和发展潜力，但规模仍然较小，对中国服务贸易进出口的带动作用还不强。货物贸易受世界经济形势的影响，陷入低迷状态，导致中国运输服务贸易的竞争力减弱，不再是中国服务贸易发展的主动力。云计算、大数据、互联网的广泛应用，积极推动了其他服务贸易的发展，其竞争力日渐显露，对中国经济的促进作用逐步增强，应成为中国服务贸易未来发展的主要源泉。

二、推动中国服务贸易发展的主要任务

第一，跨界融合，挖掘服务贸易发展潜力。在当今世界上，产业之间的界限、边界越来越模糊，我中有你、你中有我的现象越来越普遍。目前众多发达国家提倡发展六支产业，就是第一、第二、第三产业融合、联动、发展，创造新业态、新领域、新趋势。跨界融合有以下两个重点方向：一是"1+3"，即农业与服务业融合，培育农业产业化服务体系，不再仅仅关注种植业，而是注重种植业的上下游，做到产前、产后发力，这对于中国这样的农业大国是非常重要的，应加强中国农业技术研发、加工、储存等相关技术服务出口贸易，增加中国服务贸易出口新内容；二是"2+3"，即工业与服务业深度融合，尤其是制造业与服务业的融合，推动发展服务型制造和制造服务化，一方面可以提高中国制造业集约化水平，完善产品质量，提高中国产业竞争力，另一方面可以拓展中国服务贸易领域，挖掘中国服务贸易发展动力，促进中国经济发展方式转型升级。

第二，空间集聚，提升服务贸易质量。改革开放以来，中国工业发展的重要经验就是发展高新技术产业园区、工业园区，以此培育经济增长极，从而带动了中国几十年的高速增长。这对于中国服务贸易跨越式发展也有一定的借鉴作用。服务业的发展有依托居民和社区便利网络化布局的要求，应提高集聚程度。由此，中国服务贸易发展可依靠已建立的上海、天津、广东、福建四个自由贸易试验区，大力发展生产性服务贸易，探索中国特色、高标准的服务贸易自由化，按照负面清单来发展服务贸易，提升服务外包发展水平，积极培育服务贸易交流合作平台，完善服务贸易促进体系，加强供给侧结构性改革，为中国服务企业提供更广阔的国际市场。同时，中国也应吸取工业园区发展的失败教训，不过于强调政府的主导权，不搞"拿揽配"，尊重市场的自主性、自发性，借助"一带一路"倡议，搭建物流、支付、交易、咨询、投融资、成果转化等运营性服务平台，积极与沿线国家建立服务贸易双边合作机制，以共同利益为出发点，取长补短，引入新技术和利用服务贸易进口获得的技术外溢对传统的服务业进行升级，发展创新驱动型服务业，进而利用

市场力量引导服务要素、资源向中国集中,满足现代不断增长的高端消费需求,开创互利共赢新局面。

第三,服务创新,增强服务贸易发展速度。一方面,服务贸易是一个高成长型、高风险性的领域,创新有成功者,但更多的是失败者,因此,对服务贸易企业的创新应有一种包容失败的心态,推动金融、财税部门增加对服务出口重点领域的支持力度,培育具有地方特色的服务出口产业,错位竞争,鼓励企业抱团出海,引导中小企业融入全球价值链。另一方面,树立"互联网+服务"的理念,加快互联网技术的深化应用和新一代信息技术的突破,利用云计算构建服务的云信息,破除制约服务贸易发展的体制机制障碍,进一步推动服务分工的细化与服务外包,降低中国服务贸易成本,促进服务贸易自由化、便利化,提高出口服务贸易的效率与质量,实现中国服务贸易由传统的以劳动密集型为基础转变为以智力、知识密集型或资本密集型为基础。

第四,强化市场主体,巩固服务贸易发展基础。政府科学、有力的宏观调控和市场机制对于服务贸易的跨越式发展至关重要,但服务贸易的发展归根到底是要由一个健全的、强大的、充满活力和生机的市场主体去实现、去运行,而不是依靠政府投资、政府输血的方式发展,这对于个别企业、局部地区来讲或许可行,但对于整个国家来讲,凭借政府投资、政府输血把服务贸易带起来几乎是不可能的,因而市场主体的强化是中国服务贸易发展的充分条件和基础。优势服务企业将跨所有制、跨行业、跨地域兼并重组,打造跨界融合的产业联盟和产业集团,增加有控制力、有品牌、有特色的服务业企业集团和龙头企业。

第五,双向开放,拓宽服务贸易发展渠道。中国服务贸易开放不仅仅是政策上的优惠,还是体制上的创新与重构,政策上的优惠仅能处理服务贸易局部、短期的问题,而只有体制机制创新才能实现中国服务贸易的可持续发展问题。借鉴国际经验,中国应建立与国际新规则对接的服务贸易市场运行和开放机制,简化行政审批手续,降低中国服务贸易进入门槛,比如在体育、医疗、教育、文化、金融等领域可使用准入前国民待遇加负面清单的模式,营造良好的中国服务贸易环境,为国外服务贸易打开方便之门。同时,重视中国对内开放,去除国家内部要素流动的封锁、障碍，完善国内充分自由竞争的服务贸易市场体系，实现互联互通，推动中国东部地区发展金融保险、咨询、信息等高端服务贸易产业，中西部地区承接东部地区服务业转移，发展基础性生产服务贸易，从而实现国内区域间服务贸易的均衡发展，这是中国服务贸易发展的基石。

第六，利用好国际规则，稳定中国服务贸易发展节奏。"逆全球化"的浪潮虽然不能改变全球化发展的方向，但会对国际服务贸易规则产生重要影响。作为全球第二大经济体，中国对服务业、服务贸易开放的态度对未来国际服务贸易规则的走向将产生不可忽视的影响。未来，在服务业和服务贸易的开放方面，中国一方面需要持更加积极的态度。过度保护不利于各国经济增长和技术进步，也会降低中国服务业通过广泛参与竞争提高竞争力的能力。中国政府、企业、学术界应密切跟踪国际服务贸易规则的发展，并在新规则的制定中发挥积极作用，使得国际服务贸易规则的调整向更加有利于国际服务贸易发展、发展成果更加共享的方向发展。另一方面，中国服务业和服务贸易开放需坚持对等开放当前各国服务业和服务贸易的原则。世界上没有哪个国家会毫无保留地敞开其所有服务部门，一步到位地实现所有服务领域的市场开放。

第四章
中国利用外资

改革开放以来，我国吸收外商直接投资（FDI）不断增长。外商直接投资持续大规模进入中国，对中国经济增长、产业升级、体制改革、国际竞争力提升等多个方面产生了积极的促进作用[1]。中国成为发展中国家对外开放的范例，引进外资、推动对外贸易，是"中国故事"的重要内容。

第一节
中国引进外资的规模增长与结构特征

20世纪80年代以来，中国引进外资保持了近40年持续、加速增长态势，这既源于中国自身要素禀赋优势，也依托于中国坚定、有效的外资政策。作为发展中大国，中国的外资结构呈现出清晰的"中国特征"，这些结构性特征，对中国外向型经济产生了重要影响。

一、引进外资的规模增长

（一）引进外资的发展规模

改革开放伊始，借鉴亚洲"四小龙"的发展经验，中国着手打开国门，吸引外商直接投资，发展对外贸易。1979—1982年，我国吸引外商直接投资只有17.69

---

[1] 若无特殊说明，本章中所有中国外商投资的数据均来自《商务部外资统计》和历年的《中国统计年鉴》，所有国际投资的数据均来自联合国贸发会议网站。

亿美元，此后，凭借富余的廉价劳动力供给、广阔的市场需求、不断改进的制度环境、持续完备的基础设施条件、稳定的国内政治经济环境等一系列有利条件，中国引进外资逐年持续增长，到 2015 年，引进外资峰值高达 1356 亿美元（2016 年略有下降，为 1260 亿美元）。截至 2015 年，中国累计吸收外资 17409 亿美元，我国是全球最大的发展中东道国、位列全球第三位的引资大国，引资存量仅次于美国和英国。

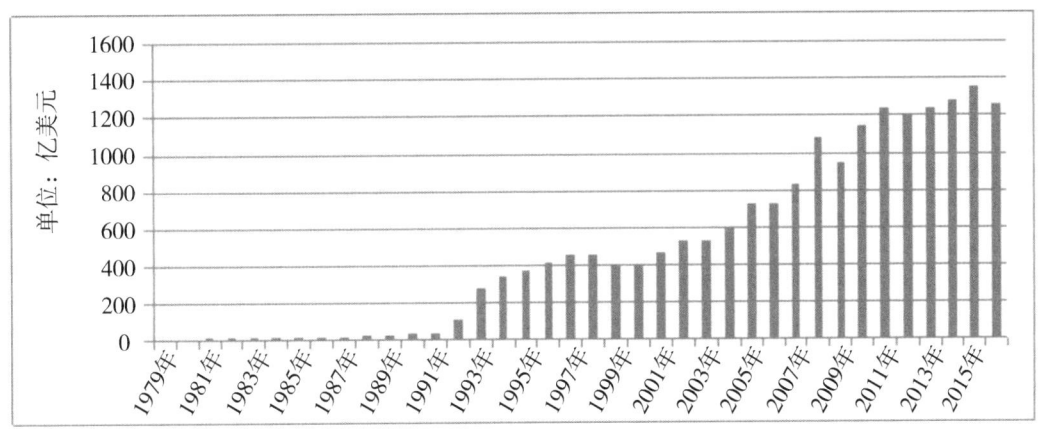

图 4-1 中国引进外资的规模增长

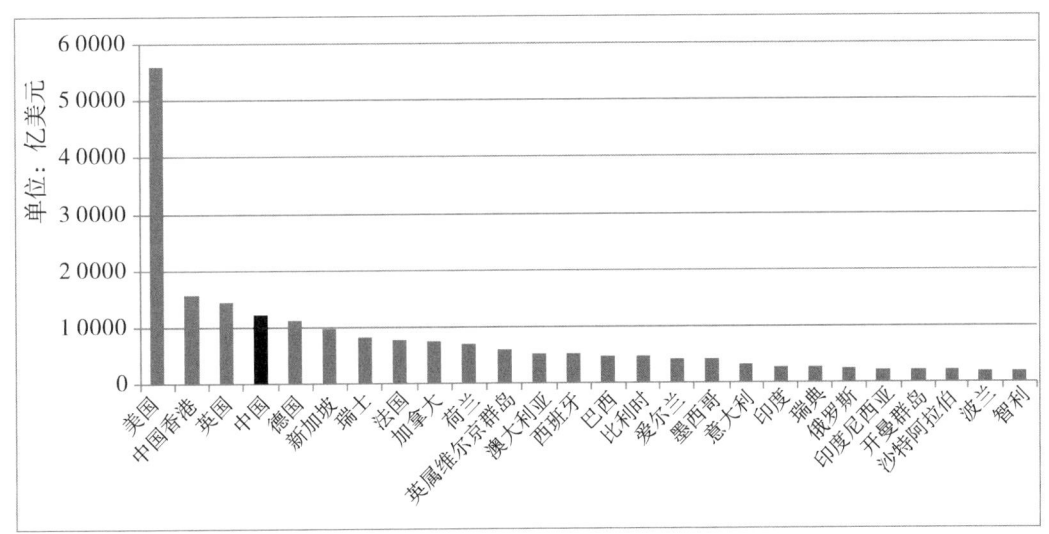

图 4-2 中国引进外资存量的国际比较（截至 2015 年）

数据来源：UNCTAD，FDI/MNE database.

客观分析，认识中国外资的规模，除了要观察它的绝对量的增长，还要分析它的相对量的变化。

图4-3展示了中国引进外资流量和存量在各年度占全球的比重。

就流量而言，20世纪90年代初，中国引进外资流量迅猛增长，它在全球外资流量的占比也直线上升，最高峰时，一度达到13.25%。此后，尽管中国引进外资的绝对规模直线上升，但其在全球的占比却跌宕起伏，亚洲金融危机和全球金融危机前后，中国流量占比都大幅下降。这表明，20世纪以来，中国对外资的利用与整合，并没有随全球外资流量的规模增长而稳步提升。2016年，中国利用外资流量占全球之比为9.14%，仍没有超越13.25%的峰值。

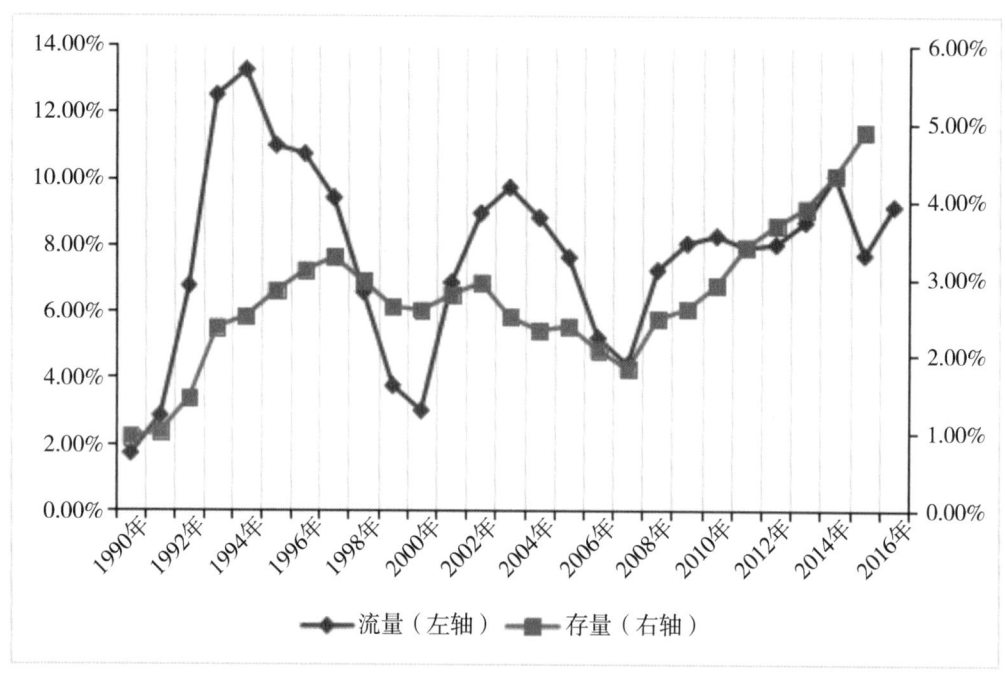

图4-3 中国引进外资占全球的比重 （1990—2016年）

数据来源：UNCTAD, FDI/MNE database.

将中国引进外资流量占全球的比重与美国、英国引进外资流量占全球的比重进行对比（见图4-4），可以发现，除了个别年份外，20世纪90年代以来，中国引进外资在大多数年份里都比美国规模小，与英国不分上下，但我国总量略低于英国。欧美发达国家不缺资本，但它们仍然积极吸引外资，作为"要素包裹"的直接投资对国民经济发展的重要意义,在此可见一斑。

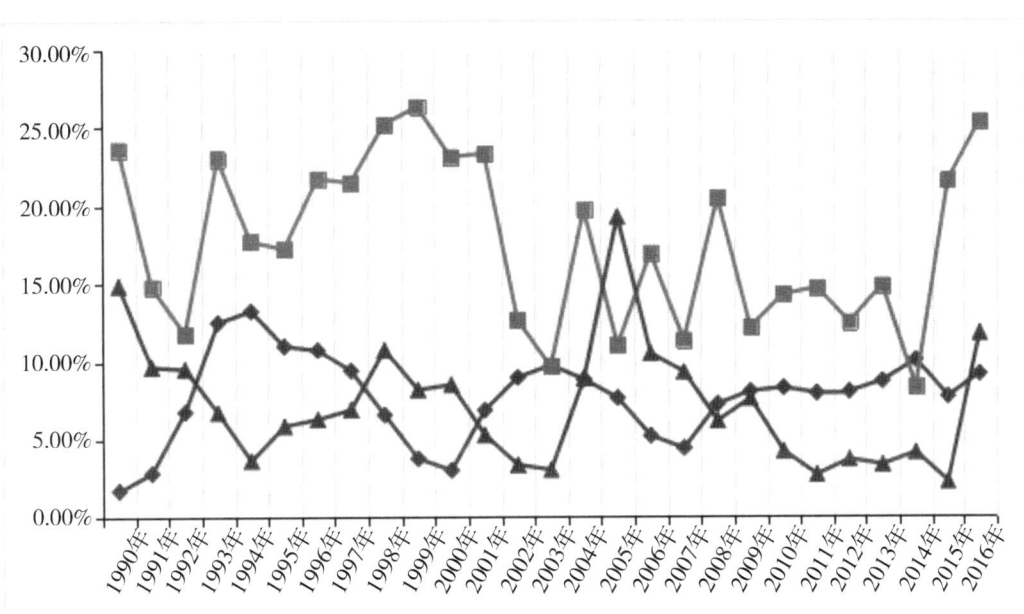

图 4-4 中国、美国和英国引进外资流量占全球的比重对比 (1990—2016 年)

数据来源:UNCTAD,FDI/MNE database.

就存量而言,随着中国引进外资规模的增长,中国外资存量在全球的占比逐年提升。1990 年,中国外资存量在全球外资中的占比仅为 0.94%,到 2015 年,这一比重已经增长至 4.89%。但是,2015 年中国 GDP 在全球 GDP 中的占比为 14.89%,后者约为前者的 3 倍。这表明,中国引进外资的规模与中国的经济体量是不匹配的。

衡量一个国家利用和整合外资的成效与水平,人们还使用 FDI(外商直接投资)与 GDP 比较。将中国 FDI 与 GDP 之比做国际比较,我们发现,1998 年以来,伴随着中国经济的迅猛增长,中国利用外资与 GDP 之比开始显著下降,2008 年金融危机以来,这种下降状态开始企稳。但到 2015 年,中国 FDI 与 GDP 的比值为 11.1%,不仅仅低于全球平均水平(33.6%),低于发达国家平均水平(37.3%),而且低于发展中国家平均水平(28.5%)。与欧美发达国家、金砖国家和新兴经济体相比,中国处于相对落后状态。这说明,中国整合全球资本的成效与水平还有很大的增长空间。

(二) 引进外资的发展历程

观察中国外资规模的增长态势,我们可以发现,与全球经济发展和投资增长态势相呼应,中国近 40 年引进外资的发展进程清晰地呈现出四个阶段。

1. 起步阶段(1979—1991 年)

20 世纪 80 年代以来,在经历了 70 年代席卷全球的经济危机与滞涨之后,世界各国经济进入战略调整和结构转换的新阶段。跨国公司致力于通过直接投资在全球配置产业链条,国际直接投资开始了 30 年的高速增长,全球产业调整、转移与升级换代由此拉开序幕。中国的对外开放和引进外资恰逢其时。

改革开放之初,邓小平同志对我们说,现在的世界是开放的世界,和平与发展是当今世界的两大主题。沿着伟人的指引,借鉴亚洲新兴国家和地区对外开放的经验,我们打开了国门。1979 年 7 月,党中央和国务院决定对广东、福建两省的对外经济活动实行特殊政策优惠措施。1979 年 9 月,中国签订了第一家外商对华直接投资协议——中港合资北京航空食品有限公司,实现了历史性突破。

设立特区、实施优惠政策是中国引进外资起步阶段外资政策的突出特征。1980 年,我国设立深圳、珠海、汕头、厦门 4 个经济特区,此后,我国陆续开放了 14 个沿海港口城市、5 个经济开发区,以及上海浦东新区,扩大这些地区的外经贸自主权,实施对外商投资企业的优惠待遇。1983 年,国务院发布《关于加强利用外资工作的指示》,要求解放思想,放宽政策,提供一部分国内市场。1986 年,国务院颁布《鼓励外商投资的规定》,对外商投资企业在税收、信贷、进出口等方面给予了一系列鼓励政策措施,外商投资企业在中国享受超国民待遇。同时,中国建立外汇调剂中心,颁布《中华人民共和国中外合资经营企业法》(1979)、《中华人民共和国外资企业法》(1986)、《中华人民共和国中外合作经营企业法》(1988),中国利用外资政策法规体系从无到有逐步发展起来,外商投资环境显著改善。

中国引进外资成效初步显现,外资数额逐年提高。到 1991 年,中国实际利用外资已经攀升至 43.66 亿美元,外商投资的领域也开始从旅游服务、食品加工和纺织服装向家用电器、通信设备、轻型机械扩展。但是,由于中国经济体制改革起步不久，有关外资的法律和政策环境亟待建立健全，基础设施条件亟待改善，外商投资以合资、合作企业为主，项目和数额有限，投资区域主要集中在珠江三角洲，投资来源以台港澳地区和东南亚国家的中小企业为主。

2. 快速增长阶段（1992—2001年）

20世纪90年代初，中国对外开放城市扩展到沿江和沿边，中国构建全方位开放格局，为引进外资工作的全面展开创造了条件。经过20世纪80年代近10年的发展，中国基础设施建设成效显著，投资环境进一步改善。更重要的是，1992年邓小平同志的南方谈话，肯定了市场是社会主义经济的资源配置手段；同年10月，党的十四大召开，确定了建立社会主义市场经济体制的改革目标，中国改革开放进入新时期。南方谈话向全世界宣告了中国改革开放不可逆转的态势和决心，建设社会主义市场经济的目标结束了"姓资姓社"的争论，扫清了利用外资的障碍。跨国公司吃了定心丸，纷纷抢滩中国，中国引进外资进入快速增长新阶段。

注重利用外资的产业导向、加强外资引进的区域协调，中国外资政策的两个突出特征在这一时期得到显著加强。继1987年首次颁布《指导吸收外商投资方向暂行规定》及《指导吸收外商投资方向目录》之后，1992年和1994年，我国分别颁布了《关于商业零售领域利用外资问题的批复》和《外资金融机构管理条例》，1995年6月，我国颁布了《指导外商投资方向暂行规定》和《外商投资产业指导目录》，并于1997年对《外商投资产业指导目录》进行了修订，这些政策条文的实施旨在对商业零售和金融服务等敏感行业引进外资进行试点性开放，对先进技术项目、产品出口项目、高新技术项目投资进行重点鼓励；2000年6月，国务院有关部门发布了《中西部地区外商投资优势产业目录》，对于向中西部地区投资的外国投资者在进口关税、设立条件、允许进入的行业和所得税减免等方面给予更加优惠的政策。

受邓小平同志南方谈话的鼓舞，1992年，中国吸收外资金额从1991年的44亿美元激增至110亿美元，增长了150%。1993年，中国吸收外资再创150%的增幅，增至275亿美元。到2001年中国"入世"前夕，中国引进外资已经跨越400亿美元。从投资区域看，外商投资集中地开始从珠三角向长三角迁移；从外资来源看，发达国家大型跨国公司投资显著增加，全球500强已经有超过360家企业在中国投资;从投资领域看,电子和通信设备制造业、电器机械制造业、交通运输设备制造业和纺织服装制造业等成为外商投资集中的主要产业。

3. 放量增长阶段(2002—2008年)

2001年底,中国加入世界贸易组织,这是中国对外开放的里程碑。它意味着中国接受和遵守国际规则,中国的外资政策和外资管理体制与世界接轨,从而为全球投资者提供了一个更加透明、更加富有预见性的投资环境。为了履行"入世"承诺,中国修改了上万部法令法规,前所未有地推进了中国的法制化和市场化建设,进而大幅度地拓展了中国经济的发展空间,增强了中国经济的发展活力,释放了中国经济的发展潜能,强化了中国引进外资的竞争优势。于是,全球跨国公司掀起了对华投资热潮,中国引进外资放量增长。

与国际投资规则全面接轨并继续加强产业导向和区域协调,是这一时期引进外资工作的重要特征。2007年3月,第十届全国人大第五次会议审议通过了《中华人民共和国企业所得税法》,新税法实现了内外资企业"两税合并",外资优惠政策开始逐步弱化,"国民待遇"成为外资政策法规调整完善的方向。2002年、2004年和2007年,我国先后对《外商投资产业指导目录》进行了修订,扩大了国家鼓励外商投资的范围,突出了产业重点;我国还相继颁布了40多项开放服务业的法规、规章,在前期服务业开放试点的基础上,有步骤地推进服务业对外开放;2004年,我国修订了《中西部地区外商投资优势产业目录》,拓展了中西部地区鼓励外商投资范围。2005年和2006年,我国相继出台了进一步扩大开放、促进东北老工业基地振兴和中部崛起的政策措施。

自2002年起,中国引进外资几乎每年跨越一个新高度。2002年,我国引进外资突破500亿美元,2004年、2005年和2007年分别突破600亿美元、700亿美元和800亿美元,2008年金融危机爆发之前,中国引进外资达到1083亿美元的峰值。中国引进外资的过程,事实上就是跨国公司向中国转移产业链条的过程。20世纪90年代,跨国公司以向中国转移全球产业链的低端和终端为主,"入世"以来,跨国公司不仅继续将产业链的低端和终端配置在中国,而且开始大规模向中国转移产业链的中高端,外商对中国制造业和服务业的投资同步展开,对中国产业升级换代的积极作用全面展现；在区域层面，跨国公司投资开始从沿海向内陆地区延展，中西部地区投资呈现快速增长态势；就投资方式而言，独资企业的比重开始超越合资、合作企业，我国企业在境外资本市场、境外投资者在我国证券市场的投资也以较快速度发展，国际资本通过风险投资和私募股权基金投资的方式亦开始运作。中国利用和整合全球资本，进而整合全球生产要素的态势全面跃升到新阶段。

4. 平稳调整阶段（2009年至今）

发端于2008年的全球金融危机沉重打击了国际贸易和投资，也让中国引进外资面临前所未有的挑战。第一，全球直接投资动力不足。2008年，全球直接投资开始大幅下挫，2009年全球直接投资额仅为2007年的50%。至2015年，在危机以来的8年时间里全球直接投资总额在1.3万亿~1.5万亿美元之间徘徊。受制于世界经济和国际贸易的疲弱与动荡，全球投资十分谨慎，动力不足。第二，全球投资规则生变。为应对危机后全球经济调整和经济格局变迁的挑战，欧美发达国家通过区域贸易协定和双边投资协定的签署，积极推动全球贸易规则和投资规则变革，第三代国际投资规则雏形显现，中国外资政策的调整和外资管理体制机制的变革面临更重大的不确定性和更显著的外部约束。第三，中国引进外资竞争力受到新的挑战。一方面，进入转型期的中国综合生产经营成本持续上升，劳动密集型外资和资本、技术密集型外资领域面临发展中国家和发达国家的双向夹击。另一方面，欧美国家主导的大型区域协定的商签（包括美欧双边自由贸易协定和欧加自贸区、欧日自贸区等）让区域外的中国面临外资转移效应的冲击。

为适应国际经济形势变化和国内经济发展需求，中国外资政策和外资管理体制机制进行了一系列积极且重大的调整和变革。第一，试行"准入前国民待遇+负面清单"管理模式，以自贸试验区为载体，启动外资管理制度重大变革。第二，进一步扩大开放领域。修订《外商投资产业指导目录》，鼓励外资投向服务业、研发和环保领域。上海自贸试验区明确将服务业开放作为重点，启动了中国服务业新一轮对外开放。第三，加快双边投资协定谈判。2014年1月，中美双边投资协定（BIT）第十一轮谈判结束，正式开启文本谈判。同时，中欧启动双边投资协定谈判。2014年7月，中美双方达成BIT谈判时间表，令双边投资协定谈判进入快车道。第四,加快实施自贸区战略和积极推进"一带一路"建设。2015年,中韩自贸区协定、中澳自贸区协定达成,"10+1"升级版谈判结束,区域全面经济伙伴关系(RCEP)谈判加快了进程,"一带一路"建设卓有成效。这些工作显著加强了中国与相关国家的经贸往来,促进了中国与相关国家包括跨境投资在内的经贸融合发展,为中国进一步提升引进外资水平创造了有利局面。

受世界金融危机冲击,在全球直接投资大幅下挫的影响下,2009年,中国引进外资出现了亚洲金融危机以来的首次下降,降幅为12.28%。但中国引进外资总额迅速恢复性增长,2010年即超越了2007年峰值,再创新高,并于2011年突破1200亿美元大关。2012年以来,中国引进外资增幅不大,但保持稳步提高态势,2015年突破1300亿美元。总体来看,尽管世界金融危机后全球经贸格局动荡,国际直接投资萎靡不振,中国引资新优势也尚在形成之中,但中国的外资引进依然保持了稳步上升态势,外商投资结构进一步优化。这显示出跨国企业在全球危机中对中国经济增长与发展的信心与良好预期,也展示了中国外资政策和外资管理调整与改进的成效。

二、外资经济的结构特征

(一)外商投资的来源分布

通过考察国际直接投资的发展状况,我们可以发现,发达国家始终是对外投资的主体。在2009年之前的全球对外投资年度流出量中,发达国家投资占比一直在80%以上,金融危机爆发后有所递减。截至2015年,在全球对外直接投资存量中,发达国家占比为77.6%,发展中国家占比为21.1%。因此,在世界各国的引进外资中,无论从流量考察还是对存量进行比较,多数东道国的直接投资均主要来自发达国家。

但是,中国是个例外。如前所述,作为一个从计划经济体制向市场经济体制转轨的国家,自改革开放初期起,台港澳地区中小企业和东南亚国家的华人资本就成为对华投资的主体,香港地区等离岸金融中心发挥着重要作用。随着欧美国家的跨国公司加大了对华投资步伐,这种局面在20世纪90年代之后特别是中国"入世"以后有所改变,但总体特征并没有实质性改变。截至2015年,中国的外资总量中,来自香港地区的投资接近一半,来自东亚和东南亚地区的投资占据66%,来自离岸金融中心的投资占比60%,而来自美、日、德等发达国家的投资仅为11.76%。2016年,来自香港地区的投资依旧独占鳌头,占比69.19%,新加坡、韩国等东亚和东南亚地区的投资紧随其后(见表4-1)。虽然离岸金融中心的初始投资者多元,发达国家对华投资实际占比应该比统计数据显示的更高,但整体上看,中国的外资经济中,华人资本地位突出,在外注册的中国离岸企业金额不容小觑,发达国家的投资占比并不高。

台港澳地区企业大多面向国际市场,对中国制成品出口和出口结构优化的带动作用强劲。但它们通常规模相对较小,以劳动密集型行业为主,技术层次较低。由于与内地产业的技术和文化差距较小,它们在改革开放早期技术溢出效应非常明显,但伴随着中国产业向中高端发展,它们对产业升级换代的带动作用变得有限。在外注册的中国离岸企业主要目的是享受相关的外资优惠政策,它们让中国外资统计的准确性大打折扣。发达国家的投资多是大型跨国公司的战略性部署,主要目标是占领中国市场,多集中在产业链的上游环节和下游环节,虽然出口倾向不高,但资本、技术密集型投资居多,对中国产业结构调整和升级换代具有重要意义。

表4-1 对华投资前十位的国家和地区 (2016年)

国家/地区	实际使用外资金额/亿美元	比重/%
香港地区	871.8	69.19
新加坡	61.8	4.90
韩国	47.5	3.77
美国	38.3	3.04
台湾地区	36.2	2.87
澳门地区	34.8	2.76
日本	31.1	2.47
德国	27.1	2.15
英国	22.1	1.75
卢森堡	13.9	1.10
其他	75.4	5.98

（二）外商投资的产业分布

20世纪60年代以来，各国第三产业在国民经济中的比重日益提高，到20世纪90年代初，第三产业GDP在全球GDP中的比重超过了60%，世界经济进入服务经济新时代。与全球产业结构的变迁相呼应，自20世纪80年代起，服务业直接投资的比重不断增长，20世纪90年代初，服务业直接投资占全球直接投资的比重超过了50%，21世纪以来，全球60%以上的投资集中在服务业。

中国外资经济的产业结构与全球态势不尽相同。受产业比较优势和政策导向的综合作用影响，中国外资主要集中在第二产业，第三产业次之，第一产业微乎其微。长期以来，13亿人口让中国在廉价劳动力方面拥有几乎无与伦比的成本竞争优势，中国东部沿海成为跨国公司产业链底端即加工组装环节的最佳配置地区。与此同时，考虑到工业化目标和自身产业发展状况，中国采取了鼓励制造业引进外资而限制和延缓服务业开放的引资政策。于是，制造业在中国最初外资引进中的占比高达90%以上。截至2005年，经过20多年的外资引进，中国外资经济中第二产业占比仍然高达68.69%，第三产业占比不足30%。2008年金融危机爆发以来，一方面中国引进外资的成本优势大幅度递减，另一方面，中国服务业加快了开放的步伐，第三产业引进外资逐年增长。截至2015年，第二产业中外资累积占比53.69%，第三产业中外资累积占比44.78%（见图4-5）。

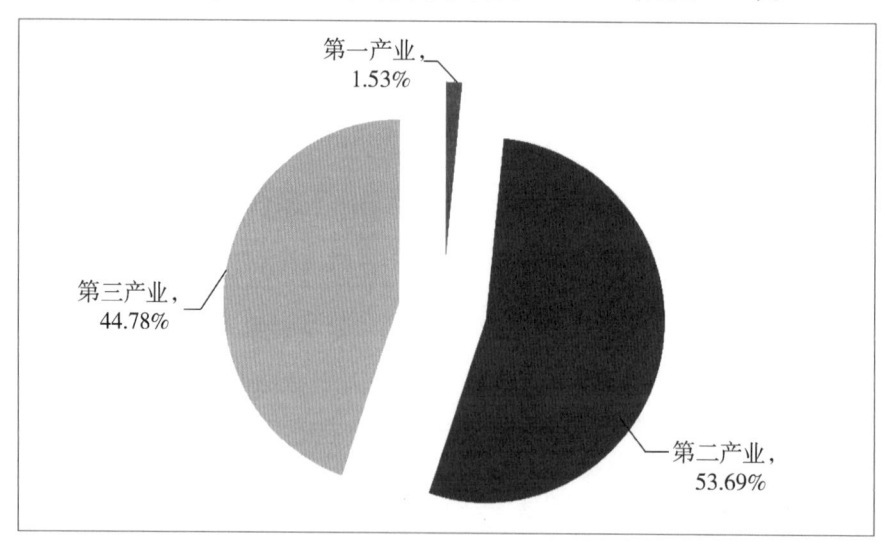

图4-5 中国引进外资的产业分布（截至2015年）

外商投资产业分布的不均衡拉大了产业间增长的差距。以制造业为主体的外资引进有力地促进了中国的工业化进程，推动了制成品出口的大幅攀升，并在制造业的升级换代中发挥了重要作用。但服务业开放的滞后，在一定时期里限制了服务业引进外资的空间，也延缓了服务业竞争力的增长。在产业内部，虽然政府引资不均衡是带来产业结构低度化和同构化问题的根本性原因，但外商投资在加工制造链条上的聚集，在房地产业上的集中，都对产能过剩、结构偏离产生了负面影响。服务业特别是生产者服务业的发展状态对于国民经济的增长效率至关重要。因此，坚定不移地推动服务业的对外开放，加强服务业引进外资是未来时期里我国引资工作的重要内容。

（三）外商投资的地区分布

通过考察世界各国引进外资的状况，我们可以发现，跨国公司投资具有很高的区域集中度。研究表明，由于产业布局的空间积聚特征，跨国公司投资在世界各国都集中在几个区位优势显著的地区，比如美国的东北部和西部海岸，日本的东京、名古屋，波兰的华沙，泰国的曼谷等。无论在发达国家还是发展中国家，产业链的龙头企业进驻一个地区，往往会引发上下游配套企业跟随投资，形成产业集聚。一旦产业集聚形成，区位优势得到强化，该地区就获得了其他区域难以竞争的先发优势，短期内难以改变。

中国的对外开放是由沿海逐步向内陆梯度推进的，开放政策的率先实施，加上优越的地理区位优势、相对有利的软硬投资环境，使得大量劳动力、人才和资本都向东部沿海地区汇集，东部沿海地区承接了台港澳中小企业和欧美国家跨国公司的产业链转移，形成全球加工制造基地。东部地区是外商投资的主要区域。为促进地区平衡发展，1999年，我国实施了"西部大开发"战略，颁布了一系列促进外商投资向中、西部地区转移的政策措施，但实践表明，外资区域政策的成效并不明显。截至2006年底，东部地区实际使用外资占比86.85%，中、西部地区依次为8.79%和4.37%。2008年金融危机爆发以来，伴随着我国综合经营成本的快速提升，跨国公司开始调整对华投资战略，中国国内市场的需求因素在外商投资中的重要性显著提升，中、西部地区的引资潜力和优势有所显现和增长。但是，近两年来，东部地区新一轮开放再次吸引了外资的投入。2016年，东、中、西部地区引进外资在全国引进外资中的占比分别为86.7%、7.7%和5.6%。截至2015年底，我国引进外资的存量中，东部地区占比80.36%，中、西部地区合起来占比13.97%，外商投资高度集中在东部沿海地区的结构没有改变（见图4-6）。

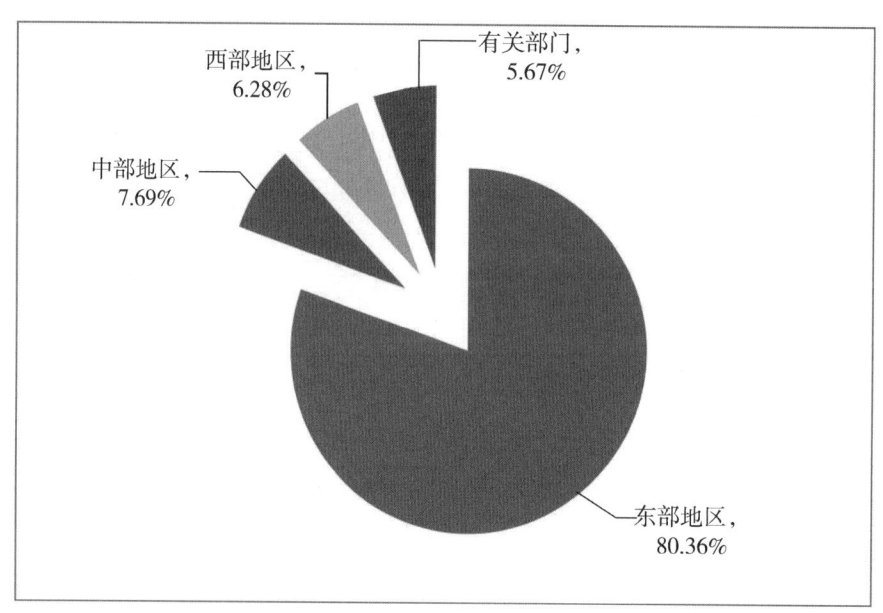

图4-6 中国引进外资存量的地区分布（截至2015年）

外商投资分布的区域不平衡特征不可避免地对我国区域经济发展产生了一定的影响。由于外商投资在固定资产形成、产业升级换代、进出口贸易、就业、政府税收和居民收入、体制机制变革等诸多方面都具有正向影响，因而，外商投资在我国的区域分布不平衡被看作是加大我国近年来区域经济增长差异的重要原因。这一观点得到了各种实证研究的证实。特别是在产业发展与技术溢出方面，研究表明，外商投资的技术外溢效应存在着一个经济发展的门槛，只有经济发展到一定程度，外溢效应才是正向积极的。西部地区经济发展水平尚处于接近这一门槛的状态。从这一角度看，中、西部地区引进外资的正向效益还有很大的增长空间，突破利用外资的区域瓶颈需要以加快经济发展为前提。

（四）外商投资的方式变化

按照投资的进入方式划分，跨国公司投资可分为绿地投资和并购投资两种。通常情况下，制造业绿地投资较多，而服务业更倾向于并购投资。就企业发展战略而言，相对于绿地投资，并购投资能够直接获取品牌、技术、销售市场，改变竞争者的力量对比，对于企业和产业发展的影响更快、更直接。由于发达国家产业竞争力相对均衡，服务业投资占比较高，发达国家投资中并购投资较多，全球并购投资的总体水平高于发展中国家的平均水平。

由于政策和制度原因，外商在华投资多以绿地投资为主，并购比重远低于国际平均水平（见图4-7），这也是20世纪90年代中后期全球并购投资迅猛增长期间中国引进外资在全球引进外资中的比重和位次下降的主要原因。并购投资在中国的结构调整与战略转换中具有重要意义，因而，随着中国体制改革的深入和服务业的开放，并购投资在中国利用外资中的比重将稳步增长。

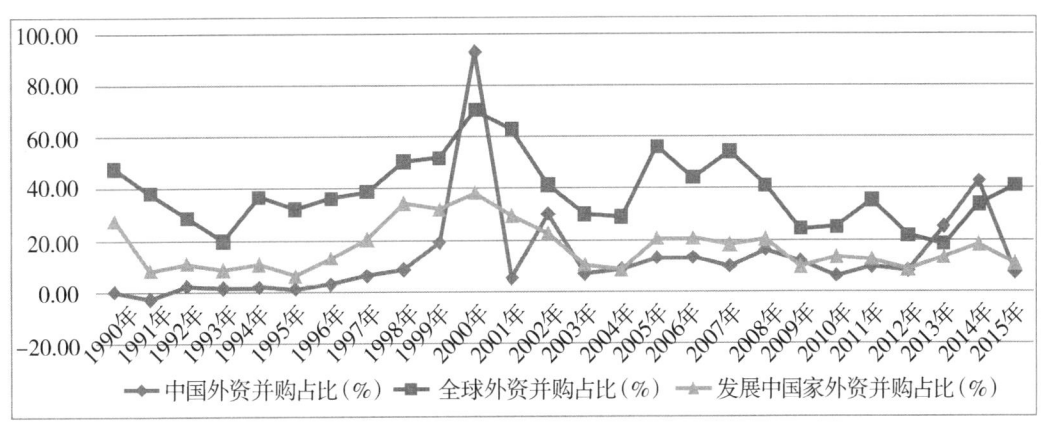

图4-7　并购投资的国际比较　（1990—2015年）

按照投资的经营方式分，跨国公司投资可分为独资、合资和合作经营三类，我国对外资企业的法律规制也相应有《中华人民共和国中外合资经营企业法》（1979）、《中华人民共和国外资企业法》（1986）、《中华人民共和国中外合作经营企业法》（1988）。改革开放之初，外资企业对中国国内政策法规和经营环境存在各种顾虑，合作经营成为它们的首选。随着中国开放态势的稳定、政策法规的日趋规范化以及经营环境的逐步优化，外资企业越来越多地采取独资经营方式。2016年，采取独资经营的企业占比75.37%，合资企业和合作企业占比分别为23.97%和0.66%，独资企业比重已达3/4。截至2015年底，我国有2/3的外资企业为独资企业，而 2006 年时，这一比重还不到 50%（见图 4-8）。独资企业占比日益增长，表明中国的营商环境越发受到跨国公司的认可，跨国公司在中国进行战略投资和布局。与合作企业和合资企业相比，独资企业通常技术更先进、知识技术密集度更高，产业链附加值更大，但技术转移、溢出成效不高。

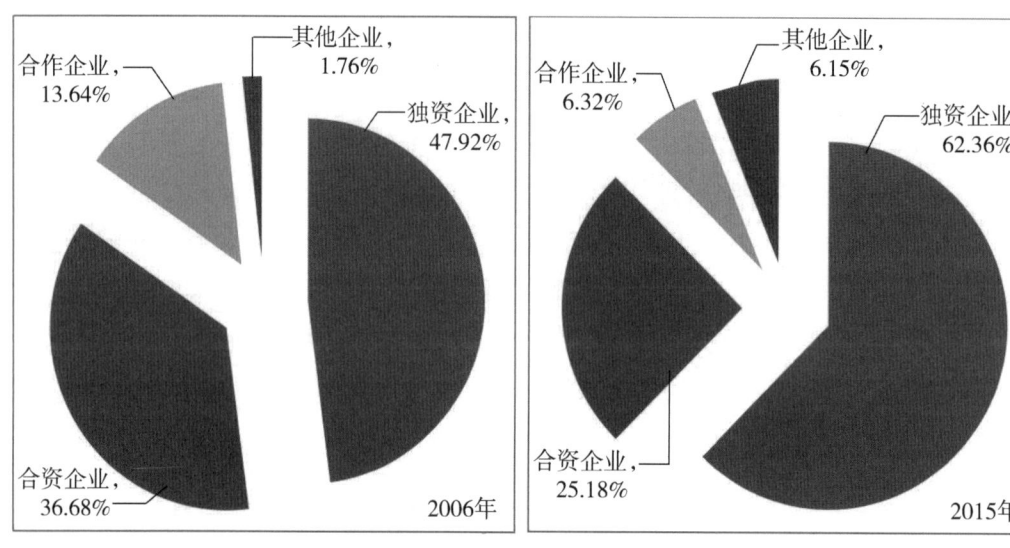

图 4-8　中国外资企业经营方式占比之比较

三、小结

改革开放以来，通过积极引进外资、发展对外贸易，中国成功地融入了全球产业链，启动了现代经济的飞速发展，成为分享经济全球化的受益者。与此同时，中国的开放和大规模引进外资，让数以亿计的廉价劳动力汇入全球化浪潮，让大规模的产业链在中国东南沿海聚集，进而有力地推动了当代全球化进程，促成了 20 世纪 80 年代以来世界经济充满活力的增长与繁荣。从打开国门开始，中国就是经济全球化积极的推动者之一。

中国的引资实践表明，对外开放之初，设立特区、实施优惠政策即超国民待遇是十分必要的，它有利于规避东道国的引资劣势，拉开引进外资的序幕，也有利于国内产业和企业逐步调整，努力适应外资引入带来的激烈的市场竞争。中国的引资实践还表明，清晰的产业导向目标、积极的结构优化成效是后起国家引进外资的核心目标,外资政策紧密围绕产业成长和结构优化,有利于推动和加速发展中东道国的工业化进程。

第二节
中国引进外资的成效与问题

外商投资在中国近40年的经济高速增长中发挥着不可替代的重要作用。自20世纪90年代中期起,外资经济在中国投资、产出、税收、就业、贸易等方面开始占有重要比例,成为我国经济的重要组成部分,并对宏微观经济的各个层面产生了深远影响。虽然围绕外资的争论从未停止过,但伴随着中国开放的深入和理念的变迁,争论的问题得到了有效解决。

一、外商投资与中国经济增长

与间接融资不同,外商直接投资(FDI)被称作"要素的包裹",它带给东道国的不仅仅是投资,而且还包含着附着在投资中的先进技术、经营理念、管理经验、销售品牌和渠道等,因此,它对东道国经济增长的带动与促进作用得到了世界各国的普遍认可和重视,外商直接投资是全球相对稀缺的要素资源。自20世纪80年代以来,全球外资政策的自由化态势十分明朗。中国是引进外资最成功的国家之一,从不同角度、对不同历史时期、用不同方法进行的研究都表明,外商直接投资的流入有力地促进了中国经济的增长。

按照国家信息中心的数据分析,1981—2000年,在我国GDP年均9.7%的增长速度中,大约有2.7%来自利用外资的直接或间接贡献。在1991—2000年这10年间,我国实际利用外资每增长1亿美元,可以促进GDP增长18.48亿美元。[1] 对

---

[1] 李杰:《我国利用外资的正负效应分析》,《经济学家》2004年第1期。

1987—1998年中国各省、市及自治区的有关数据进行的回归分析显示,外商直接投资的增长带来了经济增长率的提升。① 依据经合组织报告中的样本,对1971—2010年这40年间8个国家和地区(新加坡、韩国、中国香港、巴西、墨西哥、葡萄牙、西班牙和希腊)有关数据的研究表明,外商直接投资对这几个国家和地区的经济增长都具有显著的促进作用,其中,外资数量的增加对于中国经济增长的作用要比上述工业化国家(地区)更大。②

作为中国经济的重要组成部分,外商投资对中国经济增长的推动作用和它在中国经济增长与发展中的地位在制造业中得到了很好的展现。2015年,三资企业在工业企业资产总计、工业企业利润总额、工业企业销售产值、工业企业增值税、工业企业产成品中的比重基本都在20%以上,其中利润总额接近25%(见图4-9)。这组数据充分表明,三资企业在中国经济增长和发展中发挥着不可替代的推动作用,积极有效地利用外资是中国经济发展模式和发展经验的重要组成部分。

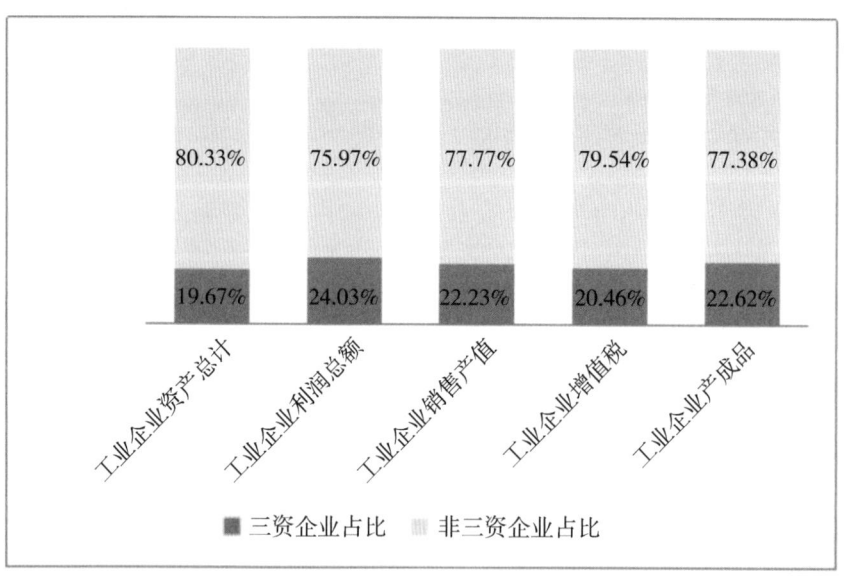

图4-9 三资企业在我国工业企业中的地位与作用(2015年)

---

① 沈坤荣等:《外国直接投资、技术外溢与内生经济增长》,《中国社会科学》2001年第5期。
② 李怀建、沈坤荣:《外资驱动下的技术进步与经济增长——新兴工业化国家的实证分析》,《财经科学》2013年第8期。

二、外商投资与中国投资缺口

国际经验表明，所有欠发达国家和欠发达地区在经济刚刚起步的时候，都面临着资本和外汇的短缺，经济学中将之称为"双缺口"。如果不能填补双缺口，这些后起国家和地区就难以启动现代经济增长，并将长期处于贫困化和被边缘化状态。广大的亚非拉国家正是受困于双缺口，改革开放前的中国亦是如此，因此，填补双缺口是发展中国家引进外资的首要目标。

改革开放以来，通过大规模引进外资，中国成功地融入了全球产业链，带动了对外贸易和外汇储备的高速增长，我们得以顺利地填平了资本和外汇缺口，启动了中国历史上真正具有现代意义的经济增长与繁荣。如图4-10所示，1993—2002年这10年间，在中国的全社会固定资产投资中，实际使用外资的比重始终在10%以上，特别是1994—1997年间，这一比重高达15%以上，这表明，在中国经济启动高速增长的发展阶段，有1/10以上的投资是由外商投资补足的。

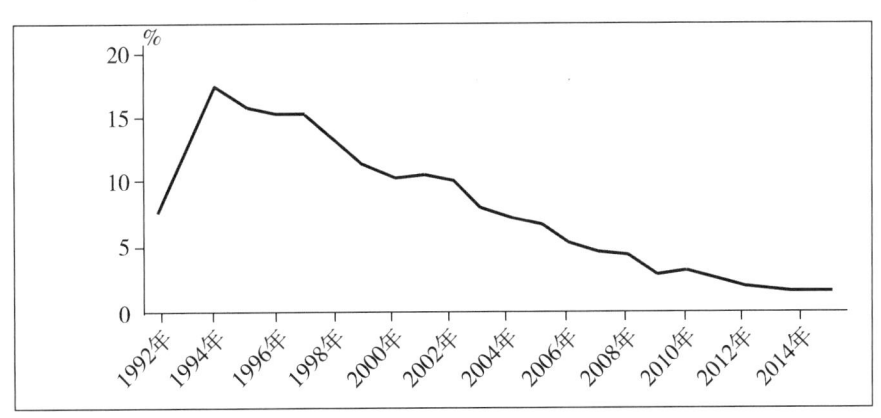

图4-10 实际使用外资占全社会固定资产投资比重的变化（1992—2015年）

如果进一步考察外商投资的构成，我们会发现，跨国公司倾向于投资劳动生产率、利润率和资本密集度较高的行业，这些行业都是中国显在竞争力和潜在竞争力较高的行业（见表4-2）。等量资本投入中，外商投资效率更高，由此可见，外商投资不仅增加了中国经济的投资数量，而且提高了资金的配置效率，改善了中国经济的资产形成质量。

但是，外商投资在轻纺工业、劳动密集型产业和产业链条，以及房地产业上的过度集中，引起了国内对这些行业产能过剩的担忧，尽管它们面向的是国际市场。实践表明，与外商投资产业鼓励政策相比，市场利润是更强有力的指挥棒。长期来看，外商投资的行业分布不均衡在多数情况下属于阶段性现象，并没有对国民经济整体发展埋下重大隐患。

表4-2 2000年与2015年外商投资行业分布之比较

2000年		2015年	
行业	外商投资企业资产占全行业资产的份额/%	行业	外商投资企业资产占全行业资产的份额/%
全部工业	10.18	全部工业	19.67
电子及通信设备制造业	37.44	计算机、通信和其他电子设备制造业	50.97
文教体育用品制造业	34.69	汽车制造业	39.76
皮革、毛皮、羽绒及其制品业	34.01	造纸和纸制品业	38.42
服装及其他纤维制品制造业	28.08	皮革、皮毛、羽毛及其制品和制鞋业	37.26
家具制造业	26.76	燃气生产和供应业	33.09
仪器仪表及文化、办公用机械制造业	24.08	金属制品、机械和设备修理业	32.57
塑料制品业	22.11	化学纤维制造业	31.83
金属制品业	21.52	食品制造业	31.09
食品制造业	17.60	纺织服装、服饰业	29.78
木材加工及竹、藤、棕、草制品业	17.44	文教、工美、体育和娱乐用品制造业	29.39

三、外商投资与中国产业技术进步

跨国公司是全球先进技术的主要生产者和转让者。根据联合国跨国公司与投资司的数据,世界 700 家工业企业的专利发明约占全球商业专利发明的 50%,跨国公司体系内部投入的研发费用占全球民用研发总支出的 75%~80%,跨国公司的技术转让占全球技术贸易的 85% 以上。外商直接投资是跨国公司技术转让的主渠道,通过合作生产、合资技术许可、合资技术设备入股、独资技术许可等方式,东道国可以快捷地实现技术转移,通过利用示范和模仿效应、竞争效应、产业关联效应、合作效应、培训和人员流动效应,东道国可以间接地获得技术外溢。技术引进和外溢的动态反馈机制、研发的国际化趋势都将进一步促进和深化外资对东道国技术进步的带动作用。

高度重视外商投资的技术转移和技术外溢效果,是我国外资政策的重要特征。改革开放初期,合资企业和合作企业是外资进入中国的主要方式,对于合资企业、合作企业的外方,我们通常都有明确的技术转移要求和本地化比例要求,利用外资对中国产业技术进步的推动作用十分突出。在中国经济增长和产业发展相对落后的状态下,外商投资带来了一批先进适用的技术,填补了中国的许多产品技术空白,许多行业的大批产品更新换代,一大批老企业得到技术设备改造。外商投资企业生产的丰富多彩的轻纺产品,不但满足了国内市场需求,而且大量出口国际市场。合资企业不仅本身会引进技术和设备,而且通过市场竞争、商业往来、人员流动等路径,带动了相关上下游产业的技术进步,我国轻纺产业迅猛发展,汽车、电子、通信等重要行业的技术进步和产业发展也在引进外资的带动下取得了长足进步。[①] 20 世纪 90 年代中期之后,特别是中国"入世"以来,随着中国产业竞争力和技术水平与发达国家的差距日趋缩小,随着独资企业比重的不断增长,技术转移路径及其成效逐步受限,以市场竞争、商业合作、人员流动带动的技术外溢在推进产业技术进步和带动技术创新能力提升方面的效应更为显著,外商投资对技术进步和技术创

---

① 李岚清:《中国利用外资基础知识》,中共中央党校出版社,1995 年,第 66-67 页。

新的积极推动作用在资本密集型和技术密集型行业中表现更为明显，除了先进技术、设备和中间产品，外资企业先进的创新理念、创新方式与路径、创新体制与机制等，都成为中国行业和企业广泛学习和借鉴的内容。21世纪以来，跨国公司加大了研发环节在中国的设置，把中国纳入其全球研发体系，中国在跨国公司技术创新体系中的地位显著提升，外资对中国技术进步的带动作用也进一步大幅增强。

大量从不同角度对不同时期、不同产业和不同地区外商投资进行的分析，都验证了外商投资的技术进步效应。第一，外资企业是新产品新技术的重要提供者。对127家跨国公司在华投资企业的调研表明，与母公司相比，多数企业提供了母公司最先进和比较先进的产品和技术（占比76%），与国内企业相比，多数企业填补了国内空白（占比65%），其余企业使用了国内先进技术。① 第二，外商投资的技术进步和技术溢出效应在各个时期都明显存在。利用1995—2000年我国工业部门的行业面板数据对外商投资的外溢效应进行计量分析显示，外商投资的资本积累每增加一个单位，国内企业的产出将增加0.13个单位，外资对工业部门的总体外溢效应为正。② 对2002—2014年间8个外商投资占比最高的行业数据进行的实证分析说明，外商直接投资对国内企业的技术水平进步存在明显的正向效应。③ 第三，外商投资的技术进步和溢出效应在各地区和各产业也普遍存在。对广东省1985—2010年服务业全要素生产率指数、技术进步指数和技术效率指数的分析测算表明，从总体上看，服务业外商直接投资通过促进技术进步提高了服务业的全要素生产率，因而存在显著的技术效应。④ 根据重庆市1992—2014年的面板数据分析外商投资对重庆市技术进步的影响，结果证明在诸多因素中外商直接投资的增加对重庆市技术进

---

① 江小涓：《2001年外商对华投资分析及2002年前景展望》，《管理世界》2002年第1期。
② 潘文卿：《外商直接投资对中国工业部门的外溢效应：基于面板数据的分析》，《世界经济》2003年第6期。
③ 杨丽彬、李虹含、蔡东方：《外商直接投资技术溢出渠道差异性研究——基于2002—2014年中国数据的实证检验》，《科技进步与对策》2016年第2期。
④ 钟晓君、刘德学：《服务业外商直接投资的技术效应：基于广东省数据的实证研究》，《国际商务——对外经济贸易大学学报》2014年第1期。

步的促进作用最为明显。①

外商投资的技术进步效应特别是溢出效应是中国引进外资工作中最受争论的话题。实践表明，技术进步效应特别是溢出效应的大小受多种因素影响，跨国公司投资战略、母国政府的限制政策，东道国与母国之间的技术水平差异、东道国市场竞争状况、东道国企业学习意愿与能力等都会不同程度地发挥作用。对于发展中东道国而言，同等条件下，东道国的市场竞争状况和企业的学习意愿与能力往往发挥着重要作用。我国的所谓"以市场换技术"战略之所以不尽如人意，就在于实施这一战略的行业开放不足，在容许少数外资企业进入市场后，仍实行国内市场和企业的保护，导致市场竞争不充分，跨国公司没有足够的压力积极主动转移技术，内资企业（主要是国有企业）也没有足够的压力和动力积极主动学习技术。汽车行业就是其中的代表。

四、外商投资与中国对外贸易发展

伴随着跨国公司在全球投资的增长，人们发现，跨国公司投资到哪里，哪里的进出口贸易特别是出口贸易就会应声而起。原因很简单，跨国公司投资之处，就是它们产业链配置所在之地。在跨国公司的全球产业链上，各国企业进口中间产品加工制造再出口。发展中东道国通常都是产业链中低端加工组装环节所在，大量中间产品和制成品加工组装之后返销发达市场，不仅形成了当地日益增长的进出口贸易，也往往能够为当地带来源源不断的外汇收入。更重要的是，通过在全球产业链上持续进行产业升级换代，发展中东道国能够动态地推进出口优势产业的推陈出新，进而保持出口竞争力的稳步提升，实现对外贸易规模增长与结构优化的双重收益。中国对外贸易就是这方面的典型案例。

外商直接投资改变了中国对外贸易的面貌。中华人民共和国成立以来很长的一段时间里，中国是一个以农产品出口为主的贸易逆差国，依靠农产品出口换取外汇，进口中国工业化所需的先进技术和设备，是中国对外贸易的常态。20世纪80

---

① 钟道军、李子美、张爱儒：《外商直接投资对技术进步影响的实证研究》，《统计与决策》2016年第9期。

年代后期,这种状况发生了根本性的改变。通过引进外资发展对外贸易,中国大规模承接了全球产业链中低端环节的转移,依托大量廉价劳动力加工组装制成品,中国对外贸易出现了近40年的持续、高速、大幅增长(见图4-11),中国超越一系列国家,成为以制成品特别是以机电产品出口为主的货物贸易大国,且结束了贸易逆差状态,出现了顺差的同步、持续、大幅增长。中国创造了人类贸易史上的奇迹。外商投资对中国的贸易奇迹做出了突出贡献。

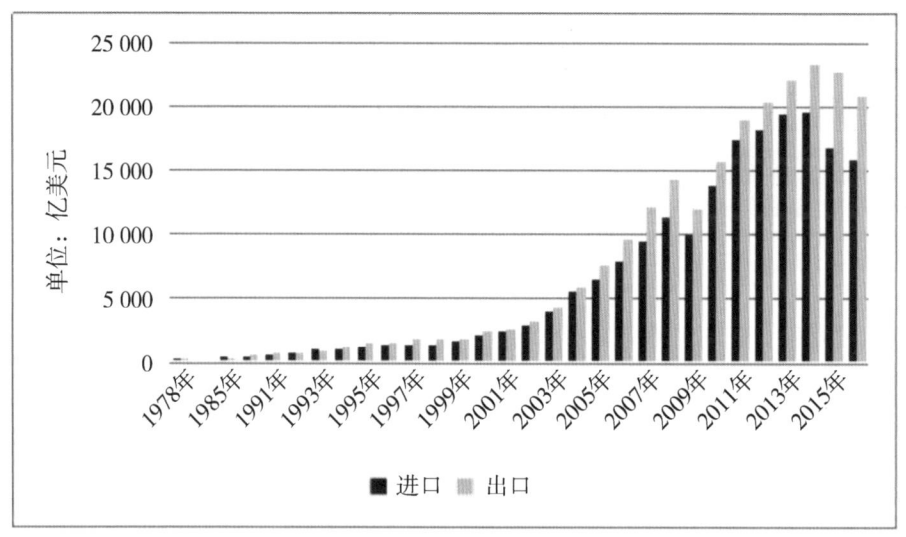

图4-11 中国进出口的规模变化(1978—2016年)

第一,从规模上看,中国制成品出口持续、高速、大幅增长的步履与中国引进外资的增长步履是高度一致的,引进外资的每一轮高增长都引发了制成品出口新一轮更高速度的增长。1992年邓小平同志南方谈话和2001年中国"入世"是中国引资的新起点,也是中国货物贸易出口的里程碑。第二,从结构上看,伴随着中国出口的高速增长,中国出口结构也出现了持续的优化,制成品出口在中国出口中的比重从1980年的48%持续增长至2015年的94.6%;而在以制成品为主的出口增长中,跨国公司贡献了半壁江山,进而推动了中国井喷式的出口状态。如图4-12所示,从1996年至今,三资企业出口始终在中国出口中占据40%以上份额,在2001—2011年这10多年里,三资企业出口比重一直保持在50%以上,在2005年前后,这一比重一度逼近60%。其中,一半以上的机电产品和70%以上的高新技术产品是跨国公司子公司出口的。第三，从进出口差额看，自1990年以来，中国出口基本年年大于进口。跨国公司的全球产业链发挥了重要作用，进口中间产品加工再出口，这种全球产业链上的贸易方式意味着增添了附加值的中国贸易始终是出口大于进口的，且进出口的差额会随着中国加工制造附加值的提高而继续扩大。

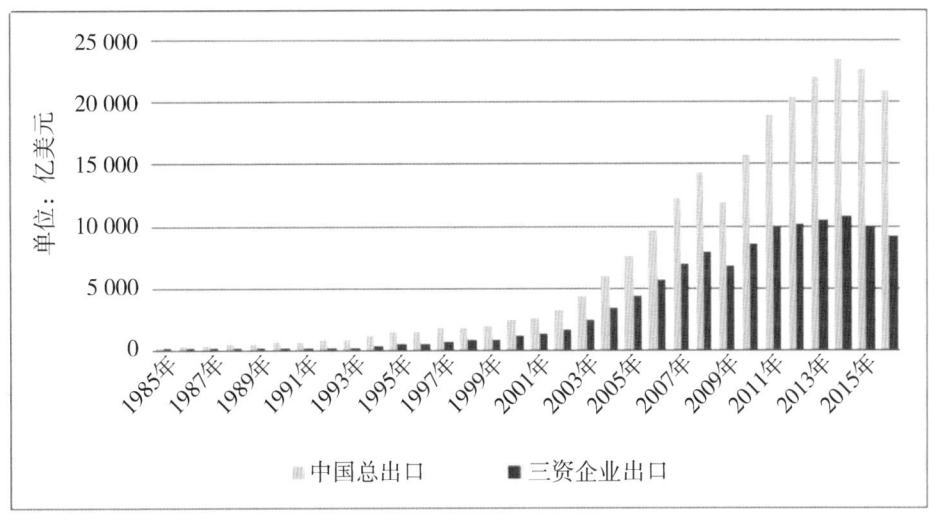

图4-12 中国总出口与三资企业出口的规模变化（1985—2016年）

大规模出口让中国成为全球贸易摩擦的主要目的国，针对中国的反倾销调查占据了全球反倾销调查的近1/4，给中国出口企业带来了不容忽视的负面冲击（见图4-13）。而事实上，全球市场特别是欧美市场上销售的最终消费品虽然都标注着"Made in China"，但由于处在产业链的加工组装环节，中国企业出口这些产品获取的利润十分微薄，这些产品利润的大部分为产业链中上游的欧美企业所获取。另一方面，持续增长的贸易顺差让中国面临贸易失衡的巨大压力。而在中国当前的外汇体制下，贸易顺差的增长在国内演变为相同幅度的货币发行量的增加，进而加剧了通货膨胀，限制了货币政策的实施空间。2008年金融危机以来，服务业逆差大幅增长，贸易失衡状况有所缓解；中国对外投资放量扩张，国际收支窘境随之改变。

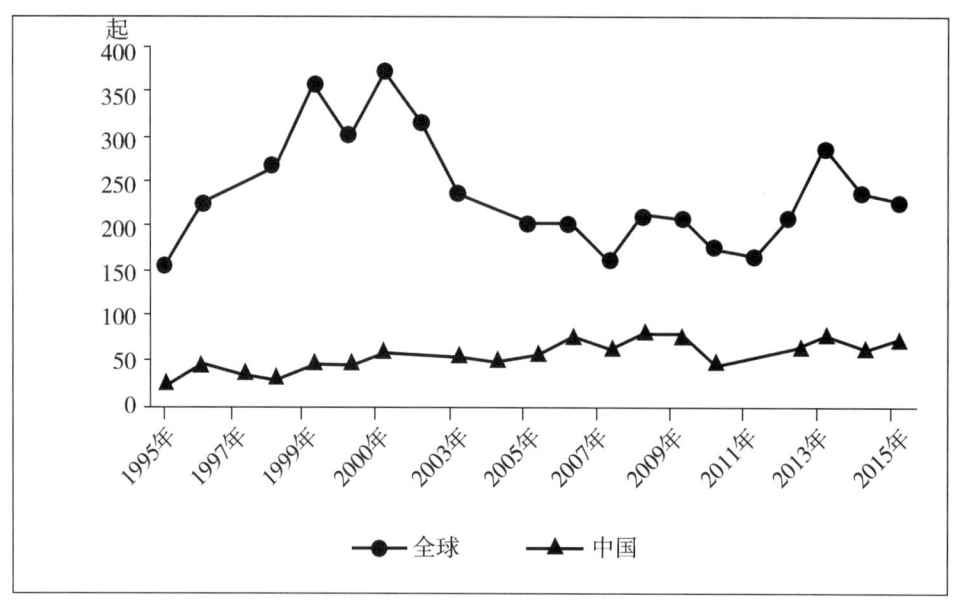

图 4-13 针对中国的反倾销调查（1995—2015 年）

资料来源：www.wto.org.

五、外商投资与就业增长

资本投入必定带来就业增长。跨国公司在全球配置产业链的过程，一定意义上，就是就业机会由资本输出国随资本转移至资本输入国的过程。外商投资对东道国就业的积极影响体现在增加就业机会和提升就业质量两方面。就数量而言，通过前向和后向关联及乘数效应，跨国公司投资不仅可以直接创造就业，而且还可以产生就业的外溢效应，进一步增加东道国的就业机会。跨国公司对当地就业数量的影响随投资阶段和投资类型不同而有所区别，创造、转移、挤出效应都可能存在。就质量而言，通常情况下，外资企业能够提供比东道国本土企业更好的工资待遇、工作条件和社会保险福利，并且为雇员提供更多、更有利的学习、培训机会，进而为当地的人力资源开发做出贡献，就业效应在后起的东道国中表现尤为显著。

利用外资带动了中国就业数量的增长。1979—2005 年的数据研究表明，外商投资与我国就业量之间存在着长期均衡关系，外商投资每增长 1%，长期来看将带动我国就业增加 0.13%。① 图 4-14 展示了 2006—2015 年三资企业就业规模的不断增长和它在城镇就业人口中占比的变化。如图所示，2006—2015 年，三资企业就业人数从 1407 万人增长至 2014 年的 2955 万人，然后有所下降，在城镇就业人口中的比重也由 4.7% 增长到 2013 年的 7.7%，然后下降。随着中国综合经营成本的提升，外资撤离现象有所增长，新的研究表明，外资撤离对中国就业产生负面影响，非熟练劳动力受到的冲击更大。② 外商投资促进了中国就业质量的提高。一方面，外商投资推进了劳动力由农业部门向非农业部门，由劳动密集型环节向资本、知识密集型环节的转移；另一方面，外商投资的增加提高了当地熟练劳动力的工资水平，加快了人力资本外溢效应。

图 4-14 三资企业就业规模和占比的增长（2006—2015 年）

当然，对外资就业效应的研究也发现，在不同历史时期和不同地区，外资就业的创造效应会有所变化，通常来看，外资直接就业效应会随着经济发展水平的提升而有所弱化，间接就业效应（即就业溢出）会有所增强，同时，不排除就业转移和就业挤出。另外，一些外资企业在监管不到位的情况下出现了劳动就业环境恶化的现象，劳动者的合法权益受到侵害。随着跨国公司越来越多地采取独资方式并投

---

① 沙文兵、陶爱萍：《外商直接投资的就业效应分析——基于协整理论的分析》，《财经科学》2007 年第 4 期。
② 韩民春、张丽娜：《制造业外商直接投资撤离对中国就业的影响》，《人口与经济》2014 年第 5 期。

资于技术、资本密集型行业,外资就业的创造效应与转移、挤出效应并存。整体来看,直接投资及其引致投资的加倍增长,资本、技术密集型岗位的不断增加,使得它对我国就业数量和质量的积极影响始终发挥作用。

六、外商投资与中国产业升级

外商投资作为"要素包裹",它在不同产业的配置深深影响着产业结构的调整与转型。外商投资对东道国产业结构的影响是通过多个路径产生的。一是外商投资加快相关产业(行业)固定资产投资总量的增长,进而促进结构调整;二是外资企业的技术转移和技术溢出促进相关产业(行业)的技术创新与技术进步;三是外资企业出口带动相关产业(行业)成长和扩张,进口促进相关产业(行业)调整;四是外商投资通过产业关联促进产业(行业)技术进步,优化产业(行业)结构;五是外商投资通过产业转移推动东道国实现产业(行业)结构升级。

改革开放之初,外商投资在以轻纺工业为代表的劳动密集型产业上集聚发展,带动了这些产业的成长及其国际竞争力的形成和发展,并通过持续大幅出口让这些产业得以借助国际市场大规模扩张;20世纪90年代中期以来,外商投资逐步向资本密集的汽车、通信和化工等产业的中低端聚集;21世纪之后,外商投资开始向高端制造业和服务业拓展。表4-3展示了2000年和2015年两个年份里外资企业工业增加值占全行业工业增加值比重最高的10个工业行业的构成变化。从表中可以看到,文教体育用品制造业和服装及其他纤维制品制造业排名下降,化学纤维制造业和金属制品业排名显著上升,塑料制品业、家具制造业和橡胶制品业从榜上消失,取而代之的是汽车制造业、造纸和纸制品业、燃气生产和供应业、医药制造业。16年间,外商投资行业结构的优化状态非常明显。在行业结构优化过程中,外商投资促进了东部沿海地区技术和资本密集型产业的成长,推动了房地产业和社会服务业的扩张,也同时通过传统产业向中国中、西部地区以及东南亚国家的转移,助推中、西部地区的产业发展,并迫使中国东部外资集聚地区加快进行产业结构调整与转换。

表4-3 2000年和2015年外资企业工业增加值占全行业工业增加值比重最高的10个工业行业

2000年		2015年	
行业	外资企业工业增加值占全行业工业增加值的比重/%	行业	外资企业工业增加值占全行业工业增加值的比重/%
全部工业	23.98	全部工业	22.62
电子及通信设备制造业	65.39	计算机、通信和其他电子设备制造业	49.19
文教体育用品制造业	59.46	金属制品、机械和设备修理业	43.40
皮革、毛皮、羽绒及其制品业	54.62	皮革、皮毛、羽毛及其制品和制鞋业	36.23
仪器仪表及文化、办公用机械制造业	49.39	汽车制造业	34.47
服装及其他纤维制品制造业	48.83	文教、工美、体育和娱乐用品制造业	34.36
塑料制品业	44.32	化学纤维制造业	33.29
家具制造业	43.88	纺织服装、服饰业	32.93
化学纤维制造业	39.28	造纸和纸制品业	30.29
橡胶制品业	35.58	燃气生产和供应业	29.39
金属制品业	34.82	医药制造业	29.03

各项实证分析从多方面验证了外商投资对中国产业结构调整与优化的积极作用。基于1983—2007年省级面板数据的回归结果显示，外商直接投资显著促进了我国第二、第三产业的发展，且对第三产业的影响尤为明显。[①] 对我国1990—2006年FDI和GDP数据的实证分析显示，FDI对三大产业的贡献分别为0.435、0.699、

---

① 张琴：《国际产业转移对我国产业结构的影响研究——基于1983—2007年外商直接投资的实证分析》，《国际贸易问题》2012年第4期。

0.434，即三大产业 FDI 每增加 1%，会使相应产业 GDP 增加 0.435%、0.699%、0.434%。① 对 1996—2009 年高新技术产业面板数据的回归分析表明，外资通过竞争效应、人员流动效应、示范效应以及产业关联效应等带动了高新技术内资企业劳动生产率的提高和产出的增长。② 对 1995 年、1997 年、2000 年和 2003 年我国制造业 28 个行业数据进行的回归分析说明，外商直接投资在我国产业结构调整和升级中的确发挥了催化剂的作用，我国产业结构得到明显改善。③ 对 1985—1999 年长江三角洲外商投资数据的实证分析与经济计量检验结果表明，外商投资通过投资带动效应、产业结构调整效应、产业集聚效应，弥补了长江三角洲产业投入的资本短缺，加快了产业积聚，带动了产业结构升级，在推动经济快速持续发展、促进技术进步、加快工业化进程等方面发挥了不可替代的作用。④

但是，研究也发现，外商投资在制造业、加工制造环节和房地产等行业以及东部地区的结构性倾斜，加大了中国三次产业间、产业内部部门之间以及三大地区间发展的结构性失衡；同时，外资并购引发了人们对产业安全的担忧，外资产业转移对环境产生的负面效应引发了广泛关注。实践表明，外商投资失衡和破坏环境行为与本土企业没有行为上的差异，纠正失衡状态和严格环境保护取决于我国政策执行特别是监管政策的执行能力和执行效果。对我国代表性产业市场结构变化的跟踪研究发现，外资并没有威胁到中国的产业安全，加强产业竞争是防止外资垄断的最有效措施。国际经验表明，外资并购在中国引进外资中的占比将不断提高，作用将进一步增强，因此，在鼓励和规范外资并购的同时建立健全中国的并购审查制度，是当前中国外资管理制度的重要课题。

---

① 李文臣、刘超阳：《FDI 产业结构效应分析——基于中国的实证研究》，《改革与战略》2010 年第 2 期。
② 李晓钟、何建莹：《FDI 对我国高新技术产业技术溢出效应分析》，《国际贸易问题》2012 年第 7 期。
③ 周燕、王传雨：《我国外商直接投资产业结构转变效应实证分析》，《中国软科学》2008 年第 3 期。
④ 方勇、张二震：《长江三角洲地区外商直接投资与地区经济发展》，《中国工业经济》2002 年第 5 期。

七、外商投资与中国体制机制的变迁

按照变化的方式,体制机制变迁大致可以分为两种:相关利益群体为响应由制度不均衡引致的获利机会而自发推进的制度变迁,即诱致性制度变迁;相关利益群体为适应客观规律要求而强制推进的制度变迁,即强制性制度变迁。引进外资意味着引入了新的投资主体、新的企业制度、新的分配理念及新的资源配置方式,这对东道国而言是东道国政府推进的强制性制度变迁。随着外商投资的进入和运营,原有的制度均衡被打破,外资采取的所谓新制度、新机制、新理念、新方式,即外资体现出的所有权优势及由此展现出的高收益获得普遍接受和认可,并通过模仿与示范、竞争、扩散等路径,促成东道国相关地区和领域的体制机制变革,这就形成了东道国政府、企业、个人等相关利益群体自发推进的诱致性制度变迁。

由于计划经济与市场经济在资源配置效率上的本质性差距,以及发展中国家市场机制发育的不健全不完善,外资的所有权优势在转轨国家和发展中国家表现得非常突出;由于直接投资的稀缺性和包裹性特征,转轨国家与发展中国家之间、转轨国家相互之间、国家内部不同的地区之间围绕引进外资展开了激烈竞争,开展制度变革进而创造东道国和地区的区位优势,进一步推动了诱致性制度变迁。因此,作为全球最大的发展中转轨国家,中国在融入全球化进程中进行的制度变迁,成为外资促进变革的经典案例。

改革开放之初,中国是一个实行计划经济体制的、近乎封闭的国家,打破垄断、走向开放、发展市场,是从外资的引入开始的。引进外资,倒逼了宏微观多层面的制度变革。就宏观层面而言,外商投资企业作为市场经济的微观主体,它要求要有与之相适应的市场经济体制、宏观政策手段和法律规章体系,于是,随着外资进入并在中国更广大地区和更广泛领域扩展运营,与外资企业要求相适应、受外资企业运营所推动,中央和地方政府的管理职能和方式加快调整与转变,商品市场、要素市场加快建设与发展,与市场经济相吻合的政策法规体系加快建立与完善,中国的价格体制、税收体制、投融资体制、外汇体制、内外贸体制进行了不断深入的改革,科技政策、收入分配政策、社会保障体系、教育体制等也因之发生了显著的

变革。就微观层面而言，外商投资企业在中国市场的生存与发展，推进了国有企业改革，提高了民营经济的地位，改善了中国的营商环境，也显著提升了中国内资企业现代化经营管理的质量与水平。正是在外商投资企业经营与竞争的影响下，内资企业现代企业制度的建立、市场行为的规范、经营管理观念与水平的提升都前所未有地加快了步伐。更重要的是，外商投资的进入和在中国市场的发展，冲击并改变了人们的理念，规则意识、竞争理念、市场体制深入人心，为中国市场化、现代化制度创新与变革解除了束缚、减少了成本。

对外商投资与中国制度变迁的各类研究表明，外商投资对中国市场化进程、中国区域经济制度变迁、中国国有企业改革等各方面都具有积极影响。以中国1979—2005年的相关数据为样本，计算各年的制度变量及FDI变量，结果表明，FDI与市场化程度之间具有长期稳定的均衡关系，FDI占中国GDP的比重每增长1%，将会促进市场化指数提高0.41。① 着眼于FDI促进地方政府竞争进而推动制度变迁的机理研究表明，外商直接投资的进入改变了我国企业主体的构成，有力推动了所有制结构制度变迁，加快了社会主义市场经济微观基础的形成。② 以FDI对区域经济制度变迁影响为对象的研究显示，FDI与中国区域制度变迁有着较强的相关性，FDI区域分布的不平衡是导致中国区域制度变迁失衡的重要因素。③

八、外商投资助推了中国在国际格局中地位的提升

20世纪80年代以来，以国际投资和国际贸易为两翼的经济全球化进程改变了全球经济格局。新兴经济体通过融入全球化，加快了工业化进程，实现了经济起飞，创造了经济增长的佳绩，它们在世界经济和国际贸易中的比重不断提升。中国是新兴经济体中的杰出代表，新兴经济体和发展中国家整体在全球经济和国际贸易中的比重增长主要依托中国。在"二战"结束以来半个多世纪的国际贸易发展中，欧美国家在全球货物贸易市场中的份额或不断下降（如美国和英国），或先升后降

---

① 王霞、陈柳钦：《FDI对中国制度变迁的影响》，《北京科技大学学报》2009年第7期。
② 陈勇兵：《FDI对制度变迁影响的机理分析》，《社会科学辑刊》2009年第3期。
③ 王雷、韦海鸣：《外商直接投资与中国区域经济制度变迁》，《财经科学》2003年第5期。

（如德国、日本、法国和意大利），发展中国家在全球货物贸易市场中的份额或一直下滑（如南非），或先下降后微弱回升（如巴西、印度、墨西哥），只有中国和韩国持续增长。而中国和韩国相比，只有中国大幅度攀升。到 2015 年，中国在全球货物贸易市场中的份额已经大幅超过了英、法、意、日，并与德国和美国缩小了差距。

中国在世界经济中地位的提升不仅仅表现在中国的出口上，更表现在中国的进口上。在全球经济中，中国是货物贸易第二大进口国和服务贸易第三大进口国，是全球 100 多个国家首要的商品出口市场。中国的进口拉动着世界主要国家的经济增长，也为中国推动全球利益共同体建设、中国大国地位的提升创造了重要条件。自 1998 年起，中国周边几乎所有国家对中国的出口增长都呈现近 45°角的持续增长，这种增长展示了中国与这些国家日益紧密的经贸关系，也显现了这些国家的经济发展对中国市场的依赖倾向。

不仅如此，在亚太经济中，自 20 世纪 80 年代以来，由于中国引进外资，融入产业链分工，亚洲特别是东亚地区形成了以中国为平台以及加工组装基地的产业链密集交织的生产网络。在这个网络中，中国位于产业链的中低端，大规模进口东亚经济体的中间产品，加工出口销往全球市场。依托中国庞大的劳动力供给、逐步形成的巨大的加工实力和稳步提升的加工制造效率，包括日本、韩国、新加坡在内的东亚经济体得以规避劳动力成本上升带来的升级压力，顺利实现转型升级。进而，东亚地区得以将自 20 世纪 60 年代以来形成和发展的繁荣与活力延续至 21 世纪。

第三节
中国引进外资面临的新形势与新任务

始于 2008 年的国际金融危机是世界经济增长与发展的转折点，也是中国经济发展新阶段的起点。金融危机改变了全球经济的增长轨迹和发展格局，引发了全球经贸治理的制度变革。国际直接投资格局发生改变，直接投资规则开始调整。与此同时，中国经济进入结构调整与发展方式转变的新阶段，开放型经济发展也相应加快了改革与调整步伐。在此形势下，中国引进外资面临着崭新的机遇和前所未有的挑战，它带着新任务，开始了新征程。

一、全球经济复苏乏力，国际直接投资增长动力不足

2008年的金融危机将世界经济带入增长与发展的下行轨道。危机爆发以来，各国复苏之路艰辛曲折。本质上说，本次危机缘于世界经济发展长期累积的结构性障碍和制度性瓶颈，只有加快结构调整和制度性变革，才有望在新产业、新机制的带动下启动新一轮经济增长。然而，危机爆发至今已有近10年的时间，全球结构调整与制度变革的实质性、突破性进展尚未显现。近年来，区域贸易协定浪潮跌宕起伏，多边经贸体制发展颠沛踟蹰，反全球化声浪高企，全球地缘政治风险不断涌现，如此种种，更加剧了世界经济复苏与增长的艰难，滞缓了全球化步伐。作为全球化发展的两翼，国际贸易增长徘徊不前，且在2015年再次大幅下挫，国际直接投资亦总量收缩，增长乏力，并且与国际贸易一样呈现上下波动的态势。

考察国际直接投资自20世纪80年代以来的增长态势（见图4-15），我们可以看到，2008年金融危机爆发后，一改以往持续稳定增长的局面，国际直接投资开始跌宕起伏，分别在2012年和2016年出现两次掉头下跌。这样，危机后的几年里，国际直接投资起伏不定，投资总额始终在13000亿~15000亿美元之间徘徊，距离2007年21650亿美元的投资峰值还有相当大的差距。

当前国际投资增长动力不足的态势，意味着中国引进外资的大环境发生了很大转变。发达国家对外投资的审慎态度限制了对华投资总量的增长，而发展中国家对中国投资的能力又相对有限，这是近年来中国引进外资步伐放缓的首要外部原因。展望未来，科技革命酝酿产业变革，全球经济将启动新的增长周期。通过国际直接投资实现的全球产业结构调整与优化是开启新周期的前提和基础，在全球经济向新的增长轨道挺进的过程中，国际直接投资将发挥重要推动作用。因此，伴随全球经济复苏与振兴，国际直接投资会有一轮崭新的数量扩张态势。虽然目前这一态势尚

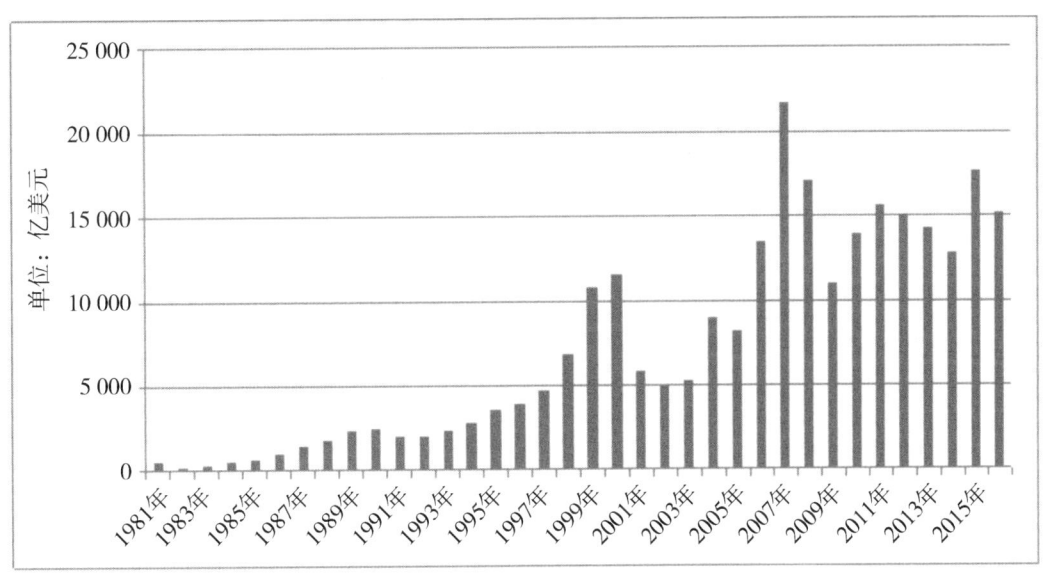

图 4-15 国际直接投资增长的波动（1981—2016 年）

未明朗，但对于任何国家而言，把握住新一轮扩张的机遇将十分关键。

二、各国引资竞争更加激烈，中国传统优势加速消退

（一）全球引资竞争与发达国家制造业回流

为尽快将国民经济推入复苏轨道，世界各国特别是主要发达国家和新兴经济体，都加快了战略调整步伐。外商直接投资在增加就业、拉动增长、提升出口和推动产业升级换代中不可替代的积极作用受到了各国政府的普遍重视，积极引进外资在各国政策实践中得到了充分加强。围绕引进外资，世界各国展开了更加激烈的竞争。

美国制定实施了"选择美国"（Select USA）计划，围绕这一计划设立了相应的机构、政策和执行机制。自2013年起，"选择美国"每年举办一次投资峰会，奥巴马曾亲自为此站台，并在峰会上宣布了一系列吸引外资的行政措施。美国各州州政府层面也积极为吸引企业投资推出融资、公用设施使用、培训、商业技术资源提供、税收减免等方面一系列优惠政策。英国、德国、法国等欧洲国家表现也不逊色。近年来，这些国家采取减免税收等措施进一步优化投资环境，延续了引进外资

的良好状态。在亚洲、非洲和拉美，新兴经济体进一步优化引资环境，加大开放力度，努力实现引进外资的升级换代；柬埔寨、缅甸等越来越多的欠发达国家也融入全球产业转移浪潮中，强化低成本优势，大力承接产业链低端链条的国际转移。

对于发达国家而言，再工业化不仅仅意味着要积极引进外资，还包括积极推动制造业回流，甚至限制制造业外流。这是2008年金融危机后全球直接投资出现的新态势。在美国，再工业化承诺是特朗普胜选的关键，引领跨国公司特别是制造业跨国投资回流美国，是其经济政策的重要组成部分。上任以来，特朗普运用"胡萝卜与大棒"的两手策略向企业喊话，一方面承诺给予更多的政策优惠，另一方面则以恐吓的方式抑制就业机会和投资外流。研究表明，美国已经出现了制造业回流的端倪。与危机前后相比，当前美国制造业全球占比提高，制造业占美国经济比重止跌企稳，制造业就业人数不断攀升。虽然制造业回流是否能从支流现象转变为主流趋势仍有一些不确定因素，但美国再工业化的态势和美国政府的政策导向，都意味着中国在引进中高端制造业外资方面面临着强有力的竞争和不容忽视的掣肘力量。

表4-4 2010年和2016年全球前十大FDI流入国（地区）比较

国家（地区）	2010年FDI流入量	国家（地区）	2016年FDI流入量
美国	1980	美国	3850
中国	1147	英国	1790
巴西	837	中国	1390
中国香港	723	中国香港	920
德国	656	新加坡	500
英国	582	巴西	500
新加坡	551	法国	460
英属维尔京群岛	512	荷兰	460
比利时	432	澳大利亚	440
爱尔兰	428	印度	420

数据来源：UNCTAD，FDI/MNEdatabase.

表4-4展示了2010年和2016年全球前十大FDI流入国家和地区排名。从表

中可以看到,首先,与 2010 年相比,美国保持着对全球资本的吸引力,拥有更加突出的引资业绩;英国、法国、荷兰和澳大利亚等发达国家的引资优势在恢复性上升,发达国家引进外资仍保持着整体优势。在 2013 年、2014 年被发展中国家和地区短暂赶超之后,发达国家在全球引进外资中重新获得了压倒性优势,2016 年,发达国家整体在引进外资中占比达到 57%。① 其次,从表中可以看到,发展中国家和地区仍然保持了五个席位,印度的位次也在上升。事实上,东南亚、南亚和拉美国家近年来引资业绩取得了突破性进展(见图 4 - 16)。2011—2015 年间,泰国、菲律宾和老挝等东南亚国家引进外资增速惊人,墨西哥和印度的引进外资增速也十分可观,相比而言,中国的增速已经显著放缓。

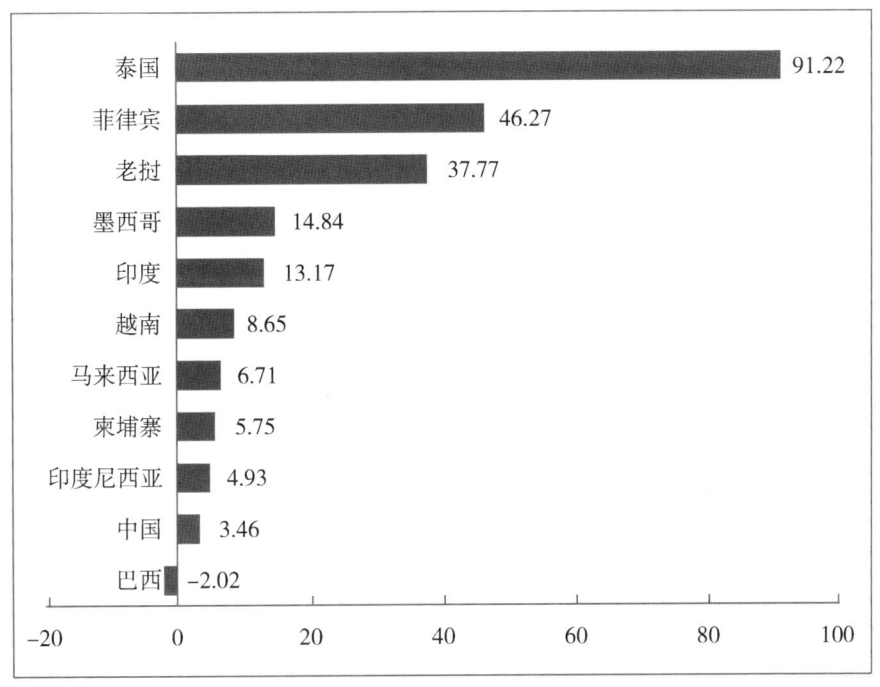

图 4 - 16 "十二五"期间部分发展中国家引进外资的增速比较(单位:%)

数据来源:UNCTAD, FDI/MNEdatabase.

(二)中国综合成本飙升与制造业引资面临的压力

依靠廉价劳动力资源吸引产业链低端投资,在全球产业链上实现升级换代,这

---

① UNCTAD: Global Investment Trends Monitor, No. 25, 1 Feb, 2017.

是亚洲国家和地区开放型经济发展的基本模式。由于人口众多，中国把这一模式发挥到了极致。伴随着跨国公司持续的大规模的对华投资，中国实现了长达近40年的外向型经济的高速发展。2008年的金融危机是这一增长轨迹的转折点。危机爆发以来，中国进出口放慢了脚步，外商投资的规模与结构也相应发生了改变。更重要的是，面对后起发展中国家和先行欧美国家积极引进外资的双重挤压，传统低成本引资优势正在加速消退。

传统低成本优势首先是劳动力成本优势。劳动者工资收入的提高是国民经济持续发展的必然结果，也是我国推动经济增长的本意。经过近40年的改革开放，中国工资水平已经显著提升。如图4－17所示，2013年，各国雇员月工资大致分为三个群体。欧美发达国家和东亚新兴经济体属于高收入群体，月工资在3000~4000美元之间；金砖国家属于中等收入群体，月工资在500~1000美元之间；东南亚和南亚后起国家属于低收入群体，月工资在200~500美元之间。中国雇员月工资水平处于全球各国平均水平的中游，与低收入群体相比，我们已经完全没有成本优势。

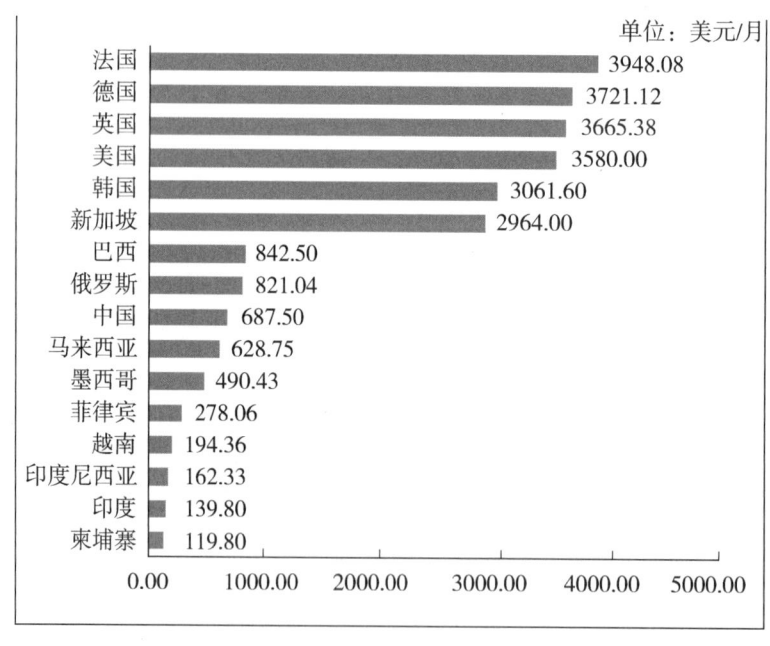

图4－17　各国雇员月工资比较（2013年）

数据来源：ILOSTAT，Database.

更重要的是，受劳动力成本猛增、能源价格飞涨、土地价格高企、税费繁重等多重因素影响，中国综合经营成本快速上升，在与高收入国家的引资竞争中，中国的成本优势快速消退。近年来，中国的成本优势不仅已经被墨西哥这样的发展中国家赶上，而且即将被美国这样的发达国家超越。在美国，企业无须支付进出口清关费用，还可以享受地方政府给予的优惠税收政策。尽管美国劳动力成本是中国的2.57倍，但美国自动化程度高，设备先进，中国劳动力成本优势大大降低。除了劳动力以外，美国目前仅在折旧和厂房建设方面劣于中国，其中，折旧成本美国是中国的1.7倍，厂房建设成本美国是中国的4倍。[①] 综合来看，中国制造业综合成本已经基本与美国相当。

智库机构的实证研究也显示了中国产业面临的成本压力。波士顿咨询公司2015年发布的报告《全球制造业转移的经济学分析》显示，自2004年以来，中国持续面临成本优势大幅减弱的压力。10年前中国的平均直接生产成本比墨西哥低6%，而现在墨西哥估计比中国低4%。至2014年，中国相对于美国的工厂制造业成本优势已经从2004年的14%下降到4%，如果这一趋势持续10年，那么这个优势将会在10年内消失。[②]

2008年金融危机爆发以来，中国成本优势下降给引进外资工作带来的挑战已经开始在制造业中显现。如前所述，改革开放以来，制造业始终是中国引进外资的主体，其在引进外资中的比例一直在60%以上。2009年之后，中国制造业利用外资在中国整个引进外资中的比例迅速下滑，如图4-18所示，2009—2016年，制造业引资出现连续5年的负增长，其利用外资占比已从51.95%跌至20.38%。虽然这一现象是由国内外多种因素综合作用形成的，但成本优势减弱是诸多因素中的首要内部因素。制造业引资持续下降不仅可能导致失业和出口下滑，而且不利于产业结构调整和升级换代，甚至可能加剧经济下行，冲击中国世界制造中心地位。中国

---

① 中国纺织网：《江南化纤老板发现美国"捞金"新商机》，http://www.texnet.com.cn/.
② 波士顿咨询：《全球制造业转移的经济学分析》，http://mt.sohu.com/20161219/n476285062.shtml.

亟待实现引资优势的转换。

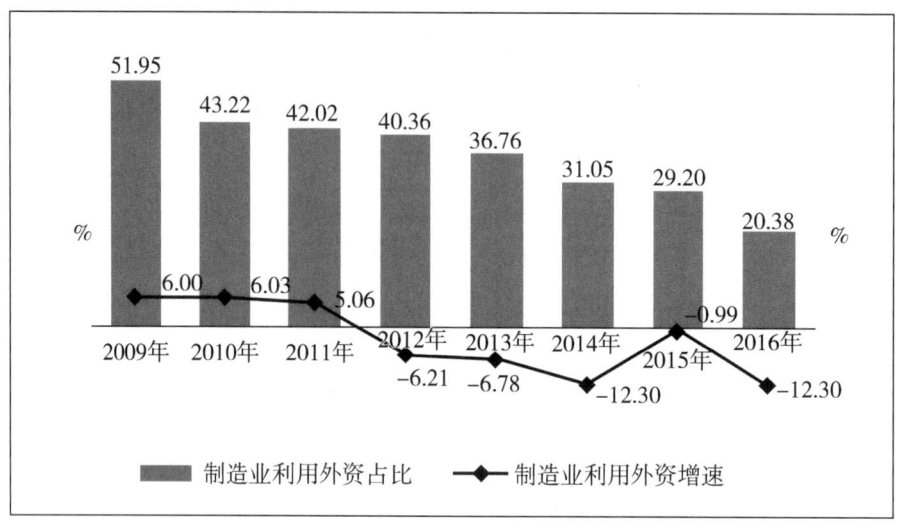

图4-18 中国制造业利用外资占比和增速的下降态势（2009—2016年）

三、国际投资规则发生诸多改变，全球投资格局面临多重变迁

（一）国际投资规则的变化趋势与影响

第二次世界大战结束之后，就国际投资规则的目标、结构和具体内容，包括投资自由化、投资保护、投资争端解决等，发达国家和发展中国家在双边、区域和多边层次上进行了反复的博弈、谈判，逐步形成了当前这样一个以双边投资协定（BIT）、区域贸易与投资协定（FTA）为主体，双边、区域和多边投资协定共存的投资规则体系。在该体系里，各国签订的双边和区域投资协定以及多边投资协定在理念、原则上矛盾重重，在内容、措施上相互重叠又多有冲突，在投资待遇上具有鲜明的排他性，导致国际投资规则管理混乱，既不能给投资者提供一个稳定、透明、富有预见性的政策环境，也很难有效解决国家、企业间的投资争端。随着全球产业链在国际范围内不断铺设和延展，国与国之间经济往来日益紧密，分工合作日趋深入，构建一个统一的、系统的多边投资协定成为全球化发展的客观需要。

长期以来，多边体制是全球经贸规则的主要制定与发展平台。以美国为代表的发达经济体是多边体制的主导者,它们推动着全球经济规则体系的形成与发展,使之既符合全球经济发展需求,又有利于维护和增进自身利益。但是,伴随着发展中国家越来越多地进入多边框架,它们发现以多边平台谋求自身利益变得成本高昂且效益低下。于是,顺应全球化发展对经贸新规则的需求态势,它们着手在双边和区域层面推出新规则,引领全球规则变革。2012年美国双边投资协定(BIT)、跨太平洋伙伴关系协定(TPP)、跨大西洋贸易和投资关系协定(TTIP)以及诸边服务贸易协定(TISA)都是它们推动全球规则变革的重要载体。

欧美发达国家推动制定的投资新规则,其突出特点是站在发达国家立场,针对发达国家水平,追求高标准的投资自由化和便利化。第一,以"准入前国民待遇+负面清单"模式开放市场。即原则上外资在所有领域均享有不低于东道国内资的投资自由,特殊领域可以明确列出例外。这样的规定在20世纪连许多发达国家都无法接受,它要求东道国各级政府在事中和事后对企业的市场行为与整个市场运转状态拥有充分、有效的掌控能力,这对所有东道国特别是发展中东道国政府的监管水平提出了严峻挑战。第二,扩展了更广泛的投资领域。通过对服务业投资和电子商务的谈判,实现了成员方服务贸易和电子商务的自由化,确立了服务贸易和电子商务自由化规则,打开了东道国广大的服务市场和具有无限潜力空间的网上交易市场。第三,纳入了更宽泛的投资议题。不仅包括投资准入与投资者待遇、履行要求、资金汇兑、征用和补偿等传统议题,而且包括政府采购、竞争政策、知识产权、企业社会责任、劳工、环境等边界内议题,更包括监管一致性、透明度和反腐败等更高层次、"面向21世纪"的新议题。第四,加强了对国有企业的管制。通过国有企业与指定垄断、政府采购、竞争政策等相关条款,限制政府通过对本国国有企业的扶持来扭曲贸易和投资,要求国有企业分离其公共服务业务和商业业务,实现国有企业"竞争中立"。第五,凸显了价值链分工对投资规则的诉求。通过原产地规则、海关管理与贸易便利化、纺织服装等相关条款以及边界内议题,加强了成员方之间供应链的整合和产业链分工的发展与深化,对区域外成员形成了被边缘化的威胁。第六,推行投资者—东道国争端解决机制(ISDS)。不同于世界贸易组织成员方的争端解决方式，ISDS 使得投资者个人替代国家成为国际投资争端诉求的主体，赋予了投资者私人通过独立的第三方国际商事仲裁挑战东道国政府的法律权利。

新的"高标准、高质量、高层次、面向 21 世纪"的投资规则体系，虽然在客观上反映了全球化发展的需求，但站在发达国家立场上推进规则的原则、理念与条款，对全球格局演变和发展中国家投资增长将产生深远影响。第一，区域外经济体（主要是发展中经济体）将面临投资歧视和投资转移，原有的产业链分工合作体系（主要在亚太地区，特别是东亚）可能被割裂和瓦解；第二，新规则推广了欧美发达国家的规则理念，为拓展欧美发达国家的商业利益、固化发达国家优势而削弱新兴国家崛起态势创造了制度条件；第三，新兴经济体将在新的投资规则制定与修订过程中丧失规则话语权；第四，由于这些规则涉猎边界内，对于广大的新兴经济体和发展中国家而言，这意味着国内体制机制的重大改革与变迁。

（二）全球产业转移的方向调整与区域化特征

导致直接投资格局变化的首要因素是新科技革命方兴未艾，改变全球生产模式，进而影响制造业的转移方向。

进入 21 世纪以来，信息技术的广泛渗透带动了群体性技术变革，数字化、网络化及其创新应用广泛地影响和改变着人们的生产和生活：大规模、同质、集中生产将向小规模、定制、分散生产转变；智能机器广泛应用，不仅正在替代"人工"，而且可以替代"人脑"；互联网电商让分销渠道大幅缩短，大众生活工具、方式和内容逐步被信息化改造；高新技术密集型成为企业形态的主流。因此，"分散生产、就地销售"或将成为全球生产、贸易的新模式，国家竞争优势也将发生重大变化，自然资源丰富的国家正在因大宗商品价格下跌而遭受重创，资本实力雄厚的国家可能面临资本回报率持续走低的困境，劳动力价格低廉的国家将直面被智能机器人广泛替代的威胁[1]。于是，全球产业转移呈现出两个方向：一方面，中低端制造继续向部分拥有低廉劳动力供给的东南亚、南亚和非洲国家快速转移；另一方

---

[1] 安平：《新科技革命打造全球经济升级版》，《第一财经日报》2015 年 6 月 30 日。

面，智能制造助力制造业向发达国家回流，推动发达国家继续向高端制造发展。规模化制造继续向劳动力更加廉价的发展中国家转移，高端、定制化、小批量制造业在发达国家集聚。全球围绕制造的新技术、新产业的竞争有望形成新的全球产业布局。

导致投资格局发生变化的第二个重要因素是区域自由贸易协定（FTA）风生水起，国际产业转移和产业链聚集将更多地凸显区域一体化特征。

国际经验表明，区域贸易与投资协定将给区域外的国家带来实实在在的贸易投资歧视和贸易投资转移效应。高标准的FTA将使得贸易投资的歧视和转移效应更加显著。更重要的是，在欧美国家推动的这些FTA谈判中有一个共同的特点是实施严格的、高水平的原产地规则，鼓励发展区域内产业链。这将加速区域内国家，特别是发达成员方与发展中成员方的投资合作，加快区域内产业链的形成和扩展，并有效地吸引甚至迫使域外资本向域内投资，产业链发展呈现出更多的区域性特征。

四、中国经济加快转型升级，改革开放再掀新高潮

（一）新常态培育引资新优势

改革开放近40年来，中国经济高速增长、社会长足发展，为中国开放型经济的转型升级积累了不可或缺的要素条件。21世纪以来，经济社会发展带来的优势要素条件的积淀呈现出喷涌式发展态势，显示出中国开放型经济转型升级发展的积极乐观前景，也为中国引进外资培育了新优势。

1. 稳定的经济增长态势

2008年金融危机之后，中国经济虽然放慢了脚步，但仍然保持着稳定增长的良好态势。"十三五"时期，各种分析预测表明，中国经济有能力实现中高速增长，经济的潜在增长率在6.0%~7.5%之间，平均增长速度为6.8%。[①] 中国经济仍将是全球经济的稳定之锚、动力之源。在世界经济低迷、各国经济增长堪忧的大背景下，中国经济的这种增长态势表明，中国经济社会各领域、各方面将继续在平

---

① 郑京平、刘爱华、郑泽香：《"十三五"时期中国经济展望》，《统计研究》2016年第5期。

稳向上、有序保质的状态下运转，它是跨国公司投资的定心丸。

2. 巨大的消费市场需求

近14亿人口组成的正在转型升级的消费市场，意味着不可限量的巨大商机。世界银行的数据显示，2015年，我国人均国民收入为8069.2美元，以目前经济增速估算，2020年这一数字将达到1.2万美元左右，中国跨入中高收入水平，中国消费规模有望达到45万亿~50万亿元人民币，居民消费将实现由以物质型消费为主向以服务型消费为主的转变，包括医疗、健康、教育、旅游等在内的服务型消费将放量增长，而这些行业都是欧美国家的跨国公司的强项。国际旅游组织统计显示，自2012年开始，中国超越了一系列国家成为世界最大出境旅游消费国。在中国消费者的旅游支出中，境外采购占据了大部分份额，中国消费者满世界购买高质量消费品，恰恰显示了中国消费需求结构升级带来的巨大市场空间。

正因如此，在当今的全球竞争中，能否占领和扩展中国这样一个消费理念日趋成熟、消费模式日趋现代化的大市场，成为跨国公司确保盈利和竞争取胜的关键因素。将中国投资的战略定位由"加工组装基地"转向"消费需求市场"，已经成为当前跨国企业战略调整的首要内容。

3. 优质的劳动力队伍

中国人口虽然绝对量减少，但规模优势尤在、结构优势凸显。2015年，中国拥有8.06亿适龄劳动人口（比印度多出近3亿[①]），这是世界上最庞大、最勤劳，也最有纪律性的劳动力队伍。不仅如此，这还是一支生机勃勃、知识与技能含量不断增长的劳动力队伍。

第一，它拥有全球规模最大的新生力量。中国每年有超过700万名大学毕业生、超过600万名受过中等职业教育和技能培训的毕业生和超过30万名海归人员进入劳动力市场。第二，它拥有全球规模最大的研发人员队伍，自2011年起，中国的研发人员总量超过美国跃居世界第一位，占世界总量的25.3%。[②] 第三，它拥

[①] 世界银行数据，http://data.worldbank.org.cn/indicator/SL.TLF.TOTL.IN.
[②] 陈启清：《后发优势、要素禀赋与中国经济增长潜力》，《理论视野》2016年第3期。

有全球最充沛的产业工人队伍。统计显示，目前，世界工厂拥有产业工人约1.2亿人，其中制造业产业工人数量在7000万人左右，高级技工人数近600万人，预计2025年中国制造业产业工人数量将达到1亿人左右。①

2017年2月，中央深改组审议通过了《新时期产业工人队伍建设改革方案》，中国熟练产业工人队伍会进一步增长和加强。缺乏熟练技工与产业工人队伍是导致制造业回流发达国家的一大重要因素，同时也是中国吸引中高端制造业进入中国和留在中国的重要优势。

4. 富有活力的产业状态

中国产业状态的活力同时表现在既有产业的国际竞争力和未来产业的升级空间上。经过近40年的持续高速发展，中国拥有较为完善的基础设施，并已经在许多产业拥有世界领先的市场份额、规模优势，完备的产业配套能力，完整的产业链条和全球知名的产业集聚中心。这些产业链条相互紧密联系，难以分离和割舍；产业配套齐全，效率高，难以在短期内迁移和重建。它们为中国参与工业4.0时代的产业竞争积累了强大的物质基础。

"十三五"期间，中国将迎来产业转型升级的关键时期。第一，服务业加速增长，其占GDP的比重将从2015年的50.5%上升到2020年的58%，服务业规模将从2015年的34.2万亿元扩大到2020年的50.2万亿~52.6万亿元，中国进入服务型经济新阶段。第二，服务业结构持续优化。以金融、科教、物流为重点的生产性服务业加快发展，其占GDP的比重将从2015年的15%上升至2020年的25%以上，中国经济的效率将因之而显著提升，中国制造业竞争力也会获得坚实的支撑。第三，制造业实现升级换代。信息化与工业化的深度融合发展，互联网、物联网、云计算等新一代信息技术应用的不断扩大，为中国制造业升级换代创造了新机遇、新路径和新空间。《中国制造2025》的实施，将有力推动中国制造业在新的历史条件下实现转型升级，让中国步入制造业强国阵营。

---

① 刘兴国：《中国吸引外商投资优势仍然十分突出》，《上海证券报》2017年3月24日。

(二) 新时期再掀引资新浪潮

1. 构建开放型经济新体制,为引进外资营造更加有利的制度环境

2013年11月,党的十八届三中全会通过《中共中央关于全面深化改革若干重大问题的决定》,制定新时期改革开放的宏伟蓝图,提出构建开放型经济新体制的战略部署。构建开放型经济新体制,意味着拥有贸易、投资自由化和便利化的制度安排,实现生产要素跨境有序自由流动,营造法制化、国际化、便利化的营商环境,这将全面提升企业国际经营的制度建设水平,为引进外资营造更加有利的制度环境。

为贯彻落实中央战略部署,自上海自由贸易试验区开始,中国试行国际新规则,放开外资准入新领域。2013年9月30日,中国(上海)自由贸易试验区挂牌,试行准入前国民待遇加负面清单制度,推进金融、教育、文化、医疗等服务业领域有序开放。2015年5月21日,中国(天津)自由贸易试验区、中国(福建)自由贸易试验区、中国(广东)自由贸易试验区同步挂牌,我国自贸试验区建设由南到北"连点成线"。2.0版自贸试验区在加快政府职能转变、扩大投资领域开放与创新、推进金融领域开放创新、推进贸易监管制度创新、建设法制化营商环境等方面进一步扩展。2017年4月1日,辽宁、浙江、河南、湖北、重庆、四川、陕西7个自贸试验区正式挂牌,我国自贸试验区建设形成由南至北、由东至西"展线成面"。不同的自贸试验区试点各具特色,旨在能够形成可复制、可推广的经验,在全国推广。

2. 拓展对外开放新格局,为引进外资拓展更为宽广的发展空间

党的十八届三中全会以来,中国前所未有地加快了自由贸易区建设步伐。我们正式签署了中韩FTA、中澳FTA,完成了中国—东盟FTA升级版,并着手与欧美重要代表性国家、"一带一路"沿线国家和地区构建FTA,加强可行性研究,启动相关谈判。与此同时,中国强力将亚太自由贸易区(FTAAP)谈判推入工作轨道,致力于基本形成覆盖亚太和欧亚大陆的高水平自由贸易区网络。面向全球的高标准自由贸易区网络的建设,将大力推进中国相关管理体制与国际接轨,推动更多产业领域对外开放,加强中国与相关国家的经贸合作和一体化建设,进而为吸引自由贸易区伙伴国家的外商投资创造条件。

"一带一路"倡议是中国在全球范围内构建开放新格局的重大战略部署，也是中国为沿线相关国家创造的全球化发展新平台。"一带一路"连接着全球最富有活力的东亚及东南亚，也连接着全球最发达的欧洲。伴随着"一带一路"倡议的推进，互联互通建设，政治互信、经济融合、文化包容的共同体的打造，中国中西部地区引进外资、中国吸引沿线国家特别是欧洲国家的外资，都拥有了更为广阔的空间。

3. 推进供给侧结构性改革，为引进外资提供更为丰沛的投资机遇

2016年以来，党中央提出供给侧结构性改革方案，推出供给侧结构性改革措施，加快了供给侧结构性改革的实施。产业层面的供给侧结构性改革致力于大力发展高端制造业和现代服务业，压缩落后产能，增加有效供给。要素层面的供给侧结构性改革致力于通过教育体制改革、土地制度改革、金融改革，提高劳动力、土地、资本等生产要素的供给质量，增进配置效率。制度层面的供给侧结构性改革致力于包括经济运行体制、行政管理体制、社会治理体制等在内的改革，以制度改革提高经济社会运行效率，提升经济竞争力。

毫无疑问，供给侧结构性改革将显著改善外商投资环境，吸引外资流入。更重要的是，供给侧结构性改革强调了中国产业发展的重点和路径，高端制造业、生产者服务业的扩展，为外商投资分享中国产业结构调整带来的历史机遇提供了更多发展机会；供给侧结构性改革强调了中国经济增长动力转换的重点和路径，需求结构升级、消费市场扩大，中国大市场的扩张将吸引外商投资进入，分享中国市场上的难得机遇；供给侧结构性改革还强调了中国经济增长方式转换的重点和路径，为拥有绿色技术、富有创新能力的跨国公司提供了大量可预期的投资机遇。

4. 实施利用外资措施20条，为引进外资确立更加精准的工作目标

2017年1月，适应当前全球直接投资和中国引进外资新态势，我国出台《关于扩大对外开放积极利用外资若干措施的通知》，这20条举措力促中国改善投资环境，培育吸引外商投资的新优势。第一，进一步扩大对外开放。大幅度放宽服务业、制造业、采矿业领域的外资准入限制，鼓励外商投资高端制造、智能制造、绿

色制造，改造提升传统产业。支持外资参与基础设施建设、设立研发中心，支持海外高层次人才在中国创业。第二，进一步创造公平竞争环境。各地区、各部门确保政策、法规执行的一致性，促进内外资企业公平参与中国标准化和政府采购招标投标工作，严格保护外商投资企业的知识产权，支持外商投资企业拓宽投融资渠道。第三，进一步加强吸引外资工作。允许地方政府在法定权限范围内制定出台招商引资优惠政策，支持中西部地区、东北地区承接产业转移，深化外资管理体制改革。

可以看出，该通知针对当前引进外资的重点和难点，将新时期中国经济改革发展给予外资的发展机遇精准地展现，将外商投资融入中国经济的客观障碍精准地摘除，将中国吸引外商投资的体制优势精准地显现出来。在对外开放方面，瞄准中国产业升级方向，开放力度空前强大；在打造公平竞争环境方面，多年来外资企业呼吁的公平竞争问题得以解决并拥有了制度保障；在加强吸引外资方面，广大中西部地区迎来了外商投资发展的新机遇，地方政府的积极主动性再一次被调动起来。该通知出台以来，上海、深圳等地纷纷出台"外资新政"，各部委、监管机构亦将条条落实，新一轮高水平对外开放在各地区、各部门的合力推动下指日可待。

第五章
中国对外投资

2015 年，中国对外投资总额首次超过引进外资总额，成为资本净输出国。与进出口贸易和引进外资相比，对外投资是一个国家更加积极主动地整合全球资源的方式和路径。中国对外投资的高速、持续增长，不仅给中国经济带来深远影响，而且在世界经济的发展进程中也发挥着越来越重要的作用。通过对外投资，中国更加积极地融入全球经济发展，并成为经济全球化最坚定的推动者之一。

第一节
中国对外投资的规模增长与结构变化

作为后起的发展中国家，中国曾经长期处于资本短缺状态，因此，相对于引进外资而言，中国对外投资的起步和发展是相当滞后的。21 世纪以来，中国对外投资开始稳步增长，2008 年金融危机爆发之后，中国对外投资呈现高速发展态势。中国对外投资的结构特征鲜明，并将随着中国的经济转型而发生重要变化。

一、对外投资的规模增长

（一）对外投资的发展规模

改革开放之后，受经济发展水平所限，我国跨境投资一直以引进外资为主，对外直接投资数额很少，1999 年，中国对外直接投资只有 19 亿美元。进入 21 世纪以来，随着国民收入的稳步提高和开放型经济的快速发展，中国经济实力增长，产业竞争力提升，对外直接投资开始逐年提高，2007年，中国对外直接投资已经达到265亿美元，成为全球最大的发展中投资母国。金融危机爆发之后，中国对外投资在多重因素的影响下放量增长，到2016年，非金融类对外直接投资流量已达到1701亿美元，位居美国、英国之后，成为全球第三大海外投资母国。由于近10年的大规模增长，中国在全球投资中的地位迅速上升，截至2015年，中国累计对外投资存量达1.1万亿美元，位居全球第八位。

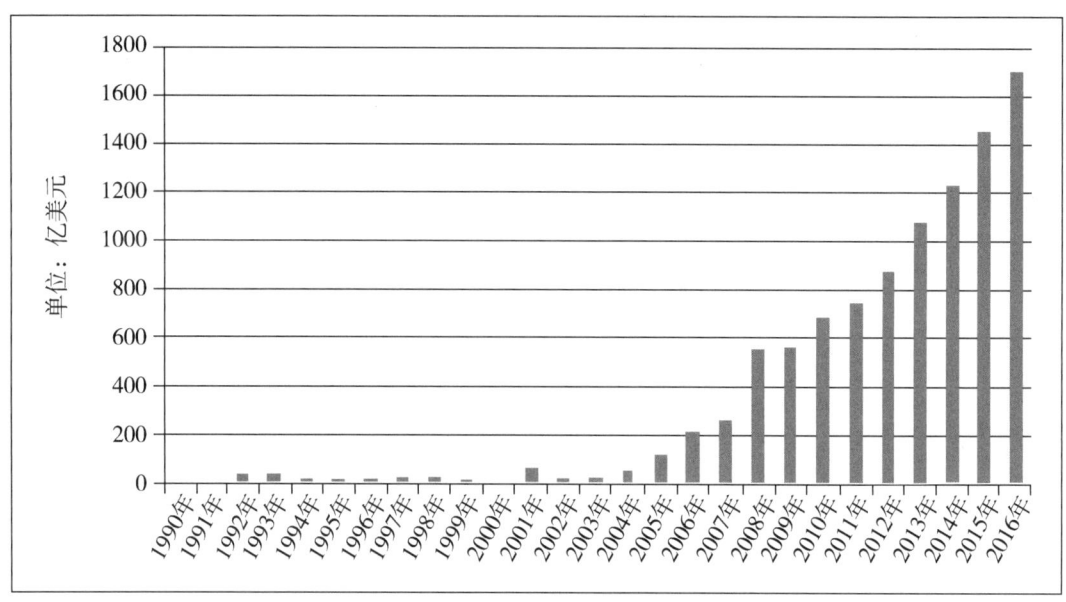

图5-1 中国对外投资的规模增长（1990—2016年）

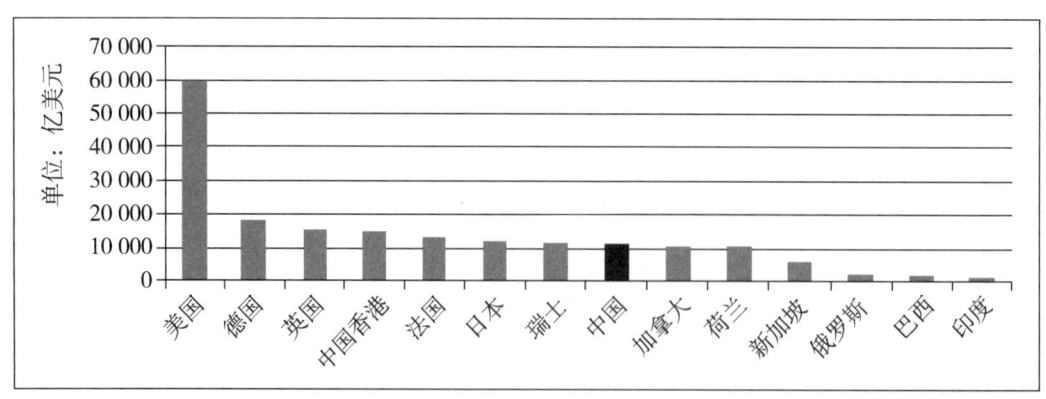

图5-2 中国对外直接投资存量的国际比较（截至2015年）

客观分析，要想认识中国对外投资的规模，除了要观察它的绝对规模的增长，当然还要分析它的相对规模的变化。

图5-3展示了中国对外投资流量和存量在各年度占全球对外投资流量和存量的比重。

就对外投资流量而言，在20世纪90年代，由于中国经济处于调整阶段，中国对外投资流量占全球对外投资流量的比重曾一直处于下降状态，但自2000年"走出去"战略实施之后，流量比重开始增长。如图5-3所示，1990—2007年，中国对外投资在全球对外投资流量中占比一直在2%以下，但2008年以来，除去危机年份，中国对外投资流量占比呈现出近乎直线型的增长，到2014年，中国对外投资已经迅速增长到全球对外投资流量的9%。中国对外投资流量在全球对外投资流量中的占比这种罕见的增长态势与中国对外投资的整体增长状况是完全吻合的，充分展示了这一时期中国对外投资在全球对外投资中地位和作用的迅猛攀升。和英国、美国两个老牌的发达母国相比，中国与美国对外投资的差距自2008年以来不断缩小，截至2015年，中国对外投资已经达到美国的一半；2009年起，中国实现了对英国的超越（见图5-4）。

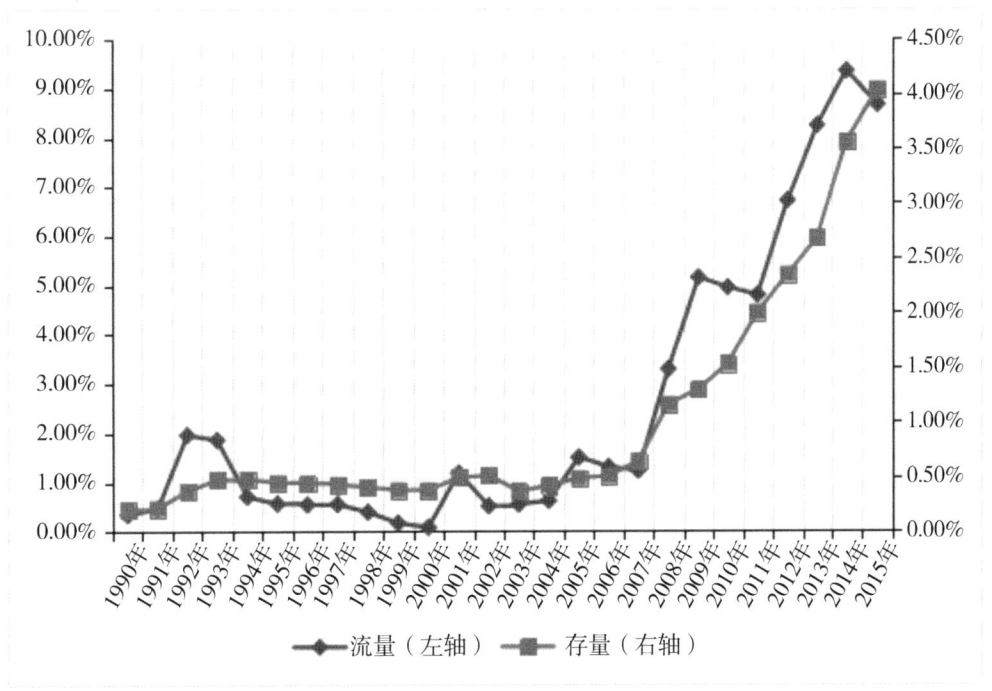

图5-3 中国对外投资流量和存量占全球对外投资流量和存量的比重（1990—2015年）

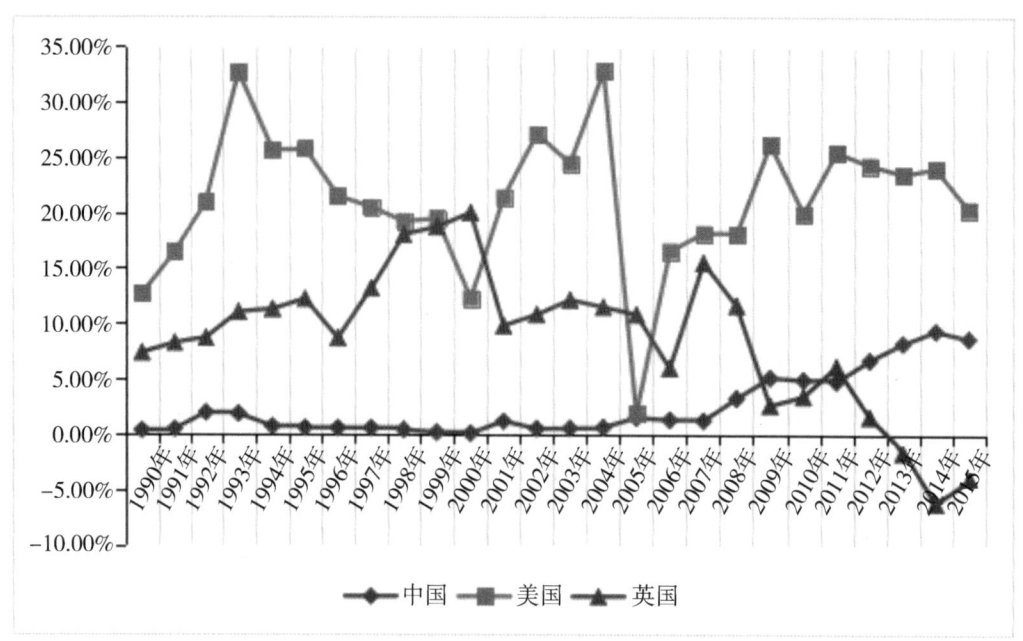

图 5-4　中国、美国、英国对外投资流量占全球的比重（1990—2015 年）

就存量而言，中国对外投资存量在全球对外投资存量中的比重随海外投资的增长稳步上升，自 2008 年起放量增长，截至 2015 年，这一比重已经达到 4.03%。在衡量一个国家对外投资的成效与能力时，通常首先观测对外直接投资（ODI）与 GDP 的比较值的变化。将中国的这一数据与全球、发达国家和发展中国家的平均水平相比，与发达国家、金砖国家和新兴经济体国家的相应数值相比，我们发现，中国这一指标长期低于多数国家。20 世纪 80 年代以来，全球直接投资占全球 GDP 的比重从 1980 年的 4.9% 上升至 2015 年的 34%；发达国家的这一比重由 5.9% 升至 45%；而发展中国家也由 3.4% 上升至 18%；中国则从 0.01% 增至 9.2%，仅仅高于印度。这表明，尽管近两年来中国海外投资迅猛发展，但中国海外投资的规模还远远没有达到可能达到的水平，还有巨大的发展空间。

（二）对外投资的发展历程

回顾中国改革开放以来对外直接投资的发展历程，我们可以大致将之划分为四个阶段。

1. 探索发展阶段（1979—1992 年）

改革开放之初，少数从事国际贸易的公司从自身经营发展的需要出发，开始在国外设立窗口企业，一些国有大企业也开始探索对外直接投资，但真正参与对外直接投资的企业并不多。20世纪80年代中后期，中国对外直接投资有了较快的发展，投资主体由外经贸企业扩展到工业企业、科技企业及金融保险企业，投资领域由商贸服务业扩展至工农业生产加工、资源开发、交通运输、建筑服务等。截至1992年底，海外非贸易性企业达1360家，海外贸易性企业达2600家左右，中方投资总额达40多亿美元，中国企业在全球120多个国家和地区设立了海外企业。[1]

由于外汇非常短缺，最初每一宗对外投资项目都要经过国务院审批。1982年，国务院授权原外经贸部对对外投资个案进行审批并对经营性企业加以管理。1985年，原外经贸部颁布了《关于在境外开办非贸易性企业的审批程序和管理办法的试行规定》，原国家计划委员会颁布了《国家计划委员会关于加强海外投资项目管理的意见》，中国企业境外投资活动开始有章可循，对外投资管理也由个案审批向规范性审批转变，各部门分工进行审批、管理和监督的投资管理体制框架初步形成。

2. 调整发展阶段（1993—2000年）

1993年起，由于国民经济发展中存在经济发展过热、投资结构不合理、物价上涨过快等问题，国家开始进行经济结构调整，紧缩银根，力求过热的经济软着陆。对对外投资相应进行清理整顿，严格审批手续。受人民币汇率双轨制并轨、亚洲金融危机爆发的影响，中国对外投资实力受挫，审批政策进一步收紧，对外直接投资并没有因国民经济发展而进一步延续20世纪80年代末的增长势头，1993—2000年的8年间，中国对外投资仅为186亿美元，批准设立海外企业1200多家。[2]

1998年，党的十五届二中全会明确指出，为更好地利用国内国外两个市场、两种资源，在积极扩大出口的同时，要有领导、有步骤地组织和支持一批有实力、有优势的企业走出去；1999年，国务院办公厅转发外经贸部、国家经贸委、财政部公布的《关于鼓励企业开展境外带料加工装配业务的意见》，提出支持我国企业以境外加工贸易的方式"走出去"，为我国实施"走出去"战略打下了基础。随

---

[1] 卢进勇：《"走出去"战略与中国跨国公司崛起——迈向经济强国的必由之路》，首都经济贸易大学出版社，2012年11月，第19页。

[2] 同上。

后,国务院各有关部门分别制定了具体实施的配套文件,对外投资管理体制得到重大改进和发展。在此背景下,中国海外投资获得了突破性进展,投资行业从贸易服务向资源开发和生产制造领域延展,民营企业开始试水对外直接投资。截至2001年底,中国对外投资已扩展至160多个国家和地区,其中,生产性领域的投资占据了44%的份额。[1]

3. 稳步增长阶段(2001—2007年)

2001年初,在总结20多年对外开放的丰富实践的基础上,我国正式把"走出去"战略写入《国民经济和社会发展第十个五年计划纲要》中,"走出去"与对外贸易、利用外资并列为"十五"开放型经济发展的三大支柱。中国的对外开放步入"引进来"和"走出去"并重的新阶段。2001年底,中国加入世界贸易组织,并陆续与100多个国家签订了双边投资保护协定,对外直接投资获得了更为宽松和有利的内外部环境。

"走出去"战略从根本上改变了中国对外直接投资的政策方向。一方面,对外投资管理体制开始由审批制向核准制、备案制转变。2004年,国务院公布《国务院关于投资体制改革的决定》,明确对外投资管理适用核准制。另一方面,对外投资促进政策体系开始建立起来。第一,国家开发银行、中国进出口银行、中国出口信用保险公司等金融机构设立投资基金和专项资金,为中国海外投资提供金融支持,海外投资的资金支持体系开始发挥重要作用;第二,商务部会同有关部门在境外加工贸易方面制定了16项财税、外汇新的配套政策,形成了我国第一个较为完整的对外投资鼓励政策体系;第三,制定《中国对外合作指南》,设立驻外经商机构子站,定期发布《国别贸易投资环境报告》《对外投资国别产业导向目录》《境外加工贸易国别指导目录》,举办"走出去"成果展和国际论坛等各类会展,加强政策培训、人员培训等,中国对外投资的服务体系逐步建立起来;第四,建立健全"商务部宏观管理,各部门协调配合、地方政府属地管理、行业组织和境外中资企业商会协调自律、驻外使领馆一线监管、政府间共同管理"的管理框架,完善了对

---

[1] 桑百川:《新一轮对外开放:目标、布局与政策选择》,人民日报出版社,2016年1月,第227页。

外投资的统计制度，建立了对外经济合作预警和快速处理机制，等等。中国对外投资的宏观监管体系初步建立起来。

上述发展战略和政策体系的改变极大地调动了企业的积极性，中国对外直接投资开启了稳步增长的新阶段。2002—2007 年，中国对外直接投资实现了年均 60% 的高速增长。2005 年，中国对外直接投资首次超过百亿美元，到 2007 年，中国对外投资流量规模已经从 2001 年的 69 亿美元增长至 265 亿美元。截至 2007 年末，中国 5000 多家境内投资主体设立对外直接投资企业近万家，共分布在全球 172 个国家和地区，对外直接投资累计净额达 1093.5 亿美元。[①] 与此同时，中国对外直接投资实现了投资主体、投资方式、投资地域的广泛的多元化格局，一批富有多国经营实力的跨国公司已形成并不断在国际市场上成长壮大，对外直接投资对产业结构调整、进出口贸易、能源供给以及对外战略等方面的重要作用开始显现。

4. 大规模发展阶段（2008 年至今）

始于 2008 年的国际金融危机和始于 2010 年的欧债危机，给世界各国特别是欧美国家实体经济带来了不同程度的冲击。不少欧美国家企业陷入现金流困局，不得不选择减员、收缩业务、出售公司资产或者股份，而这恰恰为资金充足且又急于寻求对外扩张的中国企业创造了难得的投资机遇。

经过 30 年改革开放，中国企业对外投资已然具备了强烈的主观愿望和强大的客观能力。中国人均 GDP 于 2008 年突破 3000 美元，标志着中国经济实力和产业竞争力具备了稳步进行对外投资的客观条件；中国雄厚的国内储蓄为中国企业对外直接投资奠定了有力的基础；持续增长且面临巨大失衡压力的巨额外汇储备，需要有更好的投资回报；一些产业过剩现象严重，亟待通过对外投资转移过剩产能；大规模城市化和工业化需要源源不断的外部能源和矿产品供给；不断加剧的贸易摩擦需要在出口市场当地生产、当地销售；产业链中低端企业希望通过获取战略资产来实现上下游升级换代。

2012 年，党的十八提出加快"走出去"步伐，增强企业国际化经营能力，培

---

① 王子先：《中国对外开放与对外经贸 30 年》，经济管理出版社，2008 年 11 月，第 157 页。

育一批世界水平的跨国公司。2013年，我国提出"一带一路"倡议，为海外投资开辟了广阔天地。十八届三中全会指出，适应经济全球化新形势，必须推动对内对外开放相互促进，将"引进来"与"走出去"更好地结合起来。2015年，《中共中央国务院关于构建开放型经济新体制的若干意见》提出，要建立促进"走出去"战略的新体制，确立企业和个人对外投资主体地位，努力提高对外投资质量和效率。2016年国家"十三五"规划纲要强调，要顺应我国经济深入融入世界经济的趋势，坚持"引进来"与"走出去"并重，发展更高层次的开放型经济。

在中央战略的部署下，国家在对外投资管理体制和对外投资促进体系两个层面进一步放宽管制，加强支持。投资管理体制方面，2009年，商务部发布《境外投资管理办法》，下放1亿美元以下的境外投资核准权限；2014年，商务部颁布新修订的《境外投资管理办法》，确立"备案为主，核准为辅"的管理模式；2016年国家"十三五"规划纲要强调，将主动实施负面清单制度，逐步放宽境外投资管制，示范和带动其他国家降低对外投资管制，为中国对外投资发展开拓市场空间。投资促进体系方面，对外投资公共服务进一步加强，定期发布《国别贸易投资环境报告》《对外投资合作国别（地区）指南》《对外投资国别产业导向目录》等，加强了FTA签署，努力构建高水平的自由贸易区网络；同时，进一步加强了双边投资协定的商签。

2008—2016年，在全球直接投资跌宕起伏、增长乏力的状态下，中国对外直接投资逆势上扬，创下了年均增长25.76%的惊人业绩。2013年，中国对外直接投资规模突破1000亿美元，2016年，中国对外直接投资再创新高，达到1701亿美元。截至2015年底，中国2.02万家境内投资主体在境外共设立对外直接投资企业3.08万家，分布在全球188个国家和地区，境外企业资产总额为4.37万亿美元。对外直接投资产业结构不断优化，区域扩展覆盖全球，国企与民企双轮驱动，呈现出放量增长的迅猛态势。总的来看，外部机遇与内在实力相结合，投资政策引领，促进体系助力，共同推动了对外直接投资的大发展。对外投资的迅猛增长态势既显示了我国经济发展的强劲势力，也体现了中国融入全球经济、推动全球化进程的不懈动力。

二、对外投资的结构性变动

（一）对外直接投资的行业构成

1. 产业分布态势显示了第三产业的主导地位

与引进外资不同，中国对外投资的产业分布与全球态势是一致的。改革开放以来，第二产业的对外直接投资比重不断下降，第三产业的对外直接投资比重持续上升。2005 年末，中国对外投资第一、第二、第三产业的比重分别为 0.9%、39.6% 和 59.5%，到 2015 年末，第一、第二、第三产业的比重转变为 0.8%、24% 和 75.2%（见图 5-5）。

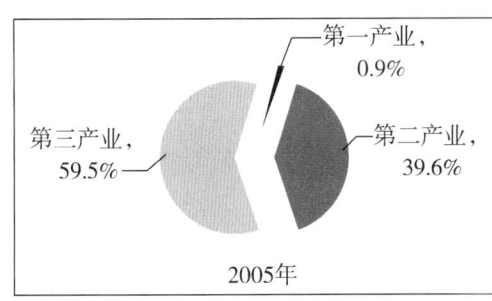
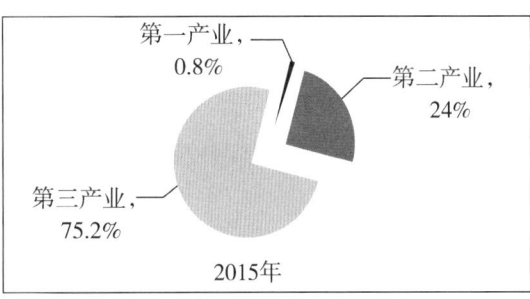

图 5-5 中国对外直接投资的产业分布

2. 行业存量分布反映了经济高速增长对海外投资的需求

通常情况下，对外直接投资首先是对出口的延展和替代。自改革开放以来，为出口服务的商贸投资一直是对外投资的主体，租赁和商务服务业、批发和零售业等第三产业的直接投资在中国对外投资中占据主导地位。金融是海外投资的支撑，对于直接投资刚刚起步的发展中大国来说，金融支持尤为重要。国内经济发展导致对初级产品特别是能源和矿产品的需求大规模增长，采矿业的对外投资长期具有重要地位。

国民经济增长的上述特征和要求体现在对外投资的行业结构中，截至 2015 年，中国对外投资存量前四位的行业，其投资规模累积均达到上千亿美元，分别是租赁和商务服务业、金融业、采矿业以及批发和零售业。其中，租赁和商务服务业占全部对外投资存量的 37.3%，金融业占 14.5%，采矿业占 13.0%，批发和零售业占

11.1%。四个行业累计存量达8335.5亿美元,占中国对外直接投资存量的75.9%(见图5-6)。

图5-6 中国对外直接投资存量的行业分布(截至2015年)

3. 行业流量分布凸显了经济结构转型对对外投资的推动

近两年来,随着中国经济进入转型升级新阶段,中国对外投资的行业分布也开始发生变化,突出表现就是,制造业增长强劲,采矿业增长大幅下降,部分服务业特别是知识密集型服务业发展较快。如图5-7所示,2015年,中国对外直接投资流量前五大行业分别为租赁和商务服务业、金融业、制造业、批发和零售业、采矿业。这五大行业对外投资流量共计1109.7亿美元,占2015年中国对外投资流量的76.2%。

第一,制造业对外直接投资增长最为强劲,2015年同比增长率高达108.7%。它反映了中国企业为实现经济转型升级而进行的切实努力,一方面是为积极在全球寻求战略性资产而投资高端制造业,另一方面是为积极向海外转移传统产业的过剩产能而投资中低端劳动密集型产业。第二,采矿业投资近年来大幅下降。由于大宗

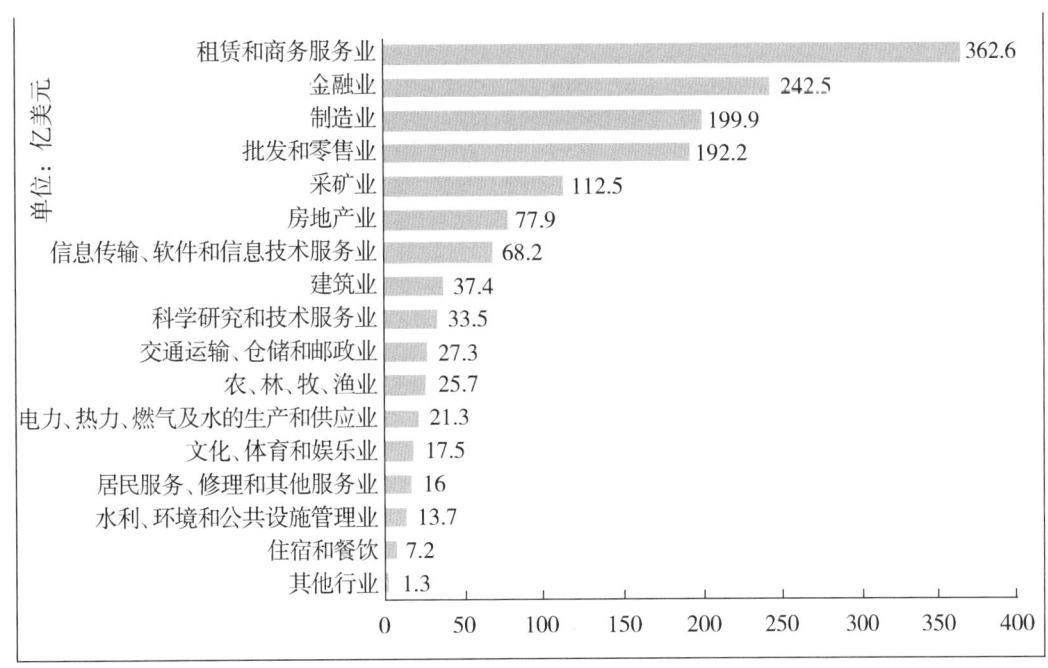

图5-7 中国对外直接投资流量的行业分布（2015年）

商品市场持续低迷，大宗商品市场的不确定性增加，而我国加强节能减排，促进绿色发展，大幅度进行能源供给结构改革，2015年采矿业降幅高达32%。第三，知识密集型服务业投资发展迅速。信息传输、软件和信息技术服务业2015年同比增长115.2%，科学研究和技术服务业同比增长100.5%，文化、体育和娱乐业同比增长236.6%。这些行业的对外投资反映了我国产业升级换代对高端服务业的需求，也体现出中国消费结构转型升级推进对外服务业投资的新态势。

将不同年份中各行业直接投资的占比做比较，可以更清晰地看到我国经济转型升级过程中向高端制造业、服务业发展的需求在对外直接投资中的体现。比较2010年与2015年各行业在中国对外直接投资中的比重可以看到，6年来，制造业、金融业及信息传输、软件和信息技术服务业增长最快，它们在投资中的比重分别增长了6.9%、4.1%和4%；租赁和商务服务业大幅度下降，5年时间里下降了约20%；然后是交通运输、仓储和邮政业，5年时间里下降了6.3%（见图5-8）。

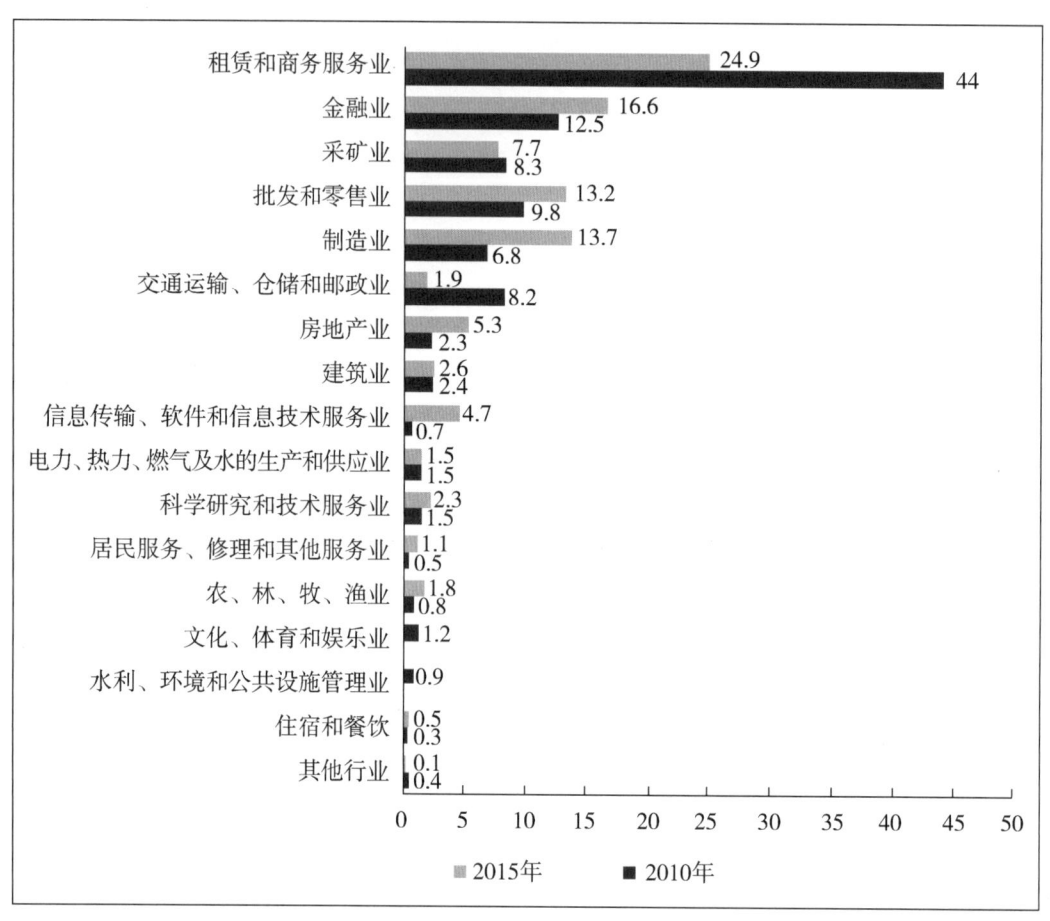

图 5-8 中国对外直接投资行业分布对比（单位：%）

（二）对外直接投资的地区构成

1. 对外直接投资存量地区构成的国际比较

将中国对外直接投资存量与全球直接投资存量做比较，我们不仅可以总览中国对外直接投资地区分布及其与全球直接投资地区分布的差异，而且可以观察到中国对外直接投资的鲜明特色。

全球对外直接投资主要集中在发达经济体。截至 2015 年，全球对外直接投资流出的存量约 25 万亿美元，其中投向发达经济体的直接投资占比为 77.62%，投向发展中经济体和转轨经济体的比重则分别为 21.15% 和 1.23%。全球对外直接投资投入最多的地区是欧洲，对欧洲的直接投资占比 42.50%，其次是北美洲，投向北美地区的直接投资约占全球外资的 28.2%，投向亚洲的直接投资占比约 23.2%，排在区域的第三位。全球在这三个地区投入了约93.9%的直接投资。直接投资集中在这三大地区的原因很简单，欧洲和北美洲是全球最发达的地区，这里拥有巨大的消费市场，还可以获得技术、品牌等战略资产，而亚洲是全球最富有活力的地区，这里拥有较大且最富有增长潜力的市场，还有丰沛的劳动力供给从而可以大幅度降低成本，获得效率优势。

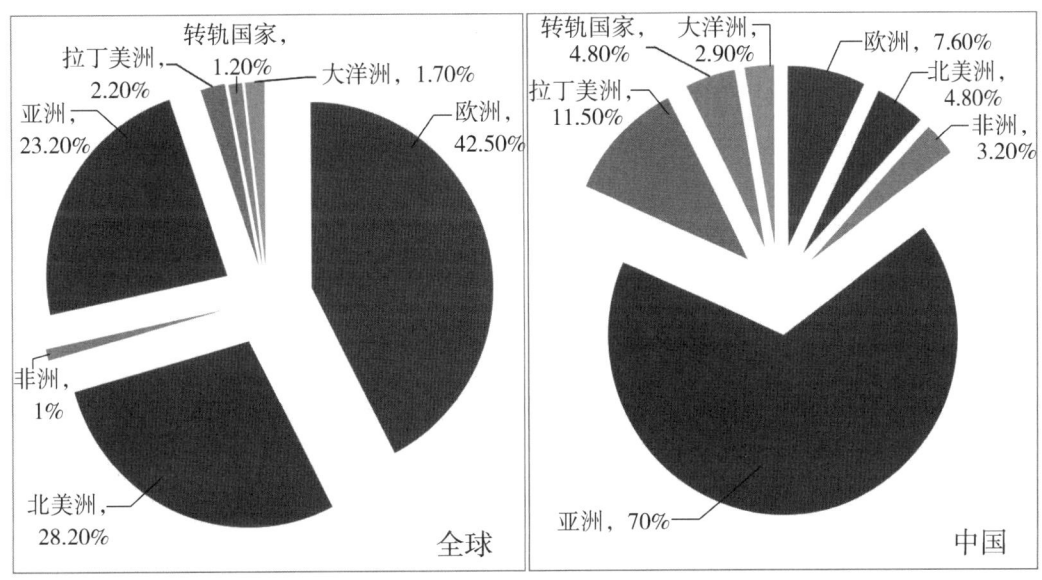

图5-9 全球与中国对外直接投资存量地区分布的比较（截至2015年）

但是，与全球投资态势不同，中国对外投资存量高度集中在发展中经济体。截至2015年末，中国在发展中经济体投资占比83.9%，而在发达国家和转轨国家的占比分别为14%和2.1%。排在中国对外直接投资第一位的是亚洲，它在中国对外投资中的占比高达70%，而中国在亚洲的投资主要集中在中国香港（6568.55亿美元），在香港地区的直接投资存量占中国对外投资存量的59.83%。排在中国对外直接投资第二位的是拉丁美洲，占比11.50%，中国在拉丁美洲的投资主要集中在开曼群岛和英属维尔京群岛，它们位列香港地区之后，排在中国对外直接投资第2位和第3位，在中国对外投资中占比10.4%。中国投资在发达国家的资本主要集中在欧洲和北美洲，其中，欧盟占发达经济体投资存量的41.9%，美国占26.6%，在欧盟累积的中国对外直接投资约为美国的2倍。

进一步研究表明，中国对外直接投资在落脚第一目的地之后，通常会进行再投资。因而，虽然大规模的投资集中在三个离岸金融中心，其中在中国香港投资的 35.7% 和在开曼群岛、英属维尔京群岛的全部投资都登记为商务服务业，但它们很可能是投资的中转地，并大都最终流向了第三国的采矿业和制造业。也就是说，历年《中国对外直接投资统计公报》上都显示，中国对外投资主要在亚洲，且主要在商务服务业，但事实上，与全球资本大体一致，中国对外投资中更多的资本可能流向了发达经济体，流向了采矿业和制造业①。因此，中国对外直接投资在地区分布上的鲜明特征在于，投向离岸金融中心，以离岸金融中心为跳板，再转投资于发达国家的采矿业和制造业。

2. 对外直接投资流量地区构成的年度比较

将中国对外直接投资流量进行年度比较，可以获得其变化特征并为预测未来趋势提供一定借鉴。比较 2005 年和 2015 年中国对外投资流量的地区分布，我们可以看到在中国对外投资增长最为迅猛的时期里中国对外直接投资的地区结构变化。

第一，对亚洲的投资占比仍然高达 70% 以上，这一比重在过去的 10 年里非但没有减少，而且有所增加。流向亚洲的投资仍然绝大部分流向了香港地区，在香港设立平台公司进行再投资。"一带一路"建设带动了中国对东盟的投资，2015 年，中国对东盟十国的投资同比猛增 87%，占当年对亚洲投资总额的 13.5%。第二，对拉丁美洲的投资在减少。在过去的 10 年里，中国对拉丁美洲的直接投资占比减少了 11%。统计表明，对拉丁美洲的投资仍然集中在离岸金融中心，即开曼群岛和英属维尔京群岛。2005 年，内外资税收尚未并轨，大量中资企业通过投资离岸金融中心再回投中国内地，以获取对外商投资的税收优惠。2008 年税收并轨之后，投机空间没有了，这类投资相应减少。更重要的是，对这两个地区投资的减少意味着中国企业有更强的对外投资能力，可以一步到位到达最终目的地。第三，对欧洲和北美洲投资的比重在显著增长。对北美洲的投资从 2% 增长至 7.4%，对欧洲的投资从 3% 增长至 4.9%。考虑到在离岸金融中心注册再投资到欧洲和北美洲的中

---

① 王碧珺：《中国对外直接投资的理论、战略与政策》，经济管理出版社，2016 年 2 月，第 25 页。

国企业,对欧洲和北美洲投资的实际比重还要多一些。这一比重的变动态势显示,中国经济转型升级的压力和供给侧改革的推动正在让更多中国企业投资发达国家,通过获取战略性资产,加强国内生产,提高自身竞争力。

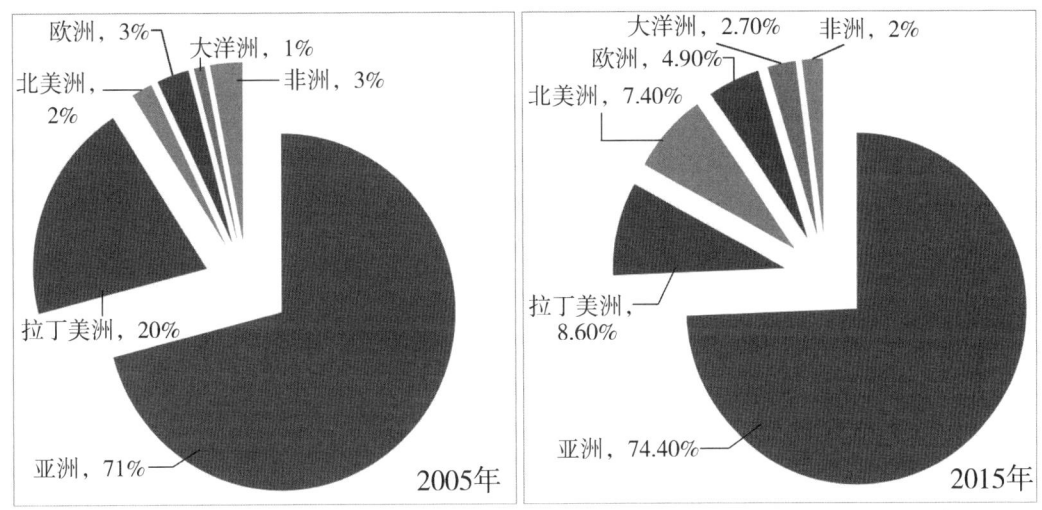

图 5-10 中国对外直接投资流量的地区分布

(三)对外直接投资的主体构成

对外直接投资开启之初,国有企业是"走出去"当仁不让的主力军。近 10 年来,随着中国民营企业实力的大幅度提升,也随着中国对外投资监管的自由化和投资环境的便利化,民营企业对外投资快速发展,投资占比逐年持续增长,国有企业的主导态势即将打破。如图 5-11 所示,2006 年,国有企业在对外投资存量中占比高达 81%,非国有企业占比仅为 19%。但非国有企业占比逐年稳步提升,截至 2015 年末,国有企业在对外投资存量中占比已经降到 50.4%,而非国有企业占比增长至 49.6%,几近半壁江山。

对外直接投资开启之初,中央企业一马当先,有力地推动了中国对外投资的初步发展。2008 年金融危机爆发以来,随着中国对外开放新格局的迅速拓展,地方企业纷纷加入对外投资队伍并发挥着日益重要的作用,中央企业在对外投资中仍然拥有重要地位,但地方企业已然成为近几年对外投资增长的主要推动力量。如图 5-12 所示,2006 年中国对外投资流量中,中央企业占比高达 86.4%,地方企业占

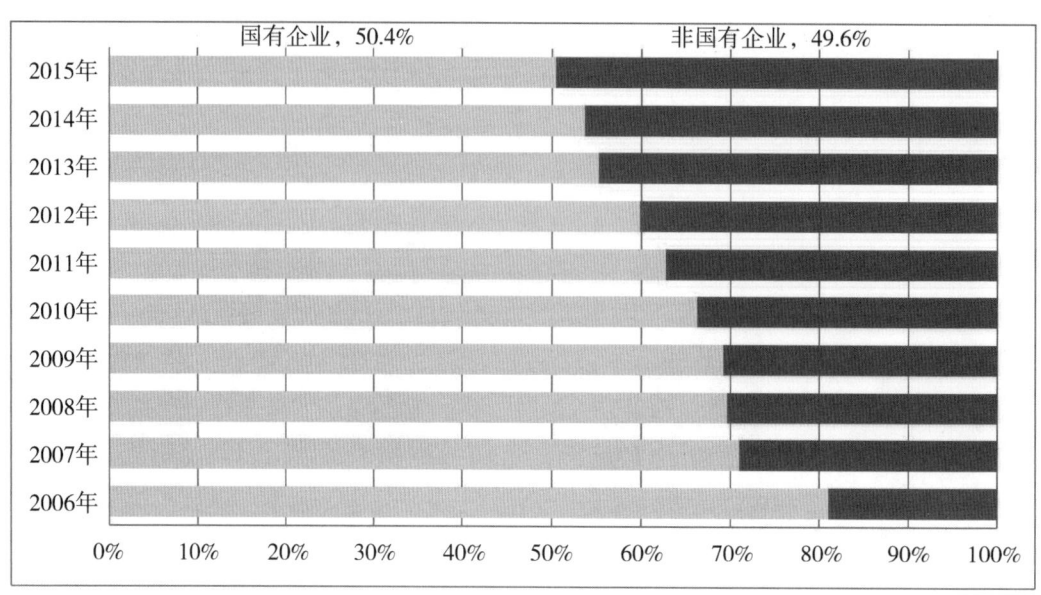

图 5-11　中国对外投资存量中,国有企业和非国有企业的比重变化(2006—2015 年)

比仅为 13.6%。但是,自 2010 年起,地方企业对外投资逐年发力,2014 年,地方企业投资流量占比超越 50%,2015 年,地方企业对外投资流量猛增 71%,它们在中国对外直接投资中的占比也迅速提升到 77%。

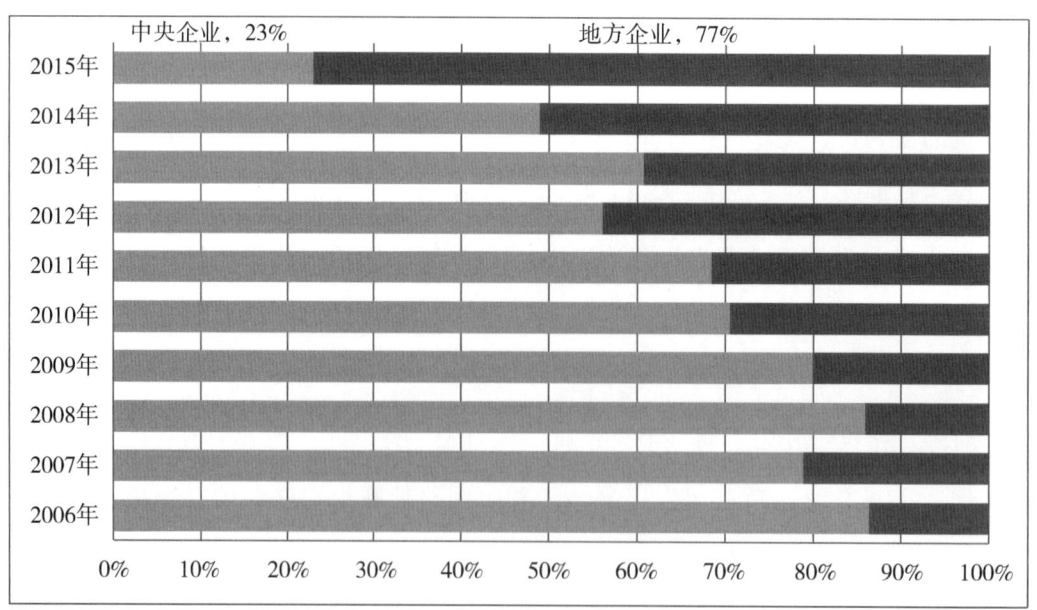

图 5-12　中国对外投资流量中,中央企业和地方企业的比重变化(2006—2015 年)

截至 2015 年末,地方企业非金融类存量占比 36.7%,中央企业占比 63.3%,央企的海外资产依然是"海外中国"的主体,但地方企业势头强劲,"海外中国"将很快过渡到民营经济与地方企业占据主导地位的客观态势。考虑到改革开放之初中央企业、国有企业与地方企业、非国有企业在投资环境和要素供给方面的相对优势,当前地方企业和非国有企业在海外投资中的强劲发展态势,既生动体现了我国投资环境的优化与要素供给改革的成就,也充分展示了我国对外投资的微观活力与良好发展前景。

(四)对外直接投资的方式变化

国际经验表明,与绿地投资相比,并购投资见效快、收益高、影响大,但对投资者的所有权优势和事后驾驭能力要求高,更多地用于战略资产获取型的海外投资。正因如此,对发达国家直接投资以并购投资为主的特征相比,囿于企业自身所有权优势和国家投资促进体系等方面的不足,对发展中国家的投资通常以绿地投资为主,并购投资在对外投资总额中占比较低。

统计显示,中国对外投资中绿地投资一直占据主导地位。金融危机以来,中国并购投资日趋活跃,对外投资呈现绿地投资与并购投资齐头并进态势,并购投资尤其值得关注。并购金额的占比不断提高,并购的产业结构持续优化,既显示了中国产业升级换代的发展趋势,也展现了中国企业海外拓展的强劲势头。如图 5-13 所示,2006—2015 年,我国对外投资中绿地投资大多占比在 50% 以上,2010 年以来,并购投资占比不断增长,2012 年、2013 年和 2014 年,并购投资一度趋近于 50%。

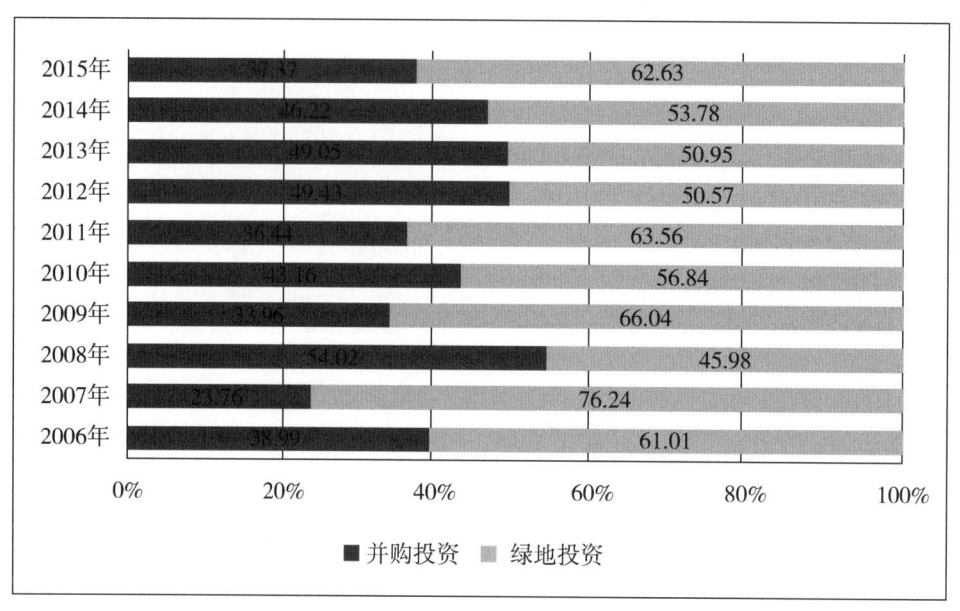

图 5-13 中国对外投资的方式变化（以流量计）(2006—2015 年)

2015 年，中国对外并购投资总额继续增长，产业结构优化态势更加突出，对发达国家的并购加速发展。从行业分布来看，并购投资领域涉及制造业，信息传输、软件和信息技术服务业，金融业，采矿业，文化、体育和娱乐业，租赁和商务服务业，水利、环境和公共设施管理业等 18 个行业。位列前三位的行业大幅增长，制造业并购 137.2 亿美元，同比增长 13.4%，位居首位，占当年并购投资的 25%；信息传输、软件和信息技术服务业并购 84.1 亿美元，同比增长 135.6%，位居次席，占当年并购投资的 15%；金融业并购 66.1 亿美元，同比增长 218%，位居第三位，占当年并购投资的 12%；而位于第四位的采矿业继续下降，并购 53.2 亿美元，降幅为 70.2%。从地区分布来看，并购投资正在向发达国家聚集。2015 年中资企业在发达国家的并购占全部并购总额的 2/3 左右，其中，对美国的并购规模达 157 亿美元，占中国对外并购总规模的 23%。①

---

① 中债资信评估有限责任公司、中国社科院世界经济与政治研究所主编：《中国对外直接投资与国家风险报告（2017）——"一带一路"：海外建设新版图》，社会科学文献出版社，2017 年，第 195 页。

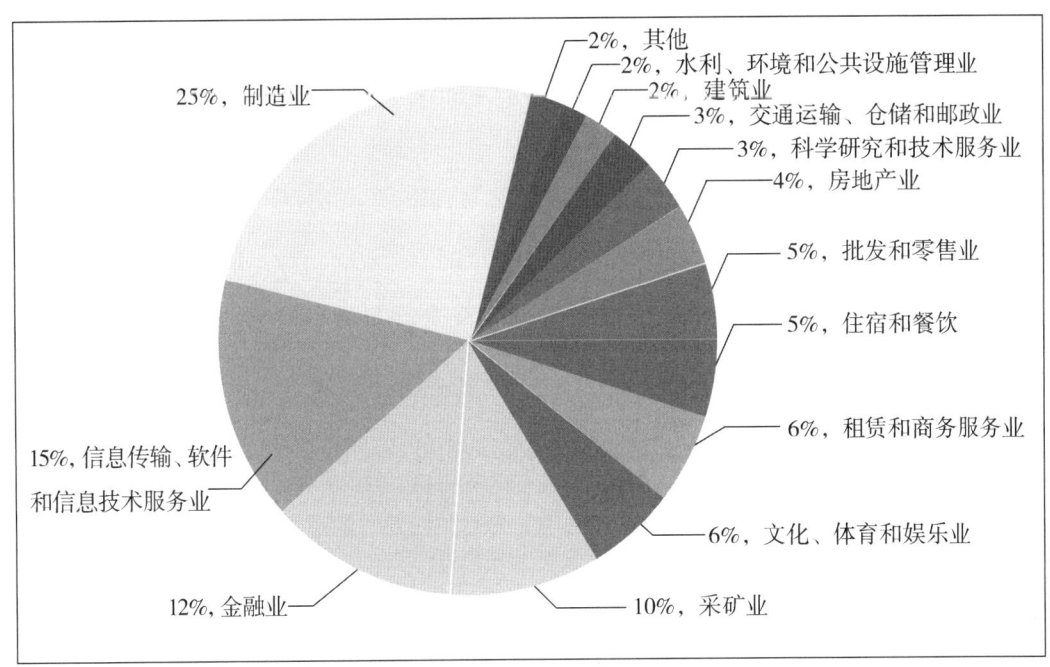

图 5-14 中国并购投资的行业分布（2015 年）

第二节
中国对外直接投资的成效与展望

作为后起的发展中母国，中国对外直接投资起步较晚，它对中国经济发展的积极作用初步显现。展望未来，在后危机时期世界经济调整和中国经济转型的历史时期里，中国对外直接投资面临着机遇与挑战并存的复杂局面。中国对外投资具有良好的发展潜力和空间，从宏微观两个层面共同着力，将推动它在中国经济和世界经济发展中发挥更加重要的作用。

一、对外直接投资初见成效

衡量对外直接投资的成效，我们可以从两个视角进行。

(一) 从动因视角看对外投资成效

跨国公司理论认为,企业的对外直接投资动机主要分为四类:资源寻求型、市场寻求型、效率寻求型和战略寻求型。依据中国企业对外投资的动机,我们可以将中国对外直接投资进行大致归类,如表 5-1。[①] 实践中企业的一项对外投资项目可能同时包含多重目标,同一行业的投资也不可能目标完全一致,但取其主要特征进行粗略归类,我们可以得到各年度中国对外直接投资的基本目标,并大致观测到不同年度中国对外投资目标的改变。

表 5-1 对外直接投资动机的行业划分

投资动机	包括行业
资源寻求型	采矿业,农、林、牧、渔业
市场寻求型	租赁和商业服务,金融业,批发和零售业,交通运输、仓储和邮政业,信息传输、软件和信息技术服务业,建筑业,居民服务、修理和其他服务业,住宿和餐饮业
效率寻求型	科学研究和技术服务业,地质勘查业
战略寻求型	制造业
其他	房地产业,电力、热力、燃气及水的生产和供应业,水利、环境和公共设施管理业

按照表 5-1 的划分,图 5-15 根据 2006 年、2010 年和 2015 年中国对外直接投资流量的行业分布分别计算了 3 年中企业对外投资的主要动机及其占比。由图中数据我们可以发现,市场寻求是中国对外投资的首要动机,其次是战略寻求和资源寻求,再次是效率寻求。比较 2006 年、2010 年、2015 年的数据,我们可以看到,这 10 年里,资源寻求型的投资占比显著下降,市场寻求型占比经历了上升又下降的过程,战略寻求型和效率寻求型的占比在不断提升,其中战略寻求型的占比上升的趋势更为显著。近 40 年中国对外投资的实践表明,在上述动机推动下进行的对外投资,尽管不同企业绩效不一,但总体上达成了目标。

[①] 何帆、姚枝仲:《中国对外投资:理论与问题》,上海财经大学出版社,2013 年,第 133 页。

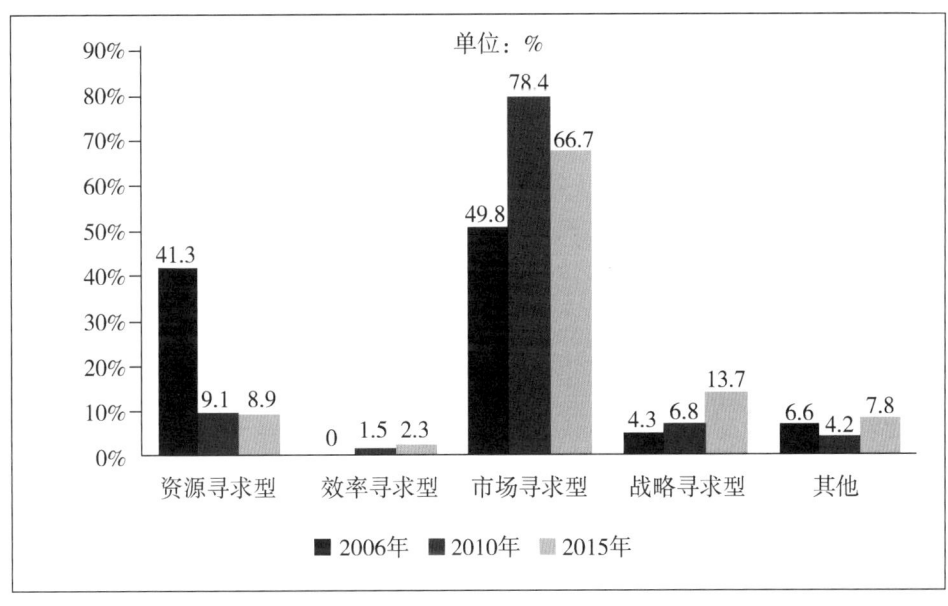

图 5-15 中国企业对外投资的动机及其占比

(二) 从效应视角看对外投资成效

1. 对外直接投资带动对外贸易增长与发展

对外直接投资对母国贸易的影响表现在两方面,一方面是贸易创造,另一方面是贸易替代。前者增加进出口,后者减少进出口,增加或减少取决于不同因素的影响。一般来说,发展中国家跨国公司到发达国家投资主要是为了寻求战略资产或开拓市场,有利于提升或延展母国产业竞争力,短期里能替代出口,长期里能增加中间品进口和最终产品出口,形成贸易创造。发展中国家跨国公司到下游发展中国家投资,进行海外生产,目的主要在于利用当地廉价的要素资源进行加工制造,通常能够带来生产设备和中间产品的出口,但也可能在长期里因生产转移而产生贸易替代。处于产品生命周期成熟或衰退阶段的企业进行对外投资,有利于延长产品生命周期,赚取额外的资本回报,增进贸易收益。因而,投资区位、投资期限长短和投资产业的技术特征会对投资的贸易效应产生不同的影响。

如前所述,改革开放近 40 年里,开拓海外市场始终是中国企业对外投资的首要动机。中国企业在东南亚、南亚、东欧、拉美和非洲国家投资设厂,生产纺织品和服装、家电以及其他消费品,带动了中国企业的技术、设备、产品和服务的出口，改变了以往主要依靠对外贸易拉动出口的模式；中国企业在世界各地广泛设立商贸公司和其他服务型企业，推动了"中国制造""中国服务"在全球的销售；中国企业在欧美发达国家进行战略性投资，带动了国内产业的技术进步、品牌成长，提升了产业竞争力，最终推动了中国的对外贸易发展。

大量实证研究分析探讨了中国对外直接投资的贸易效应，特别是出口效应。对2005—2007年1498家有进行对外直接投资的工业企业的实证研究检验了企业对外直接投资的出口效应，表明中国企业的对外投资总体上促进了企业出口。① 对2003—2011年期间中国25省市面板数据进行的实证分析也表明，中国对外直接投资与出口贸易之间存在着长期协整关系，对外直接投资对出口贸易存在着明显的促进作用，并且在不同区域范围内影响程度有所不同。多项对中国向发达国家和发展中国家投资的实证研究的结论还显示，中国对外投资的进出口效应因经贸伙伴关系经济发展程度不同而出现明显差异，对发达经济体的直接投资表现出显著的出口创造效应，而对较为发达的经济体进出口效应具有互补性，对不发达经济体的投资具有贸易替代效应。总的来看，目前阶段，中国市场寻求型对外投资占主体地位，战略寻求型对外投资后来居上，对外投资的贸易创造效应显著。

2. 对外直接投资促进产业结构调整与升级

开放条件下，一国产业结构会在全球产业结构调整框架内得到更快更好的发展。发展中国家的对外直接投资可以通过宏微观两个层面促进产业结构的调整与升级。就微观层面而言，战略寻求型海外投资通过在发达国家和地区的对外直接投资打破技术转移壁垒，获取产业核心技术等关键性要素或品牌等无形资产，加强自身主体的竞争力；资源寻求型海外投资通过对外直接投资得到充足且价格稳定的自然资源，保障和促进重化工业发展；市场寻求型海外投资通过对外直接投资绕开贸易壁垒和各种其他限制，紧密地贴近市场，保持和扩大竞争优势并向高附加值环节攀升；效率寻求型海外投资通过对外直接投资向综合成本较低的发展中国家转移产业链条，实现在全球范围内组织生产要素资源、提高生产效率、延长产品生命周期的

---

① 蒋冠宏、蒋殿春：《中国企业对外直接投资的出口效应》，《经济研究》2014年第5期。

目标，同时在母国转向更高附加值链条的发展，实现产业升级。就宏观层面而言，通过在发展中经济体的对外直接投资，发展中母国可以移出即将或已经失去比较优势的产业，腾出空间、集中国内要素资源发展更高级的产业；通过对发达经济体的对外直接投资，发展中母国可以获取东道国的先进技术和优势要素，加快产业升级。进一步，发展中东道国移植产业的成长会引发投资母国原产业的萎缩，母国新兴产业的发展会倒逼发达东道国转向新的技术开发。由此，通过传导和反馈效应形成国家间的良性互动，引发新一轮的产业传导。

改革开放近40年的对外投资中，中国企业源源不断的资源寻求型和市场寻求型投资让我国得以充分利用两种资源和两个市场，既扩大了出口，促进了相关产业发展，又加强了我国能源资源的供应和保障。近年来，随着我国步入产业转型升级关键时期，中国制造业的对外投资大规模增长，致力于向发展中经济体转移过剩产能，向发达经济体获取战略性资产，提升上下游技术研发和品牌营销能力，构建全球化经营的战略格局，促进企业升级换代，推动产业调整转型。图5-16展示了我国制造业对外直接投资的规模增长和占比变化，如图所示，制造业对外投资始终呈现持续增长态势，2015年的增长速度尤其迅猛。由于统计因素，制造业在我国对

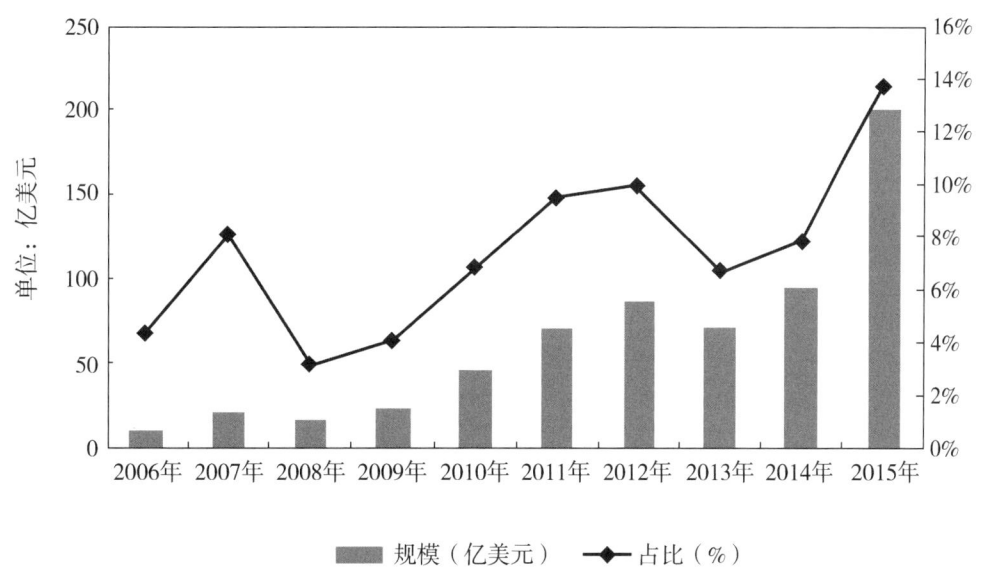

图5-16 中国制造业对外直接投资的规模增长与占比变化（2006—2015年）

外直接投资中的占比并不高,2015年,制造业对外投资在全部投资流量中占13.7%,在全部投资存量中仅占7.2%。但在中国对欧美发达经济体的投资中,制造业占比都在20%~25%之间。图5-17展示了截至2015年中国对各洲投资存量前五位的行业。其中,制造业在北美洲、欧洲排名中分别位列第一位和第二位,占比分别为23.4%和19.2%,这些制造业投资对于中国企业获取技术和品牌等战略性资产将发挥重要作用。

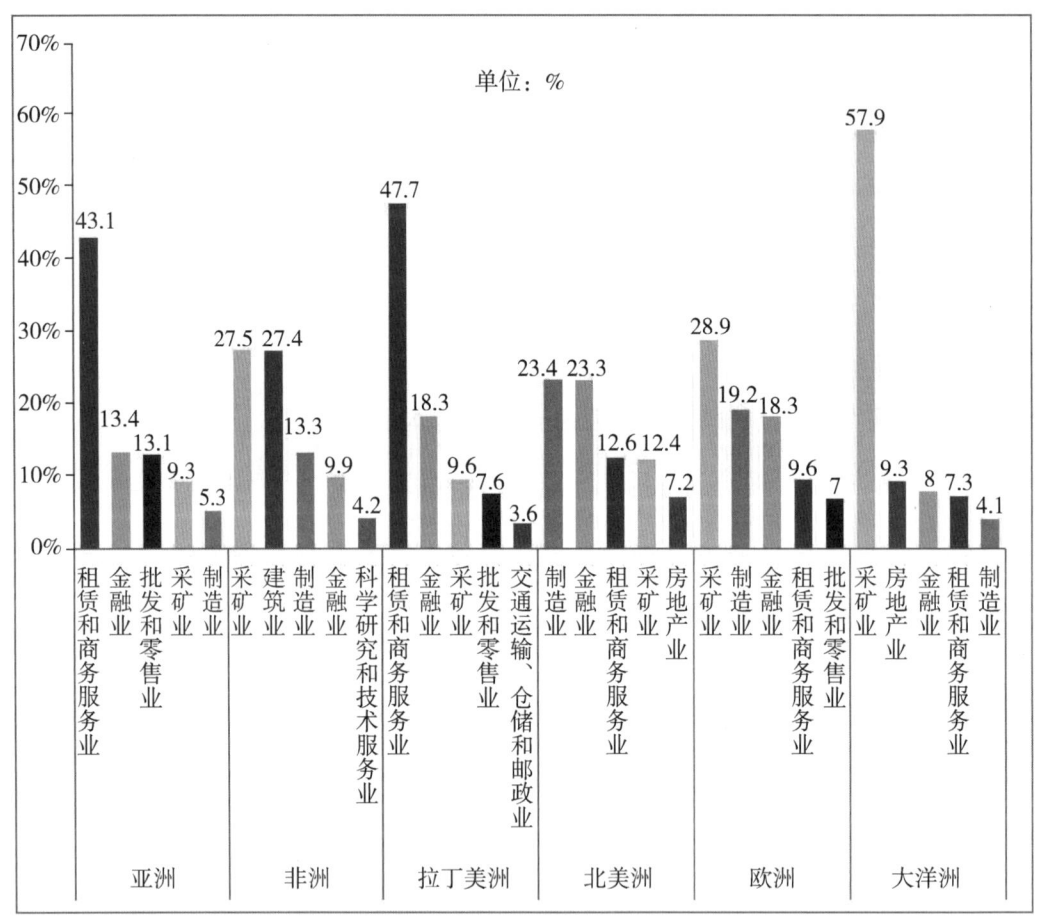

图5-17 中国对各洲直接投资存量前五位的行业(截至2015年)

大量对中国制造业对外直接投资的实证研究肯定了当前我国制造业对外投资对产业结构调整的积极作用。对2003—2012年间中国对113个国家的投资和贸易面板数据的分析表明,中国对于发展中经济体的直接投资利用了东道国丰富的生产要素供给，推动了初级产业生产链的转移；对发达经济体的直接投资则存在对制造产业进出口的互补效应，有利于改善中国在全球产业链中的分工地位。① 对2003—2013年我国11个行业的面板数据的研究显示，中国各行业的对外投资确实存在逆向技术溢出效应，虽然技术溢出的效率因各行业状况而不同，充分发挥海外投资的逆向技术溢出效应是实现产业结构升级的有效途径。② 基于2001—2014年省际面板数据的检验发现，对外直接投资对大多数省、自治区、直辖市的自主创新能力都具有促进作用，虽然各省、自治区、直辖市的表现不尽相同。

3. 对外直接投资加强能源开发与供给

改革开放近40年来，特别是中国加入世界贸易组织以来，中国经济持续快速增长，经济发展对资源的需求也呈现快速增长态势，由此面临的资源瓶颈约束也日益彰显。我国石油、天然气和铁矿石等资源的自身储备有限，资源进口方式存在着供应不稳定、价格波动大等显著制约，通过对外直接投资，保证国内产业发展的资源供给、缓解产业发展的资源瓶颈约束具有重要的战略意义。在长期的能源投资合作中，我国企业积累了丰富的经验。

目前，我国已经与数十个国家建立资源能源长期合作关系，与俄罗斯、哈萨克斯坦、沙特阿拉伯、苏丹、澳大利亚、印度尼西亚等国的大项目和中长期合作取得了突破，在西欧、北非、南美、东南亚、中亚—俄罗斯等海外战略区域建立了年产百万吨以上的原油生产基地，铁、铜、铝、铬、锌等矿种均在境外形成了一定的生产能力。③

图5-18展示了中国采矿业对外直接投资的规模增长和占比变化。如图所示，采矿业一直是我国对外直接投资的主要流向，采矿业对外投资在我国对外投资中长期保持比较高的占比，并在2011年一度达到80%。截至2015年末，中国对外直接

---

① 刘海云、聂飞：《中国OFDI动机及其对外产业转移效应》，《国际贸易问题》2015年第10期。
② 聂名华、徐英杰、刘桃霞：《对外直接投资逆向技术溢出与中国产业结构升级》，《贵州社会科学》2017年第5期。
③ 王子先主编：《中国对外开放与对外经贸30年》，经济管理出版社，2008年11月，第155页。

投资中采矿业投资存量为1423.8亿美元,占中国对外直接投资总额的13%,该行业是我国对外直接投资第三大行业。采矿业投资在中国对六大洲投资存量中均占有重要地位,其中,在中国对大洋洲、欧洲和非洲的投资存量中均居于首位,分别占中国对大洋洲、欧洲和非洲投资存量的57.9%、28.9%和27.5%。

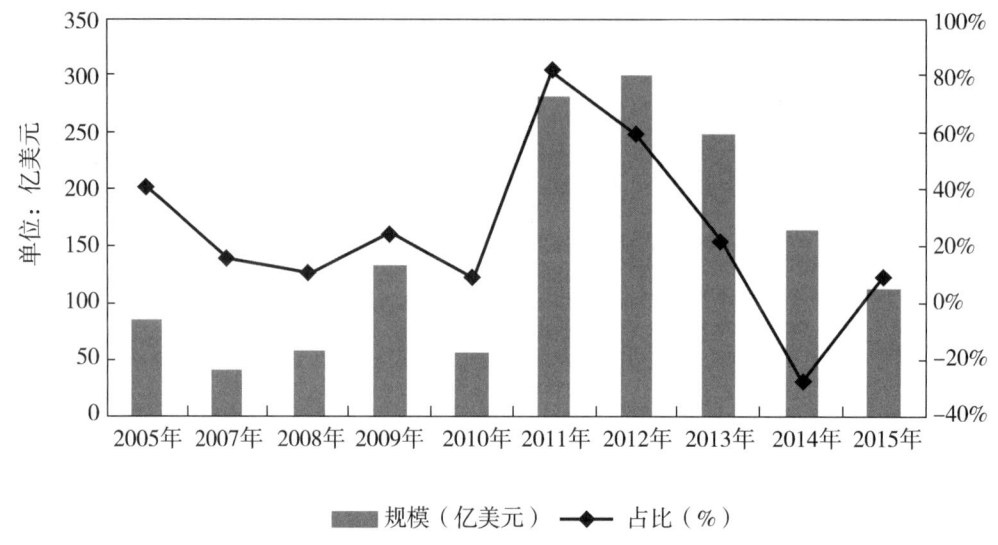

图5-18 中国采矿业对外直接投资的规模增长与占比变化(2006—2015年)

4. 对外直接投资推动中国跨国企业发展

在近40年的对外直接投资实践中,中国培育了自己的跨国企业,这些跨国企业的实力近年来正在大幅度增长。截至2015年末,中国对外直接投资企业达2.02万家,遍布全球超过80%的国家和地区。

在联合国贸发会议发布的《世界投资报告》里的跨国企业排行榜中,发展中与转轨经济体非金融类跨国公司前100强,中国入围企业已经由2010年的9家增长到2014年的16家,五年间入围企业数量翻了近一倍(见表5-2)。与2010年相比,入围企业的行业进一步多元化,新兴行业(如计算机和数据加工、计算机设备、电信等)中的企业明显增加;入围企业的跨国指数最佳排名由2010年的第48位[中国远洋运输(集团)总公司]前移至2014年的第41位(联想控股股份有限公司),企业跨国指数最高值由2010年的49.6[中国远洋运输(集团)总公司]提升至2014年的59.1(联想控股股份有限公司)。跨国指数超过40的企业由2010

年的3家增至2014年的6家；跨国指数超过50的企业2010年没有1家，而2014年已经有4家，它们分别是联想控股股份有限公司、联想集团有限公司、大连万达商业地产股份有限公司和腾讯控股有限公司。这些数据充分体现了近年来中国企业跨国经营水平和影响力的显著提升。

表5－2　2014年发展中与转轨经济体非金融类跨国公司前100强中的中国跨国公司
（按海外资产排名）

序号	公司名称	行业	海外资产排名	跨国指数排名	海外资产/百万美元	海外销售额/百万美元	海外雇员人数/人	跨国指数
1	中国海洋石油总公司	采矿、采石和石油	3	86	71090	26084	10550	24.8
2	中国远洋运输（集团）总公司	运输、仓储	7	54	44805	18075	4679	49.8
3	联想控股股份有限公司	计算机设备	14	41	26957	29556	34584	59.1
4	中国石油天然气集团公司	采矿、采石和石油	22	100	22857	11791	28476	2.7
5	中国建筑工程总公司	建筑	23	96	22440	8392	35694	12.1
6	中国石油化工集团公司	石油炼制及相关产业	24	94	21943	127039	51000	12.9
7	中国五矿集团公司	金属及金属制品	27	91	19225	12420	11123	20.9
8	中国中化集团公司	采矿、采石和石油	29	69	18706	62497	4792	39.9
9	联想集团有限公司	计算机设备	35	51	16791	31595	13900	51.1
10	中国移动通信集团公司	电信	57	99	10556	5221		3.3
11	中国电子信息产业集团有限公司	计算机和数据加工	61	70	10226	8893	34659	39.8
12	中粮集团有限公司	批发贸易	62	95	10225	4052	45330	12.7
13	大连万达商业地产股份有限公司	建筑	70	46	9189	1756	6067	56.0
14	腾讯控股有限公司	计算机和数据加工	75	43	8260	1053	8205	58.5
15	复星国际有限公司	金属及金属制品	76	93	8212	1058	7917	19.0
16	中国铁路建筑总公司	建筑	97	67	4954	92516	24384	42.4

资料来源：联合国贸发会议《世界投资报告2016》。

跨国公司是一个国家利用和整合全球资源的微观主体，中国企业国际化经营能力和水平的提升，意味着中国利用和整合全球资源能力、水平和效率的提升。跨国公司也是一个国家对外战略推进和对外关系发展的微观主体，在跨国经营中，企业的微观利益和国家的宏观目标是相互促进、相互影响的。中国企业在全球的合规运营，既为中国经济增长和社会发展增进收益，也为东道国的经济增长和社会发展做出贡献，它们是中国实现可持续发展和构建互利共赢和平发展环境的重要推动者。近年来中国跨国公司在全球的迅猛发展，也为中国巩固和发展同东道国的关系、构建我国与相关国家的利益共同体提供了重要支撑，意味着中国积极推进全球化进程拥有不断扩展和强化的微观基础与动力。

二、对外直接投资发展展望

（一）新时期对外直接投资的机遇与挑战

2008年金融危机爆发以来，全球经济和中国经济的转折性发展改变了中国对外直接投资的内外部环境，对外直接投资面临着崭新的机遇，也遭遇重大挑战。总体来说，机遇大于挑战。

1. 后危机时期中国对外直接投资的新机遇

第一，世界各国对投资的渴望成为对外直接投资有利的外部条件。

危机爆发之后，世界经济进入调整转型新阶段。一方面，世界各经济长期低迷，就业明显不足，另一方面，各国经济只有在转型升级中才能启动新的经济增长。发达国家积极的再工业化与发展中国家积极的工业化，是危机后全球各国经济发展的主旋律。而创造就业和进行产业转型升级首先依赖于投资。与此同时，发达国家和发展中国家都亟待推进基础设施建设，前者的基础设施陈旧，有待更新，后者的基础设施匮乏，成为经济发展瓶颈。资金投入是推进基础设施建设的前提，而基础设施建设是中国企业的强项。

因此，相较于金融危机之前，处于结构调整与转型期的世界经济到处是对外部投资的渴望，无论是发达国家还是发展中国家都纷纷制定更加优惠、更加自由化和便利化的投资政策，促进投资环境优化，以积极引进外资。这对中国利用外资或许不是一个好消息，但对于中国的对外投资而言，就构成了新的更加有利的外部条件。

第二，中国经济角色的转变成为对外投资有利的内部条件。

金融危机之后，中国在世界经济格局中的地位与角色发生了重大转变。在宏观经济领域，作为全球第二大经济体，中国经济实力显著提升，中国与世界经济加速融合发展，它对世界经济的影响力在各个领域和各个层面都得到逐步显现和增强。中国开始积极参与全球治理，加快自贸区建设，推进"一带一路"倡议，它从以往全球经贸规则的被动接受者变为国际经贸治理体系的积极参与者和重要影响者。

在国际投资领域，中国不仅大规模引进和利用外资，而且开始大规模进行对外投资，从以往单向的直接投资流入国变为双向的直接投资跨境输入、输出国。2015年，中国对外投资总额首次超过中国引进外资总额，中国成为资本净输出国。这就意味着，中国在自身制定投资政策和参与全球投资规则制定与修订时，具有双重利益和双重立场。它在注重投资规则对东道国利益的保护的同时，也会关注投资规则对母国利益特别是对投资者利益的保护，寻求两者的平衡。中国这种角色的转变成为对外投资更加有利的内部条件。

第三，自贸协定和投资协定的商签将为对外投资提供良好的外部制度条件。

金融危机以来，特别是党的十八大以来，中国加快了自贸协定和双边投资协定的签署。截至2016年底，我国自贸区建设已经签署了14个自贸协定，自贸伙伴达到22个。2016年，我国还成功推进8个自贸区谈判或研究取得实质性进展，同时新启动8个自贸区谈判或研究。同时，中国已经与全球130多个国家和地区签订了投资协定，中国也积极推动中美、中欧双边投资协定的谈判进程。G20杭州峰会上，中国积极推动了全球首份《G20全球投资指导原则》的通过，成员方达成了9个方面的指导原则，对于改善全球投资环境具有重要意义。这一系列外部制度改进为改善和优化中国对外投资环境提供了良好的外部制度条件。

第四，构建开放型经济新体制将为对外投资营造良好的内部制度条件。

党的十八届三中全会提出构建开放型经济新体制，要求扩大企业及个人对外投资规模，确立企业及个人的对外投资主体地位，允许发挥自身优势到境外开展投资合作，允许自担风险到各国、各地区自由承揽工程和劳务合作项目，允许以创新的方式"走出去"开展绿地投资、并购投资、证券投资、联合投资等，为加快对外投资管理体制改革和服务促进体系建设提出了明确方向和要求。为落实中共十八届三中全会精神，自上海自贸试验区挂牌开始，我国加快了对外投资管理体制改革和服务促进体系建设的步伐。目前，我国已经基本实现了对外直接投资以备案制管理为主的监管制度，进入"备案为主，核准为辅"的新阶段。备案制覆盖范围广，程序更加简化，时效性得到保证，为企业对外投资提供了极大的便利。这一系列内部制度改进为改善和优化中国对外投资环境提供了良好的内部制度条件。

2. 后危机时期中国对外投资的新挑战

第一，全球经济复苏乏力催生投资保护主义抬头。

由于全球经济复苏乏力，投资保护主义有所抬头。经济低迷带来失业增长，贫富差距拉大，欧美发达国家反全球化声浪迭起，民粹主义和排外情绪持续发酵，并向政治层面传递。这种现象表现在投资领域，就是外资监管审批政策趋严，国际投资保护主义抬头。发达国家纷纷加强了对核心基础设施和关键技术产业的保护，对涉及技术和资源等领域的投资采取了更加严格和形式多样的限制措施，欧美发达国家继续收紧外资准入政策，发达国家准入审查风险呈现上升势头。

由于中国的快速崛起，投资保护主义对中国有更明显的针对性。对2016年上半年中国对外投资终止案的分析表明，高端制造业成为终止案的重灾区，战略寻求型的终止案占据半壁江山。对于外来企业威胁"国家安全"和"国家利益"的考虑是东道国阻止交易的主要理由。① 这意味着，未来中国企业为推动产业升级换代而积极推进的高端制造业投资和战略寻求型投资有可能面临越来越大的阻力和障碍。

第二，全球格局动荡导致地域政治风险增强。

金融危机以来，从西亚、北非到中东，全球格局动荡不安，恐怖主义外溢明

---

① 中债资信评估有限责任公司、中国社科院世界经济与政治研究所主编：《中国对外直接投资与国家风险报告（2017）——"一带一路"：海外建设新版图》，社会科学文献出版社，2017年4月，第40页。

显，武装冲突热点此消彼长。全球恐怖主义进入活跃期，遭受恐怖主义肆虐和威胁的区域呈现持续扩张态势，地域政治风险增强。

作为后起的发展中母国，中国海外投资大多集中在发展中国家和地区，而且是高风险的发展中国家和地区。据《纽约时报》报道，2005—2013年间，委内瑞拉吸收外资的12%、厄瓜多尔吸收外资的57%、几内亚吸收外资的69%、尼日尔吸收外资的53%、津巴布韦吸收外资的82%、叙利亚吸收外资的30%以及阿富汗吸收外资的79%都来自中国，而这些都是对外投资的高风险国家。

第三，中国企业海外经营发展的水平有待进一步提升。

由于直接投资起步较晚，中国企业对外投资经营发展水平有待提升。2014年，在《世界投资报告》以海外资产衡量的全球非金融类跨国公司100强中，我国只有2家。我国跨国公司100强的跨国指数为13.66%，而全球跨国公司100强的跨国指数在62%以上。我国跨国公司100强的海外资产、海外销售、海外雇员仅相当于世界跨国公司100强的13.3%、10.43%和7.49%。[①] 在我国跨国公司的海外经营中，国际化定位不清、长期战略缺乏、社会责任意识不足、尽职调查和项目论证不充分、盲目跟风投资等现象比较普遍，重复投资、恶性竞争的现象仍然存在，投入后管理和整合能力不足、国际化人才缺乏、本地化管理水平滞后等短板尚未得到有效改善。

第四，中国政策支持体系有待进一步加强和完善。

尽管中国投资管理体制改革加快推进，服务、支持体系建设持续发展，但整体来看，对外投资的相关政策支持体系仍有待进一步加强和完善。就政策体系而言，对外投资立法仍然没有出台，投资保险机制仍有待完善，投资便利化依旧存在障碍。就服务体系而言，对外投资信息服务和专业服务能力不足，不能及时、准确、有效地提供东道国特别是"一带一路"沿线国家的投资环境、市场状况、文化习俗、法制规范、投资政策等方面情况；金融服务能力仍不能满足企业海外投资的融资需求，并购融资效率不高；境外园区基础设施和配套服务能力滞后，投资服务组

---

① 丁学东：《我国对外直接投资形势和对策建议》，《全球化》2017年第2期。

织保障体制不完善。①

(二) 中国对外直接投资的战略目标与走势

任何一个国家的对外经贸发展目标都服务于本土，服务于本土的经济、社会发展和国家战略推进。中国对外投资的发展将服务于中国的经济增长目标和战略发展目标，通过对外投资，促进中国经济转型升级，提升国际竞争力；助推中国和平发展，保障大国崛起。

中国对外直接投资具备实现上述目标的发展潜力和发展空间。根据邓宁的国际直接投资发展阶段理论，中国刚刚步入第四阶段，对外投资略超引进外资，净资本流出仍将呈现持续上升态势。从国际投资发展的实践看，以对外投资与GDP之比来衡量，2015年全球的平均水平为34%，发达国家的平均水平为45%，发展中国家的平均水平为18%，而中国的平均水平仅为9.2%。即便提高到发展中国家的平均水平，中国还有很广阔的发展空间。

服务于上述发展战略目标，依据当前中国对外直接投资发展特征，未来中国对外直接投资将呈现出新态势。

第一，在中长期里保持稳定的中高速增长。

2017年以来，金融危机冲击、国际收支大量盈余、"一带一路"建设、备案制改革等一系列推进中国对外投资放量增长的历史机遇和制度红利渐渐消退，中国对外投资的非理性因素和跟风现象逐步弱化，国家对海外投资的规范措施进一步健全，始于2008年的高速增长会渐入尾声，中国对外投资将逐渐放缓步伐，保持平稳、中高速增长，对外投资存量占GDP之比将逐渐趋近于发展中经济体的平均水平。

第二，形成更加均衡的全球投资格局。

长期以来，中国对外投资高度集中于亚洲地区，集中于香港地区等离岸金融中心。这种局面会在未来得到彻底改观。伴随中国国有企业改革、营商环境改善，中国企业国际经营能力增强，它们将更多地、一步到位式地投资发展，而不必借助自

---

① 王晓红：《构建新时期我国企业对外直接投资的新体制和新格局》，《国际贸易》2017年第3期。

由港。随着中美、中欧双边投资协定的签署，受区位优势和战略资产吸引，欧美发达国家继续受中国企业青睐，它们在中国对外投资流量和存量中的占比会持续攀高。伴随"一带一路"建设的推进，"一带一路"沿线国家特别是支点国家的投资潜力进一步释放，投资风险有所降低，具有良好发展基础的东盟国家和东欧国家引资前景可观。中国将形成更加均衡、更符合中国战略布局需要的对外投资格局。

第三，构造更加优化的投资产业布局。

作为后起的发展中母国，中国企业的对外投资没有经济制造业转移阶段，更多地集聚在采矿、租赁商务、金融和批发零售。这种局面也会在未来发生改变。加工制造和研发创新的投资活力已经在近年有所显现。伴随着中国制造业转型升级和消费结构提升，能源资源寻求型投资会进一步下降，中国传统制造业转移和高端制造业研发、先进服务业的投资会在欧美国家以及东盟、东欧等热点地区加速增长，进而推动中国对外投资的产业布局优化发展，让对外投资对中国经济结构调整的积极作用变得更加充分和持久。

第四，全球一流的跨国公司形成和发展。

中国积极有效地利用和整合全球资源、坚定不移地推进对外战略，靠的是富有国际竞争力的跨国企业。打造一批世界一流的跨国公司是中国开放型经济发展的微观战略目标。以混合所有制为特征的投资主体的形成与发展，将淡化国有企业的政府色彩，民营企业将成为跨国投资的主体，各类企业在自身切实可行的国际化战略推进中，在国家健全完善的投资促进体制下，不断积累跨国经营经验，提升跨国经营水平，拥有战略资产，形成全球竞争力，越来越多的跨国企业将迈入全球一流企业行列。我国将拥有一批与大国经济相匹配的，能够引领全球产业发展并对全球经济发展进程富有影响力的跨国企业。

第六章
金融领域的对外开放

  金融业是经营金融产品的特殊行业，其特殊性既源于其对国民经济的重要性——被视作现代经济的核心，更在于金融发展中始终伴随着不确定性，即经济学意义上的风险。正是由于具备这些特殊性，因此金融业是一个受到严格管制的行业，在世界上各个经济体中无一例外。金融管制是指某一经济体为维持金融的稳定运行和整体效率而对金融机构和金融市场活动的各个方面进行的管理和限制，内容主要包括市场准入、业务范围、市场价格（利率和汇率）、风险管控、资金使用、资金跨境流动等方面。从这个角度来看，任何放松金融管制的举措，无论是对内部资金还是对外部资金，均可被视作金融领域的开放。改革开放初期，中国金融改革的首要任务是恢复和完善金融体系，金融对外开放的速度慢于其他领域（尤其是贸易领域）。由于金融开放蕴含的风险因素，中国金融开放一直采取稳步推进的原则，尤其是在资本项目的开放上。加入世界贸易组织（WTO）后，中国加速了金融业的开放进程。而且随着中国经济实力的提升，中国企业"走出去"步伐的加快，当前中国金融进入了双向开放时代，中国金融机构和人民币的国际化程度日益提升。鉴于本书聚焦于对外开放问题，本章将重点选择金融业市场准入开放、中国金融机构国际化、跨境资金流动开放、人民币国际化四个方面进行探讨，这构成了第一至第四节的主要内容。第五节主要分析和讨论金融业开放的未来走势。

第六章
金融领域的对外开放

第一节
金融业市场准入的对外开放

金融业市场准入的开放是指放松外资金融机构在中国设立金融机构并经营的各种限制,包括业务限制、地域限制和经营业绩限制等。改革开放之初,金融业市场准入的开放主要以试点的方式存在,外资金融机构通过个案审批的形式成立了代表机构,个别得以成立经营性机构。加入WTO后,中国积极兑现"入世"承诺,金融业市场准入开放更加制度化、规范化,成为中国金融业市场准入开放的重要节点。近期,在高水平自由贸易协定和投资协定框架下,金融业在开放方面向准入前国民待遇和负面清单模式转变。

一、银行业

外资银行在中国经营的历史超过百年。中华人民共和国成立之初,在取消了外资银行在中国的一切特权后,外资银行逐步通过转让结束了在中国的经营。改革开放之后,中国于1979年开始允许外资银行在华设立代表处,开启了银行业对外开放的新历程。中国银行业对外开放主要包括四个阶段。

第一个阶段为1979—1993年。在这一阶段,中国改革开放刚刚起步,银行业对外开放的总体战略是配合国家经济发展整体战略,通过外资银行的进入引进外汇资金和改善对外资企业的金融服务,创造更好的投资环境。资料显示,日本输出入银行是第一家获批在中国设立代表处的外资银行。1982年,南洋商业银行在深圳经济特区开设分行,成为中华人民共和国成立后第一家在内地经营的外资银行。截至1993年底,外资银行在中国13个城市设立了76家营业性机构,资产总额达到

89亿美元。① 这一阶段外资银行的业务范围被限定在对外资企业和外国居民提供外汇业务上。

第二个阶段为1994—2001年。在这一阶段，银行业对外开放的目的是进一步提高对外开放水平和改善投资环境，拓展外资银行的业务范围，规范外资银行在华经营行为。国务院1994年颁布了中国第一部全面规范外资银行的法规——《中华人民共和国外资金融机构管理条例》。该条例规定了外资银行在华经营的市场准入条件和监管标准。外资银行可以在中国所有城市设立分支机构，这意味着银行业对外开放地域从沿海城市和中心城市扩展到全国范围。1996年中国人民银行颁布了《上海浦东外资金融机构经营人民币业务试点暂行管理办法》，允许上海浦东符合规定条件的外资银行经批准后经营人民币业务。根据该办法，经中国人民银行总行批准，外资金融机构在上海可经营的人民币业务范畴包括：存款、贷款、结算、担保、国债和金融债投资，以及经批准的其他人民币业务。1998—2001年间中国人民银行又采取了一系列的开放措施，主要包括：批准深圳作为第二个允许外资金融机构经营人民币业务的城市；允许外资银行进入全国银行间拆借市场，解决其人民币业务资金来源问题；放宽外资银行经营人民币业务的地域限制，允许上海的外资银行将人民币业务扩展至江苏和浙江两省，深圳的外资银行将人民币业务扩展至广东其他地区以及广西和湖南。

第三个阶段为2001年底至2006年。在这一阶段，中国银行业对外开放按照"入世"承诺稳步推进。中国银行业的"入世"承诺主要包括下列内容：①扩大外资银行外币业务范围。中国承诺，在加入WTO时，取消外资银行办理外汇业务在客户对象方面的限制，外资银行可以立即向中资企业和中国居民提供全面外汇服务，且不需要进行个案审批；允许外资银行在现有业务范围的基础上增加外币兑换、同业拆借、外汇信用卡的发行、代理国外信用卡的发行等业务。②逐步扩大外资银行人民币业务范围。中国承诺，加入WTO后，允许外资银行在现有人民币业务范围的基础上增加票据贴现、代理收付款项、提供保管箱业务；根据具体的时间

---

① 吴晓灵：《中国金融体制改革30年回顾与展望》，人民日报出版社，2008年12月，第125页。

表（加入时，开放深圳、上海、天津、大连；加入后 1 年内，开放广州、珠海、青岛、南京、武汉；加入后 2 年内，开放济南、福州、成都、重庆；加入后 3 年内，开放昆明、北京、厦门；加入后 4 年内，开放汕头、宁波、沈阳、西安；加入后 5 年内，取消所有地域限制），逐步取消外资银行经营人民币业务的地域限制；放宽对异地业务的限制，允许在一个城市获准经营人民币业务的外资银行向其他开放人民币业务城市的客户提供服务；逐步取消人民币业务客户对象限制，加入后 2 年内，允许外资银行向中国企业办理人民币业务，加入后 5 年内，允许外资银行向所有中国客户提供服务，这意味着加入后 5 年内外资银行将享受国民待遇。③有关经营网点和营业许可的承诺。中国承诺，允许外资银行设立同城营业网点，审批条件与中资银行相同；坚持审慎原则发放营业许可，即在营业许可上没有经济需求测试或者数量限制；加入后 5 年内，取消所有现存的对外资银行所有权、经营和设立形式的限制，包括对分支机构和许可证发放进行限制的非审慎性措施。④开放金融租赁服务。中国承诺加入 WTO 时，经审批，允许外资金融租赁公司按照与中资金融租赁公司相同的条件提供金融租赁服务。

在银行业的 5 年过渡期内，中国认真履行承诺，修改了相关法律法规，并颁布了新的规章和政策。例如根据中国人民银行公告，自 2001 年 12 月 11 日起，取消对外资金融机构外汇业务服务对象的限制，外资金融机构外汇业务服务对象可以扩大到中国境内的所有单位和个人，但必须相应增加营运资金或资本金，更换金融业务营业许可证或金融业务法人许可证；2001 年 12 月 10 日颁布的《外资金融机构管理条例》详细列出了外资银行的业务范围以及外资银行开展人民币业务的条件，外资银行的业务范围与中国内资商业银行的业务范围是一致的；自 2001 年 12 月 11 日起，允许设在上海、深圳的外资金融机构正式经营人民币业务，设在天津、大连的外资金融机构可以申请经营人民币业务；颁布了《金融租赁公司管理办法》，自 2001 年 12 月 11 日起，外国投资者可以申请设立独资或合资金融租赁公司，提供金融租赁服务。

第四个阶段为 2007 年至今。在这一阶段，中国加入世界贸易组织的过渡期已经结束，受国际金融危机的影响，外资银行在华业务呈现一定程度的收缩，主要表现为外资银行资产规模的份额降低,以及外资撤出在中资银行的股份。银监会数据显示,截至2015年底,有15个国家和地区的银行在华设立了37家外商独资银行(下设分行306家)、2家合资银行(下设分行4家)和1家外商独资财务公司;26个国家和地区的69家外国银行在华设立了114家分行;46个国家和地区的153家银行在华设立了174家代表处。但在华外资银行资产总额为2.68万亿元,同比下降3.94%,占银行业金融机构总资产的1.38%,较2010年(1.85%)有所下降。① 外资撤出中资银行的案例包括:美银和高盛在2013年分别出售了中国建设银行和中国工商银行的股份;2015年1月,西班牙对外银行(BB-VA)出售15亿欧元的中信银行股份;同年5月,恒生银行以配售方式向多个机构投资者出售所持的9.5亿股兴业银行股权,完成交易后,恒生银行持有兴业银行股权由4.99%降至0.88%;同年12月28日,德意志银行宣布同意以人民币230亿~257亿元的对价向中国人民财产保险股份有限公司出售其在华夏银行持有的全部19.99%股份;2016年3月,中国人寿和花旗集团达成协议,由中国人寿出资30亿美元(约197亿元人民币)受让花旗集团及IBM信贷所持广发银行全部股权。

二、证券业

中国证券业是随着20世纪80年代初企业股份制改革和股票的出现而诞生的。证券业市场准入的对外开放始于1995年,其开放程度在加入WTO后明显扩大。1995年6月,中国人民银行批准由中国建设银行、摩根士丹利、中国投资担保有限公司、新加坡政府投资公司、名力集团五家股东联合成立了中国第一家中外合资证券公司——中金公司。中金公司和随后批准成立的光大证券公司成为中国"入世"前仅有的合资证券公司。1998年3月成立的国泰基金管理有限公司是第一家外资参股的基金管理公司。到"入世"前,共有7家合资基金管理公司成立。"入世"后,在兑现承诺基础上,中国证券业对外开放进一步扩大,在促进资本市场优化资源配置、服务经济和社会发展方面发挥了重要的作用。

---

① 《中国银行业监督管理委员会2015年报》,http://www.cbrc.gov.cn/chinesehomedocView/C41C682055714362AF1C86FEA7486BB5.html。

就证券业而言，中国的"入世"承诺主要包括："入世"时，外国证券机构可以（不通过中方中介）直接从事 B 股交易；外国证券机构驻华代表处可以成为所有中国证券交易所的特别会员；允许外国服务提供者设立合营公司，从事国内证券投资基金管理业务，外资比例可以达到33%。"入世"3 年内，从事国内证券投资基金管理业务的中外合营公司中，外资比例可以达到49%；允许外国证券公司设立合营公司，外资比例不超过 1/3；合营公司可以（不通过中方中介）从事 A 股的承销，B 股和 H 股、政府和公司债券的承销和交易以及基金的发起。

为履行证券业开放的承诺，中国制定实施了一系列的法律、法规和规章。由于证券业过渡期只有 3 年，"入世"第一年的各项政策对兑现承诺至关重要。2002 年的相关政策主要包括：1 月 8 日，证监会公布了《证券公司管理办法》，明确规定境外机构可以在中国境内设立中外合营证券公司；6 月 4 日，颁布了《外资参股证券公司设立规则》和《外资参股基金管理公司设立规则》，明确了外资参股证券公司和基金管理公司的设立条件、程序、经营范围，并规定证券公司中外资拥有的权益比例累计不超过 1/3，加入 WTO 后 3 年内，基金管理公司中外资拥有的权益比例累计不超过 49%，因此到过渡期结束，这两个规则仍然适用，有很强的可预见性；7 月，深圳、上海证券交易所先后公布了《境外特别会员管理规定》，允许境外证券经营机构的驻华代表处申请成为交易所的特别会员，并对特别会员的申请、特别会员的权利与义务、特别会员的管理与处分等都作了较为详尽的规定；11 月 4 日，证监会、财政部和原国家经贸委联合发布了《关于向外商转让上市公司国有股和法人股有关问题的通知》，允许上市公司向外商转让国有股和法人股，对转让实行审核制管理，转让后的上市公司实行国民待遇，执行原上市公司的有关政策，不享受外商投资企业待遇。

过渡期内，合资证券公司增加了 4 家，分别是中银国际证券、财富里昂证券（原华欧国际）、海际大和证券和高盛高华证券。过渡期后，中国证券业进入自主开放阶段，开放的内容主要是进一步放开了合资证券公司境外股东的持股比例。2012 年 10 月证监会公布的《关于修改〈外资参股证券公司设立规则〉的决定》规定，境外股东持股比例或者在外资参股证券公司中拥有的权益比例，累计（包括直接持有和间接控制）不得超过49%。根据证监会公布的资料，截至2014年7月，在华经营的外资参股证券公司共13家，其中过渡期后成立的共计7家（参见表6-1）；外资参股基金管理公司共48家。由于牌照单一、控股权问题等因素，合资证券公司在中国证券业中所占份额一直不高。2014年8~9月间有2家合资证券公司在境外股东退出后成为中资券商。财富里昂证券有限公司在2014年8月由上海华信石油集团公司全资控股后，成为民营公司，并更名为"上海华信证券"。2004年9月由上海证券有限责任公司与日本大和证券株式会社合资设立的海际大和证券有限公司，在合营10年期满后，由上海证券收购大和证券所持股权，变身为全资投行子公司。与此同时，合资基金管理公司减少了3家。

表6-1 外资参股证券公司一览表（截至2014年7月）

序号	公司名称	境外股东名称	注册资本	境外股东出资比例	批准时间
1	中国国际金融有限责任公司	新加坡政府投资公司 TPG Asia V Delaware, L.P. KKR Institutions Investments, L.P 大东方人寿保险有限公司 名力集团控股有限公司	2.25亿美元	49%	1995年6月
2	中银国际证券有限责任公司	中银国际控股有限公司 （BOC International Holdings）	15亿元	49%	2002年3月
3	光大证券有限公司	中国光大控股有限公司 （China Everbright Ltd）	25.98亿元	46.6%	1996年4月
4	财富里昂证券有限公司	法国里昂证券资本市场公司 （CLSA ECM Ltd）	5亿元	33.3%	2002年12月
5	海际大和证券有限公司	日本大和证券株式会社 （Daiwa Securities）	5亿元	33.3%	2004年6月
6	高盛高华证券有限公司	高盛（亚洲）有限公司 （Goldman Sachs Asia Limited）	8亿元	33.3%	2004年11月

(续表)

序号	公司名称	境外股东名称	注册资本	境外股东出资比例	批准时间
7	瑞银证券有限责任公司	瑞士银行有限公司（UBS AG） 国际金融公司（IFC）	14.9亿元	24.99%	2006年12月
8	瑞信方正证券有限责任公司	瑞士信贷（Credit Suisse）	8亿元	33.3%	2008年6月
9	中德证券有限责任公司	德意志银行（Deutsche Bank）	10亿元	33.3%	2008年12月
10	华英证券有限责任公司	苏格兰皇家银行公众有限公司（The Royal Bank of Scotland plc）	8亿元	33.3%	2010年11月
11	摩根士丹利华鑫证券有限责任公司	摩根士丹利（亚洲）有限公司 Morgan Stanley Asia Limited	10.2亿元	33.3%	2010年12月
12	第一创业摩根大通证券有限责任公司	摩根大通经纪（香港）有限公司 J. P. Morgan Broking (Hong Kong) Limited	8亿元	33.3%	2010年12月
13	东方花旗证券有限公司	花旗环球金融亚洲有限公司 Citigroup Global Markets Asia Limited	8亿元	33.3%	2011年12月

注：2015年6月1日中国国际金融有限责任公司整体变更为中国国际金融股份有限公司。
资料来源：中国证监会官方网站，http://www.csrc.gov.cn/pub/newsite/gjbsczrwzcgzqgsylb/201408/t20140811_259017.html.

之后，中国证券业市场准入的开放主要是在内地与香港、澳门《关于建立更紧密经贸关系的安排》（CEPA）框架下，针对港、澳地区的开放，以及在自由贸易试验区框架下的开放。2015年为落实CEPA补充协议十的相关安排，中国内地证券公司、证券投资咨询机构对港、澳地区进一步开放，具体政策包括：一是允许符合规定的港资、澳资金融机构分别按照内地有关规定，在上海、广东（除深圳）、深圳各设立一家两地合资的全牌照证券公司，港资、澳资持股比例最高可达51%，内地股东不限。二是允许符合设立外资参股证券公司条件的港资、澳资金融机构按照内地有关规定，在内地批准的金融改革先行先试的若干试验区内各新设一家两地合资的全牌照证券公司，港资、澳资持股比例不超过49%，内地股东不限。三是在内地批准的金融改革先行先试的若干试验区内，允许港资、澳资证券公司在合资证券投资咨询公司中持股比例达51%以上。港资、澳资金融机构向证监会申请设立合资证券公司时，除应当符合证监会规定的外资参股证券公司的有关规定外，还应当符合注册地、控股股东或实际控制人条件等方面的规定。

2015年10月，中国人民银行、商务部、上海市政府等多个部门联合发布了《进一步推进中国（上海）自由贸易试验区金融开放创新试点加快上海国际金融中心建设方案》，明确提出允许外资金融机构在自贸试验区内设立合资证券公司，外资持股比例不超过49%，内资股东不要求为证券公司，扩大合资证券公司业务范围。

2016年10月，首家CEPA内地与香港合资的全牌照券商申港证券在上海自贸试验区正式开业；11月底，第二家CEPA内地与香港合资的全牌照券商华菁证券也在上海开业。此外，随着首家外资控股的公募基金公司——恒生前海基金管理有限公司于2016年6月16日获批，意味着中国放开了对合资基金管理公司的股权比例限制。根据证监会公示，恒生前海基金管理有限公司注册资本金为2亿元，其中恒生银行有限公司出资1.4亿元，持股70%。

三、保险业

20世纪80年代开始陆续有外国保险公司在中国设立代表处，但第一家经营性外资保险公司出现在20世纪90年代初。1992年，中国在上海进行了保险市场对外开放的试点，美国友邦保险有限公司获准在上海设立分公司，经营人寿保险业务和财产保险业务。1995年，在试点扩大至广州后，友邦保险于广州设立分公司。有资料显示[①]，从1992年到"入世"之前，共有来自12个国家和地区的29家外资保险公司在华设立了营业性机构。其中，中外合资保险公司16家，外资保险公司分公司13家。外资保险公司业务保费收入从1992年的29.5万元增加到2001年的

---

① 国务院发展研究中心金融研究所：《国际保险业发展趋势及保险市场开放模式比较》，2008年4月。

32.8 亿元。

"入世"后,中国按照承诺扩大了保险业开放。中国保险业"入世"承诺主要集中在以商业存在形式提供的保险服务上,包括设立外资保险机构的条件、企业形式、地域开放、业务范围、许可发放等方面。具体承诺如下:①申请设立外资保险机构必须满足以下条件:投资者应为在 WTO 成员国有超过 30 年经营历史的外国保险公司;必须在中国设立代表处连续 2 年;在提出申请前 1 年的年末总资产不低于 50 亿美元。在保险经纪申请资格中,对总资产的要求逐步降低,即加入时超过 5 亿美元;加入后 1 年内,超过 4 亿美元;加入后 2 年内,超过 3 亿美元;加入后 4 年内,超过 2 亿美元。②关于企业形式的承诺:加入时,允许外国非寿险公司在华设立分公司或合资公司,合资公司中的外资比例可以达到 51%;加入后 2 年内,允许外国非寿险公司设立独资子公司,即没有企业设立形式限制;加入时,允许外国寿险公司在华设立合资公司,外资比例不超过 50%,外方可以自由选择合资伙伴;允许所有保险公司按地域限制放开的时间表设立国内分支机构;加入时,申请设立保险经纪公司的年末总资产要求为 5 亿美元,以后每年减少 1 亿美元,直至加入 4 年内,降低到 2 亿美元;加入 5 年内,允许设立独资保险经纪公司。③关于地域开放的承诺:加入时,允许外国寿险公司和非寿险公司在上海、广州、大连、深圳、佛山提供服务;加入后 2 年内,允许外国寿险和非寿险公司在北京、成都、重庆、福州、苏州、厦门、宁波、沈阳、武汉和天津提供服务;加入后 3 年内,取消地域限制。④关于开放业务范围的承诺:加入时,允许外国非寿险公司向在华外商投资企业提供财产险以及与之相关的责任险和信用险服务;加入后 2 年内,允许外国非寿险公司向外国和中国客户提供所有商业和个人非寿险服务。加入时,允许外国保险公司向外国公民和中国公民提供个人(非团体)寿险服务;加入后 3 年内,允许外国保险公司向外国公民和中国公民提供健康险、团体险和养老金/年金险服务。加入时,保险业务须向一家指定的中国再保险公司进行 20% 的分保,以后分保比例逐年以 5% 的幅度降低,加入 4 年内取消分保比例要求。

加入 WTO 后,中国积极践行保险业开放承诺。保险业主管部门着手制定、修改了一系列的法律法规,陆续放开了业务和地域限制,具体包括:2001 年 12 月保监会颁布了《中华人民共和国外资保险公司管理条例》，并于 2002 年 2 月 1 日起正式实行。该条例对外资保险公司设立的条件、业务范围和法律责任进行了规定。全国人大常委会通过对《中华人民共和国保险法》的修改，并于 2003 年 1 月 1 日起正式实施。保监会于 2002 年 3 月发布了《关于修改〈保险公司管理规定〉有关条文的决定》，清理了与 WTO 原则和"入世"承诺不相符的有关条款。2003 年 12 月 11 日，保监会发布公告：自即日起，允许外资财产险公司经营除法定保险业务以外的全部非寿险业务。外资财产险公司可据此办理经营保险业务许可证变更等相关手续。同时，增加福州、厦门、宁波、沈阳和武汉 5 个城市为保险业对外开放城市。

"入世"承诺的兑现促进了外资保险公司数量的增多。图 6-1 和图 6-2 显示，加入 WTO 后，外资财产险公司数量不断增加，外资人身险公司数量增长虽有波动，但总体处于增势。2016 年外资财产险公司和人身险公司分别达到 22 家和 28 家。从原保险保费收入份额来看，外资保险公司在中国市场的份额并没有因中国"入世"而明显提升，且在 2005—2011 年间出现下降。

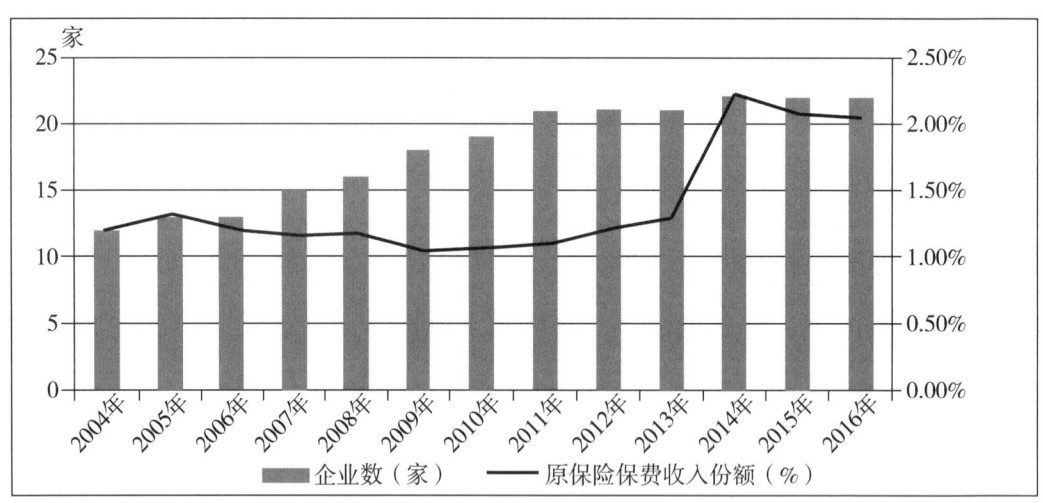

图 6-1　外资财产险公司在中国的发展情况（2004—2016 年）

数据来源：中国保险监督管理委员会网站。

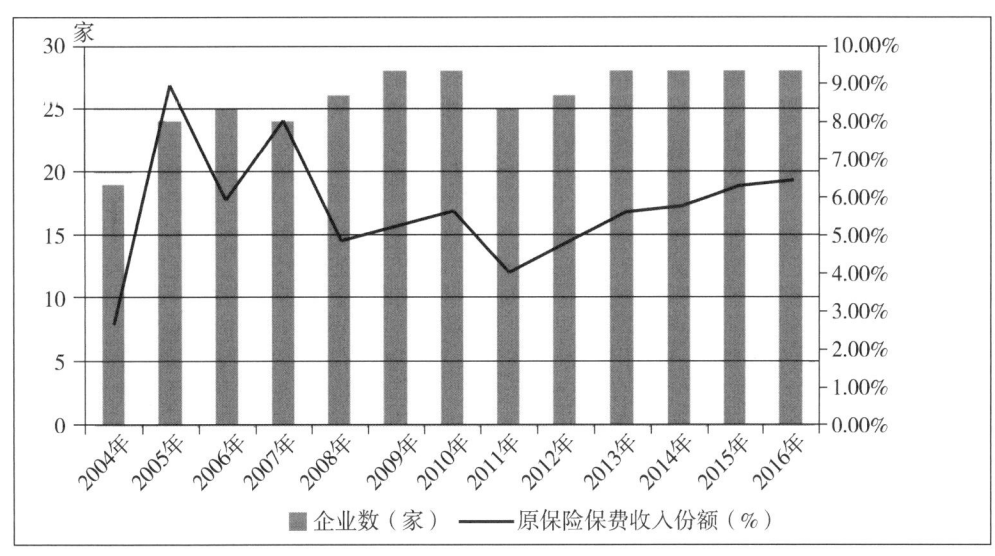

图 6-2　外资人身险公司在中国的发展情况（2004—2016 年）

数据来源：中国保险监督管理委员会网站。

四、小结

总体上，加入 WTO 后，在制度层面中国金融业对外资金融机构市场准入的开放程度迅速提高。外资金融机构进入中国后带来了更为市场化的经营理念、管理手段、产品创新技术，并通过业内交流、同行竞争和人员流动产生了积极的溢出效应，促进了中国金融业的高速发展。但与此同时，外资金融机构本身在中国市场上的表现并不如想象中抢眼，甚至在中国市场上的份额一度出现了萎缩。原因是多方面的，其中因文化习俗、体制机制、法治环境等带来的"水土不服"问题的影响不容忽视。这些问题在东亚国家中均存在。以日本银行业为例，日本号称是东亚银行业最开放的经济体，但在日本很难见到外国银行的身影。对于进入中国的外资银行而言，其目标客户和经营目的也限制了规模的扩张。这些银行如果是经营类的，那么其目标客户主要是外资企业、外国居民或国内高净值客户；如果是战略投资类的，那么其目的是资本收益。与外资金融机构"水土不服"问题相对照的是本土金融机构的亮眼表现。在中国金融业快速发展的过程中，外资金融机构纵向来看发展情况还是不错的，不过本土机构的成长壮大更加突出。

第二节
中国金融机构国际化

纵观中国金融业发展历史，个别金融机构海外经营的历史并不短，如 1912 年成立的中国银行，自 1928 年以来曾先后在伦敦、新加坡、纽约等地设立分行。改革开放以后，随着中国金融体系不断完善，金融机构开始重新在海外布局。但是中国金融机构国际化水平大幅度提高是在进入 21 世纪之后。自"入世"后，对外开放进入了新的发展阶段，中国经济经历了长时期高速增长，中国企业实力大幅提升，企业"走出去"步伐加快。与此同时，金融机构自身资本实力也在快速提升，伴随着企业"走出去"步伐的加快，金融机构国际化程度不断提高。2008 年国际金融危机的爆发，为金融机构以并购方式扩大海外经营规模创造了契机。以银行为主的金融机构加大了海外布点的力度，其海外资产、利润均呈现出明显上升态势。根据国家外汇管理局公布的数据，2016 年全年，中国境内金融机构对境外直接投资流出 186.93 亿美元，流入 90.40 亿美元，净流出 96.53 亿美元；截至 2016 年末，中国境内金融机构对境外直接投资存量达到 1989.96 亿美元。中国金融机构国际化正进入飞跃式发展阶段。

一、推动中国金融机构国际化发展的主要因素

首先，金融机构实力提升是其"走出去"快速发展的前提条件和基础。对金融机构而言，境外经营面临着与境内经营截然不同的经济、社会、文化、政策、法律环境，因此境外经营中蕴藏的不确定性更大，对机构的资金实力、内部管理机制、人力资源储备等方面的要求更加高。"十二五"期间，中国金融机构的实力快速提升。在银行业，根据银监会统计，截至 2015 年底，中国银行业金融机构共有法人机构 4262 家（包括 3 家政策性银行、5 家大型商业银行、12 家股份制商业银行、

133家城市商业银行、5家民营银行、859家农村商业银行、71家农村合作银行、1373家农村信用社、1家邮政储蓄银行、1家中德住房储蓄银行、1311家村镇银行、48家农村资金互助社等），从业人员380万人，总资产达199.3万亿元，比2010年末增长1.1倍；有各项贷款余额98.1万亿元，比2010年末增长95%；有商业银行资本净额13.1万亿元，比2010年末增长1.6倍。根据英国《银行家》杂志的排名，2010年中国共有84家银行跻身全球前1000家银行之列，总资本占到1000家银行总资本的9%，其中中国工商银行排名第7；2015年共有117家中资银行入围，工行排名第1，建行、中行和农行分列第2、第4、第6位；2016年共有119家中资银行入围，其中17家中资银行跻身前100名，比上一年增加1家，工行连续4年蝉联榜首。在证券业，截至2015年底，全行业125家证券公司总资产为6.42万亿元、净资产为1.45万亿元，分别同比增长57%和58%；具有公募牌照的资产管理机构为112家，公募基金管理规模为8.4万亿元，同比增长85%；150家期货公司总资产为932.21亿元（不含客户权益），同比增长30%；已登记私募基金管理机构有2.5万家，基金认缴规模为5.1万亿元，同比增长138%。① 根据保监会统计，"十二五"时期，全国保费收入从2010年的1.3万亿元增长到2015年的2.4万亿元，年均增长13.4%。保险业总资产从2010年的5万亿元增长到2015年的12万亿元，成功实现翻番。行业利润从2010年的837亿元增长到2015年的2824亿元，增加了2.4倍。中国保险业综合实力和国际影响力显著提升。

其次，企业"走出去"步伐加快是金融"走出去"快速增长的初始动力和活力源泉。中国金融机构"走出去"的最初目的主要是引导国内客户"走出去"。中国金融机构的海外业务规模随着"走出去"客户的日益增多和客户的境外业务扩张而不断发展壮大。根据商务部统计，自2005年以来，中国对外直接投资流量连续10年持续增长，2015年达到了1456.7亿美元，是2005年的13倍多。从投资行业分布来看，中国企业海外投资制造业占比48%，信息技术、互联网领域投资占比8%，两者合计超过半数。这些中国企业的海外投资对国内金融机构在当地提供

---

① 引自时任证监会主席肖钢在2016年全国证券期货监管工作会议上题为《深化改革健全制度加强监管防范风险，促进资本市场长期稳定健康发展》的讲话。

金融服务产生较大的需求。相关调研显示,"走出去"的中资企业认为相比于当地金融机构,中资金融机构与企业在文化认同、经营理念、运作习惯等方面更为契合,企业更愿意从中资金融机构处获得服务。为满足国内客户的海外业务需求,中国金融机构加大了海外布局。以澳大利亚市场为例,中国已经成为澳大利亚最大的外商直接投资来源地,中国银行在澳大利亚开设的分行达到8家,能够向公司、个人提供全方位金融服务,而且在服务中资公司的基础上拓展了针对当地企业和社区居民的业务。

最后,国家战略和政策是金融"走出去"快速增长的有力支撑和重要保障。2012年9月17日,经国务院审批并由中国人民银行、中国银行业监督管理委员会、中国证券监督管理委员会、中国保险监督管理委员会、国家外汇管理局共同编制的《金融业发展和改革"十二五"规划》发布,明确提出了"完善金融机构'走出去'相关制度,引导金融机构采取行之有效的海外发展战略,加强国际型人才储备,逐步发展中国大型跨国金融机构。鼓励金融机构稳健拓展国际业务,提升国际化经营水平,加快发展有利于出口产品升级换代和企业'走出去'的对外金融服务体系"。这为金融业的"走出去"阐明了指导思想,并明确了发展方向。2014年8月国务院发布的《关于加快发展现代保险服务业的若干意见》("新国十条")提出:"提升保险业对外开放水平。推动保险市场进一步对内对外开放,实现'引进来'和'走出去'更好结合,以开放促改革促发展。鼓励中资保险公司尝试多形式、多渠道'走出去',为中国海外企业提供风险保障。支持中资保险公司通过国际资本市场筹集资金,多种渠道进入海外市场。努力扩大保险服务出口。引导外资保险公司将先进经验和技术植入中国市场。"2015年5月国务院发布的《关于加快培育外贸竞争新优势的若干意见》提出,要加快金融机构海外布局,提高为实体企业服务的能力。金融机构"走出去"日益成为中国对外开放战略格局中的重要组成部分。

二、金融机构国际化的现状

从宏观数据来看,2008年以来中国金融机构对外直接投资规模不断加大。根据历年的《中国对外直接投资统计公报》,2007 年中国金融类对外直接投资流量仅为 16.7 亿美元,2008 年猛增到 140.5 亿美元,虽然国际金融危机期间有所回落,但总体呈上升态势,2015 年达到 242.5 亿美元。

从投资主体结构来看,中国金融业对外直接投资以银行业为主。如表 6-2 所示,在中国金融类对外直接投资存量的行业构成中,银行业占比虽然有所下降,但依然在 60% 以上;证券业比重有所上升,近年来维持在 5% 左右;保险业比重起伏较大,最高时曾超过 7%,但多数情况下不足 2%。

表 6-2 中国金融类对外直接投资存量行业构成情况

单位:%

年份	银行业	证券业	保险业	其他金融活动
2007	67.5	1.8	7.3	23.4
2008	73.0	1.4	1.5	24.1
2009	79.6	3.1	1.1	16.2
2010	80.8	4.5	1.5	13.2
2011	80.1	5.2	1.7	13.0
2012	65.2	4.5	1.5	28.8
2013	60.6	3.7	6.4	29.3
2014	61.6	4.5	7.2	26.7
2015	60.8	4.3	1.4	33.5

资料来源:Wind 资讯。

中资银行的国际化程度不断提高。中国银行业协会发布的《中国银行业发展报告 2016》显示,截至 2015 年底,共有 22 家中资银行开设了 1298 家分支机构,覆盖全球 59 个国家和地区。其中,中国工商银行在全球 42 个国家和地区建立了 404 家机构,并通过参股标准银行集团间接覆盖非洲 20 个国家,与 147 个国家和地区的 1611 家银行建立了代理行关系。根据浙江大学互联网与创新金融研究中心和浙江大学金融研究所发布的《2016 中资银行国际化报告——对标国际一流》,中国银行、中国工商银行、中国建设银行、中国农业银行、中国交通银行等大型商业银行是中资银行国际化格局的主要引领者。截至2015年底,五大银行境外资产总规模达98727.7亿元,比2014年增长14.2%,占五大银行总资产规模的11.8%;境外营收总额为2016.94亿元,同比增长17%,占其总营收的8%;境外利润总额超过1000亿元,同比增长6.7%,占其境内外利润总额的7.8%。

证券领域金融机构的国际化水平虽然明显低于银行业,但随着中资企业海外并购规模的扩大,中资券商正迎来拓展海外业务的重要机遇期。目前,中信证券、海通证券、中金公司等大型券商,以及国金证券、东吴证券、西南证券等中型券商已率先实现了海外布局。以海通证券、中信证券为例,其境外收入占比已超过10%,通过设立子公司,其经纪业务、投行业务快速增长。从目前的发展状况看,国内券商开展海外业务存在两个主要特点:一是主要立足于香港市场,在港的内地券商已突破70家;二是以中资企业海外并购业务为主,在海外进行收购已成为内地券商国际化最为常见的路径。2009年,海通证券收购香港大福证券,成为内地企业收购香港上市券商的首例。2015年2月1日,光大证券的全资子公司光证金控以40.95亿港元收购新鸿基持有的新鸿基金融集团有限公司70%的股份。新鸿基金融集团有限公司是新鸿基有限公司的全资子公司,业务范围包括经纪业务(主要含股票及期货)、财富管理、保证金融资、资产管理、资本市场销售、资料研究及杠杆式外汇交易等业务。同年2月27日,中信证券发布公告称成功收购昆仑国际金融集团有限公司60%的股权。昆仑国际金融集团成立于2010年11月,注册资本为4000万港元,主要通过新西兰、澳大利亚及中国香港地区的办事处专为海外华人及日裔群体提供一系列金融产品及服务,其核心业务是提供杠杆式外汇及其他交易,也提供现金交易及证券交易转介服务等其他金融投资服务。

保险领域的国际化经营以保险资金海外投资为主。2012年10月保监会出台了《保险资金境外投资管理暂行办法实施细则》,允许符合资质的保险公司在可投资国家或地区的金融市场进行保险资金的境外投资,可投资的品种包括货币市场类工具(包括期限不超过1年的商业票据、银行票据、大额可转让存单、逆回购协议、短期政府债券和隔夜拆借等货币市场工具或者产品),固定收益类工具(包括银行存款、政府债券、政府支持性债券、国际金融组织债券、公司债券、可转换债券等固定收益产品），权益类（包括普通股、优先股、全球存托凭证、美国存托凭证、未上市企业股权等权益类工具或者产品），不动产。2015年3月保监会发布的《中国保监会关于调整保险资金境外投资有关政策的通知》拓展了2012年《保险资金境外投资管理暂行办法实施细则》的有关规定，允许保险资产管理公司、保险机构或保险资产管理公司在香港设立的资产管理机构受托管理集团内保险机构的保险资金开展境外投资时，投资市场由香港市场扩展至该细则所列的国家或者地区金融市场；保险资金投资境外政府债券、政府支持性债券、国际金融组织债券、公司债券和可转换债券等固定收益类产品时，计价货币不限于国际主要流通货币，应具备的信用评级由"发行人和债项均获得国际公认评级机构BBB级或者相当于BBB级以上的评级"调整为"债项获得国际公认评级机构BBB－级或者相当于BBB－级以上的评级"；保险机构投资境外的股票由该细则附件1所列国家或者地区证券交易所主板市场挂牌交易的股票扩展为上述主板市场和香港创业板市场挂牌交易的股票。中国保险资金境外投资步伐明显加快，投资规模也持续增加。有报道显示[①]，截至2015年12月末，共有49家保险机构获准投资境外市场，投资余额为362.27亿美元，占上季末总资产的2.02%，与截至2014年12月末相比，增幅为51.23%；与截至2012年12月末相比，增幅为273.47%。从投资区域来看，保险资金主要以投资香港市场为主，港币资产占比较高，超过64%。从投资的品种来看，权益类资产是主要投资品种，在股票、股权和权益类产品中占比较高；另外，不动产的占比大约是20%，还有一些银行存款和债券固定收益类的产品。

三、小结

尽管中国金融机构的国际化水平提升速度很快，但在国际化人才储备、海外资产规模和业务拓展等方面与国际大型跨国金融机构相比仍存在很大差距。根据国务

---

① 《险资境外投资超360亿美元，争设海外投资平台》，http://finance.sina.com.cnroll2016－03－22/doc－ifxqnnkr9786505.shtml。

院发展研究中心课题组的研究①，中国金融机构国际化存在一些需要解决的困难，主要包括以下四个方面：

第一，中国金融机构国际化起步较晚，经验和能力不足。无论是在国际金融专业知识方面，还是在适应东道国特有的文化习俗和法律规范方面，金融机构要想推行国际化必须有长期的经验积累。中国金融机构2008年才开始大规模推行国际化，经验积累不足10年。而发达经济体的跨国金融集团拥有数十年甚至上百年经营国际业务的历史。除经验不足外，中国金融机构的国际化能力也存在明显差距，其主要原因是国际化金融人才匮乏。在中国金融机构海外业务快速扩张的过程中，对既懂东道国语言、文化习俗、法制环境，又懂金融专业的高水平人才的培养并不同步，而少数已经培养出来的人才流失严重。由于存在经验和能力问题，中国金融机构在国际化方面，难以像国际大型跨国金融机构那样自如地运用国际金融市场规则，整合外部金融资源。

第二，中国金融机构总部对海外拓展的重视程度普遍低于国内业务，在经营资源配置方面对国内业务具有明显的倾向性。造成这种局面的原因主要在于：①国内发展环境更加熟悉，风险更可控；②国内业务的规模大，营利性更高；③在进行业绩考核时，国内市场份额对金融机构而言更加重要。

第三，中国金融机构的业务模式不太适应国际化经营的要求。就银行而言，国外银行具有轻资产、交易型特征，而中国的银行多是重资产、贷款型的。中国的银行在海外经营过程中仍以传统的存款、贷款、国际结算等业务为主，缺乏与海外市场相适应的产品与服务创新，不能很好地融入当地的金融发展环境，难以结合东道国的市场特点和客户需求来制定创新策略。业务产品创新是金融机构面对东道国本土机构的竞争立于不败之地的重要工具。目前，业务模式固化是中国金融机构国际化发展亟待解决的问题之一。

第四，有些经济体对中资金融机构的进入持怀疑态度，甚至对其设置准入壁垒。如有的东道国市场被一些国际大型金融机构占领，在这些机构的游说下阻碍中

---

① 国务院发展研究中心课题组：《新兴大国的竞争力升级战略·专题研究四——大力提升中国在国际金融体系中的影响力》，中国发展出版社，2016年10月。

国金融机构的进入；有的经济体认为中国金融监管存在问题、金融风险较高，以防范金融风险传染为由，在给予中资金融机构牌照时审查更加严格。

要解决好上述问题，既需要金融机构提高对国际化发展的认识，加大国际业务拓展力度，也需要政府进一步完善有利于金融机构国际化发展的环境。有理由相信，在中国对外开放发展理念的指引下，随着中国金融机构国际化经验和能力的不断积累，其未来国际化水平必将会持续提升。

第三节
跨境资金流动开放

国际贸易、跨境投资（包括直接投资和间接投资）、个人汇款、跨境消费、跨境借贷等经济活动都会引起资金的跨境流动。从国际收支平衡表来看，跨境资金流动的开放可以分为经常项目开放和资本项目开放两大部分。改革开放前，由于外汇资源短缺，中国一直对资金跨境流动实行比较严格的外汇管制。在社会主义市场经济目标确立后，中国的外汇管理体制改革不断向前推进，资本市场双向开放程度不断提高，对资金跨境流动的管制逐步放松，于1996年实现了经常项目可兑换[①]。近年来，资本项目开放也取得了明显进展。

一、外汇管理体制改革与资金跨境流动开放

外汇管理体制改革主要包括汇率形成机制、经常项目开放、资本项目开放三个方面。外汇管理体制改革的长期目标是实现人民币可兑换。为实现这一目标，中国

---

① 《国际货币基金组织协定》第八条款对经常项目可兑换规定了具体要求：一是各成员国（或地区）未经其同意，不可对国际经常往来的付款和资金转移施加限制；二是不准实行歧视性货币措施和多种汇率措施；三是任何一个成员均有义务赎回其他成员国持有的经常项目下本国货币的结存，即兑换外国持有的本国货币。

依据国情和国力采取了循序渐进的改革模式,从汇率形成机制改革入手,稳步放松经常项目和资本项目的外汇管制。

根据中国改革的重要节点,外汇管理体制改革可分为以下四个阶段:

1. 经济转型时期的改革(1978—1993年)

改革开放前,中国对外汇实行统一经营,外汇收支按照"以收定支,以出定进"的原则进行指令性计划管理。在这种背景下,人民币汇率只是计划核算工具。改革开放后,外汇管理开始逐步缩小指令性计划,加大了对外汇市场的培育,呈现出计划和市场并存的特点。

这一阶段的外汇管理体制改革主要包括七个方面的内容:一是成立了外汇管理的专门机构。1979年3月,国务院批准设立了国家外汇管理局,负责全国的外汇管理。1989年12月国家外汇管理局升格为副部级单位,由中国人民银行归口管理。国家外汇管理局的设立及级别提升,是外汇管理重要性和专业性日益提高的反映。二是配合外贸体制改革,改革统收统支的外汇分配制度,实行外汇留成制度。外汇留成的对象、比例及用途由国家规定。三是建立和发展外汇调剂市场,调剂外汇余缺。外汇留成制度实施以后,外贸企业外汇支配权有所提升,相互之间存在调剂余缺的需要。1980年10月起中国银行开办外汇调剂业务,在持有留成外汇的单位和缺少外汇的单位之间进行外汇转让。四是改革人民币汇率制度,形成双重汇率。这一阶段先后存在过两种双重汇率:1981—1985年,实行的是贸易内部结算价和官方汇率的双重汇率制度;1988—1994年,在放开外汇调剂市场汇率后,形成了官方汇率和调剂市场汇率并存的汇率制度,其中官方汇率实行有管理的浮动,而外汇调剂市场汇率则随市场供求状况浮动。五是放宽外汇经营权,外汇业务不再由中国银行统一经营,允许多家商业银行和非银行金融机构经营外汇业务,允许外资金融机构设立营业机构经营外汇业务。六是鉴于资本项目下资金跨境流动的增多,逐步建立对资本(包括直接投资、证券投资,以及其他形式投资在内)输出入的外汇管理制度。七是放宽对境内居民的外汇管理。从1985年起,对境外汇给国内居民的汇款或从境外携入的外汇,准许全部保留,在银行开立存款账户。1991年11月起允许个人所有的外汇参与外汇调剂。个人用汇,按规定经批准后可购满一定数额的外汇。

从上述改革措施不难看出，这一阶段外汇管理体制改革的整体方向是降低计划性，提高专业化、制度化和规范化水平。外汇调剂市场的建立和发展使得部分外汇资源由计划配置向市场配置转变，这为之后外汇管理体制改革更加适应社会主义市场经济体制建设大局奠定了基础。

2. 汇率并轨与经常项目可兑换（1994—2000年）

1993年党的十四大做出了由计划经济体制向社会主义市场经济体制转变的重大决策，推动了外汇管理体制改革向市场机制方向快速推进。为适应建立社会主义市场经济体制的需要，1993年底国务院发布的《关于金融体制改革的决定》提出："改革外汇管理体制，协调外汇政策与货币政策外汇管理是中央银行实施货币政策的重要组成部分。中国外汇管理体制改革的长期目标是实现人民币可兑换。根据中国目前的实际情况，并参照国际上的成功经验，近期实施的改革措施是：（1）1994年实现汇率并轨，建立以市场汇率为基础的、单一的、有管理的人民币浮动汇率制度。（2）取消外汇留成，实行结汇和售汇制。（3）实现经常项目下人民币有条件可兑换。（4）严格管理和审批资本项下的外汇流出和流入。（5）建立全国统一的外汇交易市场，外汇指定银行为市场的交易主体。中国人民银行根据宏观经济调控的要求，适时吞吐外汇，平抑汇价。（6）停止发行并逐步收回外汇兑换券。严格禁止外币标价、结算和流通。（7）中国人民银行集中管理国家外汇储备，根据外汇储备的安全性、流动性和盈利性的原则，完善外汇储备的经营机制。外汇管理体制改革的具体实施，按国务院有关规定执行。"

这一阶段的汇率形成机制改革基本上围绕落实上述决定的相关决策展开，具体措施主要包括：（1）实施银行结售汇制度。从1994年1月1日起，对内资企业实行银行结售汇制度，取消外汇上缴和留成，取消用汇的指令性计划和审批。从1996年7月1日起，外商投资企业外汇买卖逐步纳入银行结售汇体系。（2）汇率并轨。1994年1月1日，人民币官方汇率与市场汇率并轨，实行以市场供求为基础的、单一的、有管理的浮动汇率制。并轨时的人民币兑美元汇率为1美元合8.70元人民币。以此为基础，人民币汇率允许在一定幅度内浮动，由中国人民银行每日公布。(3) 建立统一的、规范化的、有效率的外汇市场。中资企业退出外汇调剂中心，外汇指定银行成为外汇交易的主体。银行间外汇市场——中国外汇交易中心在上海成立。中国人民银行根据宏观经济政策目标，对外汇市场进行必要的干预，以调节市场供求，保持人民币汇率的稳定。(4) 实行人民币经常项目可兑换。1996年取消经常项目下尚存的其他汇兑限制，实现人民币经常项目可兑换。(5) 外汇兑换券退出历史舞台。外汇兑换券1994年1月1日起停止发行；1995年1月1日起停止使用，由银行按照并轨前的官方汇率兑回，直至当年的6月30日。(6) 取消了出入境展览、招商等非贸易非经营性用汇的限制，并允许驻华机构及来华人员在境内购买的自用物品、设备、用具等出售后所得人民币款项可以兑换外汇汇出。(7) 不断提高居民用汇标准，扩大供汇范围。

1997年亚洲金融危机爆发后，虽然国内经济承受了巨大的压力，但中国为了缓解危机对世界经济的影响，承诺人民币不贬值，为此短期内对资本流出实行了严格的资本管制，如严格控制提前偿还外债、禁止购汇提前还款、禁止购汇用于境外投资等，这使得外汇管理体制改革的步伐一度停滞。

总体而言，这一阶段的外汇管理体制改革是社会主义市场经济体制改革的重要内容。众多市场化导向的外汇管理体制改革在1994—1996年间密集出台，力度远超上一个阶段，为其他领域的市场化改革提供了有力支撑。

3. 外汇管制进一步放开（2001—2007年）

随着中国2001年底加入WTO，我国外汇管理体制改革经过亚洲金融危机期间的短暂停滞后，进入了新的快速发展期。这一阶段的外汇管理体制改革既是前期市场化改革的延续和深化，又是为适应新的开放形势而进行的体制创新。加入WTO后，中国对外经济迅速发展，进出口贸易、外商直接投资均出现飞跃式发展，国际收支顺差持续扩大，需要更加开放、灵活的外汇管理制度。

这一阶段外汇管理体制改革主要包括六个方面的措施：一是外汇管理中行政性审批大幅减少，行政许可效率明显提高。自2001年以来，外汇管理部门分三批共取消34项行政许可项目，取消的项目占原有行政审批项目的46.5%。二是进一步完善经常项目外汇管理，促进贸易投资便利化。如允许所有中资企业开立经常项目外汇账户，多次提高企业可保留现汇的比例并延长超限额结汇时间；简化进出口核销手续，尝试出口核销分类管理。三是稳步推进资本项目可兑换①，拓宽资金流出入渠道。放宽境外投资外汇管理限制，允许部分保险外汇资金投资境外证券市场，允许个人对外资产转移，实行合格境外机构投资者制度，出台外资并购的外汇管理政策。根据国家外汇管理局公布的资料，截至2004年底，按照国际货币基金组织（IMF）确定的43项资本项目交易中，中国有11项实现可兑换，11项较少限制，15项较多限制，严格管制的有6项。四是积极培育和发展外汇市场，完善有管理的浮动汇率制。2005年7月21日开始实行以市场供求为基础、参考一篮子货币进行调节、有管理的浮动汇率制度。与此同时，采取了一系列的配套措施，包括增加交易主体，引进美国"做市商"制度，允许所有银行从事远期结售汇业务，引进人民币对外币掉期业务，增加银行间市场交易品种，实行银行结售汇综合头寸管理，调整银行汇价管理办法等。五是加强资金流入管理，积极防范金融风险。调整短期外债口径，对外资银行外债实行总量控制，实行支付结汇制，严控资本项目资金结汇，加强对外商投资企业的外债管理，加强对出口预收货款和进口延期付款的管理。加强对居民和非居民个人结汇管理。六是强化国际收支统计监测，加大外汇市场整顿和反洗钱力度。2003年起正式实施大额和可疑外汇资金交易报告制度，加强反洗钱信息分析工作。

在这一阶段，为兑现"入世"承诺，外汇管理的行政性审批减少，外汇管理效率明显提升。同时，汇率形成机制进一步完善，开始实行"以市场供求为基础、参考一篮子货币进行调节、有管理的浮动汇率制度"，为放松资本项目的外汇管制创造了条件，也为下一阶段的改革奠定了良好基础。

---

① 国际货币基金组织（IMF）将资本项目可兑换定义为：消除对国际收支资本和金融账户下各项交易的外汇管制，如数量限制、课税及补贴。不难看出，资本项目开放本质上就是放松资本项目下资本流出、流入的汇兑限制。IMF将资本项目管制概括为以下几个方面的内容：对资本市场证券交易的管制；对货币市场工具的管制；对集体投资类证券的管制；对衍生工具和其他交易工具的管制；对商业信贷的管制；对金融信贷的管制；对担保、保证和备用融资工具的管制；对直接投资的管制；对直接投资清盘的管制；对不动产交易的管制；对个人资本流动的管制；适用于商业银行和其他信贷机构的特殊条款；适用于机构投资者的特殊条款；证券法规规定的其他限制性措施；等等。

4. 汇改持续深化（2008年至今）

这一阶段汇率形成机制改革的背景是国际金融危机及2010年汇改之前美国日益严重的对人民币价值低估的指责。早在2003年，美国和日本就指责人民币汇率低估。① 2008年国际金融危机初期，美国更是无视中国2005年汇率形成机制改革以来人民币持续升值的事实，多次指责人民币价值严重低估。美国国会于2010年9月15日召开针对人民币汇率问题听证会，进一步向人民币施压，以期达到促使人民币大幅升值的目的。

在这种情况下，中国并未如美国所愿大幅调整人民币汇率，而是按照自己的节奏持续深化汇率形成机制改革。2007年5月21日，中国人民银行宣布将人民币兑美元汇率日波动区间从0.3%扩大至0.5%。2010年6月19日，中国人民银行将改革目标重新定位为"进一步推进人民币汇率形成机制改革，增强人民币汇率弹性"，按照已公布的外汇市场汇率浮动区间，对人民币汇率浮动进行动态管理和调节，重点提出将一篮子货币作为参考标准，把市场供求作为汇率决定中的重要指标。2014年3月17日，银行间即期外汇市场人民币兑美元交易价浮动幅度由1%扩大至2%，外汇指定银行为客户提供当日美元最高现汇卖出价与最低现汇买入价之差不得超过当日汇率中间价的幅度由2%扩大至3%。2014年7月2日，取消银行对客户美元挂牌买卖价差管理，使市场供求在汇率形成中发挥更大作用，人民币汇率弹性进一步增强，汇率预期分化，中国人民银行基本退出常态外汇干预。2015年8月11日，中国人民银行决定完善人民币兑美元汇率中间价报价。此次人民币汇率中间价报价机制改革虽然引起人民币连续数日贬值（8月，人民币中间价贬值4.26%）而受到国际社会广泛关注，但确实提高了人民币汇率的市场决定程度。中国人民银行高层在多个场合强调，人民币不存在长期贬值的基础，未来人民币汇率形成机制改革会继续朝着市场化的方向迈进，人民币汇率将更具有弹性，双向地浮动，保持在合理均衡的水平上基本稳定。

在一系列改革措施出台后，国际上越来越认可人民币汇率在市场化改革所取得

---

① 林毅夫：《关于人民币汇率问题的思考与政策建议》，《世界经济》2007年第3期。

的成绩。2015年5月，国际货币基金组织（IMF）发布评估报告说，人民币在过去一年里实际有效汇率大幅升值，使得当前的人民币币值不再被低估。IMF亚洲及太平洋部副主任马库斯·罗德劳尔表示，中国正在转向"一个更开放、灵活，更基于市场条件的汇率制度"。2015年10月，美国财政部在《汇率半年度报告》中称人民币"低于合适的中期估值水平"，而此前报告为"显著低估"，表明美国在人民币问题上的立场发生了转变。

二、中国资本市场开放与跨境资金流动开放

中国已经实现了经常项目下跨境资金流动开放，但资本项目的开放一直遵循"循序渐进、统筹规划、先易后难、留有余地"的改革原则推进。从结构来看，资本项目包括跨境直接投资[①]（包括外商直接投资和对外直接投资）和跨境间接投资[②]（或称跨境证券投资）。中国资本项目开放存在着"松直接、紧间接""松流入、紧流出""松长期、紧短期"的特点。中国对境外对境内长期的外商直接投资在外汇管理上一直比较宽松，较少管制；对境内企业对外直接投资的外汇管理不断放宽；对证券投资的外汇管理则是有松有紧，对证券资金流入环节逐步放松管理，而对资金流出管理严格。在跨境证券投资方面，中国资本市场的开放是核心。通过建立合格境外机构投资者（QFII）、合格境内机构投资者（QDII）、人民币合格境外机构投资者（RQFII）等合格机构投资者制度，持续提升债券市场双向开放水平，构建"沪港通""深港通""债券通"等内地与香港证券市场互联互通机制，资本项目下资金跨境流动的开放程度明显提高。

1. 合格境内外投资者制度

中国证券市场的对外开放始于1992年2月中国第一张人民币特种股票（B种股票）——上海真空电子器件股份有限公司B股在上海证券交易所上市。1993年7月，青岛啤酒成为第一家获准在香港上市的内地企业，开启了H股发展的序幕。加入WTO后，通过建立合格境外机构投资者（QFII）、合格境内机构投资者

---

① 跨境直接投资包括境外对境内的外商直接投资（FDI）和境内对境外的对外直接投资（ODI）。
② 跨境间接投资或跨境证券投资（FPI）也包括境外对境内和境内对境外两部分。

（QDII）、人民币合格境外机构投资者（RQFII）等合格机构投资者制度，中国资本市场对外开放步伐不断加快。

在加入WTO的第二年，中国尝试通过QFII制度开放境内资本市场。2002年11月5日，中国人民银行和证监会联合发布《合格境外机构投资者境内证券投资管理暂行办法》，对包括中国境外基金管理机构、保险公司、证券公司以及其他资产管理机构在内的合格境外机构投资者（QFII）的资质条件和投资方式进行了规定，允许合格投资者在经批准的投资额度内，可投资人民币金融工具（包括在证券交易所挂牌交易的除境内上市外资股以外的股票、在证券交易所挂牌交易的国债、在证券交易所挂牌交易的可转换债券和企业债券、中国证监会批准的其他金融工具）。同年12月2日，上海、深圳证券交易所和证券登记结算公司分别发布了《合格境外机构投资者证券交易实施细则》和《合格境外机构投资者境内证券投资登记结算业务实施细则》，对引入QFII制度后相应的证券交易、账户管理、登记结算业务、风险管理等做出了具体规定。2006年8月24日，证监会、中国人民银行、国家外汇管理局发布的《合格境外机构投资者境内证券投资管理办法》，仅规定合格投资者在经批准的投资额度内，可以投资于中国证监会批准的人民币金融工具。为进一步完善合格境外机构投资者试点工作，2012年7月27日，证监会发布《关于实施〈合格境外机构投资者境内证券投资管理办法〉有关问题的规定》，允许合格投资者在经批准的投资额度内，可投资于在证券交易所交易或转让的股票、债券和权证，在银行间债券市场交易的固定收益产品、证券投资基金、股指期货、中国证监会允许的其他金融工具等人民币金融工具，且合格投资者可以参与新股发行、可转换债券发行、股票增发和配股的申购。QFII可投资的领域进一步拓展。

在QFII平稳运行了近5年之后，中国开始打造QDII制度，境内资金境外投资渠道得以拓展。2007年6月18日，证监会发布《合格境内机构投资者境外证券投资管理试行办法》。根据该办法，QDII是指符合条件、经批准在中华人民共和国境内募集资金，运用所募集的部分或者全部资金以资产组合方式进行境外证券投资管理的境内基金管理公司和证券公司等证券经营机构。取得境内机构投资者资格的基金管理公司可以根据有关法律法规通过公开发售基金份额募集基金，运用基金财产投资于境外证券市场。取得境内机构投资者资格的证券公司可以通过设立集合计划等方式募集资金，运用所募集的资金投资于境外证券市场。基金、集合计划应当投资于中国证监会规定的金融产品或工具。为落实《合格境内机构投资者境外证券投资管理试行办法》，证监会于同日颁布了《关于实施〈合格境内机构投资者境外证券投资管理试行办法〉有关问题的通知》，除进一步明确《合格境内机构投资者境外证券投资管理试行办法》一些条款中的条件外，还对投资运作进行了明确规定，如规定除证监会另有规定外，基金、集合计划可投资的金融产品或工具包括：银行存款、可转让存单、银行承兑汇票、银行票据、商业票据、回购协议、短期政府债券等货币市场工具；政府债券、公司债券、可转换债券、住房按揭支持证券、资产支持证券及经中国证监会认可的国际金融组织发行的证券；已与中国证监会签署双边监管合作谅解备忘录的国家或地区证券市场挂牌交易的普通股、优先股、全球存托凭证和美国存托凭证、房地产信托凭证；在已与中国证监会签署双边监管合作谅解备忘录的国家或地区证券监管机构登记注册的公募基金；与固定收益、股权、信用、商品指数、基金等标的物挂钩的结构性投资产品；远期合约、互换及经中国证监会认可的境外交易所上市交易的权证、期权、期货等金融衍生产品。

在人民币国际化的大背景下，构建 RQFII 制度成为历史的必然选择。2011 年 12 月 26 日，证监会、中国人民银行、国家外汇管理局发布《基金管理公司、证券公司人民币合格境外机构投资者境内证券投资试点办法》，正式启动 RQFII 制度，但仅适用于境内基金管理公司、证券公司的香港子公司（以下简称"香港子公司"），运用在香港募集的人民币资金投资境内证券市场的行为。2013 年 3 月 1 日，《人民币合格境外机构投资者境内证券投资试点办法》发布，将 RQFII 界定为经批准并获得投资额度，运用来自境外的人民币资金进行境内证券投资的境外法人，拓展了试点机构范畴。试点办法规定，RQFII 在经批准的投资额度内投资人民币金融工具，应当遵守相关监管要求。中国证监会和中国人民银行可以根据宏观管理要求和试点发展情况，对总体投资比例和品种做出规定和调整。人民币合格投资者投资银行间债券市场，应当根据中国人民银行相关规定办理。同日，证监会公布《关于实施〈人民币合格境外机构投资者境内证券投资试点办法〉的规定》，进一步明确了申请人民币合格境外机构投资者资格的注册地、业务资格条件；应当通过境内托管人向证监会报送的文件；在经批准的投资额度内，可投资与QFII同样的人民币金融工具，人民币合格投资者可以参与新股发行、可转换债券发行、股票增发和配股的申购。为规范人民币合格境外机构投资者境内证券投资管理，2016年8月30日中国人民银行、国家外汇管理局颁布《关于人民币合格境外机构投资者境内证券投资管理有关问题的通知》，规定人民币合格境外机构投资者在取得证监会资格许可后，可通过备案的形式，获取不超过其资产规模或其管理的证券资产规模（以下统称"资产规模"）一定比例的投资额度（以下简称"基础额度"）；超过基础额度的投资额度申请，应当经国家外汇管理局批准。境外主权基金、央行及货币当局等机构的投资额度不受资产规模比例限制，可根据其投资境内证券市场的需要获取相应的投资额度，实行备案管理。

从上述规定来看，合格投资者制度是中国资本市场开放的重要举措。根据国家外汇管理局统计，截至2017年5月26日，获得批准的合格境外机构投资者共283家，投资额度合计927.24亿美元；人民币合格境外机构投资者共184家，投资额度合计5431.04亿美元；合格境内机构投资者共132家，投资额度合计899.93亿美元。通过合格投资者制度，中国先对境外资金开放境内资本市场，再开放境内资金境外投资，之后开放人民币境外资金进入境内市场，既体现了中国在资本项目开放方面先流入后流出的思路，也反映了人民币国际货币地位的提升，为未来中国资本市场实现更大程度开放和资本项目可兑换奠定了坚实基础。

2. 中国债券市场的双向开放

中国一方面积极推动境内金融机构到包括香港特别行政区在内的境外市场发行债券，另一方面积极扩大境外金融机构参与境内债券市场的发展。

根据《中国人民银行年报2015》，中国债券市场开放在"走出去"方面的进展主要包括：一是积极推动境内金融机构赴香港发行人民币债券。2007年中国人民银行与国家发展和改革委员会共同发布了《境内金融机构赴香港特别行政区发行人民币债券暂行管理办法》，允许符合条件的境内金融机构赴香港发行人民币债券。截至2015年末，已有16家境内金融机构赴香港发行1035亿元人民币债券，有力地促进了香港人民币离岸市场的发展。二是积极支持符合条件的境内金融机构赴境外其他国家或地区发行人民币债券或外币债券。2013年，经国务院批准，中国工商银行、国家开发银行先后赴伦敦试点发行人民币债券，总计40亿元；2015年，国家开发银行、中国人寿等7家境内金融机构获批赴境外发行人民币债券或外币债券。三是积极支持并配合财政部落实国务院关于推动中央政府在香港发债的精神。2009—2015年，财政部在香港累计发行人民币国债共计1360亿元。

在"引进来"方面的措施主要包括：一是稳步推进境外机构在银行间债券市场发债。2005年，国际金融公司和亚洲开发银行两家国际开发机构率先在银行间债券市场发行人民币债券。2013年，戴姆勒股份公司发行人民币债务融资工具50亿元。2015年，香港上海汇丰银行有限公司、中国银行（香港）有限公司以及渣打银行（香港）有限公司，获准在银行间债券市场发行人民币债券，共计30亿元。加拿大BC省和韩国注册发行人民币债券，注册规模90亿元。截至2015年末，债券市场境外发债主体已包括境外非金融企业、金融机构、国际开发机构以及外国政府等，累计发债155亿元。二是不断放开境外机构投资银行间债券市场。2010年以来，中国人民银行先后允许境外中央银行或货币当局、人民币清算行、跨境贸易人民币结算境外参加行、主权财富基金、国际金融机构、香港和台湾地区及新加坡的保险机构、合格境外投资者（QFII）以及人民币合格境外投资者（RQFII）投资银行间债券市场（具体政策参见表6-3）。2015年6月，允许境外人民币清算行、境外参加行在银行间债券市场开展债券回购交易。7月，对于境外央行类机构进入银行间市场投资推出更为便利的政策，简化其入市流程，取消其投资额度限制，扩展其投资范围。截至2015年末，共有292家境外机构投资银行间债券市场，总投资额度1.98万亿元；RQFII试点境外国家和地区由2014年末的10个拓展到16个，156家QFII获得投资额度4443亿元；境外机构持有境内人民币债券余额7517.06亿元。

表6-3 2010—2015年中国向境外投资者开放银行间债券市场相关政策

发布时间	政策名称	主要内容
2010年8月	《中国人民银行关于境外人民币清算行等三类机构运用人民币投资银行间债券市场试点有关事宜的通知》	启动境外机构投资中国银行间债券市场的试点：境外央行或货币当局，境外人民币业务清算行、境外参加银行经批准可在核准的额度内在银行间债券市场从事债券投资业务
2013年3月	《中国人民银行关于合格境外机构投资者投资银行间债券市场有关事项的通知》	放宽投资者范围：允许获得中国证监会核发合格投资者资格及国家外汇管理局核批投资额度的合格投资者申请进入银行间债券市场
2015年6月	《关于境外人民币业务清算行、境外参加银行开展银行间债券市场债券回购交易的通知》	允许境外人民币业务清算行、境外参加银行在银行间债券市场开展债券回购交易，为其提供了新的人民币资产流动性管理工具
2015年7月	《关于境外央行、国际金融组织、主权财富基金运用人民币投资银行间市场有关事宜的通知》	对境外央行类机构简化进入银行间债券市场流程，取消额度限制，允许其自主选择中国人民银行或银行间市场结算代理人为其代理交易结算，并拓宽可投资品种
2015年9月	中国人民银行公告〔2015〕第31号	允许境外央行（货币当局）和其他官方储备管理机构、国际金融组织、主权财富基金依法合规参与中国银行间外汇市场
2015年11月	《关于境外中央银行类机构在境内银行业金融机构开立人民币央行结算账户有关事项的通知》	满足境外中央银行、货币当局、其他官方储备管理机构、国际金融组织以及主权财富基金在境内开展相关业务的实际需要

资料来源：根据相关资料整理。

2016年以来，中国不断采取措施，进一步扩大并规范银行间债券市场对外开放。2016年2月，为推动银行间债券市场对外开放，便利符合条件的境外机构投资者依法合规投资银行间债券市场，中国人民银行发布公告称鼓励境外机构投资者作为中长期投资者投资银行间债券市场，并对境外机构投资者的投资行为实施宏观审慎管理。境外机构投资者可按照外汇管理的有关规定办理相关资金的汇兑。允许符合条件的境外机构投资者在银行间债券市场开展债券现券等经中国人民银行许可的交易，并规定合格境外机构投资者（QFII）、人民币合格境外机构投资者（RQFII）投资银行间债券市场参照执行。同年6月，中国外汇交易中心发布关于修订《银行间市场同业存单交易规程》的公告，允许境外金融机构投资中国银行间同业存单。2017年2月国家外汇管理局发布《关于银行间债券市场境外机构投资者外汇风险管理有关问题的通知》，允许境外机构投资银行间债券市场使用在岸外汇衍生品工具进行外汇风险对冲。具体措施包括：（1）银行间债券市场境外机构投资者可以在具备资格的境内金融机构办理人民币对外汇衍生品业务，提高外汇市场开放水平。（2）境外机构投资者的外汇衍生品业务遵守实需交易原则，限于对冲以境外汇入资金投资银行间债券市场产生的外汇风险敞口，保障外汇市场秩序。（3）对境外机构投资者的外汇衍生品业务提供多样化的交易工具和交易机制选择，便利外汇风险管理。这些措施取得了积极成效，自2016年2月至2017年3月，境外机构累计增持人民币债券2154亿元，在中债登与上清所的托管总量达到7835亿元，增幅接近38%[①]。

3. 内地与香港证券市场互联互通：沪港通、深港通和债券通

2014年11月17日，中国证监会、香港证监会发布联合公告，宣布正式启动沪港股票交易互联互通机制（简称"沪港通"）试点。试点初期，沪港两市每日沪港通交易分别设定了130亿元及105亿元的上限。该上限并非指每日流入总额上限，而是指每日买卖之差不能超过的上限。沪股通的股票范围是上海证券交易所上证180指数、上证380指数的成分股，以及上海证券交易所上市的A+H股公司股票。

---

① 引自《"债券通"继"沪港通""深港通"之后登场，中国金融市场开放步入快车道》，http://www.econotimes.cn/article-214368。

港股通的股票范围是香港联合交易所恒生综合大型股指数、恒生综合中型股指数的成分股和同时在香港联合交易所、上海证券交易所上市的 A+H 股公司股票。

沪港通正式开通以来，总体运行平稳有序，为启动深港通提供了基础和条件。深港通于 2016 年 8 月 16 日正式获批，并于当年 12 月 5 日正式启动。深股通的股票范围是市值 60 亿元人民币及以上的深证成分指数和深证中小创新指数的成分股，以及深圳证券交易所上市的 A+H 股公司股票。深股通开通初期，通过深股通买卖深圳证券交易所创业板股票的投资者仅限于香港相关规则所界定的机构专业投资者，待解决相关监管事项后，其他投资者可以通过深股通买卖深圳证券交易所创业板股票。深港通下的港股通的股票范围是恒生综合大型股指数的成分股、恒生综合中型股指数的成分股、市值 50 亿元港币及以上的恒生综合小型股指数的成分股，以及香港联合交易所上市的 A+H 股公司股票。深港通不再设总额度限制。深港通每日额度与沪港通现行标准一致，即深股通每日额度 130 亿元人民币，深港通下的港股通每日额度 105 亿元人民币。双方可根据运营情况对投资额度进行调整。

2016 年 9 月，根据 8 月 16 的《中国证券监督管理委员会、香港证券及期货事务监察委员会联合公告》和中国证监会《内地与香港股票市场交易互联互通机制若干规定》，上海证券交易所对《上海证券交易所沪港通试点办法》进行了修订，取消了沪股通和港股通的总额度限制，并明确了在本所上市公司股票风险警示板交易的股票（即 ST、*ST 股票和退市整理股票）、暂停上市的股票、以外币报价交易的股票（即 B 股）和具有本所认定的其他特殊情形的股票，不纳入沪股通股票。

深港通开通后，内地与香港之间的股票市场交易互联互通机制包括沪股通、沪港通下的港股通、深股通，以及深港通下的港股通四个部分。沪股通，是指投资者委托香港经纪商，经由香港联合交易所在上海设立的证券交易服务公司，向上海证券交易所进行申报（买卖盘传递），买卖沪港通规定范围内的上海证券交易所上市的股票。沪港通下的港股通，是指投资者委托内地证券公司，经由上海证券交易所在香港设立的证券交易服务公司，向香港联合交易所进行申报（买卖盘传递），买卖沪港通规定范围内的香港联合交易所上市的股票。深股通，是指投资者委托香港经纪商，经由香港联合交易所在深圳设立的证券交易服务公司，向深圳证券交易所进行申报（买卖盘传递），买卖深港通规定范围内的深圳证券交易所上市的股票。深港通下的港股通，是指投资者委托内地证券公司，经由深圳证券交易所在香港设立的证券交易服务公司，向香港联合交易所进行申报（买卖盘传递），买卖深港通规定范围内的香港联合交易所上市的股票。

2017年6月21日，中国人民银行出台了《内地与香港债券市场互联互通合作管理暂行办法》（以下简称《办法》）。内地与香港债券市场互联互通合作是指境内外投资者通过香港与内地债券市场基础设施机构连接，买卖香港与内地债券市场交易流通债券的机制安排，即"债券通"。《办法》适用于"北向通"，即香港及其他国家与地区的境外投资者（以下简称"境外投资者"）经由香港与内地基础设施机构之间在交易、托管、结算等方面互联互通的机制安排，投资于内地银行间债券市场。符合要求的境外投资者可通过"北向通"投资内地银行间债券市场，标的债券为可在内地银行间债券市场交易流通的所有券种，并参与内地银行间债券市场发行认购。在外汇管理方面，《办法》规定境外投资者可使用自有人民币或外汇投资。使用外汇投资的，可通过债券持有人在香港人民币业务清算行及香港地区经批准可进入境内银行间外汇市场进行交易的境外人民币业务参加行（以下统称"香港结算行"）办理外汇资金兑换。使用外汇投资的，其投资的债券到期或卖出后不再投资的，原则上应兑换回外汇汇出，并通过香港结算行办理。境外投资者可通过债券持有人在香港结算行办理"北向通"下的外汇风险对冲业务。香港结算行由此所产生的头寸可到境内银行间外汇市场平盘。

沪港通、深港通和债券通既是内地与香港证券市场的互联互通机制，也是中国资本市场对外开放的重要内容，在加强中国内地与境外资本市场联系、推动中国资本市场双向开放方面具有非常重要的积极意义。通过这些创新机制可以拓展双方市场交易主体的投融资渠道，扩大域内市场交易规模，提高两地证券市场的竞争力，提升其在国际金融中心中的地位，并且有利于推动人民币国际化。沪港通、深港通、债券通[①]既可方便内地投资者直接使用人民币投资香港市场，也可增加境外人

[①] 目前，债券通只对"北向通"做出规范，因此只对增加境外人民币资金投资渠道发挥作用，在"南向通"具体规定出台后，才能对内地投资者投资香港市场发挥明显作用。

民币资金的投资渠道，便利人民币在两地的有序流动。未来，这种互联互通机制拥有比较广阔的发展潜力，尤其是沪港通、深港通在金融产品创新和拓展投资标的方面。中国证券监督管理委员会与香港证券及期货事务监察委员会在2016年8月16日公告中表示，为了满足两地投资者管理对方股票市场价格风险的需要，双方原则上同意共同研究合作推出其他金融产品。为进一步丰富交易品种，为境内外投资者提供更多的投资便利和机会，双方就交易型开放式基金（交易所买卖基金）纳入互联互通的投资标的达成共识，待深港通运行一段时间，相关条件具备后推出实施。

三、小结

跨境资金流动开放从目前来看，核心是资本项目开放。资本项目开放蕴藏的巨大风险因素决定了这只能是一个逐步推进的过程。一国在通过资本项目开放实现资金高效配置的同时，也意味着国内经济的外部风险敞口在扩大。对于任何经济体而言，资本项目突然地完全开放会导致外来风险对国内经济的威胁大大增加。为了有效化解开放过程中的风险，绝大多数国家在开放资本项目时都实行了渐进式开放的战略。在渐进式开放过程中，开放的顺序也非常重要。一般地，应先开放长期资本项目，后开放短期资本项目。过早地开放短期资本项目比较晚开放的风险性明显增加。而且，国际经验表明资本项目开放不是绝对的，而是相对的，是相对于以往的资本项目管制而言。世界上任何国家在资本项目开放的实践中都无法做到绝对开放。那些被认为已经实现了资本项目可兑换的国家，或多或少地都保留了一些限制性的资本项目管制措施，例如：美国对外国共同基金在境内出售和发行股票等进行限制，对非居民购买证券的行业进行限制，对居民对外直接投资的国别进行限制；德国对机构投资者设置了特殊条款；英国对商业银行和其他信贷机构设置了特殊条款。根据国际货币基金组织（IMF）制定的规则，一国出于审慎需要而采取的监管措施可以不被视为是限制资本流动的管制。这就为各国在资本项目开放过程中预留了重新实施资本项目管制的空间。从现实出发，资本项目开放是指资本项目的基本开放，即大部分或绝大部分子项已充分开放而少部分或个别子项依然有所管制的状态。可见，中国在资本项目开放方面的审慎态度和渐进方式符合国际多数经济体的做法，且在有效防范外部冲击的同时为中国经济实现持续发展提供有力支撑。中国资本项目可兑换程度在渐进式开放过程中不断提高。根据中国人民银行发布的《人民币国际化报告2016》，2015年，人民币资本项目可兑换程度进一步提高，从国际货币基金组织资本和金融项目交易分类标准下的40个子项来看，集体投资类证券项下的2个子项由"不可兑换"变更为"部分可兑换"。中国达到可兑换和部分可兑换的项目已增加至37项。

在中国外汇管理体制改革过程中，跨境资金流动开放程度不断提高。对于改革中汇率形成机制和资本项目开放的孰先孰后问题，即是先实现更有弹性的汇率形成机制再开放资本项目，还是先开放资本项目再进行扩大汇率弹性，还是二者同时进行，学术界有很多研究，在现实中也都有经济体进行尝试。在各种实践中，1997年亚洲金融风暴的教训是，实行钉住汇率的国家实现资本项目开放，即便保有一定规模的外汇储备，也难以抵抗住国际游资的冲击。先实现浮动汇率无疑可以通过本币币值变动来应对资本项目开放带来资金的异常波动，但如果本币币值大起大落也会对进出口贸易带来不利影响。澳大利亚同时实行浮动汇率制和放开资本项目管制，但并未出现灾难性后果，值得借鉴之处在于，澳大利亚当局在货币政策调整后的一段时间内，在不改变汇率变动方向的条件下，对汇率进行小幅干预，并培育对冲市场，为市场主体利用市场工具应对汇率波动创造条件。

2017年6月21日美国指数供应商明晟公司公布，从2018年6月开始将中国A股纳入MSCI新兴市场指数和MSCIACWI全球指数。这既是中国资本市场持续开放的结果，也意味着中国资本市场开放将迈出更大步伐，因为将有更多的境外投资者投资A股。根据中国人民银行的统计，2016年末境外机构和个人持有的人民币股票6491.85亿元，债券8526.24亿元，贷款6164.35亿元，存款9154.73亿元。此外，随着中国居民收入的提高，其对海外资产配置的需求也不断增加。国家外汇管理局统计显示，2016年末，中国对外证券投资资产（不含储备资产）3597亿美元。其中，股权类投资2057亿美元，债券类投资1540亿美元。这也对中国资本市场扩大双向开放提出更高要求。总体上，中国资本市场开放有利于多层次资本市场培育,有利于中国国际金融中心的发展,有利于中国在全球配置金融资源,未来需要进一步扩大中国资本市场开放。

第四节
人民币国际化

虽然在20世纪90年代初,出入境人员可在规定限额内携带人民币出入境[①],被有的研究认为是人民币国际化的萌芽,但对人民币国际化产生明显推动作用的是人民币在边境贸易中被周边国家和地区使用。20世纪末、21世纪初,人民币被越来越多地用于边境贸易的计价结算。当时,人民币区域化问题被提出并加以研究。加入WTO后,随着中国进出口规模的迅速扩大和经济实力的稳步提升,人民币开始从区域化走向国际化,并在2009年跨境贸易人民币结算试点政策后进入了快速提升阶段。在人民币国际化的进程中,政策发挥了重要的推动作用,归纳起来主要包括跨境人民币结算、跨境人民币投资与金融交易、香港地区人民币离岸市场三个方面。

一、跨境人民币结算

人民币国际化始于边境贸易的计价结算,反映在政策上是2003年3月国家外汇管理局发布的《关于境内机构对外贸易中以人民币作为计价货币有关问题的通知》。通知中的规定包括四个方面:一是境内机构签订进出口合同时,可以采用人民币作为计价货币;二是境内机构以人民币作为计价货币签订出口合同的,办理出口收汇时,应当按照结算当日银行挂牌汇价,及时足额收回外汇;三是境内机构以

[①] 1993年2月,中国人民银行发布《关于国家货币出入境限额的公告》,规定中国公民出入境和外国人出入境,每人每次携带的人民币限额为6000元;在开放便民互市和小额贸易的地点,允许当地人民银行会同海关,根据实际情况确定限额,报中国人民银行和海关总署批准后实施。

人民币作为计价货币签订进口合同的，其在办理进口项下对外支付时，应当采用境内银行挂牌货币，按照结算当日银行挂牌汇价，将合同中约定的人民币金额折算成外汇对外支付；四是境内机构以人民币作为合同计价货币和进出口报关的，境内机构应当按照有关规定办理出口收汇和进口付汇核销手续。从规定来看，虽然人民币在贸易中可以被作为计价货币，但在收付时仍要折成外汇。而在当时的边境贸易中，实际操作是人民币不但被作为计价货币，而且被作为结算货币。周边很多国家都缺少美元等硬通货币，其出口商在对中国出口时更愿意接受人民币。一方面人民币币值稳定，收取人民币可以保值；另一方面还可以用这些人民币从中国进口物美价廉的商品。21世纪初，大量人民币滞留在境外。截至2004年末，人民币现金在周边接壤国家和地区的滞留量约为216亿元[①]。

2009年4月，国务院决定在上海和广州、深圳、珠海、东莞开展跨境贸易人民币结算试点，加快了人民币国际化的步伐。2009年7月，中国人民银行、财政部、商务部、海关总署、税务总局、银监会共同制定了《跨境贸易人民币结算试点管理办法》，允许指定的、有条件的企业在自愿的基础上以人民币进行跨境贸易的结算，支持商业银行为企业提供跨境贸易人民币结算服务。随后，人民币跨境结算试点的地域范围不断扩大。此后，不断放开对试点地区、境外地域范畴和试点企业的限制。中国人民银行、财政部、商务部、海关总署、税务总局和银监会六部委于2010年6月将试点地区扩大到北京、天津等20个省（自治区、直辖市），对多数试点地区不限定境外地域范围；2011年8月23日，跨境贸易人民币结算政策覆盖全国，明确河北、山西、安徽、江西、河南、湖南、贵州、陕西、甘肃、青海和宁夏等省（自治区）的企业可以开展跨境贸易人民币结算，将吉林省、黑龙江省、西藏自治区、新疆维吾尔自治区的企业开展出口货物贸易人民币结算的境外地域范围，从毗邻国家扩展到境外所有国家和地区；2012年2月，明确参与出口货物贸易人民币结算的主体不再限于列入试点名单的企业，所有具有进出口经营资格的企业均可开展出口货物贸易人民币结算业务。

---

① 中国金融四十人论坛、上海新金融研究院：《人民币国际化的成本收益分析》，中国金融出版社，2017年3月。

此外，人民币跨境结算的基础设施随着人民币跨境支付系统（CIPS）正式上线而更加完善。人民币跨境支付系统由中国人民银行组织建设，旨在为全球金融机构的人民币跨境和离岸业务提供安全、稳定、高效的资金清算和结算服务。CIPS分两期建设：一期主要采用实时全额结算方式，为跨境贸易、跨境投融资和其他跨境人民币业务提供清算、结算服务；二期将采用更为节约流动性的混合结算方式，提高人民币跨境和离岸资金的清算、结算效率。2015年7月31日，CIPS运营机构——跨境银行间支付清算（上海）有限责任公司（简称CIPS公司）在上海注册成立，全面负责CIPS系统的运营维护、参与者服务、业务拓展等各方面工作。同年10月8日，CIPS一期成功上线运营。根据CIPS公司的消息，首批直接参与机构包括19家境内中外资银行，同步上线的间接参与者有176家，覆盖6大洲50个国家和地区。CIPS的主要功能特点包括：①CIPS（一期）采用实时全额结算方式处理客户汇款和金融机构汇款业务。②各直接参与者一点接入，集中清算业务，缩短清算路径，提高清算效率。③采用国际通用ISO 20022报文标准，便于参与者跨境业务直通处理。④运行时间覆盖欧洲、亚洲、非洲、大洋洲等人民币业务主要时区。⑤为境内直接参与者提供专线接入方式。

上述政策和措施推动了跨境人民币结算规模的扩大。根据中国人民银行发布的《人民币国际化报告2016》，2015年经常项目人民币收付金额为7.23万亿元，同比增长10.4%；资本和金融项目人民币收付金额合计4.87万亿元，同比增长43.4%；其中人民币收款2.27万亿元，付款2.59万亿元，净付出3150.7亿元，收付比为1∶1.14。根据中国人民银行的初步统计，2016年跨境贸易人民币结算业务发生5.23万亿元，直接投资人民币结算业务发生2.46万亿元，其中以人民币进行结算的跨境货物贸易、服务贸易及其他经常项目、对外直接投资、外商直接投资分别发生41209亿元、11066亿元、10619亿元、13988亿元[①]。

二、跨境人民币投资与金融业务

在本章第三节中关于扩大人民币跨境投资方面的举措，如RQFII、扩大债务市

---

① 引自 http://www.qqjjsj.com/zgjjdt/151502.html.

场开放、沪港通、深港通、债券通等都是推动人民币国际化的重要举措。除此之外，在人民币资本项目跨境使用方面，还有跨境人民币直接投资、信贷和资金池业务等方面的政策。

跨境人民币直接投资包括境内机构境外人民币直接投资和境外企业境内人民币直接投资，二者几乎同时启动。为配合跨境贸易人民币结算试点，便利境内机构以人民币开展境外直接投资，规范银行业金融机构办理境外直接投资人民币结算业务，2011年1月14日中国人民银行发布《境外直接投资人民币结算试点管理办法》。根据该办法，境外直接投资是指境内机构经境外直接投资主管部门核准，使用人民币资金通过设立、并购、参股等方式在境外设立或取得企业或项目全部或部分所有权、控制权或经营管理权等权益的行为。境内机构按照规定办理前期费用汇出或境外直接投资登记手续后，可以到银行办理境外直接投资人民币资金汇出或前期费用人民币资金汇出。2011年10月12日，商务部发布《关于跨境人民币直接投资有关问题的通知》，规定境外投资者（含港澳台投资者）可以利用合法获得的境外人民币依法来华开展直接投资活动。境外人民币主要包括：通过跨境贸易人民币结算取得的人民币；汇出境外的人民币利润和转股、减资、清算、先行回收投资所得的人民币；在境外通过发行人民币债券、人民币股票以及其他合法渠道取得的人民币。为推进跨境人民币直接投资便利化，完善监管措施，2013年12月3日，商务部发布《关于跨境人民币直接投资有关问题的公告》，进一步明确"跨境人民币直接投资"是指境外投资者（含港澳台投资者，下同）以合法获得的境外人民币来华开展新设企业、增资、参股或并购境内企业等外商直接投资活动。外商投资企业不得使用跨境人民币直接投资的资金在中国境内直接或间接投资于有价证券和金融衍生品（战略投资上市公司除外），以及用于委托贷款。根据中国人民银行《人民币国际化报告2016》，2015年，对外直接投资（ODI）人民币收付金额为7361.7亿元，同比增长228.1%；外商直接投资（FDI）人民币收付金额为1.59万亿元，同比增长65.2%。

跨境人民币信贷包括境外人民币放款和境外人民币借款。2012年9月，中国人民银行发布《关于简化跨境人民币业务流程和完善有关政策的通知》（以下简称

《通知》），允许境内非金融机构以人民币境外放款。为进一步规范境内企业的人民币境外放款，中国人民银行2016年11月29日印发《关于进一步明确境内企业人民币境外放款业务有关事项的通知》，规定放款人与借款人之间应具有股权关联关系。对境内企业人民币境外放款业务实行本外币一体化的宏观审慎管理。截至2015年末，中国境内金融机构人民币境外贷款余额达3153.47亿元，同比增长58.49%；新增贷款139.74亿元，同比增长27.84亿元①。广东自由贸易试验区获批后，为支持前海深港现代服务业合作区开发建设，规范前海跨境人民币贷款业务管理，经中国人民银行批准，2012年底《前海跨境人民币贷款管理暂行办法》发布实施，规定符合条件的境内企业可从香港经营人民币业务的银行借入人民币资金；中国人民银行深圳市中心支行根据香港人民币业务发展情况、前海建设发展需求和国内宏观调控的需要，对前海企业获得香港人民币贷款实行余额管理；前海跨境人民币贷款必须用于前海的建设与发展；前海跨境人民币贷款期限和利率由借贷双方自主确定。随后这一政策推广到其他自由贸易试验区。据报道，从2013年1月22日正式启动到2015年3月底，前海跨境人民币贷款备案金额达到911亿元，提款228亿元②。

跨境人民币双向资金池业务源自自由贸易试验区的试点。2013年12月，中国人民银行出台了《关于金融支持中国（上海）自由贸易试验区建设的意见》，提出在上海自贸试验区内试点跨境人民币双向现金池业务，在原有跨境人民币单向境外放款的基础上，进一步开放境外人民币资金回流通道，实现境内人民币资金池与境外人民币资金池内资金的双向流通。2014年11月1日，中国人民银行发布《关于跨国企业集团开展跨境人民币资金集中运营业务有关事宜的通知》，明确"跨国企业集团按照本通知有关要求可以开展跨境人民币资金集中运营业务，包括跨境双向人民币资金池业务和经常项下跨境人民币集中收付业务。"根据该通知，跨境双向人民币资金池业务是指跨国企业集团根据自身经营和管理需要，在境内外非金融成

---

① 中国人民大学国际货币研究所：《人民币国际化报告2016——货币国际化与宏观金融风险管理》，中国人民大学出版社，2016年10月。

② http://bank.hexun.com/2015-05-21/176000713.html。

员企业之间开展的跨境人民币资金余缺调剂和归集业务。2015年9月5日，中国人民银行发布《关于进一步便利跨国企业集团开展跨境双向人民币资金池业务的通知》，放宽了参加归集的境内外成员企业条件：境内成员企业上年度营业收入合计金额由不低于50亿元人民币降至不低于10亿元人民币；境外成员企业上年度营业收入合计金额由不低于10亿元人民币降至不低于2亿元人民币；境内外企业的经营时间由3年降至1年。跨境双向人民币资金池业务结算银行由1家改为1~3家，且不限于注册所在地。根据中国人民银行《人民币国际化报告2016》，截至2015年末，全国共设立跨境双向人民币资金池1026个，其中620个资金池发生了跨境资金收付，收款总额为4911.3亿元，付款总额为5387.2亿元，净付出为475.9亿元。

三、香港地区人民币离岸市场

2003年9月29日，内地与香港地区签署了《关于建立更紧密经贸关系的安排》（CEPA）。2003年11月19日，中国人民银行发布公告称："为便利内地与香港特别行政区之间的经贸和人员往来，引导在香港的人民币有序回流，经国务院批准，中国人民银行将为在香港办理个人人民币存款、兑换、银行卡和汇款业务的有关银行提供清算安排。"清算安排的具体措施主要包括：以公开、公正的方式选择一家具有丰富清算经验、拥有完备网络和熟悉两地金融管理政策法规的香港持牌银行，授权其作为香港有关银行办理人民币业务的清算行（以下简称"清算行"），办理符合规定的个人人民币业务的清算。清算行根据中国人民银行的授权，与自愿接受清算条件和安排、参加办理个人人民币业务的香港持牌银行（以下简称"参加行"）签订人民币业务清算协议，按协议为参加行办理清算业务。中国人民银行深圳市中心支行为清算行开立清算账户，接受清算行的存款，并支付利息。清算行的存款仅为其接受参加行所吸收的香港居民个人的人民币存款。清算行可作为中国外汇交易中心的会员，办理人民币与港币兑换业务的平盘。有关个人人民币银行卡的清算事宜由清算行、中国银联股份有限公司组织办理。内地居民可使用内地银行发行的个人人民币银行卡在香港用于购物、餐饮、住宿等旅游消费支付，以及在香港自动取款机上提取小额港币现钞。参加行或其附属机构向香港居民个人发行的人民币银行卡可在内地用于个人消费支付，以及在内地自动取款机上提取小额人民币现钞。具有个人人民币业务经营资格的内地银行可以接受经由清算行汇入的香港居民个人人民币汇款，该汇款的收款人须为汇款人，每人每天的人民币汇款最高限额为5万元。内地银行按有关规定办理汇款的解付。这些措施为香港建设人民币离岸中心奠定了坚实基础。之后，香港人民币业务范畴不断扩大。2005年，中国人民银行将个人人民币现钞兑换限额由每人每次6000元提高到每人每次2万元；香港居民人民币汇款由每人每天不超过5万元提高到每人每天不超过8万元；取消香港银行人民币卡授信额度限制；允许香港居民个人用人民币支票每天在8万元限额内支付在广东省的消费性支出。2007年1月，中国人民银行发布公告，首次规定境内金融机构经批准可在香港发行人民币债券。2007年6月，中国人民银行、国家发展和改革委员会共同发布《境内金融机构赴香港特别行政区发行人民币债券管理暂行办法》，允许符合条件的境内金融机构赴港发行人民币债券。同年7月，国家开发银行成功在香港发行首只50亿元人民币债券。2010年2月，香港金融管理局宣布，只要符合现有规定，且不涉及资金汇回中国内地，金融机构便可以在香港自由发行人民币债券。2010年7月，中国人民银行、中银香港签署了修订后的《香港银行人民币业务的清算协议》，允许符合条件的企业开立人民币账户，允许银行、证券及基金公司开发及销售人民币产品，推进发行市场和二级市场发展。2010年11月，财政部、香港金融管理局签署《关于使用债务工具中央结算系统（CMU）发行人民币国债的合作备忘录》。当年，财政部计划通过CMU债券投标平台面向机构投资者发行50亿元人民币国债。2012年5月，国家发展和改革委员会发布《关于境内非金融机构赴香港特别行政区发行人民币债券有关事项的通知》，明确允许企业赴港发行人民币债券募集资金。

香港地区自2004年成为第一个开展人民币业务的离岸市场后，迄今已拥有全球最大的离岸人民币资金池，最多的离岸人民币投资产品种类。其中，2016年香港人民币实时全额支付系统（RTGS）清算额达202万亿元人民币，在香港进行的人民币支付量占全球比重约七成。截至2017年3月底，香港人民币贷款余额达

2816亿元，为历年新高。

三、小结

中国是主动提出人民币国际化战略并采取措施加以推动的经济体，这与20世纪70~80年代的日本形成了鲜明的对比。除上面三个方面的政策外，还有一些政策也有利于人民币国际化。如在国际合作方面，中国与多国签订双边本币互换协议。双边本币互换安排有利于便利双方贸易投资中使用本币。根据中国人民银行统计，截至2015年末，中国人民银行与33个国家和地区的中央银行或货币当局签署了双边本币互换协议，协议总规模超过3.31万亿元人民币；在20个国家和地区建立了人民币清算安排，覆盖东南亚、西欧、中欧、中东、北美、南美、大洋洲和非洲等地，支持人民币成为区域计价结算货币。

纳入特别提款权（SDR）货币是人民币成为国际货币的一项重要标志。2015年11月30日，国际货币基金组织（IMF）宣布，从2016年10月1日起人民币正式纳入特别提款权（SDR）货币篮子，其份额为10.92%，位居第三，仅次于美元和欧元，超过日元和英镑。人民币正成为国际货币中的重要一员。据不完全统计，截至2015年12月末，境外央行和货币当局在境内外持有债券、股票和存款等人民币资产余额约8647.0亿元。

尽管如此，人民币国际货币地位仍有很大的提升空间。如在国际债券和票据市场上，人民币与目前主流国际货币相比还有相当大的差距。截至2015年底，在全球国际债券和票据余额中，美元占43.73%，欧元占38.48%，英镑占9.55%，日元占1.91%，而人民币仅占0.59%[1]。未来人民币国际化进程中存在一些障碍和不确定因素，主要包括：（1）未来中国国内经济、国际贸易和投资能否保持持续发展。人民币国际化近年来的快速推进，主要得益于中国经济和外贸长达30年的高

---

[1] 中国人民大学国际货币研究所：《人民币国际化报告2016——货币国际化与宏观金融风险管理》，中国人民大学出版社，2016年10月。

速增长①。当前,中国经济增长从高速向中高速转换,新的增长动力和出口竞争力尚未形成。受此影响,未来人民币国际化进程有放缓之虞。(2)中国国内金融体系的对内和对外开放,以及其中的风险防范。从日元国际化的经验来看,一国货币的国际化需要一个开放的金融体系。金融体系的开放不仅仅包括放开资本项目管制、外部资金进入国内金融行业和市场的准入限制、汇率形成机制的市场化改革等措施,还包括放开国内资本的市场准入,以期通过加强金融业的竞争,提升金融机构国际化的动力和能力。但与此同时,对于开放过程中蕴藏的风险要有足够的认识和防范。(3)国际市场对人民币的接受意愿和程度。历史经验表明,某一货币国际化的结局最终是由市场力量,即国际市场对该国货币的接受意愿和程度决定。中国经济贸易的快速发展、国内市场的巨大发展潜力是支持国际市场接受人民币作为国际货币的重要力量,但同时也存在一些抵消因素,如美元核心地位造成的网络外部性,一些国家对中国发展强大的防备心态和竞争心理,国际社会对人民币币值长期稳定性的担心,等等。

中国人民币国际化战略是其开放型经济建设和经济实力提升的必然选择。人民币国际化的深化反过来又促进了中国相关领域的进一步开放,成为开放型经济的重要推动力量。进一步扩大开放,应对好外部冲击,稳步提升国家经济实力,是未来进一步推进人民币国际化的重要动力。

第五节
金融业对外开放的未来

金融业对外开放是中国开放型经济建设的重要内容和支柱力量。未来,金融业对外开放的趋势将进一步扩大,但其中蕴含的风险不能忽视,因此开放的规范性会

---

① 1980—2010年,中国GDP年均增速为10%,出口额增长86倍,在世界贸易中的比重超过12%。

不断提高。从开放动力来看，中国自由贸易区战略和"一带一路"倡议将是金融业扩大对外开放的主要推动力，这体现了金融开放更加积极自主的特点。

一、金融业对外开放扩大将是大趋势

相较于可贸易部门，中国金融业对外开放相对缓慢，但开放的大方向一直没有改变。未来，金融业对外开放作为开放型经济新体制的重要内容，必将会进一步扩大。这种大趋势充分体现在2015年9月发布的《中共中央国务院关于构建开放型经济新体制的若干意见》之中。

该若干意见明确提出要构建开放安全的金融体系，提升金融业开放水平，稳步推进人民币国际化，扩大人民币跨境使用范围、方式和规模，加快实现人民币资本项目可兑换。（1）扩大金融业开放方面，要在持续评估、完善审慎监管和有效管控风险的基础上，有序放宽证券业股比限制，有序推进银行业对外开放，形成公平、有序、良性的金融生态环境。提升金融机构国际化经营水平，鼓励金融机构审慎开展跨境并购，完善境外分支机构网络，提升金融服务水平，加强在支付与市场基础设施领域的国际合作。建立健全支持科技创新发展的国际金融合作机制。（2）推动资本市场双向有序开放方面，积极稳妥地推进人民币资本项目可兑换。便利境内外主体跨境投融资。扩大期货市场对外开放，允许符合规定条件的境外机构从事特定品种的期货交易。研究境内银行、证券公司等金融机构和企业在有真实贸易和投资背景的前提下，参与境外金融衍生品市场。在风险可控的前提下，研究如何逐步开放金融衍生品市场。（3）建立走出去金融支持体系方面，构建政策性金融和商业性金融相结合的境外投资金融支持体系，推动金融资本和产业资本联合走出去。完善境外投融资机制，探索建立境外股权资产的境内交易融资平台，为企业提供"外保内贷"的融资方式。发展多种形式的境外投资基金，推进丝路基金、亚洲基础设施投资银行、金砖国家新开发银行设立和有效运作，构建上海合作组织融资机构。用好投融资国际合作机制，选准重点，积极推进与"一带一路"沿线国家合作。（4）扩大人民币跨境使用方面，推进亚洲货币稳定体系、投融资体系和信用体系建设。推进本币互换合作，进一步扩大经常项目人民币结算规模，支持跨国企业集团开展人民币资金集中运营业务。在涉外经济管理、核算和统计中使用人民币作为主要计价货币。加快人民币跨境支付系统建设，进一步完善人民币全球清算体系。进一步拓宽人民币输出渠道，鼓励使用人民币向境外进行贷款和投资。建设区域性人民币债券市场，进一步便利境外机构投资境内债券市场，支持境外机构在境内发行人民币债务融资工具，稳妥推进境内金融机构和企业赴境外发行人民币债券。支持离岸市场人民币计价金融产品的创新，加快人民币离岸市场建设，扩大人民币的境外循环。完善汇率形成机制和外汇管理制度，有序扩大人民币汇率浮动区间，增强人民币汇率双向浮动弹性。深化外汇管理体制改革，进一步便利市场主体用汇，按照负面清单原则推进外商投资企业外汇资本金结汇管理改革。创新国家外汇储备使用方式，拓宽多元化运用渠道。

为落实上述意见，2017年1月国务院发布的《关于扩大对外开放积极利用外资若干措施的通知》明确提出，服务业重点放宽银行类金融机构、证券公司、证券投资基金管理公司、期货公司、保险机构、保险中介机构外资准入限制。支持外商投资企业拓宽融资渠道，外商投资企业可以依法依规在主板、中小企业板、创业板上市，在新三板挂牌，以及发行企业债券、公司债券、可转换债券和运用非金融企业债务融资工具进行融资。推进外资跨国公司本外币资金集中运营管理改革，积极吸引跨国公司在我国设立地区总部和采购中心、结算中心等功能性机构，允许外资跨国公司开展本外币资金集中运营，促进资金双向流动，提高资金使用效率和投资便利化水平。完善外商投资企业外债管理制度，统一内外资企业外债管理，改进企业外汇管理，提高外商投资企业境外融资能力和便利度。

二、金融业对外开放将更加规范

风险因素是影响金融业对外开放进展的重要因素。金融业对外开放总是伴随着很多不确定性。从2017年上半年监管部门出台的文件来看，中国金融业对外开放在未来将会处于一个规范加强的阶段。

2017年1月25日，银监会发布了年度第1号文——《关于规范银行业服务企业走出去，加强风险防控的指导意见》，提出银行业金融机构要"完善境外机构布局"。一是完善境外重点国家和地区机构布局。银行业金融机构应做好境外机构布设的中长期规划，加强前期评估工作，综合考虑自身战略、客户业务需求、自身风险管控能力以及目标国家的政治、经济、法律、社会和竞争环境，重点在走出去企业相对集中、对中资银行业金融机构服务需求或潜在需求较大的区域完善布局。二是合理选择境外机构形式。银行业金融机构应审慎评估自身境外经营实力和风险管控能力，合理选择代表处、分行、子行或子公司等形式设立境外机构，遵循市场化原则进入目标国家和地区。银行业金融机构可通过发展代理行和战略合作伙伴、加强与当地同业合作等方式，扩大服务半径。三是防范跨境并购风险。银行业金融机构开展跨境并购，应客观评估自身跨境管理能力和资源调配能力，全面、深入地了解目标市场环境，确保跨境并购符合本机构战略规划、业务整合产生协同效应，审慎分析并购可行性和交易可操作性，合理确定并购价格及风险缓释条款。四是加强境外机构管理。银行业金融机构应制定全面、清晰的境外机构管理制度，明确总行（公司）与境外机构之间的权责边界、报告路线等，加强内审、合规、风险、信息技术等条线管理，强化检查与问责，确保境外机构经营活动得到总行（公司）的有效管控。

2017年1月26日，国家外汇管理局发布《关于进一步推进外汇管理改革完善真实合规性审核的通知》，在出台扩大境内外汇贷款结汇范围、允许内保外贷项下资金调回境内使用、进一步便利跨国公司外汇资金集中运营管理、允许自由贸易试验区内境外机构境内外汇账户结汇等开放措施外，也提出要进一步规范货物贸易外汇管理，完善经常项目外汇收入存放境外统计，加强境外直接投资真实性、合规性审核，实施本外币全口径境外放款管理。规定境内机构应当按照"谁出口谁收汇、谁进口谁付汇"原则办理贸易外汇收支业务，及时办理收汇业务，外汇局另有规定除外；因各种原因已将出口收入或服务贸易收入留存境外但未按规定报告的境内机构，应在一个月内主动报告相关信息；境内机构办理境外直接投资登记和资金汇出手续时，除应按规定提交相关审核材料外，还应向银行说明投资资金来源与资金用途（使用计划）情况，提供董事会决议（或合伙人决议）、合同或其他真实性证明材料。银行按照展业原则加强真实性、合规性审核；境内机构办理境外放款业务，本币境外放款余额与外币境外放款余额合计最高不得超过其上年度经审计财务报表中所有者权益的30%。

2017年5月26日,国家外汇管理局发布《关于金融机构报送银行卡境外交易信息的通知》规定,银行卡境外提现信息采集范围为境内银行卡在境外金融机构柜台和自动取款机等场所和设备发生的提现交易。银行卡境外消费信息采集范围为境内银行卡在境外实体和网络特约商户发生的单笔等值1000元人民币以上(不含1000元)的消费交易。

三、金融业对外开放将更加自主

未来,中国的自由贸易区战略和"一带一路"倡议正成为推动金融对外开放的主要外部推动力。

中国自由贸易区战略包括双边多边自贸区和自由贸易试验区两个重要组成部分,前者是中国与他国签订的相互开放商品和服务贸易的自由贸易协定(FTA),后者是中国根据自身的发展要求在境内划定的经济区内实施特殊的对外开放政策的试验区(FTZ)。随着投资协定、负面清单和准入前国民待遇原则被纳入中国—韩国、中国—澳大利亚FTA,FTZ试点由上海扩至广东、福建和天津,中国的自由贸易区战略进入升级发展阶段。中国的FTA谈判紧跟世界区域经济一体化不断深化的大方向,投资、金融开放方面的内容增多,并且引入了负面清单和准入前国民待遇原则。新构建的中韩、中澳FTA是目前国际上高水平FTA的重要组成部分。中国2008年之前着力发展了与亚太国家和地区的FTA,之后转向欧洲和非洲。截至2015年11月底,中国已签署了14个自贸协定,涉及22个国家和地区,有6个自贸协定正在谈判,5个正在研究。其中,与欧洲的瑞士和冰岛签订了FTA,与挪威的FTA正在谈判,与摩尔多瓦正在研究FTA事宜。

表 6-4　中国自由贸易区签订国别（地区）分布状况（截至 2015 年底）

	亚洲地区	大洋洲	欧洲	拉美与非洲
已签署	韩国、新加坡、东盟、东盟 10+1 升级、巴基斯坦、内地与港澳地区亲密经贸关系安排	澳大利亚、新西兰	瑞士、冰岛	智利、秘鲁、哥斯达黎加
在谈判	中日韩、巴基斯坦第二阶段、海合会、斯里兰卡、马尔代夫		挪威	
在研究	印度、格鲁吉亚	斐济	摩尔多瓦	哥伦比亚

资料来源：中华人民共和国商务部。

与加入 WTO 时在外部约束条件下的开放不同，目前中国在自由贸易区框架下的开放更多的是主动开放模式。中国在国际经济格局中的地位显著提升。中国更加主动地融入全球化是中国内在发展的需要，也是中国使世界共享中国快速发展成果的必然选择。在这个大背景下，中国不但与其他国家加快了经济一体化的步伐，而且在境内划定区域设立自由贸易试验区，推动自主开放。上海自由贸易试验区于 2013 年 9 月 29 日挂牌成立，之后推出多项改革开放的试点举措。2014 年底 FTZ 试点扩至广东、福建和天津。上海 FTZ 的有些试点措施不但在其他 FTZ 推广，甚至扩展至全国，中国的对外开放水平进一步提高。

FTZ 战略是推进中国金融市场对外开放的重要措施，上海、天津、广州、福建自贸试验区都先后有跨境人民币使用等配套金融开放的政策细则出台。2014 年 2 月，央行发出《关于支持中国（上海）自由贸易试验区扩大人民币跨境使用的通知》，目的是简化试验区内经常和直接投资项下人民币跨境使用流程，对人民币境外借款、双向人民币资金池、跨境人民币集中收付、个人跨境人民币业务等进行具体规范。2015 年 12 月 11 日，天津、广州和福建自贸试验区的金融改革方案出台，目的是在上海自贸试验区 FT 账户运行的经验基础上，促进自贸试验区跨境贸易和投融资便利化，支持实体经济发展。天津、广州和福建自贸试验区采用限额内资本项目可兑换的方式，对符合条件的境内机构可在限额内自主开展跨境投融资活动，限额内实行自由结售汇，并可以申请互联网支付业务许可等。

在双边自贸协定中，金融是中国新时期对外开放的重中之重。以中澳自贸协定为例，澳大利亚成为世界上第一个对中国以"负面清单"方式做出服务贸易承诺的国家。中方则以正面清单的方式向澳方开放服务部门。其中，澳方的服务条款共涉及六大领域，分别是专业服务、电信服务、分销服务、金融服务、运输服务、其他服务。中方服务条款涉及五方面领域，分别是商业服务、电信服务、教育服务、金融服务、其他服务。在中澳自贸协定的框架下，除双方彼此做出金融开放承诺外，双方还一致同意，未来将就银行、证券、反洗钱等共同感兴趣的议题开展对话与合作。例如，在中方要求下，澳方承诺将对外国银行分行的流动性覆盖率要求从100%降到40%，我方中资银行在澳分行的资金成本将大幅降低；澳方将对被提名担任中资银行澳大利亚分行或子行"负责经理人"的中方人士，结合有关要求，考虑中方人士在中国获得的相关资格和经验，为中资银行经理人赴澳开展业务提供便利；此外，中国机构可在国民待遇基础上，以支付体系成员和支付系统运营商的身份在澳大利亚提供支付服务，为中国金融机构"走出去"创造良好营商环境。

表6-5 《中澳自由贸易协定》双方的金融开放

金融服务	开放内容
中国（正面清单）	允许在华提供机动车交通事故责任强制保险；缩短澳银行在华经营人民币业务开业年限，取消部分业务开展要求；允许设立合资期货公司；允许在华设立证券合资公司
澳大利亚（负面清单）	存款吸收机构不得接受存款低于25万澳元的初始存款；保留监管机构审批的权利，取消联邦层面以商业形式提供服务的所有市场准入限制

资料来源：根据《中澳自由贸易协定》内容整理。

资金融通是"一带一路"沿线各国实现互联互通的重要内容。为解决融资瓶颈问题，习近平主席在2017年5月14日"一带一路"国际合作高峰论坛上表示，中国将加大对"一带一路"建设资金支持，向丝路基金新增资金1000亿元人民币，鼓励金融机构开展人民币海外基金业务，规模预计约3000亿元人民币。中国国家开发银行、进出口银行将分别提供2500亿元和1300亿元等值人民币专项贷款，用于支持"一带一路"基础设施建设、产能、金融合作。中国还将同亚洲基础设施投资银行、金砖国家新开发银行、世界银行及其他多边开发机构合作支持"一带一路"项目，同有关各方共同制定"一带一路"融资指导原则。这些措施无疑将推动中国金融的进一步开放，包括金融机构国际化、人民币国际化和跨境资金流动。

第七章
对外开放的区域推进

　　1978—1999 年，我国按照"重点突破""从点到线""从线到面"的三个主要步骤推进区域对外开放，初步形成全方位区域开放格局。改革开放初期，我国经济百废待兴，开放程度很低，同时也面临着国际产业转移的历史机遇。在此背景下，我国首先选择以经济特区为试验田寻求"重点突破"。经济特区建设既有顶层设计，为特区发展指明了大方向，更有基层探索，通过地方的大胆探索，达到了"草鞋没样、边打边像"的效果。其次是"从点到线"，把特区探索出的开放经验推广到 14 个沿海城市再到沿海经济开放区，形成一条完整的沿海开放经济带。最后是"从线到面"，以 6 个长江港口城市与三峡地区、14 个沿边城市、18 个省会首府城市开放，依次带动沿江、沿边和内陆开放。21 世纪初期，随着加入世界贸易组织并逐步形成区域发展总体战略，我国开始从以优惠政策为主要特征的政策性开放向公平统一的制度性开放转变。党的十八大以来，"一带一路"倡议和京津冀协同发展、长江经济带两大战略互相衔接、互为支撑，为当前和今后一个时期我国深化区域开放指明了方向。

　　经过近 40 年的努力，我国已经成为世界上具有重要影响力的经贸大国，并且正在向经贸强国迈进。但也应看到，我国区域开放不协调导致发展不均衡。经济新常态下，优化区域开放布局应着重扩大内陆沿边开放，摒弃"不沿海，难开放"的"宿命论"，从硬件和软件两个方面加强内陆沿边与沿海、周边国家的互联互通，在守住生态红线的前提下，重点发展以比较优势为依托、对物流成本敏感度低的高附加值制造业及其贸易、服务业及其贸易，对照高标准建设好内陆沿边的自由贸易试验区等"制度开放高地"。同时，沿海地区要优化营商环境，全面深化服务业的改革开放。

第七章
对外开放的区域推进

第一节
重点突破：设立经济特区

基于改革开放初期国内外形势的判断，以邓小平同志为核心的党中央做出了实行改革开放的历史性决策。重大改革要有突破口与试验田，设立经济特区就是盘活改革开放全局的关键一招。近40年来，经济特区始终是我国对外开放的基地和窗口，同时也是以对外开放促进经济体制机制改革的试验田。

一、当时的国内外经济环境

从国内看，我国经济社会百废待兴，与国际市场联系较少。1978年，我国经济总量仅排世界第十位，占世界经济的份额只有1.8%，人均国民收入仅为190美元，处于低收入国家行列。外贸依存度仅为4.7%，货物进出口总额只有206亿美元，占世界贸易的份额微乎其微。"引进来"和"走出去"非常有限。外汇储备极其短缺，仅有1.67亿美元，人均外汇储备折合成人民币不足1元。正如邓小平同志指出的那样，"总结历史经验，中国长期处于停滞和落后状态的一个重要原因是闭关自守。经验证明，关起门来搞建设是不能成功的，中国的发展离不开世界"。

从国际上看，我国已经错过了两轮经济全球化进程：一是二十世纪五六十年代的国际产业结构调整，日本抓住了这个机遇实现了"二战"后迅速重建；二是20世纪70年代美欧日等发达国家劳动密集型产业转移，亚洲"四小龙"抓住这个机遇实行出口导向战略实现了"东亚经济奇迹"。同时，我国也面临着新一轮经济全球化的机遇。20世纪70年代末，部分发达国家经济滞胀，产能严重过剩，相关资本和技术急需寻找新的投资目的地；日本和亚洲"四小龙"劳动力成本不断上升，出现了劳动密集型产业向外转移的趋势。

二、东部率先开放的必然性

改革开放需要寻找突破口和试验田。这首先是集中生产要素的需要。在中国这个幅员辽阔、人口基数大、经济发展底子薄的国家,如果一步到位地全面摊开,则不利于集中劳动力、资本、技术等生产要素,难以发挥其规模经济效应。其次是开展制度创新的需要。在传统集中型计划经济体制框架内,既有错误意识形态的束缚,也有既得利益者的羁绊。在原有体制外,开辟出若干新的试验田,有利于减轻改革开放的阻力,加快探索经济发展新途径的步伐。再次是管控风险的需要。"摸着石头过河",在较小的地域范围内,胆子可以更大一点,步子可以更快一点。如果成功,可以逐步推广其经验和做法。如果失败,风险也相对可控。

党的十一届三中全会后,邓小平同志要求"在全国的统一方案没有拿出来以前,可以先从局部做起,从一个地区、一个行业做起,逐步推开,中央各部门要允许和鼓励它们进行这种试验"①。1979年4月,他明确提出了创办特区的设想:"可以划出一块地方,叫特区。陕甘宁就是特区嘛。中央没有钱,要你们自己搞,杀出一条血路来。"②

邓小平同志的设想提出后,党中央决定在广东和福建两省启动"特殊政策、灵活措施及试办特区"的试点。选择这两个东部沿海省份率先开放和试办特区有其历史必然性:首先是两省对外经贸合作条件好。沿海离世界主要市场相对较近,海运便利,工业基础相对较好。选择特区主要是考虑到"深圳毗邻香港,珠海靠近澳门,汕头是因为东南亚国家潮州人多,厦门是因为闽南人在外国经商的很多"③,便于吸收华侨和外商资本、引进技术,发展对外贸易。其次,两省处于边防前沿,经济发展受到影响,与其毗邻地区发展差距拉大,出现过"逃港风"等现象,需要给予机会,让其赶上来。最后,对祖国统一也有积极意义。

---

① 《邓小平文选》(第2卷),人民出版社,1993年,第150页。
② 《邓小平文选》(第3卷),人民出版社,1993年,第51页。
③ 《邓小平文选》(第3卷),人民出版社,1993年,第366页。

三、经济特区的特殊政策

党中央的决策得到了迅速而坚决的贯彻。1979年5月,时任副总理谷牧带领工作组前往广州,研究制定具体实施方案,得到了当时正在广州休假的叶剑英同志的指导和主政广东的习仲勋、杨尚昆同志的支持。1979年6月,党中央和国务院专门听取了工作组的汇报。1979年7月,党中央批准广东省委和福建省委关于对外经济活动实行特殊政策和灵活措施的报告,以中央〔1979〕50号文件下发,除了在两省实行财政和外汇包干制、下放经济管理权限、发挥市场调节作用等政策外,还决定在深圳、珠海、汕头、厦门试办出口特区。后来,根据邓小平同志意见,将出口特区改名为经济特区。1980年8月和1981年11月全国人大常委会分别批准在深圳、珠海、汕头和厦门设立经济特区,相关措施以法律形式正式确定下来。1988年4月,全国人大通过决议,地理优势突出、资源较为丰富的海南建省一并设立为经济特区。至此,五大经济特区均告成立。

特区"特"在哪?"特"在特殊的经济体制机制和特殊的经济政策。经济体制机制方面,在特区和非特区之间设立严格的特区管理线,一线放宽,二线管严,在经济特区实行"以吸收外资为主、市场调节为主、扩大出口为主"的特殊管理体制。1981年11月全国人大常委会赋予广东和福建制定所属经济特区各项单行法规的权利,1988年国务院又将深圳列为计划单列市,赋予其省一级的经济管理权限,1992年全国人大常委会又授予深圳制定地方法规和规章的权限。经济政策方面,中央、省、市三个层面都对经济特区尤其是外商在特区的投资给予了大量的优惠政策,具体如表7-1所示:

表 7-1 经济特区的特殊经济政策

序号	领域	特殊政策
1	准入	a. 外商可投向工业、农业、商业、旅游、交通、金融、高科技等行业。在港澳设立的中资银行和符合条件的外资银行可设立分支机构 b. 外商拥有投资经营自主权,可自主选择独资、合资、合作、"三来一补"(来料加工、来样加工、来件装配和补偿贸易)等投资经营方式,依法进行的经营管理活动不受干涉
2	劳动力	a. 特区企业实行合同制,企业自行决定劳动力的使用和工资水平,建立退休养老和社会保险制度 b. 简化人员出入境手续,便利外国人、华侨和港澳同胞往来
3	土地	外商可以获得土地使用权,在适用期限和收费标准上给予适度优惠
4	贸易	a. 特区外贸自主经营,还可接受内地省市委托代理进出口业务 b. 除进口矿物油、烟、酒减半征收工商统一税外,特区自用的其他生产资料和消费资料进口都免征工商统一税 c. 鼓励外商采购国内生产的机器设备、原材料等商品,并给予其价格优惠 d. 鼓励外资企业出口,免征出口税和工商统一税。允许符合条件的外资按一定比例内销,需要按一般进口规定补征相关税收
5	外汇	a. 外资企业的合法利润及其职工的合法收入,可经特区银行汇出 b. 外资企业之间可依法调剂外汇余缺 c. 特区银行经营外资企业的现汇抵押业务,贷方人民币 d. 外商停业的,可将其资产转让或汇出
6	所得税	外商投资收入一律按 15% 征收所得税,低于香港地区 17% 的所得税率。其中,经营 10 年以上的,生产性行业免税 2 年、减半征收 3 年,投资额超过 500 万美元的服务性行业免税 1 年、减半征收 2 年
7	财政金融	a. 在国家财力允许的条件下,适度增加对特区的支持 b. 特区的银行存款和土地、财政、外汇收入,在一定期限内自行使用

特殊政策对经济特区的起步发挥了重要作用。随着我国改革开放的深入推进,大多数特殊政策都变成了全国通用的普惠政策,一些政策在试点到期后也没再延续,经济特区发展初期享有的特殊优势渐渐弱化。比如,1994 年我国财税和汇率

体制改革,将经济特区的许多政策推广到全国。2001年我国加入世界贸易组织后,针对外商的特殊优惠政策逐步被取消。2008年新的《企业所得税法》对内外资企业一视同仁,将所得税率统一为25%。

四、经济特区的发展成就

经济特区一经创办,就展现出巨大的发展活力,不仅成为拉动全国经济增长的火车头,更成为以开放促进改革发展的排头兵。以深圳为例,1979—2014年GDP年均增长率高达23.5%,远远高于全国9.8%的年均增速(参见图7-1)。纵观近40年的经济特区发展历程,大致可以分成三个阶段:

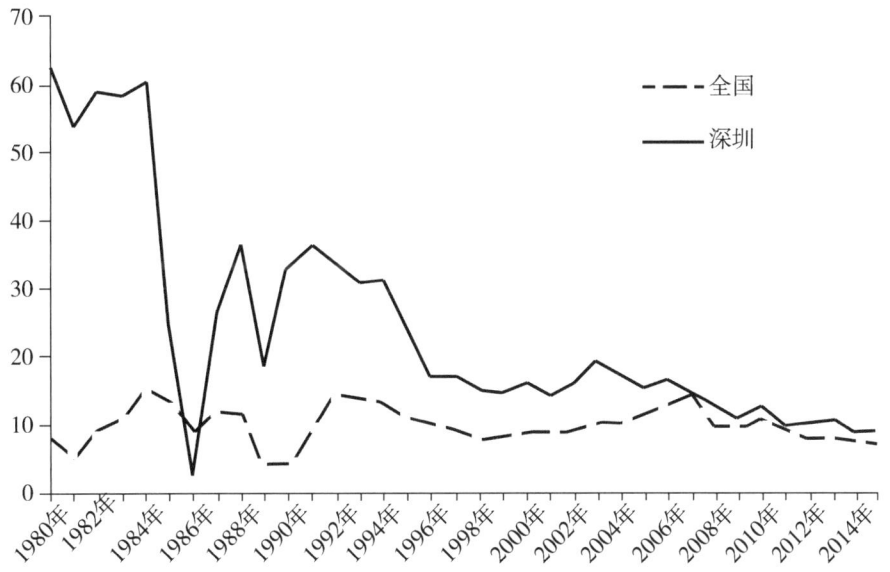

图7-1 深圳与全国经济增速的比较(单位:%)

注:2014年以前,数据来自2015年《深圳统计年鉴》和《中国统计年鉴》,2015年数据来自深圳和全国统计公报。

1. 1979—1991年:从零起步发展外向型经济

经济特区建设基本上是从一张白纸开始的,深圳是一个只有两三条街道的边陲小镇,珠海是一个默默无闻的滨海渔村,汕头、厦门特区则是市郊的荒滩和山坡,海南也是一个发展落后的南海岛屿。

经济特区首先从基础设施建设着手,目的是营造一个良好的投资环境。1979—1985年,深圳、珠海、汕头、厦门这四个特区累计投入基建资金97亿元,开发了60平方公里的建设用地,一批车站、码头、机场、电站快速完工,如深圳蛇口用很短的时间完成了移山填海,建成可停靠5000吨级船舶的码头,彰显了"深圳速度"。这些建设资金以自筹为主,如在深圳初期建设资金中,约1/3来自外资,1/3来自银行贷款,而国家财政拨款只有1/4左右。与此同时,特区非常注重对外经济合作。凭借要素成本、优惠政策以及快速发展的基础设施建设,特区大量引进以"三来一补"为主的外资项目。到1983年底,深圳引进的"三来一补"项目占所有2512个外资项目的82%,其中1983年科技含量较高的电子类外资项目产值占全市工业产值的1/3。特区创办的前五年,深圳经济增长率都在50%以上,1984年GDP是1979年的11.9倍。1984年邓小平同志视察深圳、珠海特区时,分别题词"深圳的发展和经验证明,我们建立经济特区的政策是正确的""珠海经济特区好"。

1986年初,为适应特区发展出现的新情况,中央对搞建设、打基础为主的特区工作重点进行了调整,明确提出在"七五"期间经济特区要建立以工业为主、工贸结合的外向型经济,以具有先进技术水平的工业为主的产业结构,以吸引外资为主的工业投资结构,以先进技术为主的引资结构,以出口为主的贸易结构。经过努力,到20世纪90年代初期,经济特区以工业为主的外向型经济框架初步建成。工业项目成为建设重点,一批非生产性项目停建、缓建。中外合资、中外合作、独资等"三资"企业快速发展,改变了此前"三来一补"企业一枝独秀的局面。到1990年底,四个经济特区吸收的外资占全国的28%,深圳、汕头外资占工业产值的63%以上,厦门接近一半,珠海也达到三成。[①] 对外贸易从收购内地产品出口为主向特区自产产品出口为主转变,自产产品出口占比提高到60%以上。"七五"期间,深圳的年均经济增长率降到22.4%,但仍然远高于全国7.9%的年均增长率,而且经济发展的动力和后劲更加充足。

---

① 覃定超:《中国沿海开放地区九十年代经济发展战略研究》,中国计划出版社,1993年,第4页。

这一时期，经济体制机制改革贯穿始终，以适应外向型经济不断发展的迫切需要，并为外向型经济发展提供重要保障。1986年以前，深圳特区跳出现行体制之外，"特事特办，新事新办，立场不变，方法全新"，从基本建设管理和价格体制改革破局，逐步在计划、物资、流通、工资、劳动等领域进行深入改革，为特区搞建设、打基础扫清体制障碍。1986年后，外向型经济的快速发展倒逼了土地、国企、产权等领域的改革创新，初步形成以市场调节为主、计划调节为辅的经济体制机制。

2. 1992—2008年：调整提高增创新优势

1992年邓小平同志南方谈话后，全国经济增长提速，全方位对外开放的格局基本形成，其他城市和地区的发展对经济特区构成竞争，上一阶段的多数特区优惠政策已经普惠全国，社会上出现了一些"特区不特"的声音。

经济特区亟须在全国发展大局中重新定位、找准发展方向。为此，中央明确继续支持经济特区发展，要求特区加快"三个转变"：一是经济体制从传统的计划经济体制向社会主义市场经济体制转变；二是经济增长方式从粗放式向集约式转变；三是特区发展从主要依靠特殊政策向提高整体素质、增创新优势转变。

在此背景下，经济特区开始积极探索新的发展方式：

一是大力发展高端制造业和高端服务业。深圳提出了以高新技术为先导的发展战略，确立高科技在经济发展中的优先地位。2008年高新技术产品产值达到8711亿元，其中自主知识产权产品占比接近60%，华为、中兴等企业迅速成长起来。同时，加快发展金融和物流等服务业，2008年末金融机构存贷款余额分别超过1万亿元，深圳港集装箱吞吐量跻身世界第四位。高新技术产业、现代物流业、现代金融业成为深圳特区经济的三大支柱。

二是提高对外开放水平。经济特区始终坚持对外开放，截至2008年，深圳已经连续16年成为全国出口总额最大的城市，吸引的外资占珠三角地区的40%以上。不仅如此，特区还着力提高开放水平。在对外贸易方面，2008年高新技术产品出口突破1400亿美元。在对外投资方面，深圳企业成为我国走出去的"领头羊"，利用国际国内两个市场、两种资源的能力不断增强，海外投资年均增速超过30%，其中高新技术的民营企业占到很大一部分。

三是坚持体制机制改革。邓小平同志南方谈话后,深圳提出要率先建立社会主义市场经济体制。为实现这个目标,深圳在住房体制改革、完善社会保障制度、建立现代企业制度、建立与国际接轨的市场规则和体制等方面进行积极探索。比如,率先创办证券、期货和生产资料等交易市场,推动生产要素价格市场化,率先进行失业、养老和医疗等社会保障制度改革,等等。

3. 2009年至今:创新引领经济新常态

新的形势要求特区做出新的突破。2008年国际金融危机后,世界经济进入"新平庸"时期。拉动此前世界经济"黄金增长期"的三大动力都已减弱:一是经济全球化遭受波折,全球贸易量增速连续几年低于世界经济增速,"反全球化"声音增多,保护主义政策升级;二是科技创新转入低潮,上一轮信息化对经济的驱动力衰减,新一轮科技革命还有待酝酿;三是各主要经济体的人口老龄化。与此同时,我国经济进入新常态。旧动能逐步消退,新动能正在凝聚。2010年劳动年龄人口达到峰值后快速减少,劳动力工资水平增速快于劳动生产率增速。随着资本不断积累,近年投资回报率也在下降,民间投资增速连年下跌,特别是2016年出现了大幅滑落。沿海劳动密集型产业向我国中西部和周边国家转移的步伐加快。

2012年12月,习近平同志上任后的首次离京视察就选择了深圳,并提出了"三个定位、两个率先"的要求,也即广东要努力成为发展中国特色社会主义的排头兵、深化改革开放的先行地、探索科学发展的试验区,为率先全面建成小康社会、率先基本实现社会主义现代化而奋斗。①

经济新常态下,深圳将加快建成现代化、国际化创新型城市和国际科技、产业创新中心作为城市发展的主导战略,积极构建综合创新生态系统,全社会研发投入占GDP的比重从2009年的3.4%提高到2014年的4%(参见表7-2),创新对经济增长的主引擎作用不断凸显。一是巩固高新技术产业、现代物流业、现代金融业等产业在经济发展中的支柱作用。其中,2014年先进制造业占到规模以上工业增

---

① 崔孝松:《从历次国家主要领导人视察深圳经济特区解读其历史使命》,《特区经济》2015年10月。

加值的76.1%，国家级高新技术企业超过5000家，高新技术产品在外贸总额的比重达56%；金融总资产位居全国第三；顺丰等物流公司快速崛起，全国80%的供应链管理公司总部设在深圳。二是着力培育和发展生物、新能源、新材料、互联网、新一代信息技术、文化创意等战略性新兴产业。2014年战略性新兴产业增加值占到GDP的40%，其中，互联网产业快速发展，培育出腾讯等一批全国领军企业；近年新一代信息技术产业增速保持在经济增速的两倍以上；以比亚迪、深圳能源为代表的新能源产业也呈现出良好的发展态势。三是探索发展智能装备、机器人、生命健康、海洋等未来产业，编制未来产业发展规划，建设阿波罗等未来产业园，成立无人机等创新联盟，未来产业产值超过4000亿元，为经济发展注入了新动能。

表7-2 深圳将创新作为经济发展的主引擎

指标	2009年	2014年
研发投入占GDP比重/%	3.4	4
专利授权总量/件	25894	53687
其中：发明专利	8132	12040
高新技术产品进出口/亿美元	1534.5	2476.2
其中：进口	684.3	1108.8
出口	850.2	1367.4
单位GDP能耗/（吨标准煤·万元$^{-1}$）	0.529	0.404
可吸入颗粒物年均值/（mg·m^{-3}）	0.057	0.053

注：数据来自2015年《深圳统计年鉴》。

深圳的创新发展是在高水平的对外开放中实现的。开放大大降低了探索的成本，缩短了试错的时间，形成了深圳的后发优势。[①] 一方面，"优进"为创新提供外部支持。新时期，深圳聚焦打造市场化、国际化、法治化营商环境，坚持提高利用外资的质量和水平。"十二五"期间实际利用外资增长了42%，世界500强企业中有270家在深圳投资，为深圳创新发展带来了市场竞争效应和溢出效应。深圳鼓励进口技术含量高的产品，对相关成套设备进口实行贴息，2014年高新技术产品

---

① 南岭：《经济特区发展的"深圳共识"》，《特区实践与理论》2015年第4期。

进口额是2009年的1.6倍,助推了经济结构转型升级。另一方面,"优出"获取外部创新资源。深圳支持企业走出去,并购先进技术、优秀品牌和营销网络,并借此改造传统产业、发展新兴产业。2015年深圳对外直接投资比"十一五"增长了653%,比上年增长28.9%,境外投资1000万元以上研发企业新增255家,一大批企业在美欧等发达国家建立研发中心。

第二节
从点到线：开放沿海经济带

在特区实现突破后,我国先后开放了沿海城市和沿海地区,形成了经济特区—新区—沿海开放城市—沿海经济开放区多层次探索开放的局面。近40年来,沿海地区作为对外开放的先行者,对我国经济社会发展发挥了重要的辐射带动作用。

一、沿海城市的开放

经济特区设立后的一个月,中央决定给予北京和天津、上海两个沿海城市在外贸体制、出口促进等方面更多的自主权,对外贸业务实行以地方为主的双重领导,由各市编制外贸收购和出口收汇计划,开展工贸结合试点,扩大地方审批出境人员的权限。这是我国开放沿海城市的初步探索。1981年,国务院召开的沿海省市区对外经济工作座谈会专门讨论了如何发挥沿海优势,加快对外经济发展,带动全国发展。

1984年2月,邓小平同志在首次南方视察后指出:"除现在的特区之外,可以考虑再开放几个港口城市,如大连、青岛。这些地方不叫特区,但可以实行特区的某些政策。"[①] 4月,中央决定开放由北至南14个沿海城市,分别为大连、秦皇岛、

---

① 《邓小平文选》(第3卷),人民出版社,1993年,第52页。

天津、烟台、青岛、连云港、南通、上海、宁波、温州、福州、广州、湛江、北海。具体措施如下：

一是放宽利用外资建设项目的审批权限。其中，生产性项目利用外资属于不需国家综合平衡、产品不需国家报销、出口无配额、外资可自行偿还的，天津、上海对每个项目的审批权限提高到3000万美元，大连提高到1000万美元，其他沿海城市提高到500万美元。非生产性项目利用外资属于不需国家综合平衡、自筹和进口器材建设，不论投资额多少，都由沿海城市审批。与上述项目有关的设备进口、人员出国、对外洽谈成交等，都由各市审批。各市把有关部门组织起来，一个口子管理外资，提高效率。

二是增加外汇使用额度和外汇贷款。在外汇使用额度方面，天津提高到每年2亿美元，上海提高到3亿美元，大连为1亿美元，其他城市也相应提高。在外汇贷款方面，中国银行应适当增加对沿海城市的外汇贷款，各市用以引进先进技术、进口关键设备的，使用中国银行和国际信托投资公司的外汇政策等同于利用外资。鼓励中国的银行与外资银行组成投资财团，支持沿海城市建设。

三是对三资企业给予若干优惠政策。选择能够推动全行业技术改造、产品外销替代进口和投资额大的项目，鼓励中外合资、合作经营，允许外商独资。在企业所得税方面，凡属技术和知识密集型的，或者外商投资额在3000万美元以上、投资周期长的，企业所得税按15%的税率征收。在土地适用费方面，各市可以灵活掌握。在关税和进口工商统一税方面，三资企业进口生产设备和建筑材料，为生产出口产品而进口的原材料和零部件，自用生产资料和生活资料，都免征关税和进口工商统一税。

四是支持外资改造老企业。对一些拥有一定基础，引进新技术和进口关键设备就能显著提高生产能力的中小型项目，鼓励利用外资，在结汇价格、关税和进口工商统一税、生产计划和利税上缴等方面给予支持。

五是发展进料加工出口。沿海城市要发挥比较优势，选择有生产能力、有原料来源、有稳定外销市场的项目，开展进料加工业务。鼓励相关企业与外商合作。在有条件的沿海城市推广"产销一条龙，工贸结合，进出结合，外汇按国际市场价结算，自负盈亏"的模式，免征工商统一税。

六是在经济管理体制改革方面走在前列。沿海城市的对外开放要和内部改革相结合，参照经济特区的成功经验，推广基建工程和承包责任制、劳动合同制、干部招聘制、市场工资制等创新体制，在银行体制改革、流通体制改革等方面进行积极探索。

七是提升几个城市的开放类别。这14个沿海开放城市中，仍然属于乙类及以下的城市，原则上都应该逐步调整为甲类。外资年度安排作为指导性指标，在固定资产投资中单列，可以根据实际情况做出调整。国内人员因公出国参照经济特区的办法，简化手续。

八是兴办经济技术开发区。可以在明确地域范围内兴办经济技术开发区，到1993年，除北海外的其他13个沿海开放城市都设立了国家级经济技术开发区。这些开发区的最初功能定位是：引进我国亟须的先进技术，集中设立三资科研机构，发展合作研究设计和生产，开发新技术，研制新产品，向内地提供新材料和关键零部件，传播新技术和管理经验。国家级经济技术开发区的优惠政策大体比照经济特区，比如三资生产性企业按15%的优惠税率征收企业所得税等。

经过近40年的发展，沿海开放城市的发展取得了辉煌的成就。从经济规模上看，2015年14个城市及其辖下的县（县级市）创造的地区生产总值占全国GDP的比重达到17%。其中，9个城市GDP超过5000亿元。上海以近2.5万亿元的经济总量高居全国第一，广州紧随北京之后排全国第三，天津也处于全国9个"万亿俱乐部"城市的行列。从人均GDP上看，2015年沿海开放城市人均GDP是全国人均GDP的1.57倍。其中，10个城市人均GDP高于全国，特别是广州、大连、天津、上海、宁波是全国人均GDP的2倍左右。温州是民营经济之都，创造出经济发展的"温州模式"，其成就可圈可点。

表 7-3　2015 年 14 个沿海开放城市的发展状况

序号	城市	GDP/亿元	占全国比重/%	人均 GDP/元	与全国人均 GDP 之比
1	上海	24965	3.69	103100	1.98
2	广州	18100	2.67	138377	2.66
3	天津	16538	2.44	106908	2.06
4	青岛	9300	1.37	102519	1.97
5	宁波	8012	1.18	102475	1.97
6	大连	7732	1.14	110673	2.13
7	烟台	6446	0.95	91979	1.77
8	南通	6148	0.91	84236	1.62
9	福州	5618	0.83	75259	1.45
10	温州	4620	0.68	50809	0.98
11	湛江	2380	0.35	32900	0.63
12	连云港	2161	0.32	48416	0.93
13	秦皇岛	1250	0.18	40689	0.78
14	北海	892	0.13	55409	1.07
合计		114162	16.84	—	—
平均		—	—	81696	1.57

注：根据 2015 年全国和各地统计公报数据整理。

二、整个沿海地区的开放

在创办经济特区和开放沿海城市的基础上，我国"从点到线"，逐步开放了整个沿海地区。1985 年 5 月，中央将长江三角洲、珠江三角洲和闽南厦漳泉三角地区开辟为沿海经济开放区。1988 年之后，又将辽东半岛、胶东半岛、济南等地列入沿海经济开放区。这样，沿海经济开放区囊括了辽宁、河北、天津、山东、江苏、浙江、福建、广东的 40 个地级以上城市和 215 个市辖县，不仅包括城镇，也包括农村，从南到北连接成一条线。在沿海地区实行的主要政策有：

第一，扩大省辖市及一些县利用外资对老企业进行技术改造和建设新厂的审批权限。省、直辖市按照国家规定的审批权限，确定这些地级市、县对外资的审批权限，以及与此相关的设备进口、出国考察、对外洽谈成交等审批，其中生产性项目的最高审批限额不得高于500万美元。这些项目必须是生产建设不需国家平衡、产品不需报销、出口不需额外增加配额、能够由地方统一偿还外资外汇的。

第二，对这些地区的重点出口创汇行业和企业技术改造，国务院有关部门和有关省政府要在资金、设备供应、技术指导等方面给予支持。在1990年前，有关市县为进行现有企业技术改造，便进口国内不能生产或保证供应的关键设备等生产资料；有关农村为发展出口导向型农业而进口的种子、饲料等生产资料，一律免征关税和进出口产品税或增值税。

第三，税收优惠。沿海地区市县举办三资企业，属于生产性项目和科研项目的，其企业所得税按应缴税额的80%征收，地方税收由省、直辖市自行决定。沿海农村地区利用外资发展出口导向的农业加工工业项目，除国家规定的优惠政策外，其企业所得税参照以上税率规定执行。利用外资举办能源、交通、港口项目和技术、知识密集型项目，或者外商投资额在3000万美元以上、投资周期长的生产性项目，经有关部门批准，按15%的优惠税率征收企业所得税，外商合法利润汇出免征税收。三资企业作为投资进口的生活设备、为生产出口产品而进口的原材料和零部件、自行使用的生活资料和交通工具，免征关税和进口产品税或增值税。这类企业产品出口时，免征关税和工商统一税。

第四，下放外贸出口经营权。这些地区生产的具有外销能力的产品经营权，下放到省、市，需要配额的在切块下达的范围内自行分配，需要许可证的，由各省发放。珠三角对港澳地区出口鲜活商品，可由地方公司经营，直来直去，自负盈亏。供应港澳地区的鲜活商品配额，由广东分配，其他由中央部门掌握的鲜活商品配额，优先照顾广东。江苏、浙江、福建和广东可批准成立经营地方产品的外贸公司，可在国外设立必要的经贸机构。

第五，外汇贷款支持。沿海经济开放区为生产出口产品而引进先进技术、设备和优良品种，中国银行要对发展前景好、创汇能力强的项目提供优惠外汇贷款。使用这些外汇贷款的全民所有制企业新增利润可先还贷款,后缴企业所得税。

第六,多种渠道筹集基础设施建设资金。沿海城市经批准后,可在当地发行专项债券或股票,集资用于经济建设项目。

第七,人员出入境便利。外交部门参照 14 个开放城市的办法,办理因公出国人员的审批、护照、签证等手续。

1988 年 1 月,我国提出了沿海地区经济发展战略。在产业结构方面,注重发展劳动密集型以及劳动密集型和知识密集型相结合的产业;在投资结构方面,重点放在吸引外资上,着重发展三资企业;在外贸结构方面,坚持"两头在外、大进大出"。

随着沿海地区的不断开放,我国从南至北逐步形成了北部湾、珠三角、闽南金三角、长三角、环渤海等各具特色的经济圈。比如珠三角经济圈,依靠劳动力等要素成本优势,积极承接港澳台地区及周边国家的产业转移,发展劳动密集型的加工贸易,成为"世界工厂",带动了经济社会的全面发展。港澳对内地投资的 40% 集中在珠三角,而珠三角 60% 以上的加工贸易由港澳企业实现。再如长三角经济圈,最初的发展是内向型的,形成了以乡镇企业驱动为主的苏南模式和以民营企业驱动为主的温州模式,随着对外开放的推进,该地区经济增长提速,质量和效益也明显提高,轻重工业并进,高新技术产业发展迅速。

改革开放以来,我国沿海地区取得了举世瞩目的发展成就,2014 年沿海地区以全国 38.3% 的人口创造了 51.2% 的 GDP,居民人均可支配收入比全国平均水平高出近 30%。沿海地区的发展成就很大程度上归功于对外开放,其抓住了承接国际产业转移的历史机遇,充分发挥了我国劳动力比较优势,并通过国际大市场实现了这一优势。

三、浦东等新区的开发开放

1990 年 1 月,在上海过春节的邓小平同志提出,"浦东开发晚了,但还来得及"。后来,他又陆续强调,"开发浦东,不只是浦东的问题,也是关系上海发展的问题,还是利用上海这个基地发展长江三角洲和长江流域的问题","要抓住 20

世纪的尾巴,这是上海的最后一次机遇"。1990年4月,国务院批复同意开发开放浦东。1992年党的十四大布置扩大对外开放工作时强调,要"以上海浦东开发开放为龙头,进一步开放长江沿岸城市,尽快把上海建成国际经济、金融、贸易中心之一,带动长江三角洲和整个长江流域地区经济的新飞跃"。①

1990—2000年是浦东开发开放的第一阶段。主要特点体现为"三高",即高强度投入、高层次规划和高水平开放。一是高强度投入。投入大量资金搞基础设施建设,先后完成了以交通、通信、能源为主的"第一轮十大基础设施工程"和浦东国际机场一期、地铁二号线、浦东信息港二期等"第二轮十大基础设施工程"。二是高层次规划。以陆家嘴金融贸易区为重点,全面推进资本市场建设,成立中国外汇交易中心暨全国银行间同业拆借中心,吸引上海证券交易所落户。以外高桥保税区为重点,拓展国际贸易、加工贸易和现代物流等主体功能。以"一江三桥"(张江高科技园区、外高桥保税区、金桥出口加工区和孙桥现代农业开发区)为重点,着重发展高科技产业。"一江三桥"成为高科技的代名词。三是高水平开放。浦东新区跨过劳动密集型、"三来一补"等阶段,在既有产业基础上,直接引入外资发展技术密集型和资本密集型产业,吸引了英特尔、惠普、罗氏、摩托罗拉等大型跨国公司。1995年,中央还允许浦东新区在服务业开放方面先行先试,这是我国首次对外开放服务业。此后,服务业开放逐步扩展到金融、会计、咨询、教育、医疗、电信、会展、旅游等领域。这样,浦东新区渐渐形成了以金融、高端制造业和高端服务业为主导的新型产业体系框架。

2001—2012年是浦东开发开放的第二阶段。浦东新区的功能定位明确,即在国家战略中发挥示范带动作用的改革开放先行先试区、自主创新示范引领区、现代服务业核心聚集区。2005年6月,国务院批准在浦东进行综合配套改革试点,中央部门的各种试点有十几个,其共性是"一分钱不给,一个项目不给,一条财税优惠政策不给",旨在打造制度环境高地,而非优惠政策洼地。随着各种政策的落地和试点的探索,浦东综合功能不断完善,经济环境持续优化,市场机制更为活跃,服

---

① 资料引自:江泽民在中共十四大上的报告。

务经济、开放经济、总部经济成为经济发展的三个鲜明特色。2002年，上海黄金交易所在浦东成立。2005年，中国人民银行上海总部落户浦东。2006年上海期货交易所、郑州商品交易所、大连商品交易所、上海证券交易所和深圳证券交易所在此发起设立了中国金融期货交易所。

2013年浦东迎来了一个新的时代。[①] 9月，中国（上海）自由贸易试验区（Free Trade Zone，缩写为FTZ，简称"上海自贸试验区"）在浦东正式成立，面积28.78平方公里，包括上海市外高桥保税区、外高桥保税物流园区、洋山保税港区和上海浦东机场综合保税区4个海关特殊监管区域。2014年底，经全国人大常委会授权，国务院将上海自贸试验区的面积扩展到120.72平方公里。

1990年以来，浦东迅速成长为带动上海、长江三角洲乃至整个长江流域经济发展的龙头。2015年，在全国经济增速下降到6.9%的背景下，浦东经济保持了9%以上的增长速度，地区生产总值达7898亿元，占到上海市的31.6%。服务业是浦东的经济支柱，第三产业增加值占到70%以上。"引进来"和"走出去"保持高速增长，实际使用外资64亿美元，同比增长44.3%，对外直接投资240亿美元，同比增长3.5倍。总部经济的地位不断巩固，跨国公司地区总部达到246家，营业收入超过9500亿元，税收600多亿元，国内大企业总部也达到158家。

目前，我国共批准设立了19个国家级新区（见表7-4）。其发展目标是"全方位扩大对外开放的重要窗口、创新体制机制的重要平台、辐射带动区域发展的重要增长极、产城融合发展的重要示范区"。特别是2017年4月1日，中央决定设立雄安新区，范围涵盖河北雄县、容城、安新三县及周边部分区域，该新区被定位为一项重大的历史性战略选择，是继深圳经济特区和上海浦东新区之后又一具有全国意义的新区，是千年大计、国家大事。雄安新区的未来值得充分期待。

---

① 下一章将专门讨论自贸试验区。

表7-4 国家级新区一览表

序号	新区名称	获批时间	主体城市	面积/平方千米
1	浦东新区	1992年10月11日	上海	1210.41
2	滨海新区	2006年5月26日	天津	2270
3	两江新区	2010年5月5日	重庆	1200
4	舟山群岛新区	2011年6月30日	舟山	陆地1440,海域20800
5	兰州新区	2012年8月20日	兰州	1700
6	南沙新区	2012年9月6日	广州	803
7	西咸新区	2014年1月6日	西安、咸阳	882
8	贵安新区	2014年1月6日	贵阳、安顺	1795
9	西海岸新区	2014年6月3日	青岛	陆地2096,海域5000
10	金普新区	2014年6月23日	大连	2299
11	天府新区	2014年10月2日	成都、眉山	1578
12	湘江新区	2015年4月8日	长沙	490
13	江北新区	2015年6月27日	南京	2451
14	福州新区	2015年8月30日	福州	1892
15	滇中新区	2015年9月7日	昆明	482
16	哈尔滨新区	2015年12月16日	哈尔滨	493
17	长春新区	2016年2月3日	长春	499
18	赣江新区	2016年6月14日	南昌、九江	465
19	雄安新区	2017年4月1日	雄县、容城、安新	起步100,中期200,远期2000

第三节

从线到面：形成全方位对外开放格局

随着沿海地区对外开放成效的不断显现,1992年中央决定在全国范围内推进对外开放：一是开放6个长江沿线港口城市和长江三峡经济开放区；二是开放14个陆地边境城市，举办边境经济合作区；三是开放18个内陆省会和自治区首府。至此，实行政策倾斜的开放地区已经遍布全国的354个市县，55万平方公里，3.3亿人口。随着加入世界贸易组织并形成区域发展总体战略，我国逐步从政策性开放演进到制度性开放。党的十八大以来，"一带一路"、京津冀协同发展和长江经济带等三大战略为我国深化区域开放指明了方向。

一、长江经济带的开放

长江为沿线地区经济发展提供了天然的交通设施和较好的生产要素禀赋，同时，长江自西而东，横穿我国西部、中部和东部，沿线经济发展差距较大。推进沿江开放，既有一定基础，更有带动中西部发展、实现东中西协调发展的重要意义。1992年，中央决定开放芜湖、九江、黄石、武汉、岳阳、重庆6个港口城市，实施沿海开放城市的政策，扩大这些城市对外经济合作的权限，大力引进国外先进技术和管理经验改造传统企业、发展现代企业，积极吸引外商投资，允许创办经济技术开发区。1994年，为了配合三峡工程建设，长江三峡经济开放区[①]成立，享受沿海经济开放区的政策。至此，以浦东为龙头，沿江开放格局初具雏形，溯江而上形成了一条长江经济带。

长江经济带沿江而上依次覆盖上海、江苏、浙江、安徽、江西、湖北、湖南、重庆、四川、云南、贵州11个省市，流经6000多公里，在仅占21%的国土面积上聚集着全国42.9%的人口和41.6%的经济总量。长江经济带也是我国经济的"活力之源"，2015年有9个沿江省市的经济增速达到或超过8%，超过全国6.9%的增速，其中重庆以11%的增速领跑全国。

同时，从表7-5可以发现，除了出口和公路里程外，长江经济带的其余指标在全国占比都低于人口占比，特别是铁路和高速公路营运里程等与全国平均水平存

---

① 涉及湖北省宜昌市的宜昌、秭归、兴山县以及恩施州的巴东县，重庆市万州区的巫山、巫溪、奉节、云阳县和开县、忠县，黔江地区的石柱县，涪陵区的丰都、武隆县，原重庆市的长寿县、江北县和巴县、江津市等17个县市。

在不小差距，基础设施建设存在明显的瓶颈制约。区域发展不平衡问题突出，既有浦东以及长三角这样的全国经济"发动机"，更有大片欠发达的中西部地区。生态环境状况非常严峻，近 1/10 的沿岸地带遭受污染，含 300 余种有毒污染物，每年近 400 亿吨废污水排入长江，占全国总量的一半以上，几乎相当于整条黄河的水量。此外，产业结构不够优化、区域合作机制不够健全等问题也比较突出。推动长江经济带改革开放的任务重要而迫切。

表 7-5 2014 年长江经济带的发展情况

经济社会指标	绝对数	占全国比重/%
总人口/亿人	5.8	42.9
面积/万平方公里	205	21.0
国内生产总值/万亿元	28.4	41.6
其中：第一产业/万亿元	2.4	40.8
第二产业/万亿元	13.2	41.3
第三产业/万亿元	12.8	42.0
全社会固定资产投资/万亿元	20.9	41.4
铁路营业里程/万公里	3.2	29.0
公路里程/万公里	193.7	43.4
其中：高速公路/万公里	4.3	38.6
社会消费品零售总额/万亿元	11.3	41.4
货物进出口总额/万亿美元	1.8	40.8
其中：出口/万亿美元	1.1	45.8
进口/万亿美元	0.7	35.1

注：资料来自 2015 年《中国统计年鉴》。

2013 年 7 月，习近平总书记在武汉调研时强调，"长江流域要加强合作，充分发挥内河航运作用，发展江海联运，把全流域打造成黄金水道"。2014 年 12 月，他又指出，长江通道是我国国土空间开发最重要的东西轴线，在区域发展总体格局中具有重要战略地位，建设长江经济带要坚持一盘棋思想，理顺体制机制，加强统筹协调，更好地发挥长江黄金水道作用，为全国统筹发展提供新的支撑。2016 年 1 月，习近平总书记在重庆调研时召开推动长江经济带发展座谈会，为长江经济带发展明确了方向，"当前和今后相当长一个时期，要把修复长江生态环境摆在压倒性位置，共抓大保护，不搞大开发""推动长江经济带发展必须走生态优先、绿色发展之路，涉及长江的一切经济活动都要以不破坏生态环境为前提，共抓大保护、不搞大开发，共同努力把长江经济带建成生态更优美、交通更顺畅、经济更协调、市场更统一、机制更科学的黄金经济带"。

2016年9月，《长江经济带发展规划纲要》正式印发，从大力保护长江生态环境、加快构建综合立体交通走廊、创新驱动产业转型升级、积极推进新型城镇化、努力构建全方位开放新格局、创新区域协调发展体制机制、保障措施等方面[1]做出规划，对制约长江经济带发展的问题提出了对策。

按照生态优先、流域互动、集约发展的思路，该"规划"提出"一轴、两翼、三极、多点"的空间发展布局。"一轴"是指以长江黄金水道为依托，发挥上海、武汉、重庆的核心作用，以沿江主要城镇为节点，沿江而上、梯度发展，构建沿江绿色发展轴。"两翼"分别依托上海—瑞丽高速公路等南翼、上海—成都高速公路等北翼，解决铁路等"卡脖子"问题，构建综合交通网络，增强主轴线经济发展向南北两侧腹地的辐射带动能力。"三极"指三个城市群，分别是以上海为龙头，以南京、杭州、合肥为支柱的长江三角洲城市群，以武汉、长沙、南昌为中心城市的长江中游城市群，以重庆、成都为主的成渝城市群。"多点"是指三大城市群以外的地级城市。

构建全方位开放新格局是该"规划"的重要内容，主要包括三个方面：一是发挥上海及长江三角洲地区的引领作用。重点发展高端产业、高增值环节和总部经济，在服务业开放、跨境电子商务等方面先行先试，加快培育国际经济合作和竞争的新优势。加快建设上海自贸试验区，复制推广好经验好做法。加强长江三角洲与长江中上游在加工贸易、产业转移、航运、金融等方面的合作。二是将云南建成面向南亚和东南亚的区域经济中心。加快同周边国家的互联互通，促进加工贸易、保税物流、跨境电商、沿边金融等业务发展。三是加快内陆开放型经济高地建设。以重庆、成都、武汉、长沙、南昌、合肥为重点，推动区域合作和产业聚集，完善口岸布局，增强内河港口和航空口岸的功能。

---

[1] 推动长江经济带发展领导小组办公室负责人就长江经济带发展有关问题答记者问，引自网页：http://news.xinhuanet.com/politics/2016-09/11/c_1119546883_4.htm.

从巴山蜀水到鱼米之乡，长江流域物华天宝、人杰地灵。在新的战略推动下，长江经济带经济发展和对外开放必将迸发新的活力。

二、沿边开放与兴边富民

我国陆地边界 2 万多公里，沿边 9 个省和自治区与周边 14 个国家接壤，人口 2300 万，其中少数民族约占一半。自古以来，边境地区人口密度相对较小，交通不是很便利，经济发展相对落后，制约着当地人文资源和自然资源优势的发挥，兴边富民、脱贫攻坚的任务目标向来都很艰巨。改革开放后，我国主要在恢复和发展边境贸易、开放沿边城市和设立边境经济合作区等方面努力，以对外开放提升沿边地区的自我发展能力，有力地促进了沿边地区的发展。

1. 恢复和发展边境贸易

1981 年恢复吉林与朝鲜的边境贸易。1982—1984 年，先后开放黑龙江的黑河、绥芬河、同江，新疆的霍尔果斯、吐尔尕特，内蒙古的满洲里，吉林的珲春等对苏口岸，与苏联的边境贸易全面展开。1991 年苏联解体后，霍尔果斯、阿拉山口成为对哈萨克斯坦的口岸，吐尔尕特成为对吉尔吉斯斯坦的口岸。1978 年中巴友谊公路通车后开始恢复对巴基斯坦的贸易，1986 年步入正轨。1985 年后，陆续开放了对老挝、尼泊尔、缅甸、印度、越南等周边的口岸。口岸开放后，特别是 1984 年《边境小额贸易暂行管理办法》实施后，我国边境贸易得以恢复。1988—1991 年，年均边贸额在 10 亿美元以上，而此前五年累计只有 1.5 亿美元。

1992 年，对苏联解体前的加盟共和国，及朝鲜、蒙古、越南、缅甸等周边国家的易货贸易（包括边境贸易在内）获得特殊优惠政策。除了个别商品外，易货贸易出口经营权全面放开。易货贸易进口原则上也全部放开，进口关税和增值税减半，进口商品可异地销售。鼓励企业到这些国家投资建厂，以实物形式对外投资改审批为备案，以现汇形式对外投资的审批权限一定程度下放，境外企业利润 5 年内免缴，5 年之后上缴 20%。在这项政策的激励下，边境贸易迅速发展，1993 年达到 51.5 亿美元的历史峰值。

与此同时，沿边地区出现了市场秩序混乱、假冒伪劣、走私严重等问题。为整顿边贸秩序，1994年国家开始初步清理边贸经营主体，1996年《关于边境贸易有关问题的规定》将边境贸易和一般贸易区分开。将边贸界定为边民互市（以边民为主体）和边境小额贸易（以具备经营权的边贸企业为主体）两种形式，边民互市贸易免征进口关税和进口环节税的额度为每人每天1000元，超出部分照章征收；边境小额贸易和边境经济技术合作项下的进口，除个别商品要照章纳税外，其他商品从免征进口关税和进口环节税改为减半征收。这些政策对整顿边贸秩序起到了较好效果，边贸额出现回调。

随着边境贸易逐渐规范，1998年边民互市贸易进口免税额度被提高到每人每天3000元；边境小额贸易和边境经济技术合作的经营权合二为一，得其一者可自动获得另一项经营权；对边贸配额和许可证进行切块管理，由沿边省、自治区自行分配。2003年，允许边贸企业使用人民币、周边国家货币以及其他可自由兑换货币进行贸易，有效降低了交易成本，沿边地区的人民币国际化进程加速。2008年，国家进一步加大了促进边境贸易发展的力度，增加专项转移支付的资金规模，将边民互市贸易进口免税额度提高到每人每天8000元。

虽然边境贸易在我国外贸总额的占比只有1%左右，但对兴边富民和安边稳边却具有十分重要的作用。比如，近年边境贸易占西藏外贸总额的比重在50%以上，2014年甚至达到87.9%，新疆达50%~60%，内蒙古为60%左右，黑龙江在30%以上，广西、云南各占20%左右。①

2. 开放沿边城市

沿边和沿江城市开放是同步进行的。1992年，中央决定开放黑龙江的黑河市、绥芬河市，吉林的珲春市，辽宁的丹东市，广西的凭祥市、东兴镇，云南的瑞丽市、畹町市、河口市，新疆的伊宁市、塔城市、博乐市，内蒙古的满洲里市、二连浩特市等14个陆地边境城市，扩大这些城市的经济管理权限，鼓励内外资企业到这些城市投资。

---

① 西藏2014年数据，引自网页：http://news.xinhuanet.com/2015-02/25/c_1114430884.htm.
其他数据引自李光辉：《加快边境经济贸易发展 提升沿边开放水平》，《贵州财经学院学报》2010第4期。

主要配套政策包括：一是沿边开放城市所在的省和自治区在职权范围内，将边境贸易、加工贸易、劳务合作等方面的权限下放到边境城市，由城市管理和审批；二是边境城市的企业为生产出口商品和技术改造而进口的生产设备、原材料和零部件，免征进口关税和产品税；三是内联企业在边境城市的企业所得税按24%的优惠税率征收；四是外商投资企业的企业所得税也按24%的税率征收；五是中央每年安排固定资产贷款用于边境城市建设，从国家信贷和投资计划中列支；六是允许边境城市举办边境经济合作区，吸引内地企业和外商企业投资。

毫无疑问，我国沿边开放取得了巨大成就。除辽宁之外的其他8个沿边省区的对外贸易总额从1991年的76.1亿美元增长到2008年的1015.6亿美元，年均增速达到16.5%，同期，实际利用外资从4.5亿美元上涨到94.4亿美元，年均增速达19.6%，非金融类对外直接投资也从0.09亿美元涨到7.1亿美元，年均增速高达29.2%。对外开放带动了经济发展水平的提高，沿边地区人均生产总值从1991年的1867元增长到2008年的19175元。

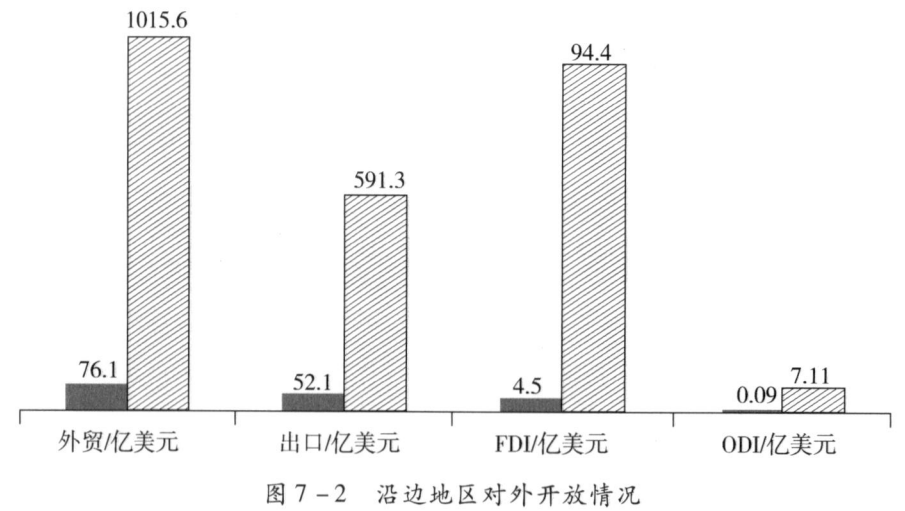

图7-2　沿边地区对外开放情况

注：数据均来自国家统计局网站。这里只考察除辽宁之外的其他8个沿边省和自治区的情况。图中FDI为实际利用外资额，ODI为非金融类对外直接投资额。

同时也要看到，沿边地区对外开放的水平与全国的差距并没有缩小，反而在拉大。图7-3显示，1991—2008年，沿边8个省份和自治区占全国外贸总额的比重从5.6%下降到4%，其中出口更是从7.2%下降到4.1%，实际利用外资额占比从10.3%下降到6.4%，非金融类对外直接投资额占比也从2.5%下降到1.8%。对外开放的相对滞后也拉大了经济发展和居民生活与全国平均水平的差距，1991年沿边地区人均生产总值与全国水平旗鼓相当，只差1.4个百分点，但是到了2008年，人均生产总值差了15.3个百分点，差距达3465元。兴边富民、脱贫攻坚的任务依然艰巨。

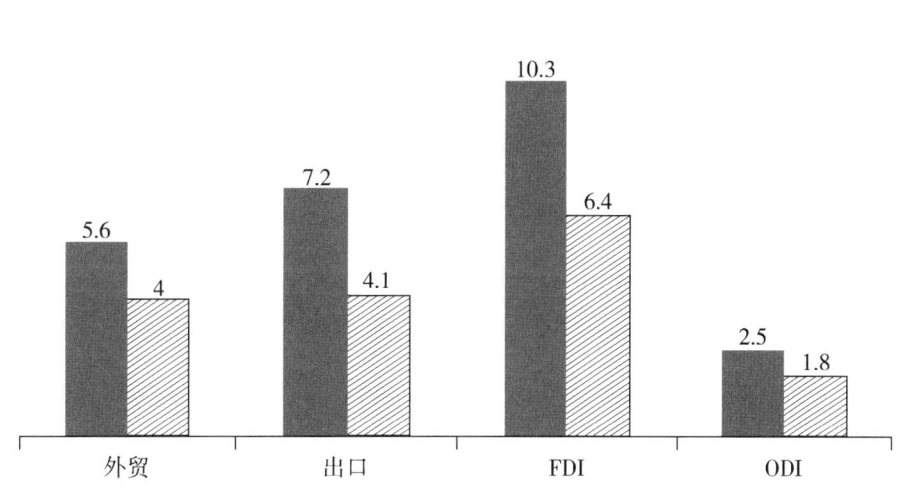

图7-3 沿边地区对外经济指标占全国比重的变化（单位:%）

注：同图7-2注释。

三、内陆地区的开放

1992年，我国开放了18个内陆省会和自治区首府。2001年加入世界贸易组织（WTO）标志着我国从以试点为主要特征的政策性开放转向制度性开放。"入世"前后，我国按照"统一、透明、规范、公平"的WTO规则要求，对包括涉外经济在内的经济体制机制进行了一轮全面改革，中央层面修订法律法规超过2000项，加上地方层面则高达 9 万多项。与此同时，我国先后推出西部开发、东北振兴、中部崛起等战略，对外开放水平得到全方位提高。

西部地区与全国其他地区，特别是东部地区存在较大的发展差距。为推动西部发展，1999 年，党的十五届四中全会提出了西部大开发战略，2000 年颁布《关于实施西部大开发若干政策措施的通知》，该战略进入实施阶段。西部大开发的基础是加快基础设施建设，根本是加强生态环境保护和建设，关键是调整产业结构，重要条件是科技和人才，强大动力是深化改革、扩大开放。其中的对外开放政策主要包括：（1）扩大外商投资准入。对外商的开放允许在西部地区先行先试；鼓励外商投资到西部地区交通、能源、矿产、农业、水利等基础设施建设和能源资源开发领域，并设立相关研发中心；外资可按有关规定，在直辖市、省会和自治区首府投资银行（允许逐步经营人民币业务）、商贸、外贸，以及在西部地区投资电信、保险、旅游、咨询等服务业领域。（2）给予外资税收优惠。外商投资西部地区鼓励类产业的，10 年内按照 15% 的优惠税率征收企业所得税，经当地省政府批准，可减征或免征地方税；外商投资交通、电力、水利、邮政等行业，经营 10 年以上，这些业务收入占总收入 70% 以上的，2 年内免征企业所得税，3~5 年间减半征收。（3）大力发展对外经贸。扩大西部企业的外贸经营权，鼓励优势产品出口、对外直接投资、对外承包工程和劳务合作；对西部发展亟须的设备和技术进口，给予适度倾斜；实施更加优惠的边境贸易政策。此外，中央多次对新疆和西藏的经济社会发展做出了专门部署。

东北是中华人民共和国工业的摇篮和重要的工农业基地，但由于体制机制等种种原因，改革开放后东北发展明显滞后。2003 年，《关于实施东北地区等老工业基地振兴战略的若干意见》（以下简称《意见》）的发布标志着东北振兴战略正式实施。《意见》对加快体制创新和机制创新、全面推进工业结构优化升级、大力发展现代化农业、积极发展第三产业、加强基础设施建设、进一步扩大对外对内开放、加快发展科技教育文化事业等方面做出了全面部署。其中，《意见》明确提出，进一步扩大开放领域、大力优化投资环境，是振兴老工业基地的重要途径。一是扩大金融、保险、商贸、旅游等服务业开放，积极承接产业转移；二是吸引外资参与老工业基地的调整改造，鼓励外商以并购、参股等形式参与国有企业改制和不良资产处置；三是鼓励各类企业对外投资，建立海外能源、原材料和生产制造基地；四是利用区位优势加强同周边国家合作，把大连建成东北亚国际航运中心，发挥黑河、绥芬河、珲春等对俄口岸的作用。2016年4月，中共中央、国务院发布《关于全面振兴东北地区等老工业基地的若干意见》①，东北振兴进入新的阶段。

2006年，中共中央、国务院《关于促进中部地区崛起的若干意见》开启了中部崛起战略。随后，明确中部地区的26个城市比照实施东北振兴有关政策，243个县、区比照实施西部大开发有关政策。在产业结构方面，重点发展粮食、能源、原材料、商贸流通、旅游业、现代装备制造及高科技产业，在发展产业和承接产业转移的同时，注重资源节约和环境保护。在对外开放方面，一是承接产业转移，为中部企业和东部企业、跨国公司搭建对接平台，建设好一类口岸和出口加工区，加强中部与其他地区在粮食、能源、原材料等方面的合作，推进中部与毗邻沿海地区的经济一体化；二是支持境外投资者和社会资本参与大中型国有企业股份制改革，鼓励优秀上市企业开展资产并购重组；三是鼓励有条件的企业对外投资和对外输出劳务；四是加强中央外贸发展基金对外贸进出口的支持力度，支持企业开拓国际市场；五是加快发展国家级和省级开发区，重点推进优势产业集聚、土地集约开发、资源综合利用和环境保护。

西部开发、东北振兴、中部崛起这三大战略有力地促进了全国的协调发展。从图7-4可以看到，2000年以前，东部率先发展拉高了全国平均增速，而中西部和东北的增速都低于全国平均水平；2001—2008年，西部增速领先于其他地区增速，中部与东部基本相当，但东北与全国平均增速的差距在扩大；2008年国际金融危机后，中西部的经济增长速度优势明显扩大，东北与全国的平均增速差距也有所缩小。

---

① 《中共中央国务院关于全面振兴东北地区等老工业基地的若干意见》，引自网页：http://news.xinhuanet.com/2016-04/26/c_1118744344.htm。

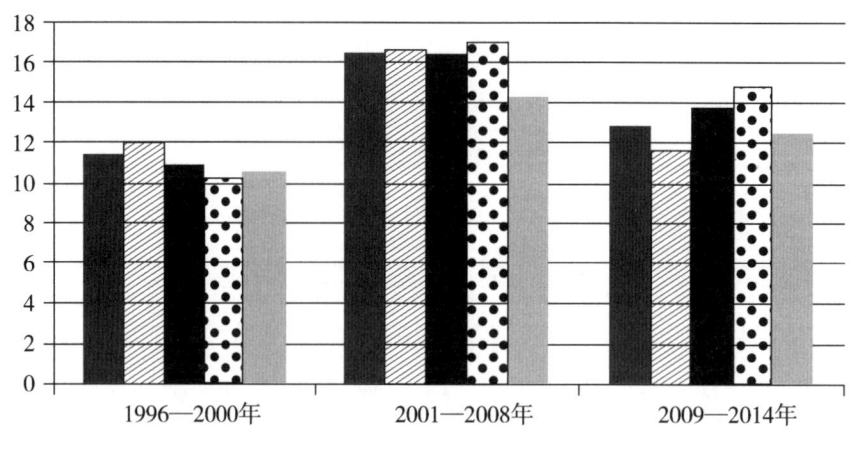

图 7-4 全国各地区经济增速的比较（单位:%）

注：数据来源于国家统计局网站。经济增速为名义 GDP 的年均增速。

第四节
总结与展望

改革开放 40 年来，我国形成了全方位对外开放的格局。中西部对外开放水平有了显著提高，有力促进了该地区经济社会的发展和人民生活水平的提高。同时也要看到，我国各个区域对外开放的水平参差不齐。优化我国对外开放区域布局，关键是要促进广大内陆沿边地区的对外开放，同时沿海地区要继续优化营商环境，扩大服务业开放。

一、我国区域开放的重要经验

我国区域开放理论以劳动地域分工理论、生产力布局理论等马克思主义政治经济学为基本原理，立足国情世情，借鉴了杜能的农业区位理论、韦伯的工业区位理

第七章
对外开放的区域推进

论、克里斯泰勒的中心地理论、克鲁格曼的新经济地理学等西方区域经济学理论，并以此为指导形成了区域开放战略。1949—1977 年，我国实行区域均衡发展战略，"沿海的工业必须充分利用，但是为了平衡工业发展布局，内地工业须大力发展"①。由于当时的国际形势和采用重工业优先发展模式，这一时期我国各个区域的对外开放水平都不算高。1978—1998 年，区域开放按照"两个大局"②的战略构想展开，我国先后在沿海设立经济特区、开放 14 个沿海城市、开辟沿海经济开放区、设立浦东等新区，落实"沿海地区要加快对外开放"的要求。同期，我国还通过开放 6 个长江港口城市与三峡地区等措施促进沿江开放，通过开放 14 个沿边城市等措施促进沿边开放。1999—2012 年，我国加入世界贸易组织并逐步完善了区域发展总体战略，包括西部开发、东北振兴、中部崛起、东部率先等"四大板块"。区域开放是区域发展总体战略的有机组成部分，有力推动了区域协调发展。党的十八大以来，"一带一路"、京津冀协同发展和长江经济带三大战略互相衔接、互为支撑，把我国区域开放提高到一个新的水平。"一带一路"是当前和今后相当长时期我国对外开放的顶层设计和总规划，在区域开放方面，"一带一路"统筹陆海，既能提高沿海开放的质量和水平，又能给内陆沿边地区开放提供前所未有的机遇。京津冀协同发展将显著提升以首都为核心的区域发展与开放水平。长江经济带则为形成长江流域东、中、西部沿江省市全方位开放新格局注入活力。

回顾近 40 年的区域开放，可以总结出三条重要经验：

第一，以比较优势为原则确定区域开放的"雁首"。改革开放初期，我国抓住国际产业重组与转移的历史机遇，立足东部沿海区位条件好、人口密集度高、劳动力成本低等优势，选择以此为突破口，积极引资、引技、引智，发展加工贸易与劳动密集型产业，使得东部沿海迅速成为带动我国经济发展的"头雁"。经过几十年的积累，东部沿海的比较优势发生了深刻改变，资本逐步充足、基础设施不断完

---

① 《毛泽东著作选编》，中共中央党校出版社，2002 年，第 395 页。
② "沿海地区要加快对外开放，使这个拥有两亿人口的广大地带较快地先发展起来，从而带动内地更好地发展，这是一个事关大局的问题。内地要顾全这个大局，反过来，发展到一定的时候，又要求沿海拿出更多的力量来帮助内地发展，这也是个大局。那时沿海也要服从这个大局"。引自：《邓小平文选》（第 3 卷），人民出版社，1993 年版，第 110~111 页。

善、产业配套能力增强，同时劳动力、土地等成本显著提升。东部沿海深入到全球价值链两端的国际分工，开始带动全国经济结构的转型升级。积极参与经济全球化，充分发挥比较优势，既是东部率先开放取得成就的根本原因，也是今后区域开放必须遵循的基本规律。

第二，逐次推出区域开放的重大举措。在我们这样一个人口众多、幅员辽阔的国家，区域开放是一项复杂的系统工程，离不开深思熟虑的顶层设计，需要与时俱进地增添新动力。我国通过三个主要步骤"从东到西"初步形成全方位开放格局，首先在经济特区实现"重点突破"，再"从点到线"全面开放沿海这条线，进而"从线到面"完成了全国范围内的开放。21世纪初期，"入世"和推出区域发展总体战略使得我国区域开放实现了从"特殊"的政策性开放转向"一般"的制度性开放。未来一个时期，继续优化我国区域开放布局，需要在"一带一路"倡议等框架下，进一步完善顶层设计，推出一系列务实举措。

第三，区域开放本质上是体制创新及其推广。在原有的计划经济体制之外，开辟出深圳等五个经济特区，大胆进行体制机制创新，既能规避原有体制的束缚，又能在较小范围内做到风险可控。随着区域开放的推进，经济特区的体制创新成果逐步复制到经济技术开发区、沿海沿江沿边城市以及内陆省会、首府，进而推广到全国，对形成和完善社会主义市场经济体制发挥了重要作用。改革开放40年来，我国经济体制不断完善，但仍有改进余地。一方面，贸易、投资、产业等方面的体制与国际高标准规则还有一些不接轨的地方；另一方面，体制创新改革只有进行时没有完成时，要不断适应经济发展，铺设新的轨道。① 区域开放要始终紧抓体制创新这个核心。

二、区域开放不均衡导致发展不协调

加入世界贸易组织以来，我国东、中、西部地区②的对外开放水平都显著提高。

---

① 杨广贡、杨正位：《全球经贸体系重塑的动因、趋势和对策》，《国际经济评论》2015年第1期。
② 东部地区是指北京、天津、河北、上海、江苏、浙江、福建、山东、广东和海南10省（市）；中部地区（含东北）是指山西、安徽、江西、河南、湖北、湖南、辽宁、吉林、黑龙江9省；西部地区是指内蒙古、广西、重庆、四川、贵州、云南、西藏、陕西、甘肃、青海、宁夏和新疆12省（区、市）。如无特别说明，本节均采用这一分类。

东部 2015 年对外贸易额是 2000 年的 84.7 倍，年均增速为 34.4%，同一时段，中部和西部分别增长了 153 倍和 169 倍，年均增速分别为 40% 和 41%。东部 2015 年吸收外商直接投资额是 2000 年的 3 倍，年均增速为 7.5%，中部和西部的相应指标分别为 2.8 倍、7.1% 和 9 倍、15.8%。

但从横向比较看，各地对外开放水平存在着巨大差异。东部 10 省市以全国 38.3% 的人口，创造了全国对外贸易的 84.9%，利用外资的 83.8%，对外投资的 85.2%。而中部 9 省（含东北）和西部 12 省（区、市）分别占全国人口的 34.7%、27%，对外贸易占比分别只有 7.8%、7.3%，利用外资占比分别只有 8.3%、7.9%，对外投资占比分别只有 6.8%、8%。东部地区的对外贸易依存度虽然近年有所下降，但仍高于 60%。中西部地区的对外贸易依存度有所上升，但与东部差距非常明显。

区域开放的不协调，导致了区域发展的不平衡。2014 年，东部地区居民人均可支配收入为 25954 元，比全国平均水平高出 28.7%；中部为 16868 元，只有东部的 65%；西部为 15376 元，只有东部的 59.2%。扩大内陆沿边开放已经成为关乎如期实现全面建成小康社会目标的重大命题。

表 7-6　各地区对外开放水平的差异

区域	对外贸易			实际使用外资		对外直接投资	
	金额/亿美元	比重/%	依存度/%	金额/亿美元	比重/%	金额/亿美元	比重/%
东部地区	33642	84.9	63.9	1059	83.8	798	85.2
中部地区	3096	7.8	10.3	104	8.3	63	6.8
西部地区	2895	7.3	14.9	100	7.9	75	8.0
合计	39633	100	—	1263	100	936	100

注：数据来自国家统计局、Wind 和 2015 年《中国对外直接投资统计公报》。其中，外贸依存度根据 2014 年外贸额和国内生产总值（人民币计价）计算。其余均为 2015 年数据，外贸额根据东、中、西部各省（市、区）外贸额之和计算。对外直接投资主体不包括中央企业。

三、走出区域开放的"宿命论"

很多人认为,内陆沿边注定不如沿海,只有沿海地区才能发展开放型经济。从世界地图上看,不论国内还是国外,经济开放和发达的地区都离海岸线不到100公里。这是因为海运费用远低于其他运输方式,世界85%以上的货物贸易都靠海运完成。内陆沿边开放条件不如沿海,最多只能跟随沿海步伐依次梯度开放。这种观点反映了内陆沿边开放的困难与挑战,但带有"宿命论"的局限性和片面性。

纵观我国历史,开放程度较高、经济较为发达的地区多数在内陆,而沿海地区长期是经济发展的边缘地带。汉朝以"丝绸之路"闻名遐迩,唐朝的丝路则更加繁荣,开放出盛世,造就了长安、洛阳等内陆城市的千年繁华,也使得楼兰、龟兹等西域古国兴盛一时。比较而言,1842年《南京条约》才迫使上海、广州、厦门、福州、宁波等"五口通商",当时的上海还只是一个默默无闻的海边县城。改革开放以前的深圳也只是一个平凡的边陲小渔村。上海、深圳这两个国际化一线大都市,从开埠到现在分别只有170多年和30多年的历史。

放眼看世界,内陆沿边地区也不乏经济开放发达之地。瑞士、奥地利等内陆国家远离海岸线,但开放水平高,经济很发达。据世界贸易组织统计,2013—2015年这两个国家对外贸易占国内生产总值的平均比重分别高达60.1%和51.7%,而且都是重要的国际金融中心和国际资本流动的枢纽,人均国内生产总值分别达到8.3万美元和4.8万美元(远高于我国的0.8万美元)。德国相对处于欧洲内陆,其开放和发展情况也好于英国这个岛国,2013—2015年德国外贸依存度为42.2%,而英国为29.4%。从城市看,德国的慕尼黑、法兰克福、柏林,美国的芝加哥都是内陆或沿边开放城市,其中慕尼黑、芝加哥离海岸线的距离与我国西安、重庆相差无几。

从国内外历史经验看,区域沿边开放的比较优势不是一成不变的,而是随着运输技术、产业结构、营商环境等因素的变化而不断改变。

一是运输技术。在人类漫长的历史中,运输主要靠马力,内陆交通要塞往往因交通之便而率先开放和发展起来,如我国中原地区人便其行、物畅其流,成为中华文明的发源地，古巴比伦、古埃及也因地处亚非欧的陆上交通枢纽而成就了灿烂的古文明，而沿海多是经济的边缘地带。大航海时代，随着蒸汽机的运用和航海技术的发展，沿海的区位优势迅速凸显出来，荷兰、葡萄牙、西班牙等沿海国家才从"文明末梢"变成"开放前沿"。现在，海运依然是最主要的运输方式，但铁路、公路、航空、管道等陆地和空中运输方式越来越便捷，成本也在降低，减少了内陆沿边的劣势，特别是其运输速度比海运快很多，资金周转效率更高，资金占用成本更低。

二是产业结构。制造业方面，制造能力越强，制成品的附加值越高，物流成本在产品成本中的占比（也即物流费率）越低，则对提高资金周转效率、降低资金占用成本的要求会高于对降低物流成本的要求。比如，瑞士出口的主要制成品是药物、钟表和珠宝，这些产品的物流费率都很低，运输速度比运输成本更加重要，航空、铁路、公路优于海运，因此瑞士的货物贸易较少受到远离海岸线的制约。相反，轻工、纺织等体积较大、附加值较低的制成品，物流成本占比较大，海运最优，沿海生产最佳。

服务业方面，现代通信技术将世界各地零距离地联系在一起，计算机与信息、金融、咨询、广告、专利等服务贸易都可以通过互联网实现在线实时交易，对地理区位条件的敏感程度微乎其微。除运输、旅游、建筑以外的其他所有服务贸易门类均可数字化，美欧可数字化服务出口比重已经超过60%。从图7-5可以看到，服务贸易对瑞士、奥地利这样的内陆国家开放起到了非常重要的作用，2005—2015年两国服务出口占出口总额的比重都高于世界总体水平，平均差距都在6%以上。更重要的是，2011—2015年，全球货物贸易不景气，但全球服务出口逆势增长了9%，占出口总额的比重从19.8%提高到23.1%（2016年我国服务贸易占外贸总额比重为18%，低于全球平均水平）。这为内陆沿边开放提供了很好的机遇。

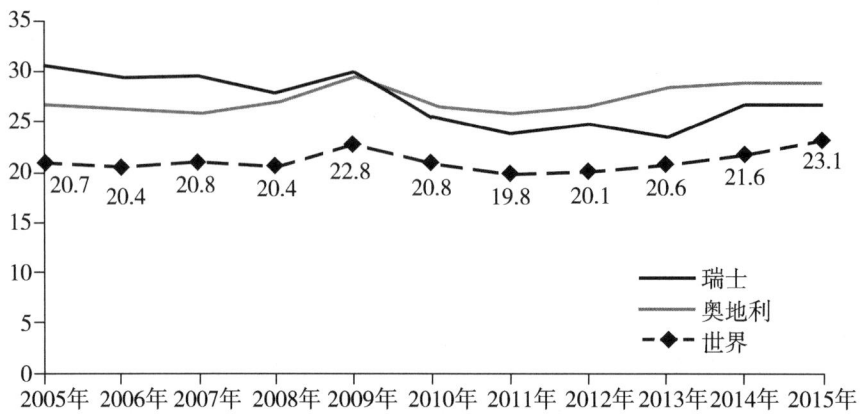

图7-5 瑞士和奥地利服务出口占出口总额的比重（单位:%）

注：数据来自联合国贸发组织。

三是营商环境。如果说运输技术和产业结构是开放的"硬件"，其进步相对较慢，那么营商环境无疑是"操作系统"，具有主观能动性。我国历史昭示，"开放出盛世，封闭致衰落"①，汉唐胸怀博大，内陆的中原地区展现了开放与盛世气象；明清闭关锁国，鸦片战争后，全国都沦落到被动挨打的境地。从全球来看，漫长的海岸线上除了分布着开放发达的经济带，更多的是经济落后的欠发达地区，这与其营商环境欠佳有很大关系。而内陆开放发达的国家，一个重要共性是营商环境较好。世界银行《2017年营商环境报告》显示，德国、奥地利、瑞士的营商环境分别排在全球第17、19和31位（我国排第78位）。② 世界经济论坛《全球竞争力报告2016—2017》显示，瑞士的综合竞争力连续八年位居首位，德国、奥地利分列第5位和第19位（我国排第28位）。③

提升我国内陆沿边对外开放水平，关键是补齐短板、创造条件，把内陆沿边自身的比较优势发挥出来。内陆沿边地区已经具备参与国际分工合作和市场竞争的基本条件。从需求侧看，中西部人口达8.5亿人，占全国人口总数的61.7%，居民人

---

① 杨正位：《再迎开放盛世》，《财经》2016年第35期。
② The World Bank. Doing Business 2017.
③ The World Economic Forum. The Global Competitiveness Report 2016–2017.

均可支配收入保持着7%以上的增速，巨大的市场规模和有效需求对包括外资在内的各类投资者很有吸引力。从供给侧看，虽然近年我国内陆沿边的劳动力成本与东部快速趋同，相对于南亚的印度、东南亚的越南等周边国家的比较优势不明显，但不可忽视的是，内陆沿边的劳动力质量与东部的差距并没有那么大，比周边国家要高出很多，2014年中西部地区普通高校本专科在校学生1550万人、毕业生397万人，合计高达1947万人，占全国的60.7%，与其人口总数占比相近。与此同时，内陆沿边幅员辽阔，土地供应和土地成本相对于东部还存在着较大优势；资本相对稀缺，在其他条件相同的情况下，投资回报率理应更高。

四、以"一带一路"倡议等统领区域开放

我国已经形成了西部开发、东北振兴、中部崛起、东部率先的区域战略部署。目前，服务业开放是我国特别是沿海地区开放的重点。2016年1～11月，我国服务业实际使用外资达到5133亿元人民币，占利用外资总额的70%以上，其中，高技术服务业实际使用外资达881亿元，增速高达97.7%。① 沿海地区特别是一线城市的服务业是外商投资的重中之重，比如，2016年前11个月北京服务业利用外资占全市的94.7%，深圳服务业吸收合同外资占全市的93.1%。② 然而，服务业发展和服务业开放依然是一块短板。经济合作与发展组织（OECD）估算了42个经济体、22个服务贸易分部门的限制指数，其中，我国所有分部门的限制指数都高于平均值。外商投资服务业，看重的不单是劳动力等要素成本，更重要的是劳动力素质、市场规模，也对营商环境提出了更高要求。提升沿海地区开放水平，要放宽医疗、教育等属地性强的服务业市场准入，审慎推进金融、文化等开放，为外商投资打造国际化、法治化、便利化的营商环境。

党的十八届三中全会将扩大内陆沿边开放与放宽投资准入、加快自由贸易区建设并列为构建开放型经济新体制的重要战略举措，将内陆沿边开放摆在一个新的战

---

① 【2016年商务工作年终综述之八】：《构建外资新体制 打造开放新格局》，引自网页：http://www.mofcom.gov.cn/article/ae/ai/201701/20170102495493.shtml

② 数据引自：《国际商报》，2016年12月26日。

略高度。"一带一路"侧重于对亚欧大陆的开放,为内陆沿边开放"后队变前队"提供了难得的战略机遇。提升内陆沿边开放水平要借鉴而不是简单照搬沿海的开放经验,在新的历史条件下努力实现新的突破。

第一,统一国内大市场,打造良好营商环境。过去,我国对外资实行"超国民待遇",各地招商采用了名目繁多的优惠措施。这有助于起步阶段的利用外资和发展经济,各地的招商竞争也是体制活力的重要来源。但"入世"后,特别是内外资税率统一后,外资"超国民待遇"永久地成为历史,各地优惠措施带来的恶性竞争、市场分割等问题日益突出。对内资和外资一视同仁地全面实行准入前国民待遇加负面清单的投资准入模式,构建统一开放、竞争有序的国内大市场,促进要素自由流动和合理配置,是大势所趋。内陆沿边招商引资应把政策着力点从"拼优惠"调整为"拼环境",切实简政放权、放管结合、优化服务。统一口岸管理也是统一国内大市场的应有之义。目前,我国内陆与沿海"两张皮",内陆货物出口还要被沿海口岸重复查验。世界银行报告显示,我国企业办理出口通关手续平均耗时、耗费分别是七国集团均值的1.6倍、2.9倍,我国外贸便利化水平排世界第96位。因此,要加快国际贸易"单一窗口"建设,实现内陆与沿海口岸信息互换、监管互认、执法互助,清理内陆货物出口的"肠梗阻"。

第二,加快同周边国家互联互通,提高基础设施投资回报率。"要致富先修路",基础设施先行是我国沿海开放的一条成功经验。西部大开发以来,我国对内陆沿边基础设施进行了大规模投资。"一带一路"又明确提出加强中蒙俄、新亚欧大陆桥、中国—中亚—西亚、中国—中南半岛、中巴、孟中印缅六大经济走廊建设。这些横贯东中西、联结南北方的重大工程无疑将极大促进内陆沿边同亚欧大陆各国的贸易投资合作。同时,要着力提高投资回报率。一是加强国际海关和铁路合作,促成铁路运输"五定",即定点(装车地点)、定线(固定运行线)、定车次、定时(固定到发时间)、定价(运输价格),实现各国一次报关、一次查验、全程放行,保障"中欧班列"畅通无阻。二是做大双向贸易,特别是要对"一带一路"国家实施更加积极的进口政策,解决"有路无车、有车无货""有去无回、有出无进"等问题。三是发展多式联运,打通铁路、公路衔接海运、空运的"最后一公里",降低内陆出口货物的换装和集拼成本。畅通长江等水道,推进内河船型标准化和"五定班轮",促进江海联运。

第三,对接自贸试验区高标准,筑起内陆沿边"制度开放高地"。"先从局部做起,从一个地区、一个行业做起,逐步推开"[①] 是我国沿海开放的另一条成功经验,有助于集中生产要素、开展制度创新和管控风险。创办经济特区、开发浦东和建设经济开放区都沿着这个思路推进并取得了重大成效。同样,我国内陆沿边人口密度相对较小、发展水平相对落后,对外开放也不能"摊大饼""撒胡椒面",而是要集中兵力、重点突破。目前,自由贸易试验区是我国规则标准和开放程度最高的特殊经济区。2016年3月,中央决定在河南、湖北、重庆、四川、陕西5个内陆省市新设自贸试验区。这是内陆开放的重大战略举措。要落实习近平同志重要批示精神,"对照最高标准、查找短板弱项,研究明确下一阶段的重点目标任务,大胆试、大胆闯、自主改,力争取得更多可复制推广的制度创新成果,进一步彰显全面深化改革和扩大开放的试验田作用"。[②] 内陆沿边的国家级经开区、边合区、跨合区、高新区、保税区等特殊经济区也应主动对照自贸试验区标准,努力打造开放高地。

第四,立足自身比较优势,选择性承接产业转移。沿海地区以劳动密集型为主的加工贸易一度占据我国外贸的半壁江山,充分发挥了劳动力数量多、成本低的比较优势,促进了沿海经济的快速发展。现在,内陆沿边的劳动力成本与沿海迅速趋同,相对于周边国家并无优势,还面临着巨大的海运劣势,再全盘承接沿海产业转移、依靠原来的加工贸易模式很难走通。如前所述,瑞士、奥地利等内陆国家对外开放主要依靠的是对物流成本不敏感、对劳动力素质要求高的高附加值货物贸易和服务贸易。而这正是我国内陆沿边的比较优势所在。下一步,一方面要承接高附加值的加工贸易转移,吸引品牌商区域总部、研发中心、维修中心等落户,促进加工贸易结算业务内迁;吸引芯片、液晶面板等高附加值的核心零部件厂商落地;鼓励

[①] 《邓小平文选》(第2卷),人民出版社,1993年,第150页。
[②] 《习近平对上海自贸试验区建设作出重要指示,强调解放思想、勇于突破、大胆试、大胆闯、自主改,力争取得更多可复制推广的制度创新成果》,《人民日报》2017年1月1日01版。

代工企业向研发设计等价值链高端延伸；增设内陆沿边保税区，发挥其保税仓储、出口加工、转口贸易等功能；创新保税区模式，试行对保税加工内销产品的入区国产料件不征税或少征税。另一方面，要大力发展高附加值的服务贸易。服务贸易是我国中西部经济发展的潜力所在。内陆沿边要抓住机遇，促进大数据、服务外包、维护维修等高附加值服务贸易发展。

与此同时，我国过去粗放式发展带来的资源环境后果现在越来越明显。内陆沿边是我国大江大河的源头和上游，生态极为脆弱，稍有不慎就可能对本地和下游造成不可估量的危害。因此，内陆沿边开放要切实转变发展方式，坚定不移地落实主体功能区政策，强化生态环境保护，提升生态安全屏障功能。

第八章
特殊经济区

我国近 40 年的对外开放进程，不是"撒胡椒面"式地全面摊开的，而是有重点、有节奏地选择若干区域，兴办各类特殊经济区，"百舸争流"地探索试验对外开放的政策，待其成熟后，再向区外复制推广。我国的特殊经济区除了上一章讨论的经济特区、国家级新区外，还包括国家级经济技术开发区、边境经济合作区、跨境经济合作区、境外经贸合作区、高新技术产业开发区、海关特殊监管区域，以及 2013 年开始的自由贸易试验区等。本章将对此进行逐一讨论。这些特殊经济区是我国对外开放的"苗圃"，改革试验的问题与风险被限制在可控范围内，成功经验则被广泛"移植"到全国，对推动我国经济社会发展功不可没。我国发展特殊经济区的经验也正在被越来越多的发展中国家学习和借鉴。

建设自由贸易试验区是我国的一项重大战略举措。从 2013 年 9 月首个自由贸易试验区挂牌，到目前已经形成了"1+3+7"的发展布局，不仅包括东部 6 省市，还拓展到中西部 5 省市；不仅试验"边境上"的关税减免、通关便利等政策措施，还试验贸易、投资、金融、监管等涉及"边境后"的体制机制改革，对我国全面深化改革和扩大开放起着试验田的作用。国家级经济技术开发区是经济特区经验的复制推广，起步早，1984 年就开始设立；分布广，遍布我国内地所有省市；体量大，占国内生产总值的 10% 以上。新时期经济技术开发区的转型升级、创新发展具有全局性、战略性意义。此外，其他特殊经济区也各自承载着对外开放的重大使命，比如近年来跨境经济合作区逐渐成为我国企业走向海外的"聚集地"和"安全岛"。

第一节
国家级经济技术开发区

国家级经济技术开发区（以下简称"经开区"）从 1984 年开始设立，截至 2016 年底共有 219 个。30 多年以来，经开区是我国改革开放的缩影，对推动全国经济体制机制改革和开放型经济发展起到了非常重要的作用。可以说，经开区的发展成就准确印证了邓小平同志"开发区大有希望"的预言。新形势下，经开区的发展再次陷入困境，迫切需要转型升级、创新发展。

一、经开区的发展历程

经开区是经济特区成功经验的复制推广。1984 年初，邓小平同志视察深圳时提出，"除现在的特区之外，可以考虑再开放几个港口城市，如大连、青岛。这些地方不叫特区，但可以实行特区的某些政策"。1984 年 3 月，中央召开沿海部分城市座谈会，决定开放 14 个沿海港口城市，明确提出有些城市可以"划定一个有明确地域界限的区域，兴办经济技术开发区"。

1984—1991 年是经开区的"创业期"。首批 14 个国家级经开区（参见表 8-1）陆续成立，分布在 12 个沿海城市，规划面积为 145 平方公里。此后，还设立了厦门海沧、上海金桥两个开发区。经过一段时间的探索，经开区逐步明确了"三为主、一致力"的发展方针，也就是以发展工业为主、以利用外资为主、以拓展出口为主，致力于发展高新技术产业。随着基础设施、投资环境等"小气候"的不断形成和完善，经开区迅速成为我国极具活力的投资热土。1991 年，首批经开区工业总产值是 1986 年的 47 倍，形成了以劳动密集型中小企业为主的经济结构。1984—1991 年，经开区 8 年间累积实际利用外资 13.7 亿美元，出口创汇 26 亿美元，企业利润 32 亿元，税收 24 亿元。

1992—2002 年是经开区的"成长期"。这一时期新设立了 38 个国家级经开区，其中 1992—1994 年 21 个，2000—2002 年 17 个。经开区布局也服务国家战略，向中西部地区推进，中西部经开区达到 22 个。到 2002 年，国家级经开区增加到 54 个，规划面积达 725 平方公里。2002 年，经开区生产总值将近 3500 亿元，是 1992 年的 20 多倍，占全国 GDP 的比重提高到 3.4%，多数经开区占所在城市 GDP 的比重为 15%~30%；工业总产值是 1992 年的 30 倍，工业增加值占全国的比重达到 5%。经开区"三为主、一致力"的发展格局更加成熟。电子信息、汽车、装备制造、化工等一系列资本密集型和技术密集型的制造业不断积聚发展，经开区成长为我国乃至全球重要的高新技术产业基地。同时，物流、金融、服务外包等生产性服务业也初具规模。跨国公司纷纷落户，大企业取代了中小企业的主体地位。

"成长期"的经开区遭遇了不少"成长中的烦恼"。比如，一些经开区发展势头过猛，"饼"摊得过大，挤占农业用地，超出自身发展需要，造成了土地闲置浪费。一些经开区满足于低端产业定位，没有很好地"致力于发展高新技术产业"，在招商引资过程中拼政策优惠甚至恶性竞争。后来，这些"烦恼"都得到了较好的解决。比如，对开发区过热的问题，国务院专门出台文件，严格控制用地，禁止占用农田保护区耕地。对同质竞争问题，经开区启动"二次创业"，探索从数量扩张到质量提升、从外延发展到内涵发展、从拼政策到拼环境。

2003—2015 年是经开区的"成熟期"。经开区的发展方针根据实际情况不断地与时俱进：2004 年从"三为主、一致力"调整为"三为主、二致力、一促进"，即以提高吸收外资质量为主，以发展现代制造业为主，以优化出口结构为主，致力于发展高新技术产业，致力于发展高附加值服务业，促进国家级经开区向多功能综合性产业区发展；2012 年进一步调整为"三并重、二致力、一促进"，即先进制造业与现代服务业并重，利用境外投资与境内投资并重，经济发展与社会和谐并重，致力于提高发展质量和水平，致力于增强体制机制活力，促进国家级经开区向以产业为主导的多功能综合性区域转变。这一时期，新设的国家级经开区共 165 个，遍布全国 31 个省市区，拓展到内地的地级市和一些经济相对发达的县。

表 8－1　国家级经济技术开发区名单

序号	国家级经开区	设立时间	序号	国家级经开区	设立时间	序号	国家级经开区	设立时间
1	大连	1984年9月	24	哈尔滨	1993年4月	50	太原	2001年6月
2	秦皇岛	1984年10月	25	长春	1993年4月	51	银川	2001年7月
3	烟台	1984年10月	26	武汉	1993年4月	52	拉萨	2001年9月
4	青岛	1984年10月	27	芜湖	1993年4月	53	兰州	2002年3月
5	宁波	1984年10月	28	东山	1993年4月	54	南京	2002年3月
6	湛江	1984年11月	29	沈阳	1993年4月	55	廊坊	2009年7月
7	天津	1984年12月	30	杭州	1993年4月	56	扬州	2009年8月
8	连云港	1984年12月	31	重庆	1993年4月	57	嘉兴	2010年3月
9	南通	1984年12月	32	萧山	1993年5月	58	徐州	2010年3月
10	广州	1984年12月	33	广州南沙	1993年5月	59	东营	2010年3月
11	福州	1985年1月	34	惠州大亚湾	1993年5月	60	湖州	2010年3月
12	上海闵行	1986年8月	35	苏州工业园区	1994年2月	61	增城	2010年3月
13	上海虹桥	1986年8月	36	北京	1994年8月	62	岳阳	2010年3月
14	上海漕河泾新兴技术开发区	1988年6月	37	乌鲁木齐	1994年8月	63	九江	2010年3月
			38	西安	2000年2月	64	安庆	2010年3月
			39	成都	2000年2月	65	马鞍山	2010年3月
15	厦门海沧台商投资区	1989年5月	40	昆明	2000年2月	66	黄石	2010年3月
			41	贵阳	2000年2月	67	赣州	2010年3月
16	上海金桥	1990年9月	42	合肥	2000年2月	68	井冈山	2010年3月
17	温州	1992年3月	43	郑州	2000年2月	69	金昌	2010年3月
18	海南洋浦	1992年3月	44	长沙	2000年2月	70	襄樊	2010年4月
19	昆山	1992年8月	45	石河子	2000年4月	71	吉林	2010年4月
20	营口	1992年10月	46	南昌	2000年4月	72	天水	2010年4月
21	威海	1992年10月	47	西宁	2000年7月	73	镇江	2010年4月
22	福清融侨	1992年10月	48	呼和浩特	2000年7月	74	锦州	2010年4月
23	宁波大榭	1993年3月	49	南宁	2001年5月	75	漳州招商局	2010年4月

（续表）

序号	国家级经开区	设立时间	序号	国家级经开区	设立时间	序号	国家级经开区	设立时间
76	绍兴袍江	2010年4月	102	上饶	2010年11月	128	荆州	2011年6月
77	日照	2010年4月	103	开封	2010年11月	129	张家港	2011年9月
78	潍坊滨海	2010年4月	104	宁乡	2010年11月	130	招远	2011年9月
79	大连长兴岛	2010年4月	105	武汉临空港	2010年11月	131	湘潭	2011年9月
80	泉州	2010年6月	106	钦州港	2010年11月	132	泉州台商投资区	2012年1月
81	常德	2010年6月	107	长寿	2010年11月			
82	海林	2010年6月	108	西青	2010年12月	133	漳州台商投资区	2012年1月
83	宾西	2010年6月	109	临沂	2010年12月			
84	广安	2010年6月	110	盐城	2010年12月	134	龙岩	2012年3月
85	曲靖	2010年6月	111	宁波石化	2010年12月	135	德州	2012年3月
86	遵义	2010年6月	112	武清	2010年12月	136	义乌	2012年3月
87	德阳	2010年6月	113	大同	2010年12月	137	珠海	2012年3月
88	万州	2010年6月	114	许昌	2010年12月	138	上海化学工业	2012年3月
89	陕西航空	2010年6月	115	萍乡	2010年12月	139	浏阳	2012年3月
90	陕西航天	2010年6月	116	长春汽车	2010年12月	140	晋中	2012年3月
91	吴江	2010年11月	117	哈尔滨利民	2011年4月	141	中国-马来西亚钦州产业园区	2012年3月
92	长兴	2010年11月	118	铜陵	2011年4月			
93	常熟	2010年11月	119	滁州	2011年4月	142	杭州余杭	2012年7月
94	沧州临港	2010年11月	120	库尔勒	2011年4月	143	海安	2012年7月
95	淮安	2010年11月	121	奎屯-独山子	2011年4月	144	南昌小蓝	2012年7月
96	邹平	2010年11月	122	石嘴山	2011年4月	145	鄂州葛店	2012年7月
97	江宁	2010年11月	123	锡山	2011年6月	146	洛阳	2012年7月
98	金华	2010年11月	124	太仓港	2011年6月	147	新乡	2012年7月
99	漯河	2010年11月	125	嘉善	2011年6月	148	遂宁	2012年7月
100	鹤壁	2010年11月	126	衢州	2011年6月	149	阿拉尔	2012年8月
101	四平红嘴	2010年11月	127	池州	2011年6月	150	五家渠	2012年8月

(续表)

序号	国家级经开区	设立时间	序号	国家级经开区	设立时间	序号	国家级经开区	设立时间
151	准东	2012年9月	177	沈阳辉山	2013年1月	203	邯郸	2013年11月
152	甘泉堡	2012年9月	178	平湖	2013年1月	204	威海临港	2013年11月
153	汉中	2012年10月	179	濮阳	2013年1月	205	滨州	2013年11月
154	格尔木昆仑	2012年10月	180	宜春	2013年1月	206	杭州湾上虞	2013年11月
155	绵阳	2012年10月	181	宜宾临港	2013年1月	207	瑞金	2013年11月
156	绍兴柯桥	2012年10月	182	蒙自	2013年1月	208	桐城	2013年11月
157	富阳	2012年10月	183	嵩明杨林	2013年1月	209	内江	2013年11月
158	明水	2012年10月	184	神府	2013年1月	210	铁岭	2014年1月
159	石家庄	2012年10月	185	酒泉	2013年1月	211	双鸭山	2014年2月
160	大庆	2012年10月	186	松江	2013年3月	212	望城	2014年2月
161	红旗渠	2012年10月	187	北辰	2013年3月	213	大理	2014年2月
162	娄底	2012年10月	188	宜兴	2013年3月	214	东丽	2014年2月
163	胶州	2012年12月	189	浒墅关	2013年3月	215	慈溪	2014年2月
164	靖江	2012年12月	190	聊城	2013年3月	216	相城	2014年10月
165	吴中	2012年12月	191	松原	2013年3月	217	丽水	2014年11月
166	东侨	2012年12月	192	淮南	2013年3月	218	宣城	2014年11月
167	天津子牙	2012年12月	193	六安	2013年3月	219	库车	2015年4月
168	十堰	2012年12月	194	晋城	2013年3月			
169	绥化	2012年12月	195	龙南	2013年3月			
170	广元	2012年12月	196	牡丹江	2013年3月			
171	巴彦淖尔	2012年12月	197	宁国	2013年3月			
172	唐山曹妃甸	2013年1月	198	张掖	2013年3月			
173	宿迁	2013年1月	199	广西-东盟	2013年3月			
174	海门	2013年1月	200	呼伦贝尔	2013年3月			
175	如皋	2013年1月	201	沭阳	2013年11月			
176	盘锦辽滨沿海	2013年1月	202	旅顺	2013年11月			

注：根据 http://www.mofcom.gov.cnxgljkaifaqu.shtml 资料整理。时间截至2016年底。

二、经开区在国民经济中的重要作用

经开区的发展取得了辉煌的成就,已成为我国区域经济的顶梁柱、对外开放的引领区、先进制造业和生产性服务业的聚集区、以国际化和工业化带动城镇化的示范区、体制机制改革的先行区,对全国经济社会发展发挥着举足轻重的作用。

1. 经开区是我国区域经济的"顶梁柱"

2015年,219个国家级经开区GDP合计为77611亿元,财政收入14651亿元,税收收入13062亿元。经开区以不到5‰的国土面积,贡献了全国11.5%的GDP、9.6%的财政收入和10.5%的税收收入。工业增加值占全国的比重高达20.3%,是我国实体经济名副其实的"风向标"和"晴雨表"。东部、中部、西部地区的经开区在全国经开区GDP中的占比分别约为66%、22%、12%。经济规模排名前三位的依次是天津经开区(泰达)、广州经开区、苏州工业园区①,GDP都超过2000亿元。其中,天津经开区GDP将近3000亿元,每平方公里工业产值高达150亿元以上,经开区的GDP、工业产值、财政收入、出口金额分别占滨海新区的30%、50%、

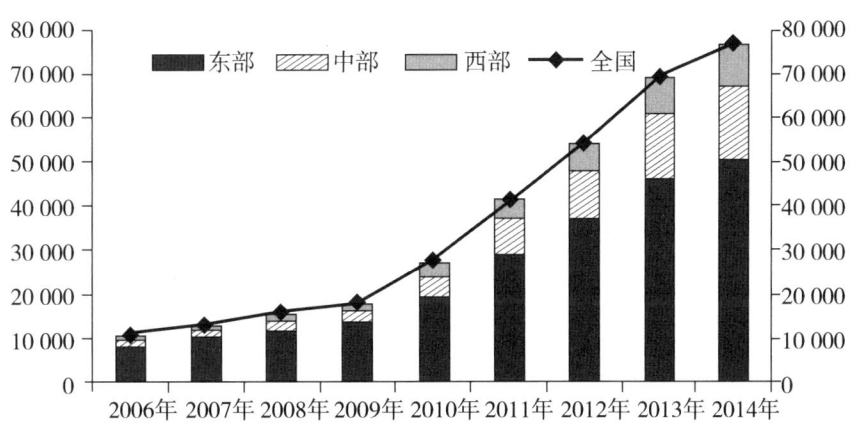

图8-1 经开区的地区生产总值(单位:亿元)

注:数据来自Wind。

---

① 数据来自Wind,以2012年各经开区生产总值排序。

40%和70%。经济规模较小的阿拉尔、甘泉堡、格尔木昆仑等经开区也是新疆、青海等西部省区经济发展,特别是工业发展的重要依托,如2011年阿拉尔经开区占兵团一师阿拉尔市GDP的18.7%。

2. 经开区是对外开放的引领区

经开区积极参与全球价值链分工。截至2015年底累计实际使用外资和外资企业再投资超过6000亿美元,是我国利用外资强度最大的区域。例如,天津经开区吸引着230多家世界500强企业的投资,仅2016年就有总投资额195亿元的一汽大众华北基地、新增投资额54亿元的一汽丰田等项目落户;中新苏州工业园区、中新广州知识城、中马钦州产业园区等也已成为国际经贸合作的重要模式。与此同时,一些实力较为雄厚的经开区开始走出去投资海外,推广我国经开区发展的经验和模式,如天津经开区(泰达)参与建设的中埃苏伊士经贸合作区等。

2015年,经开区进出口总值为47575亿元,在全国的占比达到19.4%。高新技术产品是经开区对外贸易的主要内容,其出口占经开区出口金额的比重约为50%,占全国高新技术产品出口的比重约为30%;其进口占经开区进口金额的比重约为40%,占全国高新技术产品进口的比重约为27%。

3. 经开区是先进制造业和生产性服务业的聚集区

经开区靠劳动密集型制造业起家,30多年来始终"致力于发展高新技术产业",研发投入占经开区GDP的3%以上,工业企业申请专利占全国比重约为25%,促使其经济结构不断优化。2015年,经开区的规模以上工业总产值超过20万亿元,区内的高新技术企业超过1万家,高新技术企业产值占经开区工业总产值的40%,电子信息、汽车制造、石油化工、电气、装备制造等先进制造业成为经开区的支柱产业,新材料、新能源、生物医药、节能环保等战略性新兴产业也在快速发展。与此同时,物流、服务外包、金融保险、维护维修等生产性服务业正在集聚,其增加值占经开区GDP的比重提高到20%以上。

4. 经开区是以国际化带动新型城镇化的示范区

经开区多数都建在远离城市中心的荒郊野地,经过30多年的发展,一批新城区或新城市拔地而起,聚集了人气,推动着我国城镇化进程。目前,国家级经开区就业人员超过2000万人，占全国就业人口比重近3%，其中东部地区经开区就业人口约为1400万人，中部地区约为420万人，西部地区约为230万人。更为重要的是，经开区就业人员有高科技、高学历、国际化这三个特征，从事科技活动的人员超过120万人，占就业人口比重超过6%；大专以上学历从业人员占就业人口比重超过1/3；经开区不仅吸引了大量外资企业，带来外国人就业，同时，还是我国海归或大学生创业的首选之地。比如，上海漕河泾新兴技术开发区的2500家企业中，有1700家由海归或本土人才创办。

5. 经开区是体制机制改革的先行区

为了吸引投资，经开区从一开始就注重体制机制的改革创新，营造了较好的营商环境，土地有偿出让制、审批体制改革、政府"一站式"服务等成功经验已经复制推广到全国，促进了我国的改革开放。在管理体制方面，经地方人大立法或地方政府授权，经开区大多数采用准政府、大部制的"管委会模式"。管委会作为地方政府的派出部门，机构精简、成本低、效率高，在全国首创了"一个窗口"对外、"一站式"办公、"一条龙"服务。比如有的经开区设立"马上办"，及时高效回应企业诉求。此外，少数地方政府并不派出管委会，而是采用"企业化模式"管理和运营经开区。比如1986年上海闵行经开区成立时，就明确由闵行联合发展有限公司负责开发建设和经营管理。在投融资体制方面，经开区主要靠自筹资金、负债开发起步，充分利用外部资金发展产业，通过"初期投入—招商引资—税收收入—再投入"的滚动模式，实现投入和产出的稳健增长。在土地使用方面，建立土地有偿使用制度，整体规划、滚动开发，开发一片、建成一片、收益一片，确保土地集约利用。在社会保障方面，经开区逐步实现全员社保，积极探索险种设计、征缴办法、统筹使用、保值增值等经验，社保水平高于其所在城市和全国的平均水平。

三、新形势下做好经开区工作的思考

近年来，国家级经开区发展陷入了困境。经济增速从2010年开始逐年大幅回落，2015年增速仅为1.4%，远低于全国GDP 6.9%的增速（参见图8-2）；2015

年实际使用外资下降了4.8%,而同期全国增长了6.4%;出口下滑2.7%,降幅也大于全国降幅。

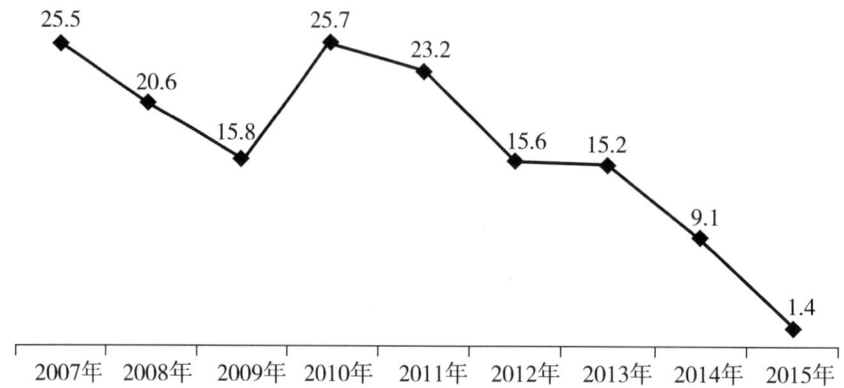

图8-2 经开区经济增速的回落(单位:%)

注:数据来自Wind。

经开区作为我国实体经济,特别是制造业的"风向标"和"晴雨表",其发展困境背后,既有我国经济发展面临的共性问题,也有经开区自身的问题。

从共性问题看,2008年国际金融危机后,世界经济复苏疲软,全球贸易量连年低于全球经济增速,长期依赖国际市场的经开区也不可避免地面临外需疲弱的问题。为了推动经济复苏,世界各国都不遗余力地吸引资本发展制造业,发达经济体以优惠的税收和补贴政策促进高端制造业回流,发展中经济体则利用要素成本优势和政策优惠吸引中低端产业转移,其政策优惠力度甚至大于我国改革开放初期的力度,经开区招商引资遇到高端和中低端的双重挤压。同时,我国经济步入新常态,人口红利逐渐消失,资源和环境约束不断增强,经开区的传统动能不断衰减,新动能又不足以挑起稳增长的大梁。

从个性问题看,一是体制优势下降,由于开发区管委会承担的社会职能增多,其内设机构也不断增加,精简高效的准政府、大部制优势随之减弱。同时,自由贸易试验区对经开区构成了体制方面的绝对优势,来自国家级新区、国家级高新区,特别是自主创新示范区的竞争压力也不断增加。二是"政策洼地"不再,经开区早期发展享受的特殊优惠政策或已到期,或已推广至全国,特别是 2008 年企业所得税法在全国范围内统一了内外资税率,经开区靠"政策洼地"招商的空间有限。三是土地供需矛盾突出,有些沿海发达地区的经开区"粥少僧多",供不应求,土地二次开发利用、"腾笼换鸟"受到用地性质的严格限制;也有些经开区存在"僵尸园区"①,开发效率低、入驻企业少、闲置土地多,有的甚至把工作重心放到房地产开发上。四是产业升级力度不够,对新产业、新业态的培育偏少,对研发的引导力度不够,制造业的生产、加工等低附加值环节占比偏大,研发、销售等高附加值环节占比较低,造成了经开区重复建设、同质竞争的问题。在要素成本不断提高的背景下,成本敏感的低附加值环节往外转移难以避免。

2014 年 11 月,国务院办公厅下发《关于促进国家级经济技术开发区转型升级创新发展的若干意见》(国办发〔2014〕54 号文)将新形势下经开区的发展定位明确为"三个成为、四个转变":成为带动地区经济发展和实施区域发展战略的重要载体,成为构建开放型经济新体制和培育吸引外资新优势的排头兵,成为科技创新驱动和绿色集约发展的示范区;由追求速度向追求质量转变,由政府主导向市场主导转变,由同质化竞争向差异化发展转变,由硬环境见长向软环境取胜转变。②推动经开区转型升级创新发展,可考虑从以下几个方面着力:

一是重拾体制优势。准政府、大部制的"管委会模式"精简高效,是经开区过去取得辉煌成就的制度根源。新形势下,大多数经开区依靠土地、财税等方面"政策洼地"的老路再难走通,这有悖于"准入前国民待遇+负面清单"的新要求,随着要素成本优势的衰退,优惠政策也再难留住成本敏感的产业中低端环节。经开区只有打造"制度高地",不断优化营商环境,才能吸引各类投资,增强企业扎根经营、发展壮大的信心和定力。要减少行政管理层级,由所在省市政府集中统一、扁平直接地管理经开区,在财政税收、行政审批、改革创新等方面赋予经开区更多自主权。经开区要整合归并内设机构,集中精力抓投资促进和营商环境,适当减少

---

① 《僵尸园区遍地 如何引凤入巢》,引自网页:http://mt.sohu.com/20160918/n468618279.shtml.
② 国办:《促进国家级经济技术开发区转型升级》,引自网页:http://politics.people.com.cn/n/2014/1121/c1001-26068354.html.

社会管理职能；逐步总结和推广经开区管理的"企业化模式"，推动经开区从"管资产"转为"管资本"；深入开展苏州工业园区开放创新综合试验，为国家级经开区创新发展提供经验。

二是厚植发展新动能。抓住国际产业转移机遇、挖掘劳动力比较优势、发展高新技术产业是经开区过去成就的产业根源，经开区的产业结构明显优于全国平均水平，但经开区的传统优势渐渐退去，从全球价值链中低端迈向高端依然任重道远。厚植先进制造业和生产性服务业的新动能，是经开区内外形势倒逼而来的必由之路。要把创新摆在更重要的战略地位上，加大产业创新平台和创新体系建设力度，促进产学研对接，支持传统产业引进先进技术、实现转型升级，为大众创业、万众创新打造优良的孵化环境。要坚持在开放中创新，研究和把握新一轮世界科技革命和产业变革的大势，优化招商体制，完善招商政策，丰富招商渠道，引进新能源、生命科学、智能制造、高端装备、新一代信息技术等先进制造业以及研发设计、市场营销、第三方物流、营运结算等生产性服务业的高水平新项目；同时支持经开区企业走出去设立境外经济合作区，并购研发、设计、营销等海外项目，反哺经开区的转型升级创新发展。

三是因类施策、因事施策。219个国家级经开区的发展阶段存在巨大差异：有的经开区成立已经30多年，而其中165个在2010年后才升级为国家级经开区；有的经开区经济规模达到千亿级，有的则不到十亿级；有的正面临产业转型升级的巨大压力，有的却还在产业集聚的阶段。但毋庸置疑的是，不同发展阶段的国家级经开区都是其所在区域的"顶梁柱"，必须高度重视做好经开区工作，分类施策。对于起步早、规模大、基础好的经开区，将其优先纳入自由贸易试验区布局。这些经开区自身要主动作为，探索复制自贸试验区改革试点经验，而不是等政策、靠优惠、要"帽子"。对于尚不具备条件的中西部和东北地区部分经开区，要给予基础设施建设、投资促进、公共服务、口岸通关等方面的适当支持，经开区要积极承接产业转移，特别是承接对物流成本不是很敏感的服务业和高端制造业转移。建立东部和中西部，以及东北经开区优势互补、利益共享的合作机制，用好京津冀开发区创新发展联盟和长江经济带园区合作联盟，鼓励条件成熟的国家级经开区建设协同创新平台。

第二节
其他特殊经济区

我国特殊经济区种类较多，经过多年发展，目前各类特殊经济区呈现"百舸争流"的发展态势，对我国的改革开放都起到了积极作用。本节简要介绍边境经济合作区、跨境经济合作区、境外经贸合作区、高新技术产业开发区、海关特殊监管区域。

一、边境和跨境经济合作区

为推动沿边开放、实现兴边富民，1992—1993年，国务院陆续批准设立珲春、满洲里、黑河、绥芬河、丹东、河口、畹町、凭祥、东兴、瑞丽、伊宁、博乐、塔城、二连浩特等14个边境经济合作区（简称"边合区"）。2011—2015年，吉木乃、临沧、和龙等3个边合区获批。至此，17个国家级边合区覆盖沿边7省。

表8-2 国家级边境经济合作区名单

省（区）	边境经济合作区	
内蒙古（2个）	满洲里边境经济合作区	二连浩特边境经济合作区
辽宁（1个）	丹东边境经济合作区	
吉林（2个）	中国图们江区域（珲春）国际合作示范区（珲春边境经济合作区）	和龙边境经济合作区
黑龙江（2个）	黑河边境经济合作区	绥芬河边境经济合作区
广西（2个）	凭祥边境经济合作区	东兴边境经济合作区
云南（4个）	畹町边境经济合作区	河口边境经济合作区
	临沧边境经济合作区	瑞丽边境经济合作区
新疆（4个）	伊宁边境经济合作区	博乐边境经济合作区
	吉木乃边境经济合作区	塔城边境经济合作区

注：根据商务部网站资料整理。

边合区基于边境地区的特殊区位，利用政策优势承接产业转移，发展加工制造业和边境贸易，辐射周边地区产业，带动边境经济发展，提高了边民生活水平。《关于加快沿边地区开发开放的若干意见》（国发〔2013〕50号）和《关于支持沿边重点地区开发开放若干政策措施的意见》（国发〔2015〕72号）明确了新时期边合区财政、金融、土地、贸易、投资等方面政策，为边合区发展指明了方向。边合区资源禀赋不同，各有特色。比如，珲春边合区有色金属储量较大，森林和海产资源丰富，有色金属、木制品加工、海产品加工是其主导产业。吉木乃边合区则利用区位优势，与哈萨克斯坦开展油气加工产业合作，利用周边地区风能蕴藏量大的优势，大力发展风电装备制造业。瑞丽边合区的珠宝玉石、红木家具、木雕工艺等产业也具备鲜明的地方特色。

边合区是我国"一带一路"建设的桥头堡，对稳边、安边、兴边意义重大。2015年17个边合区地区生产总值合计600多亿元，这一经济规模虽然与东部的特殊经济区不可同日而语，比如同年天津经开区的生产总值将近3000亿元，但是边合区对当地经济发展起着至关重要的作用。2015年东兴边合区地区生产总值占东兴市的97%，珲春边合区占珲春市的64%，凭祥、河口、博乐、满洲里、吉木乃、瑞丽等边合区相应占比也都超过30%。与周边国家的贸易往来是边合区发展的动力，对发展双边关系起着重要作用。2015年，广西凭祥边合区的贸易额最大，达到31.4亿美元，同比增速超过20%。边合区吸引各类企业入驻，为边民提供了更多就业机会。以黑龙江省的黑河、绥芬河边合区为例，1997—2014年，区内企业数量从20个增长至757个，相应的企业职工数年均增长9%[①]。

跨境经济合作区（简称"跨合区"）是我国与周边国家在国界线两侧毗邻接壤区域实行封闭式管理的特殊经济区，通过两国政策对接，实行特殊的产业、贸易、投资、税收等政策，是我国与邻国推动区域经济一体化的载体。目前，中哈霍尔果斯国际边境合作中心、中老磨憨—磨丁跨合区已签订双边合作协定并投入运营。此外，与越南、蒙古、缅甸等国家的跨合区建设也正在推进。

---

① 《黑龙江省1997—2014年边境经济合作区基本情况统计表》，《黑龙江省统计年鉴》。

跨合区建设在我国还属于新鲜事物,各项政策措施都处于探索之中。目前,中哈霍尔果斯国际边境合作中心相对较为成熟。该中心主要有贸易洽谈、商品展销、仓储运输、宾馆饭店、商务服务设施、金融服务、举办国际经贸洽谈会等功能,对由中方境内进入中心的基础设施建设物资和区内设施自用设备实行出口退税,对从哈方进入中心中方区域的相应设施设备免征关税和进出口环节增值税,从中方进入中心的游客可携带8000元免税商品由中方出口离开。中哈合作中心抓住"一带一路"建设机遇,货物贸易快速发展。如表8-3所示,2016年,中哈合作中心进出口总值达36.62亿元,同比增幅达292.1%[1]。

表8-3 2016年中哈霍尔果斯国际边境合作中心进出口总值

指标	总值/亿元	同比增幅/%
进口	0.82	2386
出口	35.8	284.7
进出口	36.62	292.1

注:数据来自2016年1~12月特定地区进出口总值表,商务部外资司。

边合区和跨合区建设取得了显著成效,但仍有提升空间。例如,一些边合区出现与毗邻国家政策对接不顺畅、政策扶持力度不够、基础设施不完善、产业集聚度不高等问题。下一步,应提高边合区和跨合区对兴边富民、脱贫攻坚意义的认识,以"一带一路"为统领,加强与有关国家的政策沟通,消除制约经济贸易发展的瓶颈;加强顶层设计,优化边合区和跨合区布局,探索与海关特殊监管区域、口岸、城镇等的协调发展,建立边合区、跨合区和东部园区之间的交流帮扶机制;加大政策倾斜力度,重点抓好基础设施建设、脱贫攻坚和体制机制创新;根据比较优势,吸引内地和周边地区的生产要素,发展跨境电子商务等新业态,夯实边合区和跨合区的产业基础。

---

[1] 数据来自2016年1~12月特定地区进出口总值表,商务部外资司。

二、境外经贸合作区

改革开放近40年来，我国积累了大量特殊经济区建设的宝贵经验。这些经验正在被我国政府和企业复制推广到海外。境外经贸合作区（简称"境外经合区"）是按照"政府引导、企业主体、市场运作"的原则，在我国和相关国家政府指导支持下，具有一定投资经营能力的我国企业在东道国抱团投资建设的产业园区。目前，我国在建具有一定规模的境外经合区77个，分布在36个国家，累计投资达241.9亿美元，入驻企业已达1522家，总产值702.8亿美元，涉及轻工纺织、建筑建材、机械电子、商贸物流等行业。其中，在"一带一路"相关国家建设了56个合作区，入驻企业1082家，总产值达506.9亿美元。①

我国企业在境外探索建立产业园区已有较长的发展历史。例如，1998年福建华侨实业在古巴，2006年海尔集团在巴基斯坦分别投资建设了合作区。2006—2007年，伴随着我国经济影响力的不断扩大，各国寻求双边经贸合作的意愿加强，合作区建设加快发展。其间，有关部门出台《境外中国经济贸易合作区的基本要求和申办程序》《境外经济贸易合作区确认考核暂行办法》等文件②，规范了合作区的工程建设、投资资金使用和招商工作；分两批确认考核了19家境外经贸合作区，总规划面积85.8平方公里，涉及14个国家③。2010年后，随着相关政府间双边合作区协定的签订，柬埔寨西哈努克港经济特区、中白工业园区、马中关丹产业园、万象赛色塔综合开发区、中国—埃塞经济贸易合作区、中国—印尼综合产业园区等一批合作区加速发展。

境外经合区建设顺应了我国企业"走出去"的发展趋势。2000年我国提出了"走出去"战略后，境外投资业务管理模式经历了"审批制——核准制——备案为

---

① 根据《2016年商务工作年终综述之二十三——推进境外经贸合作区建设 实现互利共赢》中的数据计算所得。
② 2013年6月5日，《境外经济贸易合作区确认考核暂行办法》进一步修订为《境外经济贸易合作区确认考核和年度考核管理办法》。
③ 国务院发展研究中心对外经济研究部"一带一路"经贸合作政策研究课题组：《"一带一路"倡议下的境外经贸合作区研究》，《中国产业经济动态》。

主、核准为辅"的改革过程，企业对外投资的自由度和积极性大幅提高。越来越多的中国企业开始投资海外，其目的或是为了保障国内生产的资源能源供应，或是为了拓展出口商品的国际市场份额，或是为了提升自身技术水平和生产能力。近年来，以劳动密集型产业转移、规避国内生产成本提高、利用东道国成本优势为主要目的的效率获取型对外投资也开始增多。2016年，我国非金融类直接投资超过1700亿美元，同比增长44%。

企业境外投资需要面临各种政治经济不确定性，"单打独斗"的投资存在的风险较高。由于政府间相关协议的保障以及合作区内较为完备的基础设施、信息、法律、突发事件应对等服务，能有效降低企业在合作区的投资风险。合作区建设的重点东道国是"一带一路"相关国家。与"一带一路"沿线的很多国家相比，我国工业化发展进程相对较快，企业投资符合双方利益。一方面，合作区建设能够有助于我国发展相对成熟而成本不断上升的钢铁、化工、汽车、家电、建材、轻纺等产业"走出去"，为国内产业结构调整腾出资源和空间。另一方面，我国企业入园投资能够带动东道国相关产业的发展，提升工业化水平。

境外经合区是我国加强与相关国家双边政治经济关系的重要载体，对东道国产生了积极影响。区内经营活动的直接效应是提高东道国政府的财政收入，为当地民众创造就业机会。2016年，合作区企业累计向东道国上缴税款26.7亿美元，创造就业岗位21.2万个。[①] 境外经合区企业还积极履行社会责任，累计捐款超过千万美元，得到了东道国社会各界的认可。

同时也要看到，我国境外经合区建设起步晚、经验不足，园区盈利模式有待完善。一些东道国政策连续性不强、投融资环境有待改善，对招商引资和境外经合区企业经营造成一定困扰。未来，可以"一带一路"建设为契机，优化境外经合区的全球布局，加强与相关国家的政策协调，积极签署更多政府间相关投资保护协定和境外经合区合作协定，利用援外等政策性资金、亚投行、丝路基金等渠道拓宽建设资金来源。

---

① 根据《2016年商务工作年终综述之二十三——推进境外经贸合作区建设 实现互利共赢》中的数据计算所得。

三、高新技术产业开发区

高新技术产业开发区（以下简称"高新区"）自1988年开始设立，截至2017年4月全国共设有156家。高新区侧重于提升科技创新能力，将科技成果产业化。近30年来，高新区已成为推动我国科技进步、提高创新能力的重要平台。

改革开放之初，我国就非常重视科学技术，将其视为第一生产力。1984年，中央提出要在条件适宜的城市创建新科技园区。① 1988年，北京新技术产业开发试验区（现中关村科技园区）正式建立，颁布了18项优惠政策，主要包括建设用地优惠、税收优惠、贷款优先、企业定价权、引进人才等。同年，"火炬计划"出炉，这是高新区发展建设的指导性计划。1992年前后，在邓小平同志"发展高科技，实现产业化"理论的指导下，国务院分两批建设共51个国家级高新区。② 此后数年，高新区数量基本保持稳定③，并逐渐步入科技创新和体制创新的新阶段④。2003年，国家对高新区进行了统一整顿并严格审核，着力提升高新区产业特色和优化布局⑤。2005年，国务院发布《国家高新区扩区、改变区位和省级高新区升级的审批原则和审批程序》，高新区的管理体制更为顺畅。2010年后，随着东部地区资源成本上升、产业结构调整，东部地区部分产业向中西部转移的趋势明显，一批内陆省级高新区升级为国家级高新区。如2017年新批复的10个国家级高新区仅有汕头、淮安、宿迁3市位于东部地区，其余7市均分布于内陆各省份⑥。

如图8-3所示，1996—2014年，高新区的总收入、工业总产值、净利润保持高速增长，尤其自2009年以来，各项经济指标增速明显加快⑦。根据科技部发布的《国家高新区创新能力评价报告》，2011—2015年高新区创新能力综合评价指数

---

① 参见报告：《关于迎接新科技革命的挑战与对策》。
② 张雪花：《（新中国档案）"火炬计划"：国务院批准建立国家高新技术产业开发区》，引自网页：http://news.xinhuanet.com/politics/2009-11/02/content_12372207.htm
③ 仅在1997年增设杨凌农业高新技术示范区。
④ 《关于进一步支持国家高新技术产业开发区发展的决定》（国科发火字 [2002] 32号）。
⑤ 《关于暂停审批各类开发区的紧急通知》（国办发明电 [2003] 30号）。
⑥ 根据《国务院批复10家高新区升级为国家高新区》，中华人民共和国科学技术部。
⑦ 根据《中国火炬统计年鉴2015》高新技术产业开发区主要经济指标计算所得。

(由资源聚集指数、创业环境指数、国际化指数、驱动发展指数、创新活动绩效指数五部分构成)年均增速达到13%。区内服务产业比重较高,区内科研工作者约为485万人,留学归国人员近1万人①。

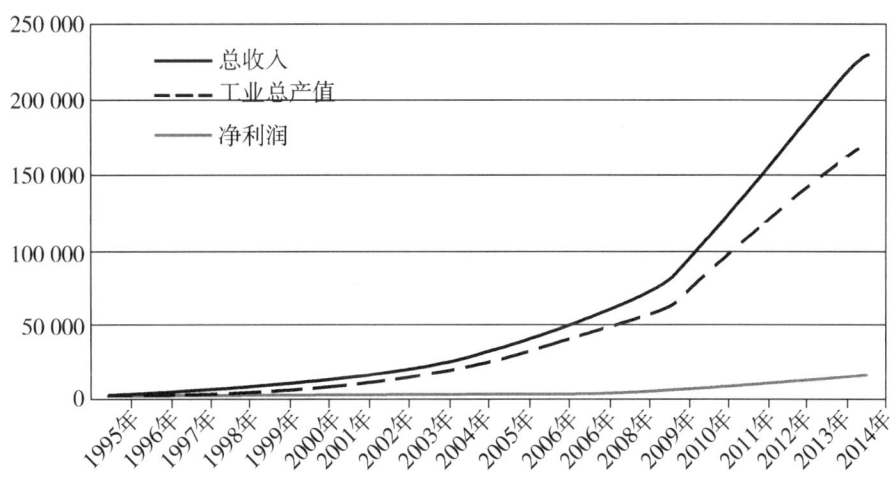

图8-3 高新区主要经济指标(单位:亿元)

注:数据来自《中国火炬统计年鉴2015》。

从2009年起,我国开始批建国家自主创新示范区,到2016年底共设有17个。国家自主创新示范区依托于具有一定产业和科技实力的高新区,实施税收优惠、股权激励、科研经费管理、科技成果处置等政策,在科技创新、新业态、产业化平台建设等方面先试先行,是实施创新驱动发展战略的重要抓手。2016年设立的张江、苏南自主创新示范区财政收入同比分别增长25.5%和19.7%,展现出较强活力。②

过去,高新区依靠劳动、土地等要素优势可以集聚产业,实现发展,但现在这种模式难以为继。同时,高新区区域发展不太均衡,比如,江苏省高新区数量是云南、贵州、重庆、甘肃、青海、宁夏6省、市(区)的总和。未来,建设好高新区以及自主创新示范区,应更加突出科技创新在供给侧结构性改革中的积极作用,结合各高新区自身资源禀赋及产业技术优势,推动要素集聚,建设特色产业明晰、产

---

① 根据《中国火炬统计年鉴2015》2-5高新技术企业R&D活动与科技活动状况计算所得。
② 陈芳、胡喆:《我国国家高新区2016年营业收入同比增长11.5% 渐成区域经济发展重要引擎》,引自网页:http://news.cnfol.com/chanyejingji/20170220/24318564.shtml

业链条完整的高新区①；优化高新区发展的区域布局，推动东部高新区的相关产业向中西部地区转移。

四、海关特殊监管区域

海关特殊监管区域是经国务院批准，由海关进行封闭监管，为承接国际产业转移、扩大进出口而设立的特殊经济功能区，分为6类：保税区、出口加工区、保税物流园、保税港区、综合保税区、跨境工业园区。截至2016年，我国共设有122个海关特殊监管区域（参见表8-4）。

表8-4 海关特殊监管区域的类型及其功能

类型	设立时间	数量	主要功能
保税区	1990年	15	进出口加工、国际贸易、保税仓储、商品展示 区内商品享有"免证、免税、保税"政策 实行"境内关外"运作方式
出口加工区	2000年	47	加工贸易（仅限产品外销） 出口加工、仓储、运输 实行"一次申报，一次审单，一次查验"的通关制度
保税物流园	2003年	5	存储（进出口货物、未办结海关手续货物） 流通性简单加工、增值服务 进出口贸易（包括转口贸易）、国际中转 国际采购、分销、配送 区内检测、维修、商品展示
保税港区	2005年	14	仓储、物流、国际采购、分销、配送 商品展示、研发、加工、制造 检测、售后服务、维修 港口作业、国际中转、转口贸易

---

① 《关于促进开发区改革和创新发展的若干意见》（国办发〔2017〕7号）。

(续表)

类型	设立时间	数量	主要功能
跨境工业园区	2003 年	1	自由贸易、现代物流、展销 探索新型工业发展 粤澳合作试验探索 实行"保税区+出口加工区出口退税政策+24 小时通关专用口岸"的"三合一优惠政策"
综合保税区	2006 年	40	保税区、出口加工区、保税物流区、港口功能的综合 国际中转、配送、采购 转口贸易、出口加工

注：根据海关总署网站相关资料整理。

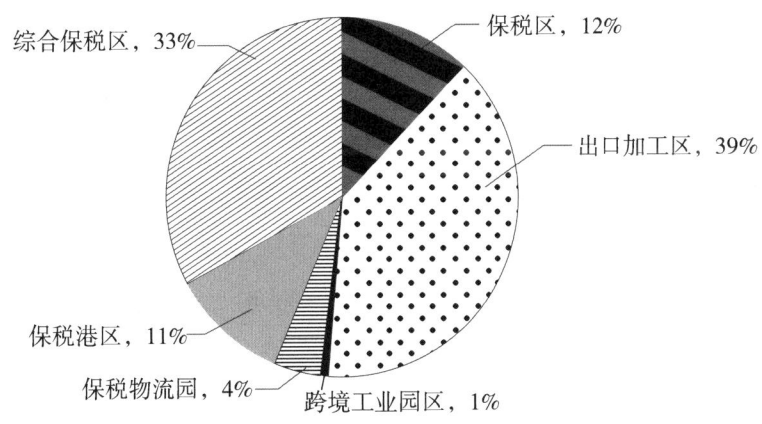

图 8-4 2016 年 6 类海关特殊监管区域数量分布

注：数据来自海关统计月报，http://www.customs.gov.cn/publish/portal0/tab68101/

1990 年，上海外高桥保税区的建立标志着我国海关特殊监管区域探索的开始。到 1996 年，我国共批准建设 15 个保税区①。加入世界贸易组织后，为了更好地承

---

① 15 个保税区分别是：上海外高桥、大连、广州、海口、深圳福田、深圳盐田、深圳沙头角、天津港、青岛、汕头、福州、宁波、张家港、珠海、厦门象屿保税区。

接国际制造业转移，我国开设出口加工区试点。此后，海关允许"在加工区内拓展保税物流功能，开展研发、检测、维修业务"①，出口加工区的功能更加健全。2003年，又在上海外高桥保税区与外高桥港区设置试点，成立第一个保税物流园。园区内不仅能开展仓储、物流业务，还可以发展加工业务。在发展过程中，海关特殊监管区域与邻近港口的联系不断加深，"区港融合"的必要性增强。2005年设立的洋山保税港区集口岸、物流、加工功能于一身。为了进一步将沿海海关特殊监管区域的经验推广至中西部，综合保税区应运而生。2006年，在苏州工业园区内试点第一个综合保税区。截至2016年，我国设立了40个综合保税区。为实现珠海、澳门两地优势互补，2003年我国设立珠澳跨境工业园，区内实行"保税区＋出口加工区出口退税政策＋24小时通关专用口岸"的"三合一优惠政策"②。

2015年9月，国务院办公厅提出整合已有的海关特殊监管区域，将原有的出口加工区、保税物流园、跨境工业园区、保税港区整合升级为综合保税区。在中西部、东北符合要求的大中型城市设立综合保税区，引导东部海关特殊监管区域区内加工贸易企业向中西部转移③。

海关特殊监管区域很大程度上节约了仓储、物流、通关成本，吸引了大量跨国公司入驻。例如，天津滨海新区综合保税区是我国开放程度较高、功能较为健全的海关特殊监管区域。区内保税政策力度大、运作流程完善、通关效率高，吸引空客、三星等项目落户，正在成为集航空设备研发、制造、维护维修于一体的产业集聚地。海关特殊监管区域扩大了内陆沿边地区的对外贸易。例如，2016年河南海关特殊监管区域进出口总值占全省的68.7%④；湖北海关特殊监管区域在联想等重

---

① 海关总署：《出口加工区拓展保税物流功能及开展研发、检测、维修业务试点管理办法》（署加发〔2007〕168号）。
② 《珠澳跨境工业区珠海园区：珠澳跨境工业区概况》，引自网页：http://www.zhftz.gov.cn/qygk/yqgk/201010/t20101018_8937941.html
③ 《加快海关特殊监管区域整合优化方案的通知》（国办发〔2015〕66号）。
④ 赵振杰：《2016年新郑综合保税区进出口值位列全国第一》，引自网页：http://www.ha.xinhuanet.com/news/20170211/3651034_c.html

点企业入驻后，物流货物方式进出口增长了 220.4 倍①；重庆海关特殊监管区域进出口总值占全市的 54.1%②。

同时也要看到，近年海关特殊监管区域进出口总值逐年减少，迫切需要转型升级。可学习自贸试验区的经验，提升海关特殊监管区域的功能与服务；优化区内监管与服务，提升综合水平；充分发挥中西部的比较优势，引导东部加工制造企业向中西部综合保税区转移。

第三节
自由贸易试验区

2013 年 9 月，我国第一个自贸园区——中国（上海）自由贸易试验区挂牌，到 2017 年 3 月已形成"1+3+7"的自贸试验区发展布局。我国在自贸试验区试验的不仅有关税豁免、通关便利等"边境措施"，更延伸到贸易、投资、金融、监管等"边境后"的国内经济体制机制改革，是我国全面深化改革和扩大开放的试验田。展望未来，应进一步明确目标定位，不断提高自贸试验区建设的质量和水平。

一、世界自贸园区的发展历史

自由贸易园区（Free Trade Zone，FTZ）有别于政府间签订的旨在降低大部分产品关税的自由贸易协定（Free Trade Agreement，FTA），它起源于 16 世纪欧洲的自由港，区内优惠的税收政策很好地促进了当地国际贸易与投资的发展。1547 年，意大利热那亚湾的雷格亨港被公认为世界第一个自由港，主要从事转口贸易，外国

---

① 刘天纵、雷闯、陈玥：《海关特殊监管区业务量增长 200 多倍》，引自网页：http://hbrb.cnhubei.com/HTML/hbrb20160514/hbrb2900318.html。
② 陈钧、周游：《重庆再添"重量级"开放平台 国务院批复设立江津综合保税区》，引自网页：http://www.cqrb.cn/content/2017-02/09/content_98892.htm。

商品入港后未经加工再出口，可豁免关税，这对当地的国际贸易起到了很大的促进作用。此后，威尼斯（1661年）、马赛（1669年）、汉堡（1888年）等自由港相继发展起来，其功能与雷格亨港相似。1959年，爱尔兰香农自由区依托航空港而非海港建立，在转口贸易的基础上增加了免税出口加工功能，吸引了大批美国企业入驻。受其影响，此后20年世界各地涌现出近200个出口加工区。这些园区种类繁多、名称各异，但都具备自贸园区的某些特征。

1973年，海关合作理事会通过了《关于简化和协调海关业务制度的国际公约》（简称为《京都公约》）。根据这一公约，自贸园区是指一国的特定领土，任何货物进入该领土都被视同在关境之外，免征进口关税及其他各税，实行海关特殊监管政策，也即"境内关外"。同时，《京都公约》还制定了自贸园区的18个标准条款和3个建议条款，明确规定了商品准入和监管、区内商品消费、存储期限、税费补缴等措施。

虽然多数国家对《京都公约》的自贸园区条款都没有作出完全承诺，但是其精神却被广泛地付诸实践，发展出五花八门的自由贸易园区，仅名称就有自由区、自由港、对外贸易区、自由带等数十种之多。目前，主要有以下三种类型：一是以美国对外贸易区为代表的企业管理型自贸园区。为抵消劳动力等成本上升的影响，降低企业经营成本，避免企业过快向海外转移，1934年美国通过《对外贸易区法案》，允许任何公共和私人部门在港口附近，向相关行政部门申请设立对外贸易区，实行"境内关外"的监管政策。对外贸易区具有自贸园区的基本属性。目前，美国共设立对外贸易区250多个，遍布美国主要港口，许多全球主要汽车制造商和能源商都在美国设有对外贸易区。对外贸易区对美国的产业集聚和外贸发展起到了重要作用。二是以欧洲港口为代表的转口贸易型自贸园区。汉堡、鹿特丹、安特卫普、香农等都属此类，政府成立专职机构或政府控股的企业对自贸园区进行运营和管理，给予过往商品和入驻企业税收优惠和通关便利，大力发展转口贸易，促进了相关产业发展。三是以新加坡为代表的港城融合型自贸园区。1969年，新加坡通过的《自由贸易区法》授权政府设立自贸园区。目前，新加坡共设立自贸园区7家，其中1家依托于樟宜机场，其余都依托于海港。自贸园区兼具转口贸易、加工贸易、金融、商业等功能，而且具有港城融合的特点。

可见，自贸园区是一个动态概念，没有统一的模式。我国的自贸试验区起步相对较晚，除了吸收世界各类自贸园区的优点外，还有许多独具特色的制度创新内容。

二、我国自贸试验区的发展状况

党的十八大前后，经过一段时间酝酿和筹备，《中国（上海）自由贸易试验区总体方案》于2013年9月正式发布，上海自贸试验区挂牌成立，囊括外高桥保税区、外高桥保税物流园区、洋山保税港区和上海浦东机场综合保税区等4个海关特殊监管区域，占地面积28.78平方公里。上海自贸试验区的设立引起了国内外广泛关注。2015年4月，《进一步深化中国（上海）自由贸易试验区改革开放方案》印发，上海自贸试验区扩围至120.72平方公里。同时，第二批自贸试验区在广东、天津、福建三地成立。这些自贸试验区都分布在我国沿海较为发达的省份，面积约为120平方公里。2017年3月，《中国（辽宁、浙江、河南、湖北、重庆、四川、陕西）自由贸易试验区总体方案》发布，第三批7个自贸试验区成立。在这批自贸试验区中，除了辽宁和浙江外，其余都属于内陆省份，面积也都是120平方公里左右。至此，我国形成了"1+3+7"的自贸试验区布局。

表8-5 各自贸试验区的探索重点

序号	自贸试验区	探索重点
1	上海	全面深化改革和扩大开放的试验田
2	广东	推动内地与港澳经济深度合作；通过加工贸易转型，带动泛珠三角区域和内地区域的产业升级
3	天津	京津冀协同发展；通过促进京津冀协同发展来辐射内陆的发展
4	福建	深化两岸经济合作；着力加强闽台产业对接、创新两岸服务业合作模式，以此来辐射带动海峡西岸经济发展
5	辽宁	落实中央关于加快市场取向体制机制改革、推动结构调整的要求，着力打造提升东北老工业基地发展整体竞争力和对外开放水平的新引擎

(续表)

序号	自贸试验区	探索重点
6	浙江	落实中央关于"探索建设舟山自由贸易港区"的要求,就推动大宗商品贸易自由化,提升大宗商品全球配置能力进行探索
7	河南	落实中央关于加快建设贯通南北、连接东西的现代立体交通体系和现代物流体系的要求,着力建设服务于"一带一路"建设的现代综合交通枢纽
8	湖北	落实中央关于中部地区有序承接产业转移、建设一批战略性新兴产业和高技术产业基地的要求,发挥其在实施中部崛起战略和推进长江经济带建设中的示范作用
9	重庆	落实中央关于发挥重庆战略支点和连接点重要作用、加大西部地区门户城市开放力度的要求,带动西部大开发战略深入实施
10	四川	落实中央关于加大西部地区门户城市开放力度以及建设内陆开放战略支撑带的要求,打造内陆开放型经济高地,实现内陆与沿海沿边沿江协同开放
11	陕西	落实中央关于更好地发挥"一带一路"建设对西部大开发带动作用、加大西部地区门户城市开放力度的要求,打造内陆型改革开放新高地,探索内陆与"一带一路"沿线国家经济合作和人文交流新模式

注:资料来自 www.scio.gov.cn/xwfbh/xwbfbh/wqfbh/2015/32766/index.htm 和 http://news.xinhuanet.com/fortune/2016-08/31/c_1119488723.htm.

在我国经济步入新常态的背景下,设立自贸试验区具有重大意义。党的十八届三中全会指出,建设上海自贸试验区是党中央推进改革开放的重大举措。2017年初,习近平同志对上海自贸试验区建设做出重要批示,高度肯定上海自贸试验区建设成果,指明了下一步努力的方向。习近平同志强调,建设自贸试验区是党中央、国务院在新形势下全面深化改革和扩大开放的一项战略举措。[①] 从"重大举措"到"战略举措"的表述变化,进一步凸显了建设自贸试验区的战略性、关键性和引领

---

① 《习近平对上海自贸试验区建设做出重要指示,强调解放思想、勇于突破、大胆试、大胆闯、自主改,力争取得更多可复制推广的制度创新成果》,《人民日报》2017年1月1日01版。

性意义。

第一，建设自贸试验区是自主推进新一轮高水平对外开放的重大决策。对外开放是我国的基本国策。党的十八大以来，我国以更加积极主动的姿态坚定不移地推进对外开放，实施了包括建设自贸试验区在内的一系列重大举措。自贸试验区设立之初，就把世界最高水平的"开放标杆"作为建设目标。自贸试验区实施以"准入前国民待遇＋负面清单"为核心的开放模式，在我国开创历史先河，开放的广度和深度远远超出我国加入世界贸易组织时的承诺和对外签订的多双边经贸协议。与通过对外谈判实现的约束性开放和对等开放不同，自贸试验区的鲜明特点是主动开放和非对称性开放，充分体现了服务国家战略的自觉性和扩大对外开放的自信。

第二，建设自贸试验区是以扩大开放促进全面深化改革的创新举措。自贸试验区的核心任务是打造可复制可推广的"制度高地"，而不是优惠独享的"政策洼地"。按照党中央、国务院要求，自贸试验区把握好顶层设计与基层探索、自主开放与防范风险、重点与全面、破与立等关系，在投资管理、贸易监管、金融创新、政府职能转变等方面形成了一批基础性和关键性的制度创新成果。目前，已向区外推广261项成功经验，为全面深化改革注入了强劲动力。其中，中央层面集中推广114项，包括投资管理领域46项、贸易便利化领域42项、金融领域16项和事中事后监管措施10项。上海等四省市自行推广147项。①

第三，建设自贸试验区是推进"一带一路"建设的重要抓手。党的十八大以来，党中央准确把握世界大势，统筹陆海、统筹内外、统筹政企，提出"一带一路"倡议。"一带一路"倡议是我国扩大对外开放的重大战略举措和经济外交的顶层设计，突出"共商、共建、共享"，聚焦发展这个最大公约数，不仅造福我国人民，也符合有关国家和地区的共同利益。"一带一路"倡议明确将加快推进自贸试验区建设作为重要抓手。建设好自贸试验区，可以充分展现我国扩大开放的勇气和决心，全面落实互利共赢的理念和原则，有效助力"一带一路"建设。

经过四年的实践探索，自贸试验区围绕制度创新这个中心，在贸易便利化、外

---

① 《拓路勇做先行者 埋首精耕试验田——上海自贸试验区建设三年间》，引自网页：http://news.xinhuanet.com/politics/2017-01/13/c_1120308188.htm.

资管理体制改革、金融开放、事中事后监管等方面取得了重大成就。

（1）贸易便利化方面。自贸试验区首先是高水平贸易便利化的试验田。2017年生效的世界贸易组织《贸易便利化协定》是贸易便利化领域的通行国际规则，在其40个条款中，自贸试验区率先推行试验了38项。截至2017年4月，自贸试验区在贸易便利化方面已经向区外推广了42项重要改革成果。有的成果已经高出国际通行标准，比如口岸的信息互换、监管互认、执法互助、货物状态分类监管等"一线放开、二线安全高效管住"监管模式，在提高通关便利化的同时，也增强了口岸的监管能力。有的成果改革了我国原有体制，实现了与国际高标准接轨，比如原产地规则、动植物检验检疫等。国际贸易"单一窗口"是自贸试验区建设的一个亮点。有了"单一窗口"后，进出口商只需通过一个窗口就可以办理提交单证、上报数据、缴税退税等进出口手续。2014年6月，我国首个"单一窗口"在上海自贸区上线，当时只包括了海关、边检、海事、检验检疫4个部门。目前，商务、外汇、税务等其他贸易监管部门也都整合进了"单一窗口"。"单一窗口"等贸易便利化举措有力促进了自贸试验区的外贸发展。例如，2016年上海自贸试验区海关特殊监管区域进出口总值占整个上海市的27.3%①。

（2）外资管理体制改革方面。外资管理体制改革是自贸试验区最受瞩目的焦点，也是推广经验最多的领域，仅四年时间中央层面就推广了46项改革措施。过去，我国对外商投资实行"逐案审批"的管理模式。自贸试验区实行的"准入前国民待遇+负面清单"管理模式是对原有模式的彻底改革，外商在投资的事前、事中、事后全过程获得了国民待遇，除负面清单列明的领域禁止外商投资外，其余领域都对外商开放，外商只需备案即可到自贸试验区投资。四年来，上海自贸试验区坚持高标准、严要求，不断自我加压，外资负面清单长度缩减1/3以上，2013年有190条，2014年缩减为139条，2015年进一步减到122条②，开放程度大幅提高。

---

① 《"四驾马车"拉动上海2016年进出口增长》，引自网页：http://finance.ifeng.com/a/20170123/15163864_0.shtml。

② 《商务部：将进一步缩减自贸试验区负面清单》，引自网页：http://news.xinhuanet.com/2017-04/27/c_1120884338.htm。

目前，99%以上的外资企业都可以通过备案方式设立，三天之内就能办好相关手续。① 上海、广东、天津和福建等 4 个自贸试验区以十万分之五的国土面积吸引了全国十分之一的外资。② "准入前国民待遇+负面清单" 管理模式也在向全国推广。2016 年，全国人大审议修订《外资企业法》等 4 部法律，外商来华设立企业和变更相关事项只要不涉及 "准入特别管理措施"，都由原来的 "逐案审批" 改为 "备案管理"。

（3）金融开放方面。在严格防范金融风险的同时，自贸试验区进行了较为大胆的开放，涉及自由贸易账户、人民币国际化、利率市场化、"沪港通"、"上海金"、两岸金融合作、公募房地产信托投资基金等诸多事项。目前，中央层面向区外推广的重大金融开放措施达到 16 项，对金融服务实体经济产生了积极作用。以自由贸易账户为例，此前，外贸企业需要分别设立人民币账户和外汇账户，两个账户是相互独立的，企业进出口涉及的资金往来必须通过一系列结售汇操作才能实现，程序较为烦琐，换汇成本较高。现在，外贸企业设立的自由贸易账户可以跟境外账户便利流通、跟境内账户有限流通，资金往来只需要通过一个账户就可以实现，便利程度大幅提高。目前，上海自贸试验区共开设了 6 万多个自由贸易账户，完成跨境结算超过 11 万亿元人民币，企业的本外币融资平均利率不到 4%。此外，黄金国际板运行良好，"上海金" 交易规模达到约 2000 吨；③ 广东自贸试验区推进金融改革促进商业保理、第三方支付等金融业务发展；天津结合自身特色，推进融资租赁制度创新，飞机、船舶等融资租赁规模领先全国；福建则开展非银行金融业对台开放，拉紧两岸金融纽带。

（4）事中事后监管方面。过去，我国对市场的管理注重事前审批，事中事后监管相对薄弱。"一事一批" 的风险确实较小，但也迟滞了开放发展的步伐，最终可

---

① 商务部新闻发言人孙继文就《外商投资企业设立及变更备案管理暂行办法（征求意见稿）》公开征求意见发表谈话，引自网页：http://www.mofcom.gov.cn/article/ae/ag/201609/20160901384829.shtml.

② 《商务部：4 个自贸试验区去年吸收外资 879.6 亿》，引自网页：http://www.chinadaily.com.cn/micro-reading/2017-02/09/content_28152303.htm.

③ 《拓路勇做先行者 埋首精耕试验田——上海自贸试验区建设三年间》，引自网页：http://news.xinhuanet.com/politics/2017-01/13/c_1120308188.htm.

能导致国家经济实力不足而更不安全。自贸试验区实施"准入前国民待遇＋负面清单"管理模式后,事前审批环节大为简化,加强事中事后监管对保障国家安全显得尤为重要,对政府部门的监管能力提出了更高要求。四年来,自贸试验区总体运行平稳,没有出现不可控的各类风险,这离不开其背后的事中事后监管改革。自贸试验区利用大数据技术,整合各职能部门信息,完善外商投资备案管理信息系统,初步形成事前诚信承诺、事中评估分类、事后联动奖惩的全链条信用监管体系。探索健全对外资的国家安全审查机制,从此前的并购类安全审查拓展到对外资并购和绿地投资行为的全覆盖、无死角审查。持续深化金融宏观审慎管理,未发生系统性和区域性金融风险,较好地完成了压力测试和加强监管的任务。

在回顾自贸试验区成就的同时,也不能忽视其存在的问题。一是虽然负面清单一再缩减,开放程度高于全国水平,但是与国际高标准相比还存在一定距离,不能完全满足市场期待。二是单兵突破积极,但系统集成不够,部分政策相对"碎片化",存在互不配套、不协调甚至相互矛盾的现象。三是防范风险积极,但缺乏试错思维,容错机制有待建立。

三、让自贸试验区成为盘活改革开放全局的棋眼

当前,自贸试验区建设进入关键阶段,不进则退。在改革开放这盘大棋局中,如何点好试验区这个棋眼,下成先手棋、活棋,更好地以开放促改革,打造改革开放新高地,仍需艰苦探索。

（一）对战略全局至为重要

自贸试验区一出炉,国内外翘首以盼、期待甚高。一区扩为四区,让人联想到当年四大特区的先锋作用。在改革步入深水区、开放迈向高水平、发展进入新常态的大势下,试验区如何以制度创新为核心,打造改革开放的排头兵、创新发展的先行者,更好地以开放促改革,真正把好事办好,既需要长期艰苦的努力,也需要提高对其战略性、全局性作用的深刻认识。

1. 自贸试验区是向深化改革要活力,增强经济自主发展能力

行政管理体制的核心是政府与市场的关系,即找到"决定作用"与"更好作

用"的黄金分割点。试验区开宗明义地定位：制度创新是核心，不搞政策洼地，跳出"跑马圈地+基础设施、政策优惠搞招商引资"的传统模式，为全面深化改革和扩大开放探索新途径、积累新经验。试验区将简政放权作为关键环节，加快放开、放手、放活，打破行政的条块分割，转变政府职能，给市场让出空间，形成国际化、市场化、法治化营商环境，激发"大众创业、万众创新"热情，走一条以制度创新推动全面深化改革的新路径。

试验区与以往园区的不同，在于复制与独享、制度与优惠的区别，前者是制度创新的推广。上海的"四项制度"——以负面清单管理为核心的外资管理制度、以贸易便利化为重点的贸易监管制度、以资本项目可兑换和金融服务开放为内容的金融制度、以政府职能转变为核心的事中事后监管制度，逐步推广至其他地区，对全面深化改革、扩大开放都产生了深远影响。试验区特别注重企业是主体，高度关注各类企业的需求和诉求。企业认为活才是真的活，企业认为方便才是真方便。

2. 自贸试验区是向扩大开放要动力，再创新一轮开放红利期

开放也是改革，二者是孪生兄弟。没有改革，开放是无源之水、效果不彰；没有开放，改革方向不明、行之不远。对外开放对国内改革具有"倒逼效应"和"锁定效应"，有推动前进和防止倒退的双重功能。开放就得放开，按国际规则放到位、放得活。改革开放以来，我国享受了巨大的开放红利，如美国前总统肯尼迪后裔所言："美国人做梦也没想到，'入世'后中国发展这么快。"但开放红利日见衰竭，迫切需要再次以开放倒逼改革，以新一轮大开放带动新一轮大发展。在全面深化改革的60条任务中，大约70%可以通过开放来加以推动。

自贸试验区是新一轮高水平开放战略的试验田。我国在多双边、自贸区、投资协定谈判中的敏感内容，都可先拿到自贸试验区进行压力测试，守住底线红线，把握开放力度、速度和承受度，减少盲目冒险。比如，负面清单模式改变了"逐案审批+产业指导目录"的传统方式，是试行"法无禁止皆可为"、"法无授权不能为"的良田，并逐步结出果实。

3. 自贸试验区是向结构调整要推力，加快经济转型升级

经济结构不断升级，是跳出"中等收入陷阱"，实现长久发展的必要条件。要

吸取开放停滞、创新不足、结构固化等导致"中等收入陷阱"的教训。20世纪60年代，全球100多个中等收入经济体中，仅有10多个成功迈入发达国家行列，多数止步不前，如一些拉美国家保护过度，产业没有竞争力，经济危机不断，发展徘徊不前。我国要绕开这一陷阱，离不开创新驱动和结构优化。试验区的制度创新，正是国民经济的短板。上海自贸试验区制度创新与科技创新结合，深化知识产权、科技金融、人才流动等体制改革，着眼全球科技前沿，突破关键技术，推动研究成果转化，开始聚集高端人才，创新驱动战略加速实施。

服务业开放是试验的重点，上海的金融服务已越过一线和二线监管平台，从以企业为目标的卡口监管转向以产品为目标的状态监管，有利于扩大服务业开放，提高服务业比重，缩小我国与发达国家的差距。广东自贸试验区通过加工贸易转型升级、打造区域发展综合服务区等，提升发展质量。天津积极打造制度创新新高地、转型升级新引擎。各试验区还通过与全球供应链、产业链对接，紧跟世界先进制造、服务、创新步伐，加快推动我国向全球价值链高端攀升，加快国民经济的优化升级，从当年特区的经济增长引擎，转换为今天试验区的经济转型引擎。

4. 自贸试验区是向规则重构找压力，扩大中国圆梦的国际空间

当前我们面临"二战"后最大一轮国际经济规则重构。形势逼人，不进则退。我们如果不主动适应全球化的新变化，不主动参与和引领规则，在规则重构中应对不力，就可能面临被边缘化或二次"入世"的风险。

十八届三中全会要求加快实施自贸区战略，形成面向全球的高标准自贸区网络。自贸试验区的重要任务之一，就是面向世界，对标国际经贸规则和通行做法，特别是将高标准的"21世纪新议题"，如"准入前国民待遇＋负面清单"、竞争中立、国有企业、国内规制、生态环保等新理念、新体制和新要求，拿到试验区来试，科学评估其正负影响，精准预测其挑战所在，制定得体的防范预案，就可为我国参与各类国际经贸谈判积累经验，把握国际规则重构的主动权，既可争取制度性权力，也可创造更佳的外部环境。

5. 自贸试验区是向适度监管要定力，成为法治中国的先行区

理顺政府职能，对越位的要放、错位的要正、缺位的要补。事中事后监管，就

属于补的领域。加强对市场主体"宽进"后的过程监督和后续管理，打造"放得开、管得住"的监管格局。加强社会信用体系、信息共享、综合执法、企业年报公示、经营异常名录、社会监督、反垄断、安全审查等基础监管制度，这既为全面推进政府职能转变积累了经验，也为进一步扩大开放打下了基础。

试验区始终坚持在法治轨道上推行改革开放，重大举措有法可依，是法治中国的试验田。监管也不是越多越好、越严越好，关键还是把握好"度"，努力做到开放力度、速度、承受度有"底"，事中事后监管有"度"。在监管中设定经济安全目标，通过行业风险审慎管理、经营者风险过程管理、诚信管理等手段，提高开放后的事中事后监管水平，确保开放和监管同步到位。通过试点积累风险防范经验，就像把"小国模型"的试验推广到大国，防止盲从和"休克"。试验区内坚持以风险可控为底线，确保不发生任何系统性风险，增强高水平开放的勇气。

6. 自贸试验区是向制度创新要引力，升华中国特色的园区发展之路

试验区的核心是制度创新。其中政府管理创新，可以着力解决"交易成本过大"等问题；简政放权和职能归并等，可以降低交易费用，减少制度成本，防止政府部门由"公务员"蜕变为"经济人"，提高经济社会效益；先试验再复制、推广，是遵循"渐变"方法，注重风险防范，提供更优的公共产品，让企业和居民可以自由"搭便车"；建立诚信体系、规范市场秩序就是保障公平竞争，减少"逆向选择"；人才制度创新致力于形成正向激励，防止"劣币驱逐良币"；大胆去试、大胆去闯是反对因循守旧，促进制度变迁，防止"路径依赖"。可以说，试验区的综合型制度创新模式，走在国际经济理论和实践的前沿。

试验区是一种"中心开花"战术，先扼住要害部位，再向四周扩大战果，"以增量带动存量"。发展园区并发挥其窗口、示范、引领、带动作用，是我国的成功之处。仅仅从时间上讲，如果把特区看成中国园区1.0版，此后的经开区、高新区、海关监管区等则是2.0版，上海浦东、天津滨海等新区为3.0版，今天的自贸试验区就是4.0版。如果从功能上来说，现在的试验区可与当年的特区相媲美，是真正的功能升级，是中国特色园区发展道路的崭新阶段。

(二) 正视暂时的困难

自贸试验区建设是一次全新的实验，难度大、考验多、责任重，不可能一步到位。当年特区、开发区都是五年左右或见成效，中间面临重重困难与阻力；今天的自贸区试验，同样面临需要探索解决的难题。

第一，思想解放不到位，与新一轮"高水平开放"有差距。服务业是新一轮开放的重中之重，也是试验的难点。但社会评价负面清单长、条目多，开放度不够，低于国内外期待，如十八届三中全会确定的教育、文化、医疗和金融的市场准入方面，进展还不够快。上海的试点总结中，服务开放经验着墨不多。即使上海有成效的金融开放，也侧重于资本项目可兑换，融资难、扩大市场准入和金融竞争等问题涉及偏少。自贸账户中资本项目可兑换业务少，交易量不够大。且服务的无界和区内的有界存在矛盾，新的服务开放模式有待探索。由于新突破不够，可能增大路径依赖，滑向传统的拼优惠、搞招商的老路。加之试验区范围小，局限于特殊监管区内，工业企业及居民较少，部分开放措施没有对象，因此试点效果受到影响。

特别是面对国际规则重构的"高标准"，迫切需要国内开放的"高水平"，不但需要打开关境的"大门"，还要打开国内部分的"小门"，以便与引领国际规则的时代要求同步。如中美双边投资协定（BIT）的准入前国民待遇，准入后各阶段监管也一样要国民待遇。试验区需尽快将新的国际贸易投资规则、法律规范、政府服务、运作模式、"21世纪新议题"等先行先试，思想、法规和方案都要更有超前性，按新的国际标准来，让国内法规与国际通行做法相向而行，形成与国际通行规则合理衔接的新制度。

第二，以"不搞政策洼地"之名，行阻碍突破创新之实。改革创新的突破性政策，可能被误解为"政策洼地"，在旧框框里打转。许多地方的同志认为，只有放眼全球才能实现政策突破，但有的部门则认为这是政策洼地，会对国内形成冲击。如离岸保险的税收比伦敦、新加坡、苏黎世等国际保险中心高；不允许国际船舶保税登记；因税收原因跨国公司将低端环节放在中国、高端环节放在新加坡等地。

如果不从经济发展的角度看，固守旧有思维，就会影响改革突破，拖累试验效果，让十八届三中全会的改革开放举措徘徊不前。因此，有必要防止把"改革突破"混同于"政策洼地",在试验区大胆放权,更为尊重试验区的自主性和创造性。

第三,防范风险积极,但缺乏试错思维。不少基层干部认为,改革开放肯定有风险,有风险才要试,积累防范经验。既然要试,就要允许犯点错,包容小错。

一些部门过于强调"慎",舍不得开放,因为其责任是分明的,担责是沉甸甸的。所以,试验区能否突破,能否试出成效,关键是观念,即看问题的视野是否广阔和长远。

第四,单兵突破积极,但整体协同不够。现有改革开放举措,主要是各职能部门自行主导,虽然各部门都有积极性,但缺点在"散",改革的重点、次序、节奏不一,统筹、协同、配合不够。政策呈现一定的"碎片化",容易出现政策互不配套、不协调,甚至互相矛盾。任何一个环节跟不上,政策落地就难。

不论是什么样的政策,关键是要让企业感到方便,为企业打造国际化、法治化的营商环境。试验区相关立法制度需要调整,相关政府管理机构及功能有必要重新组合,需要将众多条条块块进行归并、精简、标准化,形成共享机制,进行深层次改革。如何在小区域内实现政策配套,关键是分清权限,让一些法规"因地调整""因部门调整",为简便易行让路,为制度创新让路。

第五,政府透明度仍待提升,过程监管尚未经受真正考验。透明度是行政管理体制改革的关键,也是法治化、国际化的要点。透明度要求"可获得性、可预见性和稳定性",即"凡执行必公布",但目前还有较多的"执行的不公布,公布的不执行"现象,大量操作性的部门规章,包括管理办法、实施细则、规定、通知、意见、说明,甚至"精神",往往相互重复、冲突、钳制,存在"意大利面条"现象。下一步要考虑的是如何"跳出来",将繁杂的规章加以削减、归并和简化,提高透明度,在开放中增加底气。

现在事中事后监管只建立了基本框架,各项法规政策、技术手段、执法队伍还不能完全跟上,操作性也待增强。受开放度有限、试验区地域小、产业单一等因素影响,现有监管体系尚未经过大的压力测试和危机考验。在监管方式上,货物贸易与制造"有形",便于划地管理;服务业及服务贸易"无形",很难实施有形的分区管理,这也是区内服务业开放慢的重要因素。在有形的区域内搭建无形的制度平台,探索服务业新型监管方式,已势在必行。

(三) 勇于打开突破口

试验区面对这些难点,要交一份人民和历史满意的答卷,任重而道远,需要进一步明确"权力清单、负面清单、责任清单",真正做到"法无授权不可为、法无禁止皆可为、法定职责必须为"。为此,有必要以高水平开放激活全面改革,更大胆地闯和试,点活试验区这个棋眼。

1. 关键是担当型人才

毛主席说:"政治路线确定之后,干部就是决定因素。"试验区成功,关键也在人。改革开放之初,面对重重困难和阻力,如果没有邓小平同志"大胆试、不行就关掉"的胆识与勇气,没有万里、习仲勋、任仲夷、袁庚等一批地方"闯将"杀出一条血路的大无畏气魄,就不可能破局。可以说,敢于担当、勇于突破的好干部,关系到正向激励,关系到事业成败。

而且,好干部不单要有胆略,还要有智慧,有实操能力,关键时候能干到位。改革开放之初,杜润生同志以"家庭联产承包责任制"代替有争议的"大包干",让各方都能接受,排除或绕开重重阻力,体现了很高的智慧。试验区的成功,有赖于一批既有闯劲又有经验的好干部,积极但不激进,开放但不蛮干。

当前应特别关注"用人试验区"。强国盛世都广罗人才,唐朝时外国人可科举为官,24位宰相、10多位名将都是少数民族;当今的美国网罗全球人才,吸纳全球技术移民的40%、著名科学家的62%、诺贝尔自然科学奖的70%。中国总体上是人才外流,现在留学生开始回流反哺,但利用外国人才很少。可借鉴先进的人才引进机制,让更多岗位全球招聘,用优厚的条件广泛吸引国际高管、科技和专业人才,推动人员往来便利化。当年的特区、开发区都是国内人才聚集高地,现在的试验区应争取成为国际人才聚集地。

2. 重点在开放气度

开放既是策略,也是决断。无论如何,当前开放的力度、开放的压力、开放的风险,都没有"入世"时大。强国盛世都气度恢宏,胸怀宽广,我国的汉唐与近现代的英美，都是当时最开放的国度。建好试验区，第一，要有世界眼光，有国际前沿视野，认清差距，向高标准看齐、向最先进看齐，打造"仿真"的国际环境。法治中国也是国际化的中国，这不是自己单独搞一套规则，让别国接受或与我们接轨，而是要善于运用国际通行规则，与国际规则合理、有效衔接，让两类规则有机结合。第二，扩大服务业开放。服务业是开放的重头戏，有时主动开放而不必对等开放，对国家更为有利。服务业占全球对外投资存量的2/3，是制造业的2.5倍，也占我国年度利用外资的60%以上。美国服务出口中60%是数字交付，这对"互联网＋"战略亦有借鉴。如何为负面清单"瘦身"，让服务业开放落到实处，尚需更大勇气和魄力。金融、文化等服务开放会突破地域限制，可以更审慎；而医疗、教育等相对属地化，开放步伐可更快。第三，高度关注西部开放。大国宜统分有度，重区域差别，防"一刀切"。让西部从开放"边缘"到"前沿"，以开放缩小发展差距，事关全面小康，是值得高度关注的战略布局问题。下一步宜更加注重均衡开放，在西部建设高水平开放的自贸试验区，建设内陆和西部开放高地，十分必要和紧迫。一方面，西部要加快试验区经验的复制，缩小体制机制差距，不断提升开放能力；另一方面，鉴于对服务业开放的担忧多，可率先在西部开放。这是因为西部在全国份额不大，风险相对可控，同时又能争取"弯道超车"之机，推进西部跨越式发展。第四，增进开放共识。贯彻落实习近平总书记强调的"中国越发展就越开放""开放带来进步、封闭导致落后"等重要思想，树立"开放也是改革""每一次大开放带来一次大发展""开放要让利、能换回大利""开放比封闭安全"等观念。同时将对外谈判与对内试验紧密结合，服务业率先对内开放，在实践中强化内外联动，增强开放信心。

3. 难点在政府管理制度创新

邓小平同志曾针对特区强调，"指导思想要明确，就是不是收，而是放"。要从"政策洼地"转向"制度高地"，实现政府经济管理模式的新突破。一是简政放权。要符合国际通行规则，让市场主导作用更明显。支持各地结合实际，锐意改革，大胆地试。可借鉴当年经开区、保税区、高新区等治理经验，采用"机构精简高效、上级充分授权、财政管理独立"的管委会模式，实行大部门制。建立电子围网管理系统，从传统的卡口管理为主转为状态管理为主，加快贸易便利化。二是风险防范。建设防范风险机制，强化企业"宽进"后的过程监督和后续管理，注重诚信体系建设，打造"放得开、管得住"的监管格局。加强金融监管创新，减少审批。完善外商投资国家安全审查制度，将互联网、文化、协议控制（VIE）等敏感领域和商业模式都纳入进来，筑牢"防火墙"。三是行政管理体制改革。适时推广深圳前海采用法定机构管理的经验，实行"政府主导、市场化运作、企业化管理"，克服政出多门、信息孤岛、权力收放随意、部门干预等问题。

4. 根源在于增强自信

试验区工作是大胆开拓还是徘徊不前，既关涉利益，也在于信心。一是能力自信。经过近40年实践，我国的宏观调控能力、企业国际竞争能力、抵御风险能力、人才培养能力、国际应对能力等，都有了极大提升，是发展中国家有为政府的典范。在试验区建设中，既有过去特区、开发区及各种园区的成功经验，也有积极稳妥的顶层设计，具备灵活驾驭试验的能力。二是开放自信。与改革开放初期和"入世"时相比，现在开放的底气更足，扩大开放的条件更优越。我国市场广阔、人力资源丰富、配套能力强等传统优势依然存在，新的创新优势正在培育。事实上，越来越多的国家害怕同我国竞争，不但中小发展中国家担心，而且发达国家也担心。开放总体上比封闭更安全，且试验区的开放是渐进、有序的，防控风险是试验的内容。从某种程度上讲，出现了大风险且防住了，试验才更成功。如果根本不让风险出现，先搞"有罪推定"，以零风险对待新开放、新政策，便失去了试验的价值。三是文明自信。绵延五千年的中华文明，具有强大的定力、包容力和生命力，曾长期居于世界文明前列，经过近二百年的蛰伏和沧桑，到了复兴再生之时，有信心再回世界文明高点。

四、当前加快自贸试验区建设的工作重点

目标定位是前进的方向和动力。中央要求自贸试验区要坚持五大发展理念引领，把握基本定位，强化使命担当，继续解放思想、勇于突破、当好标杆，对照最高标准、查找短板弱项。这进一步明确了新时期自贸试验区的目标定位。

1. 以建设开放度最高的自贸园区为奋斗目标

2008年国际金融危机以来，全球经贸规则加速重构，开放标准越来越高、涉及领域越来越广、影响程度越来越深。增强国际治理话语权需要实力作为支持。如果我们开放能力不够、水平不高，就很难引领全球经贸规则走向。四年来，自贸试验区在开放的广度、深度方面取得了长足进展，但在投资贸易便利、货币兑换自由、监管高效便捷、法制环境规范等方面离"最高标准"还有很大差距。不足就是发展动力，差距就是努力方向。自贸试验区要始终不忘初心，着眼大局，对照"最高标准"，为全国高水平对外开放试点探路。

2. 以制度创新为核心任务

创新是发展的不竭动力，也是全面建成小康社会，实现"两个一百年"奋斗目标和中华民族伟大复兴的关键变量。体制机制既是创新的对象，也是创新的保障。四年来，自贸试验区不断摸索，勇于探索，取得了一批制度创新成果。比如，行政管理新模式放得更活、管得更好、服务更优；跨境双向人民币资金池业务提高了跨国公司资金管理效率等。制度创新需要协调配合推进，付出艰苦努力，是一件打基础、利长远的事，一旦成功就可以长久受益。自贸试验区建设要牢牢扭住制度创新这个核心任务，破解深层次矛盾和结构性问题，释放市场活力，激发发展动力，培育新优势，打造新动能，带动经济转型升级和供给侧结构性改革。

3. 以可复制可推广为基本原则

自贸试验区不是摆设"盆景"，而是培育"苗圃"，核心价值在于带动面上的改革开放。经验成果如果离不开当地的特殊环境，在其他地方水土不服就没有太大意义。上海自贸试验区经验复制到广东、天津、福建，近期又复制到其他7个省市，一批改革开放措施推广到全国，达到了服务大局、服务国家战略的目的。现在，有的地方或多或少存在"只见树木、不见森林""为本地谋发展干劲强、为全国探新路动力弱"的情况。各方面要增强"全国一盘棋"的意识，大力支持、推进自贸试验区建设。自贸试验区应将可复制可推广作为推进试点试验的出发点和评价工作成效的落脚点。

4. 以提高事中事后监管能力为根本保障

要树立正确的开放安全观,既不能一开了事,不顾安全,更不能把安全当成挡箭牌,以安全为名,行封闭僵化之实,而是要在开放发展中动态谋求安全。要把工作重点从事前审批转向事中事后监管,在打开窗户的同时装上纱窗,既让风进来,又把苍蝇蚊子挡在外面。对外开放的尺度取决于监管能力的大小。自贸试验区要进一步提高事中事后监管能力,筑牢防范风险的防线,守住国家安全的底线。

习近平同志强调,要大胆试、大胆闯、自主改,力争取得更多可复制推广的制度创新成果,进一步彰显全面深化改革和扩大开放的试验田作用。李克强同志也对自贸试验区的下一步工作提出了明确要求。可从以下几个方面着力,不断提高自贸试验区建设的质量和水平。

第一,大胆试、大胆闯、自主改。这是党中央、国务院对自贸试验区的明确要求。试验就会有风险,风险是相对的,因循守旧虽规避了短期风险,但终将酿成停滞不前的长期风险。自贸试验区试对了是成果,试错了也是成果。试对了,就尽快总结推广,试错了,就及时改正完善。如果不大胆试、大胆闯、自主改,就很难探索出好经验好做法,摸清楚风险和底线。各个自贸试验区应结合本地特点,完善试点方案,不断拓展试验的广度和深度,尽快形成各具特色、各有侧重的试点布局。

第二,深入总结、改进提高。总结经验教训既是前一阶段工作的终点,也是下一阶段工作的起点。上海自贸试验区已经完成三周年总结,下一步要更加明确重点目标任务,加大开放力度,形成更多可复制可推广的经验成果。其他自贸试验区也要及时开展阶段性总结,在梳理经验的同时发现短板,统筹研究推进解决共性问题。

第三,落实方案、争创成果。按照党中央、国务院要求,做好辽宁、浙江、河南、湖北、重庆、四川、陕西等七个新设自贸试验区相关工作,加快实施总体方案,聚焦国资国企改革、提升大宗商品全球配置能力、西部开发、东北振兴、中部崛起等重大主题,结合各自功能定位和特色特点,在更广领域、更大范围形成试点经验。

第四,系统集成、复制推广。按照"边试点、边总结、边推广"和"成熟一批、推广一批"的原则,定期集成能给市场主体带来实实在在好处的试点经验,形成系统化、一揽子的经验成果,多层次、宽领域、分类别地复制推广。通过加强交流,带动其他开放平台创新发展,特别要到中西部地区"传经送宝",带动中西部地区扩大开放、创新发展。

总之,自贸试验区是以高水平开放促高难度改革、高标准创新、高质量转型,以开放倒逼"放开",推动简政放权,打破行政藩篱,促使政府市场各归其位,创新政府管理模式,创造"仿真"的国际一流营商环境,再创新一轮开放红利期,推动中国经济转型升级,成为改革开放全盘皆活的棋眼,是中国实践、中国创造、中国经验的体现。

当然,自贸试验区是一次全新的实验,时日尚短,仍面临不少难题,其建设不可能一步到位,其功用也不可能一日见效。要在不太长时间内交一份人民和历史满意的答卷,必须更大胆地闯和试,弘扬"再杀出一条血路来"的特区精神。遥想21世纪中叶,当我们再回头来看今天的试验区,就像今天看30多年前的特区一样,中国特区能行,中国自贸试验区照样能行。

第九章
中国制度性开放：深度融入全球经济

对外开放是中国的基本国策，也是中国经济实现跨越式发展的关键因素。

改革开放以来，中国经济取得举世瞩目的成就。至关重要的一条经验就是，作为追赶型经济体，中国坚持对外开放，采取正确的开放战略与政策举措，牢牢把握经济全球化带来的重大机遇，通过融入全球经济、充分发挥比较优势，实现国际竞争力持续提升，成为全球化获益最多的国家之一。

其中，制度性开放促进了我国涉外经济管理体制改革与创新，拓展了国际经济合作新空间，为改革开放提供了持续的推动力与逐步完善的制度保障。"入世"以来，中国逐步从政策性、局部的开放转向制度性开放，形成了全方位、多层次、宽领域的对外开放格局，开放型经济加速发展，取得突出成绩。党的十八届三中全会《关于全面深化改革若干重大问题的决定》，强调通过建立市场配置资源新机制、形成经济运行管理新模式、打造全方位开放新格局和形成国际竞争新格局，提出构建互利共赢、多元平衡、安全高效的开放型经济新体制。

党的十八大以来，我国以主动开放的胆识和魄力，积极融入全球经济、探索国际合作新领域和新模式，构建开放型经济新体制成效初显，成为我国深化改革的亮点。坚持维护多边主导地位取得实效，推动达成《全球贸易便利化协定》和实现《信息技术协定》扩围，以中国倡议和中国方案引领开放型世界经济发展，对全球经济治理的参与度和影响力显著提升。积极实施自贸区战略，明确了我国自贸区战略的总体目标和实现路径，达成并签署中韩、中澳等"全面、高水平"自贸协定；倡议并积极推进"一带一路"建设,以新型区域合作模式推进全球化发展、以"双向开放"引领我国对外开放新格局,受到国内外广泛认同,开局良好。在国内,以自由贸易试验区和一系列试点构建开放型经济新体制的试验平台,形成了"负面清单+准入前国民待遇"、投资备案管理、安全审查等一批基础性的核心制度,形成一大批可复制推广的监管体制改革创新经验,探索对接高标准国际经贸规则取得积极进展,对全国新一轮改革开放产生了良好的示范效应。

中国经济进入新常态,对外经济关系也面临三大变化,对中国竞争力提升的路径选择和开放战略提出了新的要求和挑战。第一,中国传统比较优势加速弱化。近年来,中国参与国际竞争的传统比较优势逐步弱化,基于完整的生产制造体系、较高的人力资源素质和国内市场规模的新优势正在形成,但要转化为国际竞争新优势还需要一个过程。第二,外部环境不确定性显著增强。全球化深入发展仍是中长期的根本趋势,但全球经济陷入低增长困境、贫富差距拉大、国际经济格局变化和全方位竞争加剧,导致逆全球化思潮抬头、贸易投资保护主义升温、经济一体化遇阻,世界经济发展前景和中国开放发展的外部环境面临的不稳定和不确定性显著增强。第三,新兴大国对外部环境的影响力日益提升。随着经济实力显著增强,中国已经成为影响全球经济发展与国际经贸关系的重要变量。如何善用自身的国际影响力,在全球经济治理中承担应有责任,发挥对世界经济的稳定与促进作用,都是新时期中国对外开放战略中不可或缺的内容和必须面对的选择。

我国领导人曾在多个场合强调,中国开放的大门永远不会关上。这不仅是对世界的承诺,更是中国对未来道路选择的明确表态。习近平总书记在2015年7月中央政治局学习上强调"必须以更加积极有为的行动,推进更高水平的对外开放……以对外开放的主动,赢得经济发展的主动、赢得国际竞争的主动"。十八届五中全会提出,开放发展是我国五大发展理念中的一项重要内容。

作为全球第二大经济体的发展中国家,中国参与全球经济治理没有现成的经验可以照搬。我国领导人已多次明确了开放的方向，面对新形势和新挑战，必须更加坚定对外开放的基本国策。应以系统性的制度开放和积极参与全球经济治理，进一步深度融入全球经济，努力维护全球化发展势头，营造互利共赢、开放包容的世界经济，助推中国自身新旧增长动能的接续与转换，培育国际竞争合作新优势。与此同时，中国也将更有意愿和能力，与世界各国分享发展机遇，为世界经济复苏和繁荣增添新动力。

第一节
加入世界贸易组织：打开中国对外开放新篇章

改革开放以来，中国通过积极参与经济全球化和融入国际生产网络，国际竞争力得到显著提升，对外贸易和跨境投资快速增长，迅速成为全球最为重要、影响力最大的贸易和跨境投资国之一。世界银行认为，"中国是经济全球化进程中少有的几个发展中赢家之一"。

2001年12月11日我国正式加入世界贸易组织（WTO），成为其第143个成员。作为改革开放的重要里程碑，在经历了设立经济特区、沿海开放城市和内陆沿江沿边省市开放之后，"入世"被视为中国全面开放、融入经济全球化的真正起点，对于中国经济发展和经济体制改革的影响是全方位的，更是积极而深远的。

一、"入世"促进中国经济跨越式发展

1. 我国经济实力和在全球经济中的地位快速提升

1978年改革开放以来，特别是2001年加入世界贸易组织，我国进一步融入经济全球化，国民经济保持快速发展，取得举世瞩目的巨大成就。尤其是，"入世"后我国GDP总量和人均GDP都实现了跨越式增长。2001—2016年，GDP总量从11.08万亿元人民币增长到74.4万亿元人民币（约合11.4万亿美元），增长5.71

倍，占全球 GDP 的比重提升至 14.84%；同期，我国人均 GDP 从 8717 元提高到 53980 元人民币（约合 8287 美元），增长 5.19 倍。快速的经济发展、技术进步和产业结构升级，促使我国经济实力大幅上升，以 GDP 总值计，我国在全球的排名从第六位迅速提升到第二位。

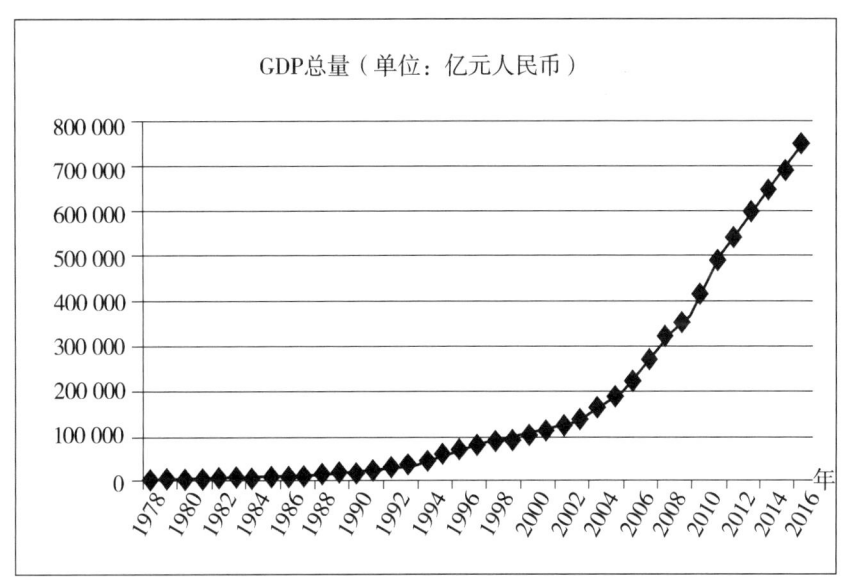

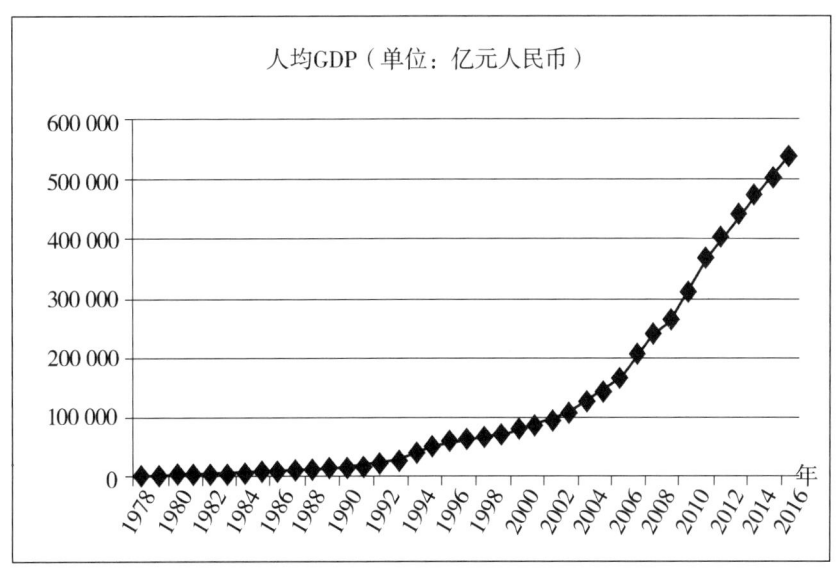

图 9-1 我国 GDP 总量和人均变化（1978—2016 年）

资料来源：国家统计局。

2. 对外贸易加速发展，取得举世瞩目的成就

改革开放后，我国不断改革调整对外贸易体制、政策，促使对外贸易快速发展。1980—2016年，我国对外贸易总量从381亿美元增长到最高43015亿美元，增长112倍之多；占全球货物贸易的比重从不足1%提高到11.45%，其中，2001年"入世"后更是高速增长，平均增速明显高于改革开放前20年，2016年中国货物进出口总额相比"入世"之初提高约8倍。

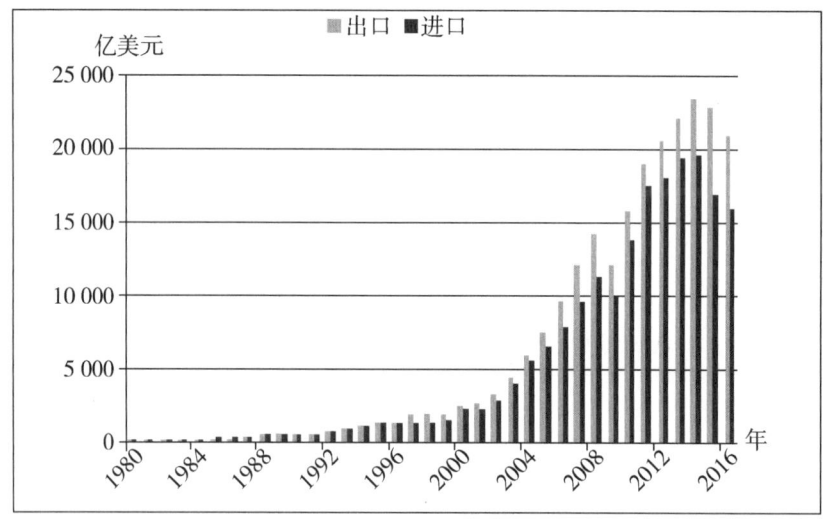

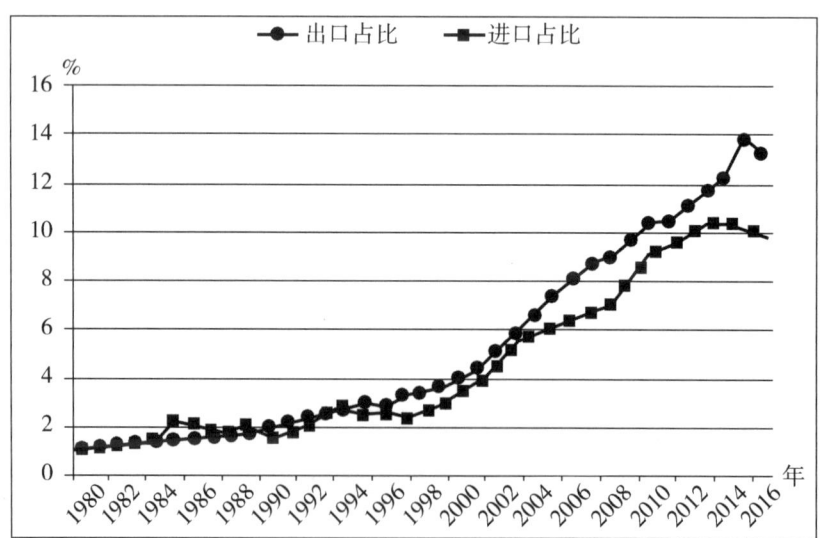

图9-2 我国货物进出口和全球占比变化（1980—2016年）

资料来源：根据WTO数据计算。

我国在全球贸易体系中的地位从1978年的第32位提高到2001年的全球第6位，2009年中国取代德国成为全球第一大出口国，2013年超越美国成为世界第一货物贸易大国（第一大出口国和第三大进口国）。以出口为例，中国产品在全球的市场份额不断提升，尤其是加入WTO后更为显著。2015年中国产品的国际市场份额升至13.8%，创历史新高，超过20世纪70年代后美、日、德曾经达到的高点。

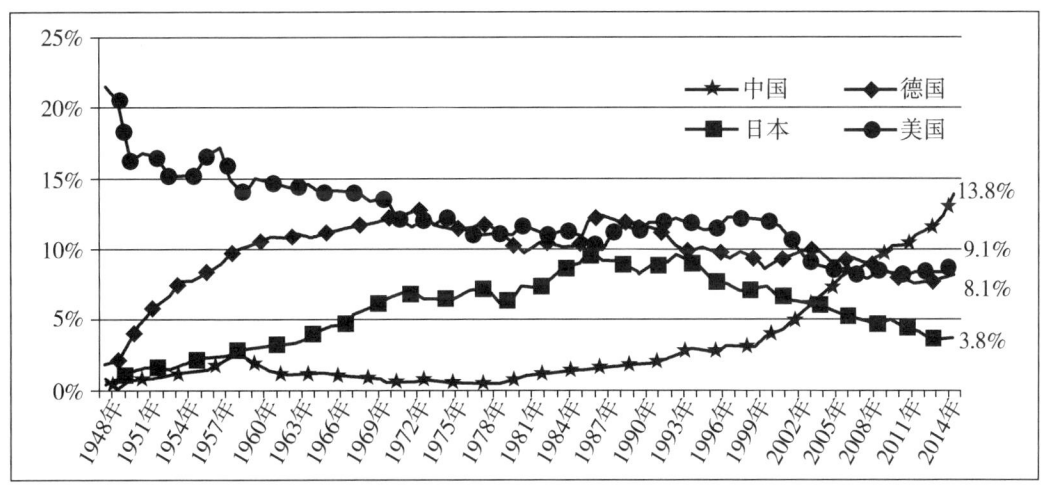

图9-3 中国出口的全球市场份额快速提升

资料来源：DRC课题组根据万德数据计算。

出口商品结构逐步升级。随着中国制造业竞争力的逐步提升，制成品的出口占比从20世纪80年代不足50%提高到当前的95%以上，机电产品出口占比达57%。从价值链分工视角看，我们基于增加值出口计算的国际市场份额指标也显示，我国纺织服装的出口占比逐步下降，计算机及电子光学产品快速上升并保持高位，电气设备等产品占比也稳步提升。运输设备和机械目前的国际市场份额还较低，但在2001—2014年（国际贸易增加值WIOD数据库的最新数据年份）也有显著提高，提升幅度甚至高于电气设备及光学仪器。

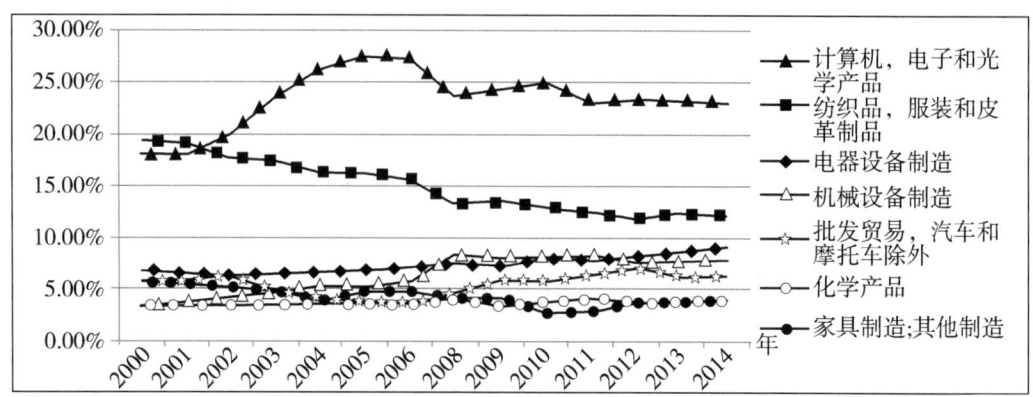

图9-4 中国出口商品结构变化（贸易增加值核算方法）

资料来源：DRC课题组根据WIOD2016计算。

中国服务贸易快速发展，成为融入全球化的重要受益部门。1982—2015年期间，中国服务贸易出口额和进口额的年均复合增长率分别高达15%和18%，远高于同期全球8.6%和8%的平均增速。2001—2015年，中国服务贸易总额（不含政府服务）从719亿美元增加到7130亿美元，增长了近9倍；服务贸易进出口在世界服务贸易进出口中的比重从2.43%提高到7.7%。2016年，中国成为世界第二大服务进口国和第三大服务出口国。

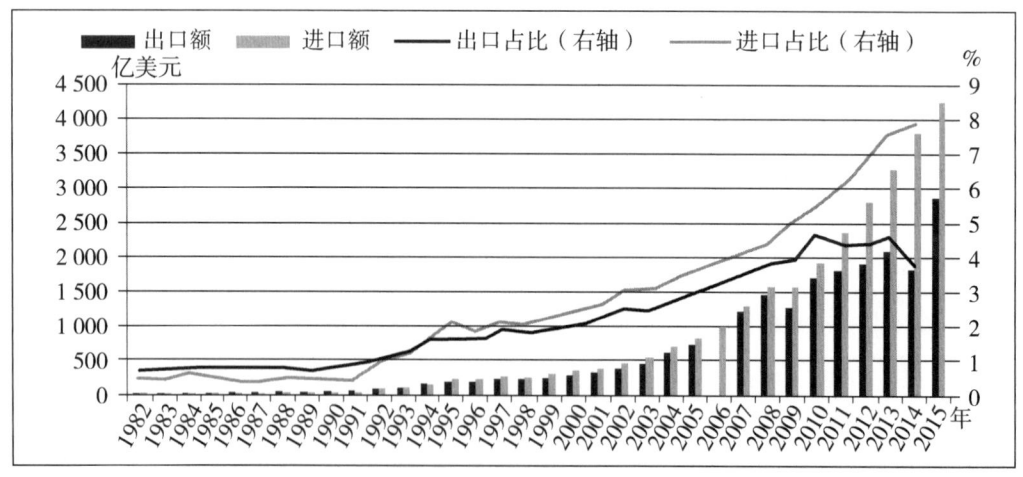

图9-5 我国服务进出口和全球占比变化（1982—2015年）

资料来源：根据历年国家统计局和商务部统计计算。

如果按贸易增加值方法计算，2000—2014年，在中国制造业增加值出口的全球份额从5%上升到17%的同时，中国服务业增加值出口的全球份额也从3%提高到了11%。这表明服务业和制造业的出口价值力的提升是相辅相成的，服务业同样也是中国参与国际分工并从中受益的一个重要渠道。

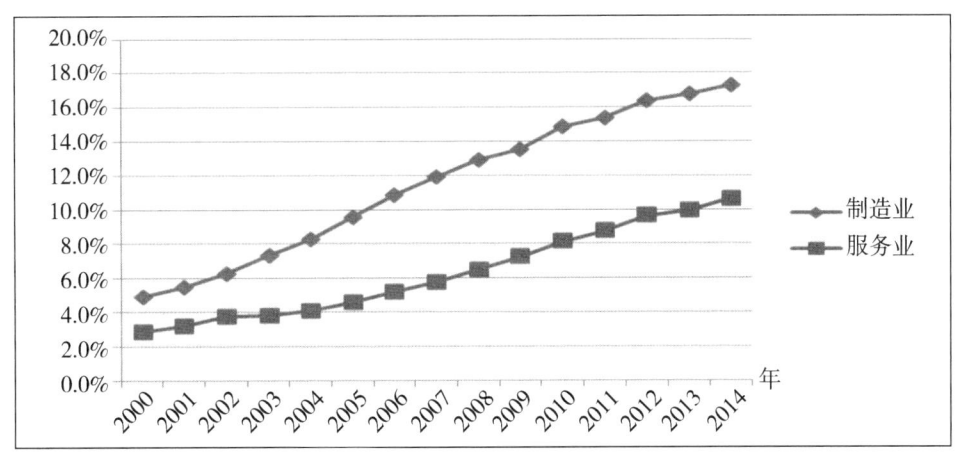

图9-6 中国制造业和服务业的增加值出口占全球的份额

资料来源：DRC课题组根据WIOD数据库数据计算。

3. 在全球跨境投资中的地位日益重要

吸收外资稳步发展。利用外资是中国开放政策的重要组成部分。改革开放后，为解决发展中国家普遍面临的"双缺口"（外汇和资本短缺的缺口），中国一直致力于优化投资环境，在扩大引资规模的同时，鼓励吸引出口导向型外资企业，成为全球跨境投资主要目的地之一。根据联合国贸易和发展会议（UNCTAD）的统计，1980—2015年期间，中国吸收外商直接投资（FDI）的流量从每年不足100亿美元，到"入世"时约为468亿美元，2015年增加到1262亿美元，占全球的比重从0.1%增加到7.7%，2014年中国一度超过美国居世界首位，连续23年位居发展中国家吸收外资首位。2016年，在全球跨境投资下降的背景下，中国新设立外商投资企业和吸收外商直接投资金额逆势增长5%和4.1%。

改革开放以来，我国对外直接投资几乎从零起步，"入世"和实施"走出去"战略后进入了跨越式增长阶段，成为世界上重要的资金提供国。据商务部发布的数据，1982年中国对外直接投资不足1亿美元，"入世"时也只有不到30亿美元，2015年中国对外直接投资达到1456亿美元；2016年进一步达到1701亿美元，同比增长44%，远超2009—2015年中国对外投资年均15%左右的高增长水平。我国对外直接投资占全球的比重也提高到近10%的水平，首次名列世界第二（美国为3000亿美元）。

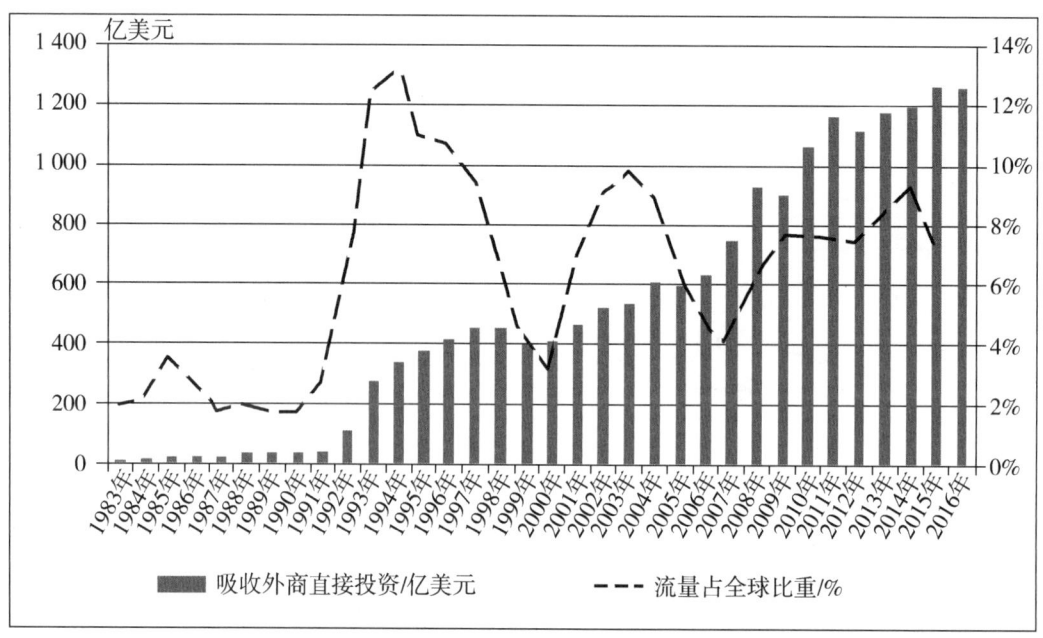

图9-7　我国吸收外资及全球占比变化（1983—2016年）

资料来源：根据历年国家统计局和联合国贸发会议统计计算。

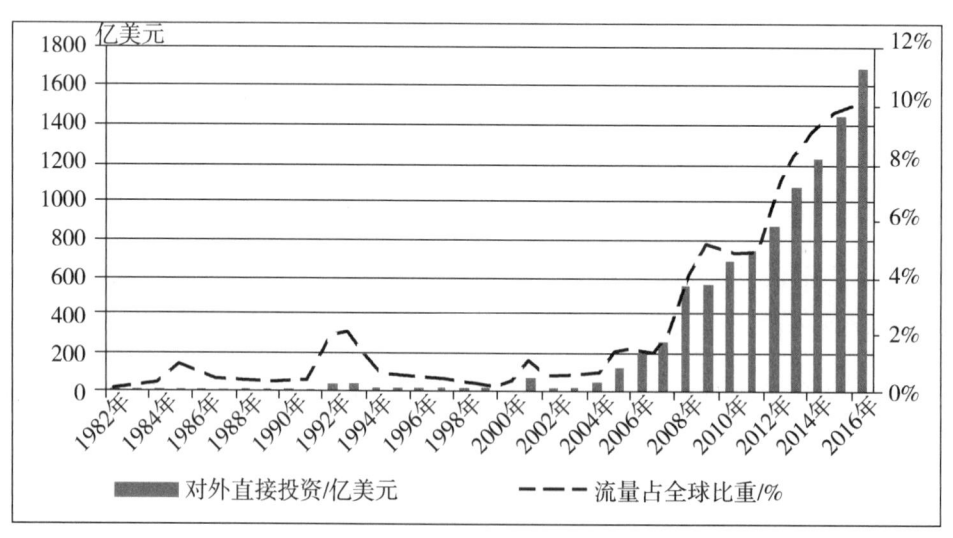

图9-8　我国对外投资及全球占比变化（1982—2016年）

资料来源：根据历年国家统计局和联合国贸发会议统计计算。

近两年，中国对外直接投资出现井喷式增长，呈现四大特点：

一是投资目的地转向发达经济体。2015年，中国香港、美国、欧盟分别是中国制造业对外直接投资（ODI）流量的前三大目的地，投资金额均创历史新高，对欧盟、美国直接投资中制造业所占比重均超过50%。

二是面向制造业投资激增。2011—2014年，中国投向制造业的ODI流量徘徊在年均70亿~100亿美元之间，2015年迅速提高到200亿美元的历史新高，同比增长109%，2016年突破300亿美元，同比增长55%。同时，制造业占中国对外直接投资流量的比重也创出新高，2015年达到13.7%。在大量的海外并购案例中，制造业部门也成为新的热点，包括通信设备、半导体、机械、轨道交通、纺织服装、食品制造、化工、医药、能源、环保等。这反映在传统产品的国际需求饱和、外资持续撤离的不利局面下，中国本土制造业企业正在积极通过对外投资获取国外的品牌、技术及研发能力，建设营销及售后服务网络，从而加速提升国际竞争力。

三是并购成为最突出的投资方式。2015年在中国流向制造业总共200亿美元的对外直接投资中，并购金额达到了137亿美元，占比近70%。从项目数量看，2015年中国对制造业、信息传输/软件和信息技术服务业分别实施并购项目131起和58起，2016年分别增加到197起和109起。按照商务部统计，2016年中国共实施非金融类对外投资并购项目742起，实际交易金额1072亿美元，占非金融类对外直接投资总金额的比重高达63%。

四是对海外研发机构投资快速增长。通过对外投资获取先进技术、促进国内创新升级和技术进步，是企业的重要目的。2015年中国对科研技术服务及地质勘探业的投资达到33亿美元，同比增长100%，其中对美国、欧盟研发机构的直接投资均出现爆发式增长，同比分别增长4.5倍和1.4倍，合计占中国研发类对外直接投资总流量的一半。

4. 贸易顺差与外汇储备盈余快速增加

改革开放特别是"入世"后，我国积极融入全球产业链，凭借低成本优势开拓国际市场的努力取得显著成绩。改革之初我国一直处于贸易逆差状态，直至20世纪90年代初才转为贸易顺差。"入世"后贸易顺差持续快速增长，2015年达到近

6000亿美元的峰值。贸易顺差占GDP的比重从2007年的10.2%大幅下降并保持在不足3%的水平,近年来由于大宗商品国际价格大幅下降,我国贸易顺差规模又有较为明显的回升。

改革开放后,我国实行鼓励出口换汇的出口导向型外贸和吸引外资政策,外汇储备从1981年的27亿美元快速提升至2000年的1655亿美元。"入世"后,在贸易平衡与资本和金融项目"双顺差"不断扩大的作用下,我国外汇储备持续快速增长(见图9-9),长期居世界首位,2014年一季度末一度高达3.95万亿美元,占全球外汇储备的1/3。充足的外汇储备,不仅提高了我国对外清偿能力和国际信誉,也为我国抵御全球和区域性金融危机提供了有力的支撑。

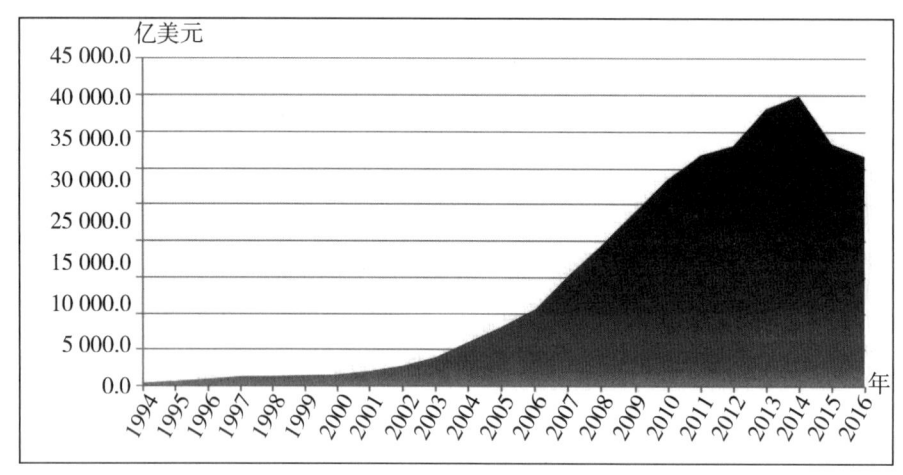

图9-9 我国外汇储备变化(1978—2016年)

资料来源:根据历年国家统计局和海关统计计算。

二、"入世"促进中国全方位对外开放

加入世界贸易组织(WTO)的积极作用,不仅体现在扩大市场开放、促进贸易投资融入世界经济体系,更体现在经济管理体制和法律法规等深层次制度层面的改革与完善。以"入世"为契机,开启了中国全面开放新篇章,全方位对外开放的新格局逐步形成。

1. 市场开放程度显著提升

"入世"后,我国逐步调整进出口关税税则,包括最惠国税率、年度暂定税率、协定税率、特惠税率以及税则税目等。"入世"十年,中国全部履行"入世"减税

承诺,约束关税率达100%,且实际税率低于或接近约束关税水平,提高了关税措施的可预见性。从税率水平看,中国总体关税从"入世"前的15.3%下降到2010年的9.8%。其中,农产品平均税率由"入世"前的23.2%下降到2010年的15.2%;同期,非农产品平均税率从14.9%降至2010年的8.9%。此外,中国还取消了400多种产品的配额和进口非关税措施。特别是,各国关注的部分重点产品降税幅度高,大大提高了市场开放程度。例如,我国汽车整车及其零部件税率分别由"入世"前的70%~80%和18%~65%分别降至25%和10%。

2. 开放领域从货物贸易向服务市场开放延伸

服务市场开放,是我国"入世"的重要特点。在世界贸易组织(WTO)规定的12个大类160种服务门类中,中国根据"入世"承诺开放了106个(其中不附加条件开放的部门有20多个),并逐步减少对外资服务提供者在准入门槛、经营地域、股比和服务提供者数量等方面的限制。从部门开放的覆盖面讲,接近发达国家水平,明显高于发展中国家和转型经济体(20%~40%)的水平。服务领域扩大市场开放相关举措,促进了我国服务贸易持续快速增长,占我国对外贸易的比重显著上升至2015年的15.4%,服务贸易已经成为我国对外贸易的重要组成部分,而且服务贸易进出口增速远高于全球平均增速。

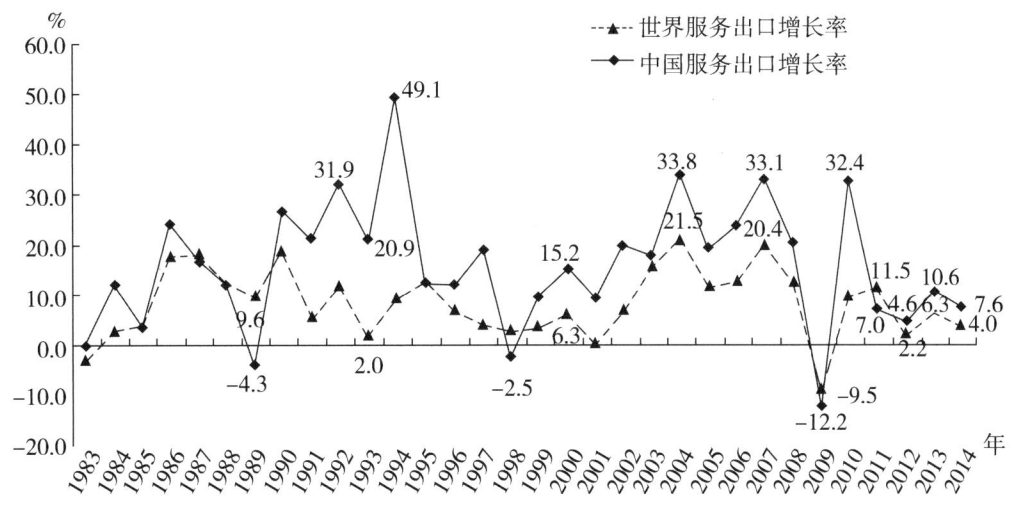

图9-10 中国与世界服务出口增长率比较

资料来源:国家统计局《2015中国服务贸易统计》。

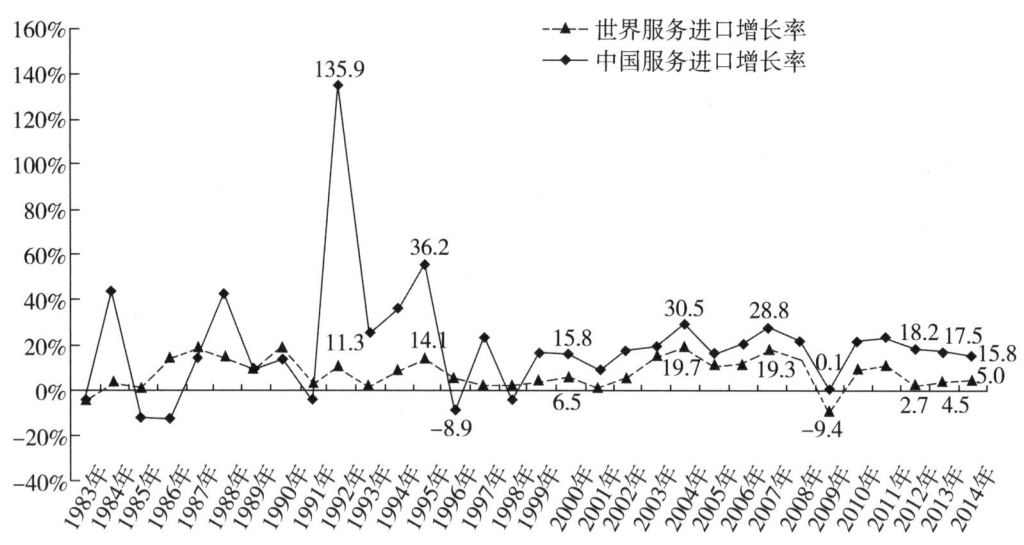

图 9-11 中国与世界服务进口增长率比较

资料来源：国家统计局《2015 中国服务贸易统计》。

3．全面融入全球化和多边贸易体制

"入世"以来，我国认真遵守多边贸易规则，积极完全履行"入世"所有承诺，不仅为其他"入世"新成员树立了榜样，而且逐步建立起符合 WTO 规则的经济管理体制，不断完善经贸政策体系，成为多边贸易体系中的重要成员和开放市场。WTO 原总干事拉米对中国履行"入世"承诺的表现给予了"A+"的最高评分，称赞说"中国创造了更加透明、公平和可预见性的商业环境"。

参与多边贸易体系的建设和完善，发挥积极的作用。由于经济规模大、发展成就突出，中国在多边贸易体系和谈判进程中的地位举足轻重，不仅显著改变了谈判的力量对比，而且成为多边谈判重要的协调各方立场与诉求的平衡力量。例如，中国充分利用自身作为新成员、发展中成员和贸易大国的独特地位与优势，在维护新成员和发展中国家利益的同时，注重加强与发达国家之间的政策协调。例如，在 2014 年全球贸易部长会议上，在谈判进展困难时促进成员间的相互沟通、弥合分歧，为达成 WTO 首个全球性《贸易便利化协定》发挥了重要作用。

积极参与 WTO 各专业领域的机制建设及相关活动。单独或联合其他国家提交

100多份提案；利用多种场合呼吁反对贸易保护主义；积极参与和接受WTO的贸易政策审议，促进自身和成员方以透明的方式遵守WTO规则，特别是参与2016年贸易审议机制改革，通过提升其针对性和有效性，更好地通过贸易政策监测和审议促进全球贸易体系健康发展。

值得一提的是，加入WTO有助于我国改善对外经贸环境，特别是通过学习和运用多边贸易体制规则，对我国企业开展经贸投资活动进行权益保护。一是从过去依靠双边磋商机制转为与多边机制相结合，密切与各国经济贸易关系，通过逐步降低关税和非关税壁垒，促进相互市场开放。二是通过参与多哈回合等多边贸易谈判和国际经贸规则的制定，直接反映我国的国家利益和企业诉求。三是成为WTO的一员后，合理运用WTO的贸易救济措施、申诉和争端解决机制，解决与其他成员之间的贸易摩擦与争端。例如，根据中国贸易救济信息网统计，按照WTO统计口径，截至2016年，我国对外启动贸易救济调查共计249起，绝大多数为反倾销案件（239起），反补贴和保障措施案件分别为8起和2起。四是通过参与相关的贸易投资便利化和各专业领域的谈判，享受多边、诸边协定成果，推进经济全球化进程，分享全球化带来的收益。例如，如果按进口额进行加权平均，我国实际进口关税水平大大低于简单平均的关税水平，农产品和制成品的关税水平从15.6%和8.7%分别下降到9.2%和3.8%。主要原因是，按照WTO规则，相当一部分加工贸易产品已经享受零关税待遇，而且在我国进口中占比较高的电子信息产品，相当一部分在我国参与签署《信息产品协议》（ITA及扩围谈判）后，已经享受到全球一体化的好处。"入世"以来，我国电子信息产品贸易额及其在我国对外贸易中的比重大幅提升，国际竞争力显著上升，也是融入经济全球化、进入国际生产网络的结果。

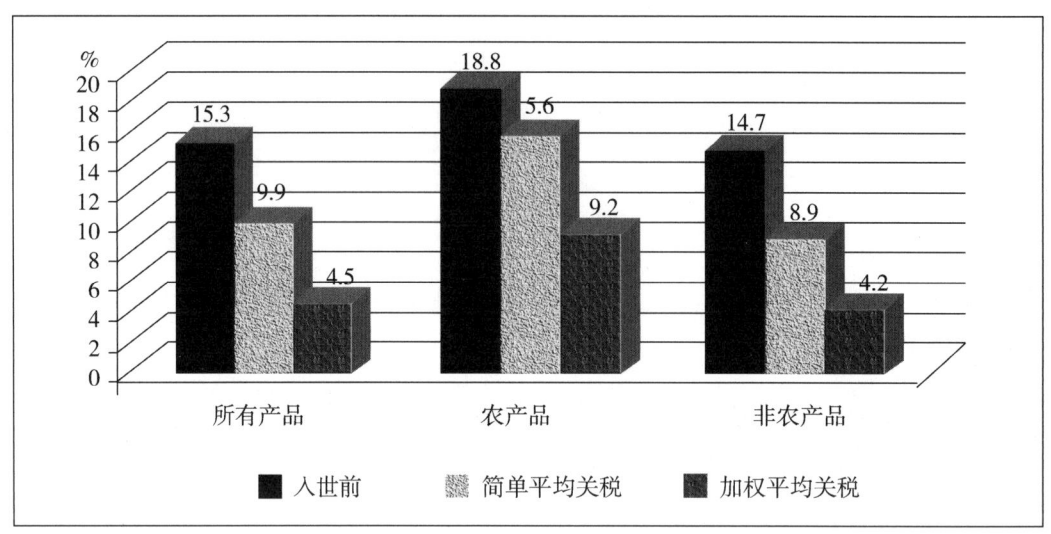

图 9-12 中国关税减让与实际关税水平

资料来源：根据 WTO 2016 关税统计和我国"入世"承诺整理。

三、"入世"开启中国制度性开放新局面

1. "锁定"和推进我国经济管理体制改革

以开放促进改革、倒逼改革，是当前各级政府和社会公众普遍接受的共识。而在"入世"之初，开放对改革的"锁定效应"（Lock in Effect），是通过实践检验逐步获得广泛接受的。即，通过履行"入世"市场开放承诺，建立符合 WTO 原则的、开放公平有序的市场体系，推进国内市场经济体制的改革与完善。正如杰里米·帕蒂尔分析指出的，中国接受国际规则从"工具性遵守"转为"认知性认同"，"入世"对中国经济体制改革发挥了锁定和推动的重要作用。

实践证明，"入世"与国内的经济体制改革密切相关。总体来讲，"入世"对我国体制改革的影响，主要体现在政府职能转变、完善涉外经济管理体制和经济体制改革三个方面。

转变政府职能，主要是从以往的"管理为主"，逐步转向管理与服务并重，逐步简政放权，如取消贸易权审批、下放部分重要审批权限到地方等。此外，设立统一负责内外贸易管理的政府部门，完善相关机构的设置与职能定位。

完善涉外经济管理体制建设，包括建立健全贸易促进、跨境投资管理、外汇管理体制、产业安全保障体系和知识产权保护等。此外，还形成了贸易摩擦应对和突发事件应急处理机制，逐步学习运用 WTO 规则解决对外贸易争端、保护自身利益。

推进经济体制改革，"放权"是这一阶段的突出特点，主要是全面放开外贸经营权，所有企业不分所有制、不分类型都可从事对外贸易；逐渐放松进出口管制，取消进口配额和进口许可证等非关税措施；将部分中央部门实施的管理审批权限逐步逐级下放给地方政府。相关放权，有力地推动了我国贸易管理体制的完善和贸易经营活动的便利化，大大激发了市场活力，加快了我国与全球经济的融合发展。

2. 建立与完善法律法规保障体系

加入 WTO，需要我国经济管理理念和制度更加开放，也需要更加完备的法律法规保障体系。

"入世"前，我国就对经济管理相关的法律、部门规章等进行了集中清理；"入世"后，根据 WTO 规则，我国逐步建立健全市场经济发展的法律制度体系，通过在贸易、投资、知识产权保护、贸易政策透明度和统一实施等方面进行法律法规的"立、改、废"，建立公平、透明、统一、高效的市场体系，有助于奠定市场经济体制的法律法规保障基础。

第一，全面规范法律法规制定程序，先后制定了《行政法规制定程序条例》《规章制定程序条例》和《立法法》。

第二，在贸易及相关的投资、服务、知识产权等领域，以 WTO 规则和国际通行惯例为依据，修订或制定大量法律法规和部门规章，如《对外贸易法》《技术进出口管理条例》《进出口商品检验法》《反倾销条例》《反补贴条例》《进出口关税条例》《进出口货物原产地条例》等。在涉及外资企业管理方面，陆续出台了三资企业法等。可以说，"入世"后，法律体系建设和一系列法律法规的出台，维护了市场经济体制的有效运行，促进了我国市场监管体系与法治环境的建设与完善。

第二节
实施自贸区战略:加快融入区域经济一体化

商签区域/双边自贸协定、加快实施自由贸易区战略,是我国融入经济全球化、进一步扩大对外开放的重要内容。中国加快自由贸易区网络建设,既是适应经济全球化和区域经济一体化新趋势、应对发达国家加快经贸规则重构的必然选择,也是我国当前发展阶段以开放促改革,加快国内体制改革、促进经济结构升级的内在要求。

从进程和成果看,近年来我国参与区域经济一体化的目标不断提升、进展日益加快、覆盖范围持续扩大,促进我国贸易投资自由化水平显著提高。

一、我国加快推进自由贸易区战略的必要性凸显

1. 适应经济全球化新趋势的应对之策

20世纪末的区域经济一体化安排中,除欧盟和北美自由贸易协议(NAFTA)之外,其他区域或双边贸易投资自由化安排的影响力都不大。重要原因在于,区域或双边自由贸易协定参与的国家数量有限,区域经济协定覆盖的经济规模占全球比重不高。例如,美国在NAFTA之后签订的自由贸易协定,大多是和一些小经济体商谈和签署自贸安排,直到2012年与韩国签订的双边自由贸易协定(FTA),才是与规模较大国家商签对美国经济具有较明显商业价值的协定。

进入21世纪,尤其是2008年金融危机以来,多哈发展回合谈判陷入僵局,多边贸易自由化陷入低潮。与此同时,区域和双边FTA已成为开展经济战略合作与竞争的重要手段,各国都在加快推进FTA战略,区域一体化趋势显著增强,成为全球贸易投资自由化新动力。

第一,区域贸易投资自由化安排(RTA)进程明显加快,影响持续扩大。越来

越多的国家加入新的区域经济协定谈判,包括欧盟、日本等一些原来主张多边体制、对区域经济协定态度消极的国家和地区开始积极加入谈判。我国与周边国家签订 FTA 的数量也在迅速增加。韩国是首个与欧盟、美国等发达经济体都签订了自由贸易协定的新兴经济体;新加坡签订了近 20 个区域和双边自由贸易协定。按照 WTO 的统计,1994 年之前,关税及贸易总协定(GATT)接到区域/双边 FTA 通报 124 个,而 WTO 成立后已接到 433 份通报;截至 2017 年 3 月,全球已生效的区域或双边 FTA 协定达到 270 个。

第二,自贸协定跨区域、大型化(Mega – FTAs)趋势凸显。自贸区理论认为"区域范围越大收益越多",随着参与的国家数量和经济规模日益扩大,区域经济协定所涵盖的经济和贸易投资总额占全球的比重越来越高,影响力正日益增加。而且,由于发达经济体的全球优势地位大幅衰弱,部分学者认为只有扩大联盟的影响力,才能主导未来世界经贸规则走向(The Size Matters)。为此,美国在 2009 年强力推进跨太平洋伙伴关系协定(TPP)并不断吸收亚太区域成员加入,TPP 的 12 个成员①占亚洲太平洋经济合作组织(APEC)共 21 个成员的一半以上,合计 GDP 总量已占世界的约 40%,贸易额约占世界的 1/3。2011 年 4 月智利、哥伦比亚、墨西哥、秘鲁四国总统宣布成立拉美太平洋联盟。2015 年 7 月《太平洋联盟框架协议》生效,2016 年 5 月成员国间 92% 的货物和服务贸易实现零关税,剩余 8% 的关税将逐步取消。2012 年 11 月中、日、韩开启三方自贸协定谈判,三国均为制造业和出口大国,合计占全球 GDP 的 20%、亚洲 GDP 的 70% 和东亚 GDP 的 90%。同时,涵盖东盟 10 国和中日韩印澳新等 16 国的"区域全面经济伙伴关系"(RCEP)谈判也正式启动,RCEP 涵盖约 35 亿人口,GDP 总和占全球总量的 1/3。这些超大型 Mega – FTA 一旦达成并生效,有助于缓解区域内多个 FTA 交织的"意大利面碗效应"。

第三,发达经济体加快构建跨地区自贸安排。2008 年金融危机后,发达经济体也加快了相互之间构建贸易投资自由化安排的进程。例如,TPP 协定谈判包括了

---

① 包括澳大利亚、文莱、智利、新西兰、秘鲁、新加坡、越南、美国、马来西亚、墨西哥、加拿大、日本。

美国、日本、加拿大、澳大利亚等亚太主要的发达经济体（美国已于2017年1月退出TPP）；欧美启动两大核心市场间的跨大西洋贸易与投资伙伴协议（TTIP）；欧盟与日本启动双边经济伙伴关系协定（EPA）谈判，并加快与加拿大之间达成双边FTA协定。经验表明，主要经济体参与的区域经济协定，由于其经济贸易投资规模大、规则制定能力强，因此往往能够产生较明显的经济效果，对全球经济的影响力也会比较大。

此外，各国积极商签或修订国际性投资协定。根据联合国贸易和发展会议2017年3月16日发布的最新一期《投资政策监测报告》，截至2017年2月底，各类国际投资协定总数已逾3330个。2012年美国公布"双边投资协定模板"（BIT 2012），希望主导未来全球投资协定制定的标准及走向。

根据国际贸易理论，区域经济协定成员之间按照新的国际贸易投资规则开展国际贸易和投资往来，相互之间的经贸往来将比非协定成员更加便利，占有的国际市场份额将会扩大，相互之间的投资和吸引协定外成员的投资都会增加。因此，我国亟须加快推进自贸区战略，积极参加于我有利的区域经济协定，为我国的对外开放和经济长期发展创造条件，避免我国在新的国际经济体系内被边缘化，在国际经济竞争中处于不利地位。

2. 迎接新一轮经贸规则重构的客观要求

WTO规则以及传统的区域自贸协定（RTA），主要是通过削减关税壁垒促进货物贸易的自由化。2008年金融危机后，全球区域一体化谈判出现新的特点，自由化水平更高、更加关注服务业市场开放和投资自由化，涵盖涉及成员方内部经济管理体制的规则议题（"边界后议题"）日益增加。

这些特征将对国际经贸规则体系和世界经济格局产生重大影响，成为我国必须面对的现实挑战，需要我们加强推进FTA战略的研究，做好充分准备和应对预案。

（1）自由化水平：关税减让和市场准入标准大幅提高。

随着新兴经济体群体性崛起，发达国家认为发展中国家在全球化进程中获得巨大收益且明显高于发达国家，而其自身具有显著比较优势的领域在现有多边规则和多哈回合谈判中并未涵盖。发达国家希望通过推动新一轮区域贸易协定谈判，继续维持其对全球经贸规则的主导权和从全球化中获得的收益。

一方面，发达国家力推高水平关税减让。新近谈判的 FTA 协定，货物贸易领域自由化程度日益提高，关税减让幅度更大。例如，2011 年 11 月 TPP 成员公布了 TPP 协定大纲，阐述了《TPP 协定》的基本框架，要求 TPP 关税目录涵盖所有商品，谈判追求的目标是实现 100% 零关税，可以设立过渡期，但谈判领域全覆盖，没有例外。

另一方面，发达国家转而将规则谈判的重点转向服务业市场开放和投资自由化两大领域。随着发展中国家意愿和能力的增强，美国等发达国家对多边谈判走向的掌控力度下降，多哈回合启动后发展中国家力推全球多边贸易谈判的核心转为发展议题，欧美国家又难以将其重点关切（如"新加坡议题"中的服务贸易和投资规则等）纳入多边谈判，以规范中国等新加入者（New Comer）和应对来自新兴经济体的挑战。为此，发达国家转向区域贸易安排谈判，且大幅提高投资自由化水平，基本上其参与的区域/双边自贸协定都采取"准入前国民待遇＋负面清单"的外资管理模式；将服务市场开放的重点从一般服务业转向专业服务和金融服务领域。例如，TPP 谈判要求服务市场开放与投资自由化涵盖所有服务行业（但通过谈判可以保留部分例外），甚至各成员的政府采购市场也将开放。

（2）涵盖议题：范围广泛，更多涉及"边界后议题"。

2008 年金融危机后开启谈判的贸易投资自由化协定，议题覆盖领域广泛，更多涉及了成员方内部经济管理体制的"边界后议题"（也称为"21 世纪议题"），强调"监管一致性"，且基本上是发达国家将国内成熟的市场经济体制的标准来要求发展中国家执行。这些新的规制谈判，虽然在一定程度上能够促进发展中国家完善经济体制和提高经济管理水平，但也大幅增加了发展中国家参与相关区域一体化谈判和实施的难度，对我国和发展中国家的体制改革和市场开放构成空前压力。例如，在《TPP 协定大纲》的五个关键性特征中，除了全面的市场准入、全面的地区协定、适时更新修改协定外，明确提出：①为迎接新的贸易挑战，将着力促进创新产品与服务的贸易与投资；②将监管一致性、竞争力和商务便利化、中小企业、发展等四项新的跨领域议题纳入《TPP 协定》。再如，美国 2012 年出台的"双边投资协定模板"(BIT 2012),与 2004 年版相比,规则标准的要求更高,继续维持在投资者利益与维护政府出于公共利益采取管理措施权力之间的平衡,但更强调透明度和公共参与,强化劳工与环境的保护,并针对国有企业的特殊待遇和自主创新政策带来的扭曲等制订了更加严格的规范要求,包括:①协议方的采购政策不得与本国技术含量要求挂钩;②允许外国投资者在非歧视的基础上参加标准制定;③对"国有企业被授予政府职能"作出定义等①。

(3) 排他性有所增强。

长期以来,亚太区域一体化倡导兼容、开放,但国际上新的区域贸易安排出现排他性增强的趋势。例如,TPP 虽然设立了允许新成员不断加入的"开放条款",但实际上通过预设规则对新加入者进行资格审查,且强调高标准、全面一体化的理念。更为突出的是所谓"从纱线开始"(Yard Forward)的原产地规则,即纺织服装业纱线与布料等必须使用产自 TPP 成员国的原材料,且其后剪裁与缝合等过程,皆需于 TPP 成员国内进行才能享受零关税。此外,TPP 始终对谈判进程严格保密,也都是排他性的表现。

(4) 诸边谈判兴起,非经济因素影响上升。

目前,诸边谈判成为全球贸易投资谈判中的新趋势,如部分国家以设立更加开放的服务贸易新规则为目标,发起新的服务贸易协定(TISA)谈判;此外还有信息技术协定(ITA)扩围、政府采购协定(GPA)谈判等。主要原因是,全球经济格局和多边谈判的力量格局发生了变化,面对新兴经济体和广大发展中国家,发达国家已经很难独掌谈判议题设置和规则制定过程,体现发达国家意愿和利益的议题推进遭遇重重阻力。因此,发达国家寻求所谓"志同道合者"(Like-minded),在小范围内推动有益于其自身发展的规则和标准的制定,并通过开放市场吸引发展中国家加入由其主导的贸易投资协定。通过诸边谈判,发达国家不仅继续掌握制定贸易投资规则的主导权,以构建未来国际贸易投资规则体系,而且形成符合其战略利益的区域性贸易集团。在选择"志同道合者"的过程中,一些意识形态、经济管

---

① 引自相关分析报告。

理体制和政治外交关系等因素发挥了更大的作用。

3. 我国全面深化改革、构建开放型经济新体制的必然选择

我国经济发展正面临一系列深层次的矛盾。解决这些矛盾，需要加快国内体制改革和经济结构转型。加快制定推进 FTA 战略，有助于通过扩大开放形成倒逼国内改革的机制，也有助于消除我国对外贸易投资关系中的障碍和不利因素，创造有利的国际经贸环境和我国对外开放的新优势，实现经济结构转型升级，促进我国经济持续稳定发展。

当前，我国国内经济面临结构转型、体制改革的任务，需要促进市场公平竞争、破除垄断、鼓励创新、保护环境、提高市场诚信度等。新的 FTA 协定，既包括降低或者消除货物贸易的关税和非关税壁垒，还包括服务贸易开放、外商投资准入、市场机制和标准等一系列规则。签订高水平的 FTA 协定，扩大开放，实施更高的市场化标准和机制，将倒逼国内经济体制改革，以构建开放型经济新体制，促进经济结构转型升级，完善社会主义市场经济体制。

从观念上，有助于提高对我国市场经济体制改革必要性和紧迫性的认识。新一代 FTA 的内涵和实质是发达经济体国内市场经济标准向全球的推广，代表了发达国家主导的国际贸易投资规则的发展方向，无论从市场开放的广度和深度、从体制机制要求上讲，都给我国带来前所未有的压力。面对新趋势、新要求，我国必须加强学习、参考、借鉴这些标准，这对于促进改革方案和政策举措的完善，具有重要的借鉴和实践意义。

从体制机制建设上，有助于促进我国经济管理体制和市场运行机制改革，化解深层次矛盾，突破改革瓶颈。2015 年国务院颁布《构建开放型经济新体制若干意见》称，我国改革开放正站在新的起点上，要建立市场配置资源新机制，促进国际国内要素有序自由流动、资源全球高效配置、国际国内市场深度融合；要按照国际化、法治化的要求，营造良好的法治环境，依法管理开放，建立与国际高标准投资和贸易规则相适应的经济运行管理新模式。这就要求我们积极对接国际经贸领域的新标准和新规则，改革国内相关领域的管理体制、监管模式，如从事前审批转向事中事后监管、加强知识产权保护、依据新业态改革监管体制与模式，建立促进市场

公平竞争和各类主体平等进入的现代市场体系。

从转型发展上讲，有助于扩大开放和进一步融入全球经济，培育我国国际竞争新优势。虽然取得举世瞩目的突出成绩，但我国外贸和双向投资的未来发展中仍存在着一些障碍和制约因素，如面临要素成本上升、贸易摩擦增加、来自发达国家和新兴经济体的双重竞争、全球新一轮经贸规则加快重构等问题。一方面，通过实施FTA战略，我国能够获得进入主要经济体和新兴经济体市场的平等机会，探索新的国际市场机遇，在新一轮全球化进程中依然保持处于较为有利的位置。另一方面，通过对照新的国际贸易和投资规则，进一步扩大开放领域，更好地发挥外资企业在技术和管理上的溢出效应，促进我国比较优势动态升级，加快提升全球配置资源能力，激发服务业发展和科技创新的活力，促进企业管理制度和市场机制的完善，实现经济结构转型升级和可持续发展的目标，使我国在未来的国际竞争中占据新的竞争优势，不断提升价值链地位。

二、我国自贸区战略取得积极进展

1. 不断提升目标，完善战略框架

党的十八大提出加快实施自由贸易区战略，十八届三中全会公布的《中共中央关于全面深化改革若干重大问题的决定》中明确提出"加快自由贸易区建设。坚持世界贸易体制规则，坚持双边、多边、区域次区域开放合作，扩大同各国各地区利益汇合点，以周边为基础加快实施自由贸易区战略。改革市场准入、海关监管、检验检疫等管理体制，加快环境保护、投资保护、政府采购、电子商务等新议题谈判，形成面向全球的高标准自由贸易区网络"。十八届五中全会进一步要求加快实施自由贸易区战略。当前，全球范围内自由贸易区的数量不断增加，自由贸易区谈判涵盖议题快速拓展，自由化水平显著提高。我国经济发展进入新常态，外贸发展机遇和挑战并存，"引进来""走出去"正面临新的发展形势。

2015年，国务院出台《关于加快实施自由贸易区战略的若干意见》（国发〔2015〕69号），对我国自贸区战略进行了总体部署。

（1）明确了指导思想和基本原则，提出了远近结合的目标任务。近期，加快正

在进行的自由贸易区谈判进程，在条件具备的情况下逐步提升已有自由贸易区的自由化水平，积极推动与我国周边大部分国家和地区建立自由贸易区，使我国与自由贸易伙伴的贸易额占我国对外贸易总额的比重达到或超过多数发达国家和新兴经济体水平；中长期，形成包括邻近国家和地区、涵盖"一带一路"沿线国家以及辐射五大洲重要国家的全球自由贸易区网络，使我国大部分对外贸易、双向投资实现自由化和便利化。

（2）提出了优化自贸区建设布局。坚持与推进"一带一路"和国家对外战略紧密衔接，坚持把握开放主动和维护国家安全，逐步构筑起立足周边、辐射"一带一路"、面向全球的高标准自由贸易区网络。

（3）提出了加快建设高水平自贸区的重点领域。要提高货物贸易开放水平，扩大服务业对外开放，放宽投资准入，推进规则谈判，提升贸易便利化水平，推进规制合作，推动自然人移动便利化，加强经济技术合作。

（4）强调了健全和完善保障提醒和支持机制。要通过深化自由贸易试验区试点，完善外商投资法律法规，完善事中事后监管的基础性制度，做好贸易救济工作，研究建立贸易调整援助机制等措施，健全加快实施自由贸易区战略的保障体系。

2. 加快推进，自贸谈判成果显著

加快实施FTA战略是我国改善经贸关系、发展高水平开放型经济的重要举措。进入21世纪以来，中国积极参与区域经济合作，大力实施自贸区战略，取得了较大进展。

截至2017年6月，中国已对外签署了15个自由贸易协定，涉及23个国家和地区，除了内地与香港、澳门签订的更紧密经贸关系安排（CEPA），以及大陆与台湾签订的海峡两岸经济合作框架协议（ECFA）外，还包括与东盟、智利、巴基斯坦、新西兰、新加坡、秘鲁、哥斯达黎加、冰岛、瑞士、韩国、澳大利亚和格鲁吉亚签订的自由贸易协定（FTA），贸易覆盖率达38.5%。

表 9-1 中国自贸区建设的进展情况（截至 2016 年底）

自由贸易安排		双边贸易占外贸总额比重/%		
		2010 年	2014 年	2016 年
已签协定	中国内地 – 香港（2003）、中国内地 – 澳门（2003）、中国 – 东盟（2004）、中国 – 智利（2005）、中国 – 巴基斯坦（2006）、中国 – 新加坡（2008）、中国 – 新西兰（2008）、中国 – 秘鲁（2009）、中国 – 哥斯达黎加（2010）、中国大陆 – 台湾地区（2010）、中国 – 冰岛（2013）、中国 – 瑞士（2013）	24.69	27.55	38.7
	中国 – 韩国（2015）、中国 – 澳大利亚（2015）	9.91	9.75	
正在谈判	区域全面经济合作伙伴关系协定（RCEP）（2013）、中国 – 海合会（2004）、中日韩（2013）、中国 – 斯里兰卡（2014）、中国 – 巴基斯坦自贸协定第二阶段谈判（2011）、中国 – 马尔代夫（2015）、中国 – 格鲁吉亚（2016）、中国 – 以色列（2016）、中国 – 挪威（2008）	35.95	35.09	35.93
官方研究	中国 – 印度（2006，2008 结束）、中国 – 哥伦比亚、中国 – 摩尔多瓦、中国 – 斐济、中国 – 尼泊尔、中国 – 毛里求斯	2.32	2.08	2.22

注："已签协定"自贸区括号内为协定签署时间；"正在谈判"括号内为启动谈判时间；"官方研究"括号内为启动研究的时间和结束时间。中国 – 格鲁吉亚已于 2017 年 5 月正式签署协定。

资料来源：根据商务部网站资料整理。贸易比重根据中国海关统计计算。

中韩、中澳自由贸易区，是我国迄今为止对外商签整体化水平最高、覆盖领域最广的自由贸易区，总体上实现了双方领导人期望的"高水平、全面、利益大体平衡"的目标，其重要性和意义为各方瞩目。不仅在货物贸易上实现了高水平的自由化，还包含电子商务、知识产权保护、竞争政策、政府采购、环境等规则谈判内容

(也被称为"21世纪经贸议题"),而且在服务领域和投资领域以开展第二阶段谈判为未来进一步开放及模式选择等做出了承诺。其重要性,不仅体现在协议自身,也体现对我国未来自由贸易区谈判所产生的指向性意义。

已经启动谈判的自贸区有7个,涉及25个国家,包括中日韩自贸协定、涵盖16个亚洲国家的RCEP等区域自贸谈判,以及与海湾合作委员会(GCC)、斯里兰卡、马尔代夫、以色列和搁置多年的与挪威进行的双边FTA谈判。此外,我国已完成了中印区域贸易安排(CECA)联合研究,并正在进行与哥伦比亚、斐济、尼泊尔和毛里求斯等国开展双边FTA的可行性研究。

三、基于自身特点,选择推进模式

1. 秉持基本原则

长期以来,中国在推进贸易投资自由化制度性安排和区域合作进程中,一直秉持一些原则及主张,并且在区域合作实践中得到了合作各方的认同和普遍接受。

一是开放性原则。即坚持开放的地区主义,主张与所有具有参加区域合作意愿的经济体探讨建立自贸区的可能性。

二是实质性原则。即履行世界贸易组织关于区域贸易协定的规则,主张签署具备实质性自由化标准的"高质量"自贸协定。

三是平等性原则。即参与合作的各方成员具有平等的谈判地位,主张将互利共赢作为基本的目标。

四是渐进性原则。即按照由易到难、循序渐进的推进方式,主张在成员范围、谈判领域和自由化程度等方面,分阶段扩展和深化,逐步实现预定目标。

五是包容性原则。即兼顾不同经济体的特殊性,对于发展水平较低的经济体和小国,给予一定的灵活安排。

在2015年国务院出台的《关于加快实施自由贸易区战略的若干意见》中,正式提出"扩大开放,深化改革;全面参与,重点突破;互利共赢,共同发展;科学评估,防控风险"的"基本原则"。

2. 与时俱进地选择谈判模式

中国在对外自贸协定谈判中,依据双方的要求和实际进行磋商,采取较为灵活的谈判模式。在我国最早商签的中国-东盟、中国-巴基斯坦和中国-智利FTA谈判中,采取的是分别开展货物贸易、服务贸易和投资谈判的模式,最后逐步建成一个涵盖货物、服务和投资自由化的全面自由贸易安排。此外,中国与巴基斯坦在达成的自贸区货物贸易协定中包括"投资"章节,2008年10月又签署补充议定书,促进双边投资合作;根据对方经济发展水平和要求,在与东盟、巴基斯坦等国的FTA协议中设立早期收获产品清单,促使谈判加快取得成果。

中国-新西兰FTA是中国与发达国家的第一个自贸协定,也是我国首次采取一揽子谈判方式并签署的涵盖货物贸易、服务贸易、投资等诸多领域的全面自贸协定。此后,中国与其他贸易伙伴商谈区域或双边FTA均采取一揽子,甚至包括规则领域谈判的方式。

表9-2 中国已签署FTA协议的谈判模式

	货物贸易	服务贸易	投资
中国-东盟	2004年11月	2007年1月	投资协议
中国-智利	2005年11月	2008年4月	正在谈判
中国-巴基斯坦	2006年11月	2009年2月	投资章节及补充议定书
中国-新西兰	2008年4月,一揽子协议		
中国-新加坡	2008年10月,一揽子协议		
中国-秘鲁	2009年4月,一揽子协议		
中国-哥斯达黎加	2010年4月,一揽子协议		
中国-冰岛	2013年4月,一揽子协议		
中国-瑞士	2013年7月,一揽子协议		
中国-澳大利亚	2015年6月,一揽子协议		
中国-韩国	2015年6月,一揽子协议		

资料来源:根据商务部网站信息整理。

3. 多元化原产地规则

在中国已签署的 FTA 协议中，都包含原产地规则及相关操作程序的章节。从判定标准看，中国原产地规则的规定可分为三大类：

（1）在已达成的双边 FTA 协议中，中国多数产品的原产地规则以增值率为主要判定标准（一般要求国内增值成分占比为40%以上），且均使用船上交货价格。

（2）少数产品适用税目改变标准和加工工序标准。

（3）在少数（如中国－哥斯达黎加 FTA）自贸协定中，规定以税则归类改变作为原产地判定的基本标准，将区域价值成分和加工工序标准作为辅助标准。

4. 关税减让模式

第一，进行实质性减让，例外产品占比低。通常将产品分为正常产品和敏感产品，对敏感产品分别给予关税减让的过渡期或例外处理。根据 WTO 的标准，区域贸易安排中关税的实质性减让包括两个方面，即关税减免产品的税目与进口额的占比都在所有产品的90%以上。从中国已签署的 FTA 协议可以看出，以进口额计，中国进行的大多为实质性（Significant）减让，而且多以过渡期形式处理敏感产品，例外产品占比很低。在中国近期签署的 FTA 中，货物贸易立即实行零关税的产品覆盖面有所下降，但以最终实现零关税的产品税目和在双边贸易中的比重仍较高。例如，在中韩 FTA 中，中方实现零关税的产品将达到税目的91%、进口额的85%，韩方实现零关税的产品将达到税目的92%、进口额的91%，均达到 WTO 规定的实质性减让标准。

第二，过渡期安排时间较长。中国对于敏感产品，根据竞争力和外部冲击的程度实行梯次降税，力争获得5~10年，甚至15年的较长过渡期。由于韩国制造业水平高、国际竞争力强，中韩自贸协定规定中方降税过渡期最长达20年。

第三，灵活的关税减让时间安排。在我国已签署的 FTA 协议中，根据缔约方发展水平的不同，实行不同的减税时间表；正常产品和敏感产品一般都享受梯次降税的待遇，即依照产品的关税水平实行分步降税。在中国－东盟 FTA 的减税计划中，在双方对等的基本原则上，对越、老、柬、缅等发展水平相对较低的东盟新成员国在减税时间和敏感产品数量上予以区别对待，允许东盟新成员保留的敏感产品税目比中国和东盟老六国多,降税时间表也推迟了3~5年。为加速减税,在中韩和中澳自贸协定中,自贸协定生效之日起,实施各项产品过渡期内的第一次降税,在时隔11天之后实施第二次降税。

5. 以积极而审慎的态度对待服务业开放

一方面,对于相对弱势或敏感的服务业部门,中国采取两种处理方式:一是在FTA的服务贸易承诺表中予以具体安排和明确限制①;二是在"范围和覆盖领域"条款中,以明确规定不适用的方式将特殊的敏感服务部门排除在协议之外议。另一方面,中国在"入世"承诺的基础上,对FTA伙伴的服务提供者进一步扩大市场开放领域和程度的承诺,即给予对方高于WTO承诺的市场开放待遇,体现了我方积极的开放态度。

尤为值得一提的是,参照国际先进做法,中韩自贸协定开创性地设立了金融服务和电信两个单独章节,专门处理这两个与服务贸易密切相关,关系到国计民生,同时又相对复杂的议题;而且,双方商定在协定生效后两年内,以负面清单模式启动服务贸易的第二阶段谈判,这是我国第一次在自贸协定中承诺未来将采用"准入前国民待遇+负面清单"模式开展服务贸易和投资谈判,将有利于我国改革并完善服务业的管理模式,在服务贸易领域争取实现更高的自由化水平。

6. 协议涵盖内容日益扩大

进入21世纪以来,FTA所包含的内容持续扩展。一是贸易便利化成为各国在多边和区域贸易安排中积极采用的重要手段。由于便利化措施能够简化和协调国际贸易程序、加速要素的跨境流动,从而降低交易成本、提高贸易投资效率、带来巨大的经济收益,目前许多RTA/FTA协定中都包括贸易投资自由化与便利化内容,如通关程序、检验检疫、标准认证、政府采购规则等,称为广义的贸易自由化。二是更多涉及参与方内部经济管理体制的"监管一致性"等规则领域,从服务贸易自由化、投资保障和投资自由化等发达国家更具优势、更为关注的市场开放领域,

---

① 如在中国-东盟FTA协议中对环境服务、部分其他商业服务和建筑工程服务的商业存在(服务贸易模式三)规定"只允许合资,外方可拥有多数股权",对运输服务中的航空器维修企业和订座系统服务"允许设立合资,但须中方控股"等。

到成员方内部经济管理体制的制度性安排。

在中国已达成的 FTA 协定中，也出现了涵盖范围日益扩大的趋势。

第一，便利化成为重点内容之一。中国十分重视海关程序的简化和透明度，在多个双边 FTA 一揽子协议中，都专门设有一章讨论海关程序与合作；提倡消除技术性贸易壁垒有助于促进和便利双边贸易，积极促进相互认证。第二，重视和不断拓展经济合作。经济合作是我国商签区域和双边 FTA 协议的重要内容，合作领域较为广泛、内容日渐丰富，近年来在新签署的 FTA 协议中将促进中国企业"走出去"、促进中国区域经济协调发展等纳入经济合作的范围内，通过 FTA 协定促进双边或区域经济合作的领域不断拓展。第三，FTA 协议涉及更多的规则领域谈判。在我国最新达成的中国－瑞士 FTA 协定中，双方还就政府采购、环境、劳工与就业合作等中方以往自贸谈判中很少涉及的规则问题达成一致，首次就环境问题单独设立一章，增强了权利人保护的透明度和便利性等内容。同谈判伙伴探讨与经济制度相关的内容并达成多方面共识，显示出中国进一步改革开放、按国际通行规则进行涉外经济管理的决心和自信。

表 9－3 中国已签署 FTA 的主要内容比较

	签订时间（年）	货物贸易	原产地规则	服务贸易	投资	知识产权	竞争政策	政府采购	环境条款	劳工条款	电子商务	金融服务
香港、澳门特区	2003	√	√	√	×	×	×	×	×	×	×	×
东盟	2004	√	√	√	×	×	×	×	×	×	×	×
智利	2005	√	√	√	×	×	×	×	×	×	×	×
巴基斯坦	2006	√	√	√	×	×	×	×	×	×	×	×
新加坡	2008	√	√	√	×	×	×	×	×	×	×	×
新西兰	2008	√	√	√	√	×	×	×	×	×	×	×
秘鲁	2009	√	√	√	√	×	×	×	×	×	×	×
哥斯达黎加	2010	√	√	√	√	×	×	×	×	×	×	×
冰岛	2013	√	√	√	√	√	×	×	×	×	×	√
瑞士	2013	√	√	√	√	√	√	√	√	×	×	×
澳大利亚	2015	√	√	√	√	√	×	×	×	×	√	√
韩国	2015	√	√	√	√	√	√	√	√	×	√	√
东盟（协定升级）	2015	√	√	√	×	×	×	×	×	×	×	×

资料来源：根据中国已签署 FTA 协议整理。

四、自贸协定促进对外经贸关系发展

加强协定成员方之间互利共赢的经济合作关系，推动中国与自贸伙伴的贸易和投资快速发展。如图9-13显示，2008—2012年，我国对多数自贸伙伴的出口增速都明显高于对全球出口，对促进我国与自贸伙伴之间的双边贸易、加强区域成员之间互利共赢的经济合作起到重要作用。而且中国来自FTA伙伴的进口增长也明显较快，反映出中国在自贸安排中实施实质性减税以及市场空间大等特点，说明我国与自贸区伙伴都从区域和双边制度性合作中受益。未来，随着FTA协定的升级和全面深入实施，协议各方的获益程度还会进一步扩大。

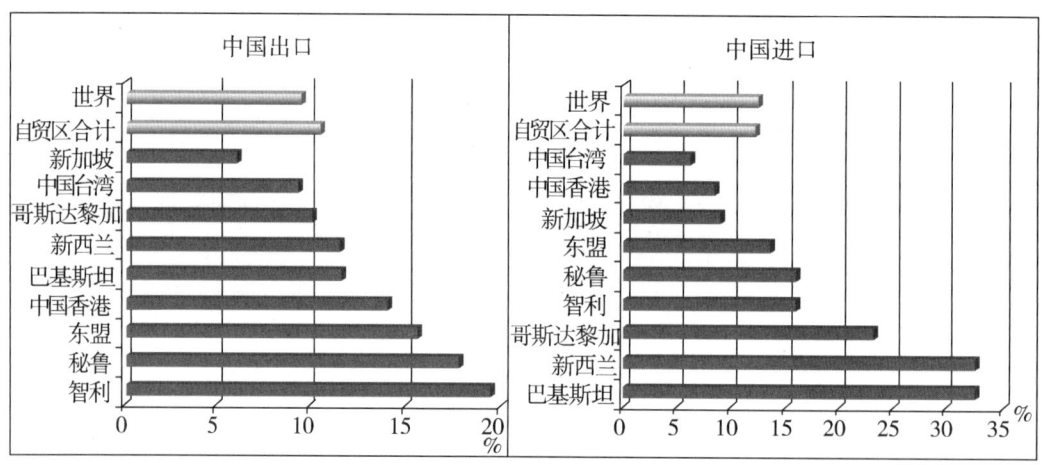

图9-13 中国对全球和主要自贸伙伴贸易增速比较（2008—2012年）

资料来源：中国海关统计。

2013年后，在全球贸易增速明显下降，且连续低于全球经济增速的情况下，中国对外贸易承受下行压力，自贸区的作用开始显现。根据海关统计计算，2014年我国对台港澳地区之外17个自由贸易伙伴的出口增幅为10.7%，高于对全球出口增速4.6个百分点；2015年我国对19个自贸伙伴的出口增幅为2.6%，也明显好于对全球出口负增长的局面，为全球贸易发展、为中国和贸易伙伴的经济增长提供了新的动力。

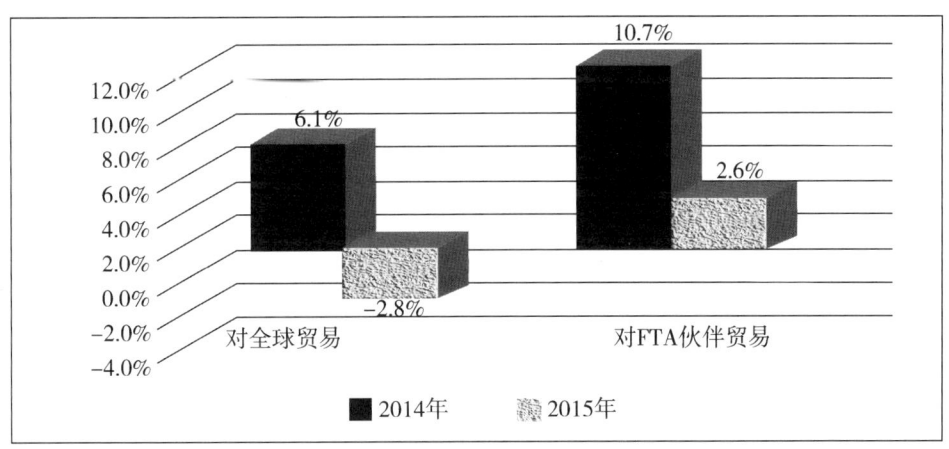

图 9-14 中国对自贸伙伴贸易增长好于对全球贸易表现

资料来源：中国海关统计。

FTA 的总体经济效益远远超过贸易创造效应。已签订的 FTA 协定有助于我国引入市场竞争、挖掘新的市场潜力，有助于市场多元化发展。当然，自贸区在带来经济收益的同时，由于进口增长可能导致国内结构调整和市场开放压力加大。由于处理得当，截至目前已有的自贸协定并未对我国国内产业造成巨大冲击，反而因扩大市场开放，促进了相关体制机制的改革。

当然，签署这些自贸协定，也彰显了中国和平发展和对外开放的积极姿态，为赢得本国在区域和国际事务中的话语权与影响力、营造良好外部环境做出了贡献。通过签订高水平的自贸协定，有助于我国稳定对外经贸关系，凸显了我国对外开放的积极姿态和坚定决心，促进了国内经济管理体制改革及与国际高标准规则接轨；有助于建立公平透明的市场规则、推动建立统一开放、竞争有序的市场体系，使市场在资源配置中起决定性作用。例如，中韩和中澳自贸协定生效，有助于中国与韩国、澳大利亚提升贸易便利化水平，密切双边贸易投资关系，推进经济增长，还可为全面提升中韩战略合作伙伴关系、充实中澳两国全面战略伙伴关系奠定坚实基础、提供重要内容。

进一步看，我国加快制定和推进自贸区战略，在高水平开放的基础上对接国际经贸规则的新内容和新趋势，特别是服务业开放、知识产权、环境和劳工权益保护等，在开放政府采购、增加政策透明度、完善争端解决机制和国有企业改革等问题上，可借鉴其他国家的经验，丰富FTA谈判经验和实施运作中解决实际问题；有助于在国际经贸规则制定和实践中将符合自己发展阶段和发展趋势的内容与诉求包括进去，与处于相似发展阶段的国家在区域性FTA谈判中形成利益共同体，避免在更大范围乃至多边谈判中陷入过于被动的境地；通过主动扩大市场开放，与贸易协定伙伴国家分享发展机遇，有助于扩大我国的国际影响力，增强在国际经贸规则制定中的主动性和话语权，营造更好的经济建设发展外部环境。

第三节
推进"一带一路"建设：引领对外开放新格局

随着经济快速发展和对全球经济增长的贡献日益凸显，中国作为一个新兴的经济大国，如何通过提供公共产品、为全球经济治理和可持续发展做出更加积极的贡献，是必须面对的重要课题。2013年9月和10月国家主席习近平先后提出共同建设"丝绸之路经济带"和"21世纪海上丝绸之路"，两者共同构成了"一带一路"重大倡议（B&R Initiative），并得到国际社会的高度关注。

"一带一路"倡议核心目标是通过深化与沿线国家的五通合作，寻找利益契合点，以"共商、共建和共享"为引领，促进区域乃至全球经济繁荣。这一倡议不仅目标远大、内容丰富，更因其倡导开放、包容的新型区域合作模式，为国际社会广泛接受。几年来，"一带一路"建设取得了超预期的成果，以"双向开放"引领中国对外开放新格局，以"谋求互利共赢"成为影响力日益提升的中国提供的全球公共产品。

一、符合时代需要的新型区域合作倡议

1. 倡议的提出：一个逐步推进完善的过程

在"一带一路"倡议提出后，党的十八届三中全会通过了《中共中央关于全

面深化改革若干重大问题的决定》，明确指出"加快同周边国家和区域基础设施互联互通建设，推进丝绸之路经济带、海上丝绸之路建设，形成全方位开放新格局"。

2014年11月，中央财经领导小组第八次会议专门研究了丝绸之路经济带和21世纪海上丝绸之路规划，提出发起建立亚洲基础设施投资银行和设立丝路基金。

2015年3月，在博鳌亚洲论坛年会上，习近平呼吁各国积极参与"一带一路"建设。3月底，中国政府发布《推动共建丝绸之路经济带和21世纪海上丝绸之路的愿景与行动》，明确了"一带一路"的共建原则、框架思路、合作重点、合作机制等。

2016年3月，国家"十三五"规划纲要正式发布，专设一章探讨"推进'一带一路'建设"。

2016年8月，习近平在推进"一带一路"建设工作座谈会上，进一步提出8项要求，在概述三年来取得积极成果的基础上，进一步统一思想、敦促统筹落实，不仅涉及"政策沟通、设施联通、贸易畅通、资金融通、民心相通"等五通领域，还提出了话语体系建设和体制机制上的安全保障等关键问题。

2. 理念创新、特点突出

"一带一路"是一个区域合作倡议，是一个新型的区域经济合作，其基本目标是通过加强沿线国家之间全方位多层面的交流合作，充分发掘各国发展的潜力，发挥各国的比较优势，加快发展步伐，形成互利共赢的区域利益共同体、命运共同体和责任共同体。

在博鳌亚洲论坛2015年年会上，习近平说："'一带一路'建设秉持的是共商、共建、共享原则，不是封闭的，而是开放包容的；不是中国一家的独奏，而是沿线国家的合唱。"由此来看，作为一个区域合作倡议，"一带一路"具有鲜明的特点：

第一，"一带一路"是一个巨型区域合作倡议。近20年来，区域合作组织如雨后春笋，层出不穷，大多数区域合作组织规模有限，无论是其覆盖的国家和地区数、面积、人口还是经济贸易活动，占全球的比重都不高。近年来，巨型区域合作组织（Mega-FTA）的出现，成为全球区域合作的一个新现象，如跨太平洋伙伴关系协定（TPP）、跨大西洋贸易与投资伙伴协议（TTIP）和区域全面经济伙伴关系（RCEP）。"一带一路"倡议不仅要加强中国与沿线国家和地区的平等互利合作，更要深化所有沿线国家和地区之间的相互合作。因此，这一倡议不是中国与沿线国家和地区的双边合作机制，而是一个覆盖60多个国家和地区的区域合作倡议。这一倡议连接亚太和欧洲两大经济圈，是世界上跨度最大、最具发展潜力的经济合作带。沿线国家和地区有43亿多人口，占世界总人口的比重超过60%，GDP占世界的近1/3。

第二，"一带一路"倡导开放包容、互利共赢的新理念。区域合作组织多种多样，包括功能性合作、制度性合作（如FTA）和开放的地区主义（Open Regionalism）。制度性合作达成的贸易投资自由化、便利化成果只能由成员享受，区内成员可以享受"贸易创造"的成果，区外非成员则会受到"贸易转移"效应的伤害。开放的区域合作组织达成的贸易投资自由化、便利化成果，并不歧视区外的非成员。2014年6月，在中阿合作论坛第六届部长级会议开幕式上，习近平讲"'一带一路'是互利共赢之路"，秉持和弘扬的是和平合作、开放包容、互学互鉴、互利共赢和联动发展的新理念，其中开放包容、互利共赢是其最鲜明的特色，也是其强大生命力所在。所谓"开放"，既包括合作方的开放，也包括合作方式、合作机制的开放；所谓"包容"，则体现在各国无论大小强弱，都可参与和分享合作机遇；强调"互利共赢"，则是以共商、共建、共享为原则，挖掘区域合作潜力、分享区域合作成果。在开放包容、互利共赢新理念的引领下，吸引有意愿的沿线国家和地区、区域外经济体参与进来，成为"一带一路"的支持者、建设者和受益者。

第三，"一带一路"倡议具有南南合作的特点。倡议所覆盖的地区人均GDP仅为5050美元，不到世界平均水平的一半。沿线国家大多数是发展中经济体。从表9-4可以看出，人均GDP在1万美元以下的国家达到35个，人口近40亿，人均GDP为3862美元，仅相当于这一区域平均水平的76.5%和全球平均水平的36.7%，与区域内10个最高人均GDP国家35470美元的水平相差近十倍。这些国家大多把发展作为其最重要的目标，寻求各种有效方式来加速经济发展，提高收入水平，改善人民生活。

表9-4 "一带一路"沿线国家人均GDP分组比较

按照人均GDP分组	国家数	人均GDP/美元	人口总数		GDP	
			人数/万人	比重/%	金额/亿美元	比重/%
2万美元以上	10	35470	6426	0.90	22793	3.04
1万~2万美元	12	13178	33649	4.72	44342	5.92
1万美元以下	35	3862	394788	55.34	152482	20.36
总计	57	5050	434862	60.96	219617	29.32
世界		10500	713333	100.00	749000	100.00

数据来源：世界银行数据库。

第四，"一带一路"的合作内容丰富。习近平主席提出加强政策沟通、设施联通、贸易畅通、资金融通和民心相通。其核心内容是把发展经济、扩大就业、消除贫困、改善民生、保护环境放在开展国际合作的优先位置，积极对接国别、区域发展战略和全球发展议程，为打造共同发展、共同繁荣的人类命运共同体做贡献。

3. 现实意义重大而深远

习近平主席在2015年博鳌亚洲论坛上表示，"一带一路"合作倡议契合中国、沿线国家和本地区发展需要，符合有关各方共同利益，顺应了地区和全球合作潮流。这是基于对现实准确研判基础上的自信，推进"一带一路"建设现实意义重大。

第一，符合区域现实发展需求，具备较强的可行性。随着融入全球化和国际生产网络，周边发展中国家在推动世界经济增长和跨境贸易投资中的表现日趋凸显，未来开展区域经贸合作前景广阔。例如，"一带一路"沿线国家经济增长指标高于世界平均水平：据世行数据[①]，1990—2013年"一带一路"沿线国家整体GDP年均增速达5.1%，相当于同期全球平均增幅的2倍；对全球经济增长贡献率也持续提高，2014年达到45.1%。中国市场规模和需求潜力巨大，若按目前"一带一路"沿线国家占中国进口1/4的保守估算，未来五年将为沿线国家提供超过2.5万亿美

---

① 按2005年美元不变价的计算结果。

元的出口机会。市场潜力和共享发展机遇是"一带一路"倡议获得广泛认可的基础,促进产业合作、研发创新合作、资金融通、基础设施联通和能力建设等多领域互通合作,有助于沿线国家发挥各自优势、深化分工,不断提升发展水平、密切经贸关系,促进区域一体化向更高层级、更大范围推进,为区域经济发展带来新动力。

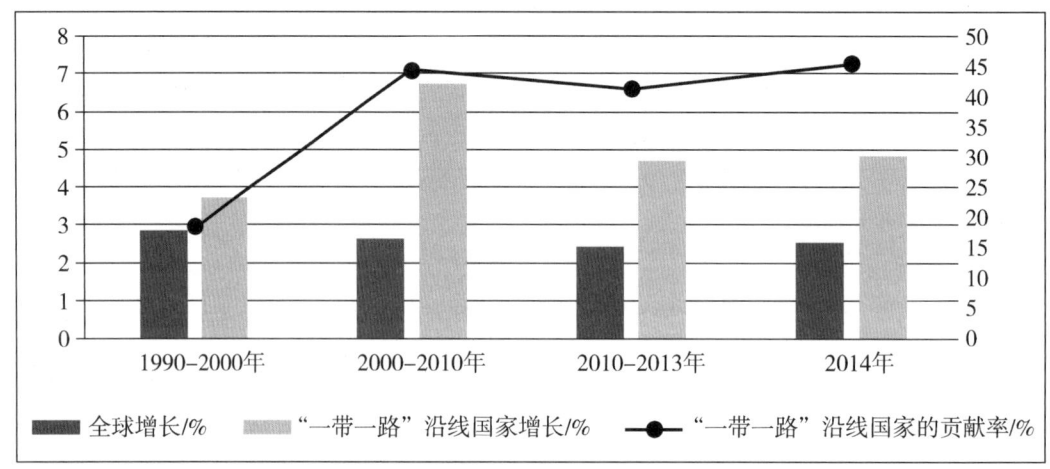

图 9-15 全球和"一带一路"沿线国家的比较——经济增长

数据来源:世界银行数据库。

第二,国际合作模式创新,为世界经济增长注入新动力,为地区和平提供新保障。在全球经济低迷的形势下,"一带一路"是中国提供的一个公共产品,即以开放包容、互利共赢引领沿线国家共享发展机遇的新型区域合作模式。这一倡议为各方高度关注,不仅吸引沿线60多个发展中国家参与,通过互利合作加速发展,还吸引了更多区外发达经济体参与到新型区域合作中来,给区域和世界经济发展提供了新动力。同时,"一带一路"倡议,将推动区内各国开展全方位多层面交流合作,以沟通消除分歧,以合作替代冲突,形成命运共同体和利益共同体,推动区域和平与稳定。

第三,符合我国应对国际经济大调整,以"双向开放"引领中国对外开放的新格局。面对世界经济复苏乏力、区域经济合作日益增强等新形势,深化与沿线国家的经贸投资合作、构建新的区域生产网络,有助于拓展我国经济发展空间,为新时期经济转型升级和提升在全球价值链中的地位提供新的机遇。同时,面对国内东中西部地区发展不平衡、亟须挖掘增长新动能的局面，推进"一带一路"建设，将助推中国形成全方位开放新格局。"一带一路"涵盖了中国中西部和沿海省区市，紧扣中国区域发展战略、新型城镇化战略、对外开放战略，有助于通过发挥关键节点的作用，大力推进中西部地区开放型经济的发展，助推东中西部梯次联动并进，实现十八届五中全会提出的"打造陆海内外联动、东西双向开放"的全球开放新格局。

第四，为新型区域合作提供中国方案，将成为我国积极参与全球治理的有益尝试和关键突破口。虽然"新区域主义"并不强调区域成员的地理临近性，但在邻近国家之间的区域和次区域合作，有助于促进生产要素和产品的自由流动，发挥先行沟通与合作等试验功能，发挥集聚作用和对腹地区域的带动作用。尼尔·汉森的"中心边境区"（Central Border Region）就提出"通过有效的地方支持与企业的活跃作用，促进边界双边的市场开展合作，激活跨境次区域的市场潜力，吸引企业投资和人力资源向边境区域集聚，促进边境双方的经济增长，成为新的'中心区'"。由于解决方案对次区域成员的发展需求更具针对性，各国收益成本相对清晰，参与方的决策和谈判难度相对降低，因此提供区域公共产品的难度也相对较低。

正如习近平主席在 2016 年 G20 杭州峰会的二十国集团工商峰会上向世界承诺："中国的发展得益于国际社会，也愿为国际社会提供更多公共产品。我提出'一带一路'倡议，旨在同沿线各国分享中国发展机遇，实现共同繁荣。"推进"一带一路"合作机制建设，符合新形势下我国承担更多国际责任的新要求：一是可以为沿线国家解决发展瓶颈问题搭建有效的区域沟通与合作平台；二是"一带一路"所倡导的"开放包容、互利共赢"，将为构建更加公正合理的全球治理体系提供新的合作理念与模式；三是在发达国家主导国际合作背景下，有助于破解新一轮国际经贸规则给我国带来的巨大压力，为发展中国家提升国际影响力和治理能力提供试验平台。

可以说，在区域合作成为全球化发展新特征、新趋势的背景下，创新合作机制、探索合作新模式，提供促进区域合作发展的公共产品，"一带一路"将成为我国积极参与全球治理、增强国际影响力的有效途径，是中国发挥负责任大国作用的十分有利的切入点。

二、"一带一路"取得超预期的突出成果

习主席讲,"一带一路"不是中国一家的独奏,而是沿线国家的合唱;"一带一路"建设不是要替代现有地区合作机制和倡议,而是要在已有基础上,推动沿线国家实现发展战略相互对接、优势互补。这样的出发点和新型区域合作模式,契合了当前沿线各国和相关方的利益关切和发展需要,从四年以来的建设情况看,"一带一路"建设从无到有、由点及面,进度和成果均取得超出预期的好成绩,实现良好开局。

1. 合作新理念逐步成为国际社会的广泛共识

国际事务纷繁复杂,各种全球性挑战日渐凸显,国际合作成为人类共同应对危机和挑战的必由之路。习近平表示:"现在,世界上的事情越来越需要各国共同商量着办,建立国际机制、遵守国际规则、追求国际正义成为多数国家的共识。经济全球化深入发展,把世界各国利益和命运更加紧密地联系在一起,形成了你中有我、我中有你的利益共同体。很多问题不再局限于一国内部,很多挑战也不再是一国之力所能应对,全球性挑战需要各国通力合作来应对。"杨洁篪在以"加强国际合作,共建'一带一路',实现共赢发展"为题介绍"一带一路高峰论坛"筹备情况时表示,"它不是中国一家分蛋糕或拿蛋糕的大头,而是沿线各国共同把蛋糕做大,一起分蛋糕。在这一过程中,我们要把中国自身发展需要同国际合作需要相结合,尤其是要充分反映国际社会的合作共识"。这是中国一贯的理念。

四年来,建立"开放包容、互利共赢"为核心的新型国际关系,以"共商、共建、共享"为原则推进区域合作渐为各方接受,成为广泛共识。目前,已有100多个国家和国际组织表达了积极参与"一带一路"合作和建设的意愿,签署了50多个政府间合作协议,70多份国际组织及部门协议,同20多个国家开展了国际产能合作,合作领域涵盖互联互通、产能、投资、经贸、金融、科技、社会、人文、民生、海洋等。联合国大会、安理会、亚太经社会、亚太经合组织、亚欧会议等有关决议或文件都纳入或体现了"一带一路"建设内容。例如,2016年11月联合国

安理会一致通过决议,支持中国"一带一路"倡议的内容,肯定"一带一路"建设对加强区域经济合作、维护地区稳定发展的作用;明确"一带一路"已经成为联合国实现 2030 年可持续发展目标的重要平台。

2. 经贸先行成为国际贸易投资新亮点

"一带一路"建设不是空洞的口号,而是看得见、摸得着的实际举措。虽然这样的区域合作内容丰富、领域广泛,而真正衡量"一带一路"是否能够成功的主要标志之一就在于区域贸易投资发展进程如何,能否通过贸易和投资让企业和沿线国家的普通民众获得实实在在的利益,以彰显"一带一路"合作效果、提升合作信心。近年来,全球贸易增速明显下降且连续五年低于世界经济增长水平,我国与"一带一路"沿线国家和地区的贸易投资合作却取得了亮眼成绩。

中国与相关国家经贸关系更加密切,双边多边自贸区谈判加快推进,贸易便利化水平稳步提高(见图 9-16)。在全球贸易持续低迷的背景下,2016 年中国与"一带一路"沿线国家货物贸易总额为 9478 亿美元,占同期中国货物进出口总额的

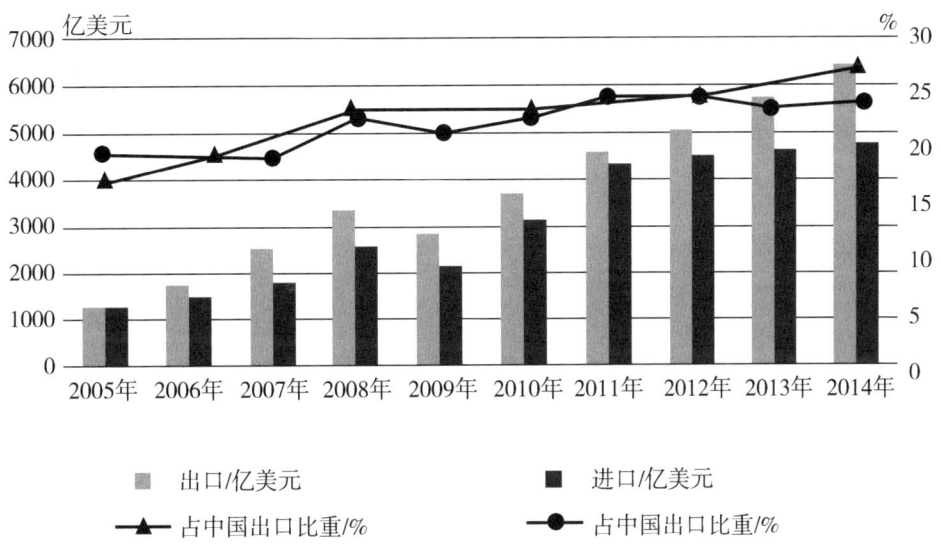

图 9-16 中国与丝路沿线地区贸易发展趋势

注:贸易中只包括货物,全部按现价美元计算。
数据来源:海关总署。

25.7%，出口和进口分别同比增长0.7%和0.5%，成为我国出口的一大亮点；服务进出口总额1222亿美元，在中国服务进出口总额中的比重比2015年提高3.4个百分点。"一带一路货运贸易额指数"和"一带一路货运量指数"也连创历史新高。

中国与"一带一路"沿线国家的投资和工程承包合作取得积极进展。在基础设施和境外合作区建设等带动下，2016年中国对"一带一路"沿线53个国家直接投资145.3亿美元，占同期中国对外投资总额的8.5%。中国企业对相关61国的新签合同额为1260.3亿美元，占同期我国对外承包新签合同额的51.6%，完成营业额759.7亿美元，占同期我国完成营业总额的47.7%。

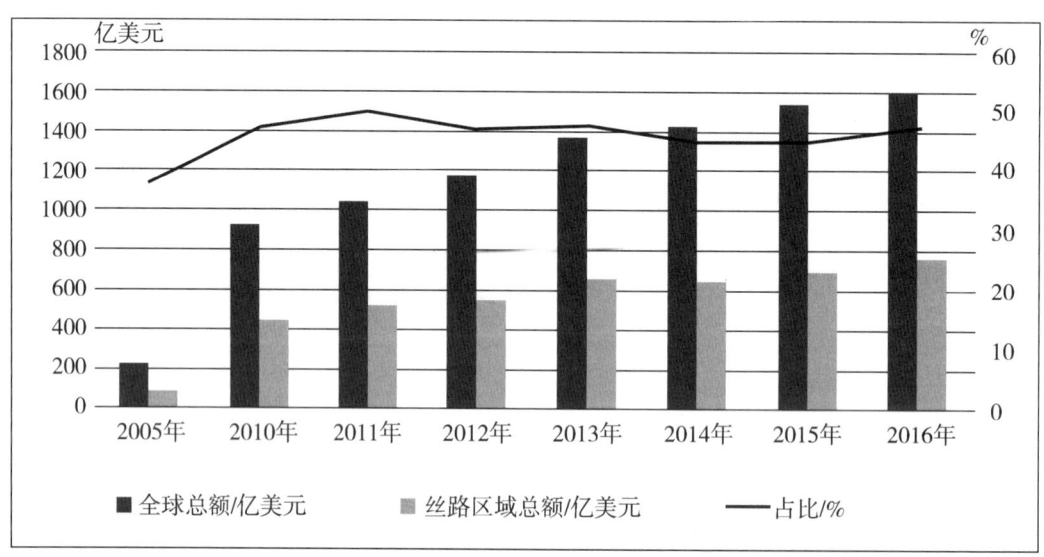

图9-17 中国对外工程承包营业额及丝路国家占比

数据来源：商务部统计。

据官方数据，2016年我国在沿线国家建立56个境外经济合作区和产业园区，累计入驻的中国企业达到1082家，投资超过185亿美元，创造产值达509亿美元，为当地所做的税收贡献近11亿美元，带动当地就业17.7万人。

3. 大型项目和重点领域合作初见成效

一是以大项目建设为龙头，带动区域合作发展。例如，中巴经济走廊"两大"公路和瓜达尔港、斯里兰卡科伦坡港及其港口城和汉班托塔港、印尼雅万高铁、肯尼亚蒙内铁路、希腊比雷埃夫斯港、澜沧江—湄公河国际航道整治工程以及中俄跨境桥梁等重大交通基础设施项目相继开工建设或投入运营。此外，电力设施、石油天然气开发、管道建设等相关大型建设项目也已经进入积极推进的程序。这些大型项目为各国加强合作提供了重要平台，随着项目推进实施，将进一步带动国际工程承包、区域基础设施建设、优势产能输出等领域发展，未来"一带一路"建设有望成为中国乃至区域经济新增长点。

二是交通运输等基础设施建设与联通成效显著。据交通部最新统计，通过73个公路和水路口岸，我国与相关国家开通了356条国际道路客货运输线路；海上运输服务已覆盖"一带一路"沿线所有国家；与43个沿线国家实现空中直航，每周约4200个航班；简化了国际铁路联运办理手续，促进中欧间国际铁路货物联运，开展国际铁路运邮合作，"中欧班列"已开行39条，到达10个国家15个城市。

三是资金融通作为重点领域进展较为顺利。例如，亚洲基础设施投资银行（简称"亚投行"）启动一年多以来，先后为7个亚洲发展中国家、9个重大项目提供融资支持，融资总额达到17.3亿美元，并由此带动了140多亿美元的投资，成效显著。特别是，多数项目由亚投行与世界银行、亚洲开发银行等多边发展银行共同合作完成，为完善区域发展的金融支持提供了新的渠道与合作契机。此外，商业银行等金融机构也快速布局沿线国家，例如中国银行已在"一带一路"沿线20个国家设立分支机构，跟进"一带一路"重大项目420个，意向性支持金额超过947亿美元，在境外成功完成30亿美元等值债券发行定价，募集资金将主要用于"一带一路"相关信贷项目。

4. 市场主体正在成为"一带一路"建设的重要力量

"一带一路"建设是政府倡导引领，市场发挥主体作用。只有通过市场力量带动企业真正参与其中，才能从根本上促进"一带一路"长期可持续发展。根据商务部发布的数据，中国企业积极参与、亮点不断出现。据不完全统计，截至2016年9月，在3年时间内，中国企业对"一带一路"沿线国家的非金融类投资已达到511亿美元，工程承包规模累计达2000多亿美元。此外，经过三年努力，中国已经在丝路沿线20多个国家建立了56个境外经济合作区和产业园区，不仅为中国企业抱团"走出去"提供了重要平台，也为前去投资的中国企业和其他国家企业提供了完备的基础设施和产业配套条件。

5. 各领域合作机制建设逐步开启

如何构建"一带一路"合作机制，为沿线各国所关心，也为世界所关注。从实践看，我国倡导设立亚洲基础设施投资银行，作为现有多边发展银行和跨国投融资合作的有益补充已取得积极成效，为"一带一路"机制合作探索了有效路径。各部门、各地区与沿线国家也积极对接沟通，开启机制建设并取得初步成效。以区域基础设施联通合作机制建设为例，一是合作领域、内容不断拓展深化。从交通、通信、能源、管道、口岸等基础设施建设上的"硬件联通"，向通关、检验、认证、融资等运营管理、金融支持服务等制度建设上的"软件联通"逐步发展，合作领域从易到难不断拓展，合作内容则开始向政策沟通、制度对接、执法互助、标准互认与信息服务平台建设等逐步深化。二是合作形式、层次日益多元化。合作主体包括沿线国家的中央与地方不同层面；合作机制包括高官和工作层定期会晤、企业和行业协会对口沟通等；合作形式则包括重点项目推进、签署部门合作备忘录、在专项领域签署具有一定约束力的次区域或双边协议等。

三、具有全球影响力的中国主张

"一带一路"倡议的提出，不仅是我国经济实力跃升的体现，更表明我国深度融入世界经济、参与全球治理、承担大国责任、谋求互利共赢的理念和决心。作为中国提供的全球公共产品，成效日益突显。

"一带一路"成为新型国际合作的典范。"一带一路"是一个超大型、跨区域的合作倡议，沿线国家经济水平差异大、管理体制各不相同。而且，2008年金融危机后全球经济陷入长期低迷，全球化遭受质疑，且民粹主义思潮和贸易保护主义日渐抬头，世界经济陷入大变革、大调整时期。在这样的关键时期，中国提出了"一带一路"倡议，促进沿线国家遵从"共商、共建、共享"原则，在平等、开放、包容基础上开展区域发展合作，兴起新一轮区域基础设施建设高潮，区域内贸易投资显著增长，重点项目和先行领域的合作扎实落地。

"一带一路"是具有全球影响力、成果惠及世界的中国主张。习近平主席多次强调"一带一路"是中国首倡,但不是中国一家的"独奏曲",而是各国共同参与的"交响乐",是各国共同受益的重要国际公共产品;强调"一带一路"不是一个空洞的口号,而是看得见、摸得着的具体举措。这一新型合作模式,为新形势下促进区域和平合作、共享发展机遇提出了新方案。值得欣喜的是,以基础设施互联互通和经贸合作为基础和先行领域,契合沿线国家和地区发展的迫切需要,并已经通过战略规划、制度对接与务实合作,发挥了效力。

以区域基础设施建设为例,根据联合国贸发会议发布的《2015年世界投资报告》,亚洲区域设施联通是改善投资环境的重要因素,在2014年全球跨境投资下降的背景下,对东亚基础设施投资和并购都逆势增长10%以上。再比如,普华永道于2017年2月发布了针对"一带一路"倡议下66个国家和地区的资本项目和交易活动的研究报告。报告显示,2016年"一带一路"沿线国家在核心基础设施领域(公用事业、交通、电信、社会、建设、能源和环境)的项目与交易达4940亿美元,其中,中国占总量的1/3。虽然项目总交易额与并购交易不及2015年所创的纪录,但并购活动在项目总数和金额上均有下滑,反映出各国对质量的重视和对项目经济性的重新关注。普华永道中国基础设施及大型项目投融资服务业务总监姜宏斌认为,由于对新基础设施项目的关注,2016年"一带一路"沿线国家和地区GDP增速为4.6%,超过了发展中经济体3.6%的平均增速。

第四节
参与全球经济治理:提升国际影响力和制度性话语权

作为一个崛起中的大国,以何种姿态、战略定位和策略参与全球治理与合作竞争,为世界各国所关注。2008年金融危机后,我国积极参与应对危机与全球治理体制改革,促进了对外经贸关系不断改善,对维护世界经济稳定复苏和治理架构改革产生了不可忽视的影响和作用。

随着经济实力的快速提升，中国已经成为一个对世界经济发展和格局演变具有举足轻重地位的国家，参与全球经济治理的意愿和能力进一步增强。十八届五中全会提出"积极参与全球经济治理和公共产品供给，提高我国在全球经济治理中的制度性话语权，构建广泛的利益共同体"，这在我国尚属首次，反映出我国参与全球经济治理理念发生变化，凸显了我国承担大国责任、谋求互利共赢的态度和决心，我们也用实际行动给予了积极践行。

一、积极参与全球治理的必要性日益凸显

世界经济进入大调整、大变革时代。新形势下，我国积极参与全球治理的必要性和紧迫性凸显：这是中国综合实力跃升的客观要求，也是中国融入全球化、进一步扩大开放的必然选择，体现出我国对外战略和参与全球治理理念上的变化，也是对国际上各方期待的积极回应。

1. 我国综合实力跃升的客观要求

从历史经验看，欧美等发达国家在崛起后都曾为国际社会提供重要的国际公共产品。按照欧美流行的"霸权稳定理论"，超级国家要实现和维护体系内的稳定和繁荣，就必须为国际社会提供稳定而可靠的安全体制、国际金融体制、开放的贸易体制和有效的国际援助体系等国际公共产品。"二战"后，美国凭借超强的经济和综合实力，构建全球治理架构、提供全球公共产品，以获得其他国家对其建立国际秩序的认同，维护其对全球经贸规则的主导权和利益诉求。

经过近40年的改革开放，中国已成为世界第二大经济体，全球第一的制造业大国和贸易大国，经济实力和综合实力大幅提升。

经济实力快速提升，使我国在未来全球竞争与合作中居于更为有利的地位；深入改革涉外经济体制、进一步突破对外开放的体制机制约束，为我国打造对外开放升级版、更好地参与国际贸易投资规则的制定与谈判奠定了坚实的基础。客观上，也进一步要求我国全面提升国际影响力和在国际事务中的发言权，以维护经济发展的良好外部环境。

2. 进一步扩大对外开放的必然选择

党的十七大和十八大分别提出"拓展对外开放的广度和深度""全面提升开放型经济水平",十八届三中全会进一步要求"构建开放型经济新体制",都凸显了我国适应经济全球化新形势、进一步扩大开放的战略选择和坚定决心。

与世界经济交融不断深化,要求维护外部环境和经贸关系的稳定;要求通过全球配置资源,不断提升在全球价值链中的地位;更要求通过参与国际合作和协同努力,有效防范和应对全球经济金融领域系统性风险。积极参与全球经济治理、应对突发危机和全球性挑战,有助于我国利用两个市场、两种资源,将是我国创造更为稳定、安全、可持续发展的良好外部环境的重要手段。

3. 自身期望和理念的深刻转变

1989年邓小平提出的"韬光养晦、有所作为",是我国长期坚持的对外战略方针。值得注意的是,这种思想的内涵十分丰富、深刻,并不是一成不变的。1990年邓小平就指出,"在国际问题上无所作为不可能,还是要有所作为。作什么?我看要积极推动建立国际政治经济新秩序"。

中国经济实力显著增强、国际地位大幅提升,科学有效地参与全球经济治理与国际合作,是应对更加深入、更具挑战的全球化发展的必然选择。新一届政府仍强调我国的发展中国家地位,但提出"积极有所作为"。这一理念的转变,与中国的经济大国地位与形象更相匹配,也有利于在全球治理和国际规则制定中更好地维护我国利益、实现互利共赢。

4. 国际社会对中国作用的期待不断提升

中国实力增强,对世界经济增长贡献和对国际经济环境的影响力逐步提升。2008年国际金融危机以来,中国是世界经济增长贡献最多的国家,近年来随着经济进入新常态,增速有所放缓,但即使按照年均6%的增速计算也远高于多数经济体,中国每年新增经济规模也相当于全球排名第16位左右的经济体,仍将是全球经济增长的最重要来源。在此背景下,国际社会对中国的期待主要包括两个方面:

一方面,各国日益重视与中国建立稳定的、更高层次合作的经贸关系,希望分享中国发展机遇。美国将中国的定位从竞争者转变为利益攸关方(Stake Holder),

许多国家也与中国建立了战略合作伙伴关系。按美国学者阿文德·萨勃拉曼尼亚（Subramanian）的分析，"整个世界，特别是中国的贸易伙伴，都需要在今天或在主导权转向中国的某个时期进行投保"，并认为这种投保是审慎风险管理的现实选择，如英国等发达国家积极加入亚投行。

另一方面，国际社会对中国发挥更大作用、承担更多大国责任的压力和期待加大。希望中国在解决全球性议题、应对全球危机、促进世界经济复苏中发挥更大作用；发展中国家或新兴经济体则希望中国在推进全球治理架构和国际金融体系改革中更多地反映发展中国家的呼声；在多边贸易投资体制及相关谈判中，作为全球第一大出口国和第二大进口国，中国立场备受关注，提出的构想和承诺的自由化标准，成为影响区域一体化实现路径及进程的重要因素。

二、我国参与全球经济治理取得切实进展

中国积极参与全球治理，体现了中国和平发展和对外开放的积极姿态，有助于推动全球治理架构和金融货币体系改革、促进全球经济增长，用实际行动树立了负责任的国际形象，获得多数国家的肯定。

1. 积极参与全球治理重要机制

2008年国际金融危机后，二十国集团（下称"G20"）成为全球经济治理的首要平台，也是我国参与全球治理的重要机制。我国积极参与历次G20峰会和财长、行长会议，在共同遏制危机蔓延、反对贸易投资保护主义、加强金融监管、促进国际经济管理架构和金融体系改革等方面发挥积极作用。新一届政府对G20更加重视。2013年习近平主席以"共同维护和发展开放型世界经济"为题进行演讲；2014年提出"建设公平公正、包容有序的国际金融体系"；2015年强调"以创新发展、增长联动为途径，加强政策沟通、形成政策合力，共享发展成果"。

中国积极参与G20对话与合作的实践，提出对全球治理的新理念和促进合作的新目标：一是全力促进世界经济增长，防止陷入严重衰退；二是反对各种形式的保护主义，维护和发展开放的世界经济以及自由的贸易投资环境；三是加快推进国际经济管理架构的改革，提高其代表性、公平性和有效性；四是加强金融监管，完善

国际金融机构现行决策程序和机制,推进国际金融监管体系改革;五是切实帮助发展中国家保持金融稳定并抓住经济发展机遇。

此外,中国积极参与新兴经济体和发展中国家的合作机制。以金砖国家合作机制为例,作为金融危机后对世界经济增长贡献超过一半的新兴国家,2009年正式启动了金砖国家之间的合作机制(BRICS)。中国积极参加领导人峰会,签署系列合作宣言,推动成立金砖新开发银行、金砖应急储备基金、金砖能源联盟等一系列合作取得实质性进展。2017年又成功主办金砖国家领导人峰会,金砖合作机制日趋成熟、国际影响力不断上升,中国发挥了重要的引导和推动作用。

2. 促进全球治理架构改革和新兴经济体话语权提升

我国一贯重视与发展中国家和新兴经济体之间的互利合作,积极参与和推动金砖国家合作机制的构建、加强新兴经济体之间在国际和区域事务中的沟通与立场协调,促使新兴经济体成为解决全球性议题不可或缺的重要力量。

随着中国经济实力和国际影响力快速提升,中国在国际经济关系和全球治理架构改革中的地位和作用受到广泛关注。中国与发展中国家共同致力于现有国际经济治理体系的改革,如国际货币基金组织(IMF)和世界银行的投票权改革,呼吁提高新兴经济体在全球事务中的话语权,提倡全球治理结构需进一步提升包容性和有效性,促进建立更加公平公正、合理有序的全球治理体系。正如习近平主席在2014年G20峰会上提出的"提高新兴市场国家和发展中国家的代表性和发言权,确保各国在国际经济合作中权利平等、机会平等、规则平等"。

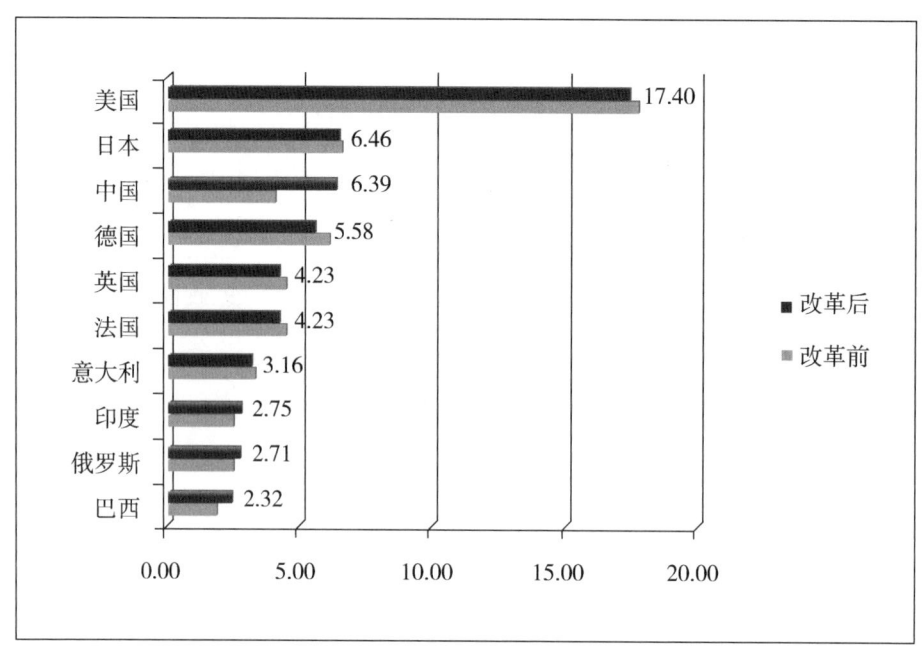

图 9-18　治理改革前后，IMF 份额对比（单位:%）

资料来源：根据 IMF 网站信息整理。

3. 积极维护多边贸易体制的主导地位

中国坚持维护世界贸易组织（WTO）多边贸易体制在全球贸易发展中的主导地位，积极参与多哈发展回合和各领域多边谈判，推动多边贸易体制自身发展并在促进全球贸易投资中发挥更大作用。

一是推动达成 WTO 首个全球性的《贸易便利化协定》，2015 年中国政府完成国内批准程序。二是中国于 2003 年正式加入《信息技术协定》，是全球信息技术产品第一大生产和出口国、第二大进口国，作为信息技术产品全球价值链的重要参与方，积极参与并推动《信息技术协定》扩围谈判达成全面协议，使之成为 WTO 成立 20 年来达成的第一份关于取消关税的重要协议，在全球贸易增长乏力、贸易保护主义仍在蔓延的背景下显示了 WTO 进行全球贸易谈判的能力。三是积极参加诸边谈判，如《环境产品协定》谈判和启动参与《政府采购协议》谈判等。

4. 力所能及加强对外援助

作为世界上最大的发展中国家，中国在关注自身发展的同时，长期坚持在南南合作框架下基于自身的发展阶段和发展水平,提供力所能及的帮助。

近年来,中国对外援助规模持续增长,被部分欧美学者称为"新兴援助体"(Emerging Donor)。根据已发布的《中国的对外援助(2014)白皮书》,2010—2012年,中国对外援助金额为893.4亿元人民币。对外援助资金包括无偿援助、无息贷款和优惠贷款三种,分别占总金额的36.2%、8.1%和55.7%左右;对外援助方式主要包括援建成套项目、提供一般物资、开展技术合作和人力资源开发合作、派遣援外医疗队和志愿者、提供紧急人道主义援助以及减免受援国债务等。对外援助的内容以支持其他发展中国家减少贫困和改善民生为主,重点支持农业发展,提高教育水平,改善医疗服务,建设社会公益设施等。中国对外援助的基本原则是相互尊重、平等相待、重信守诺、互利共赢,即坚持不附带任何政治条件,不干涉受援国内政,充分尊重受援国在发展道路和模式上的自主选择。

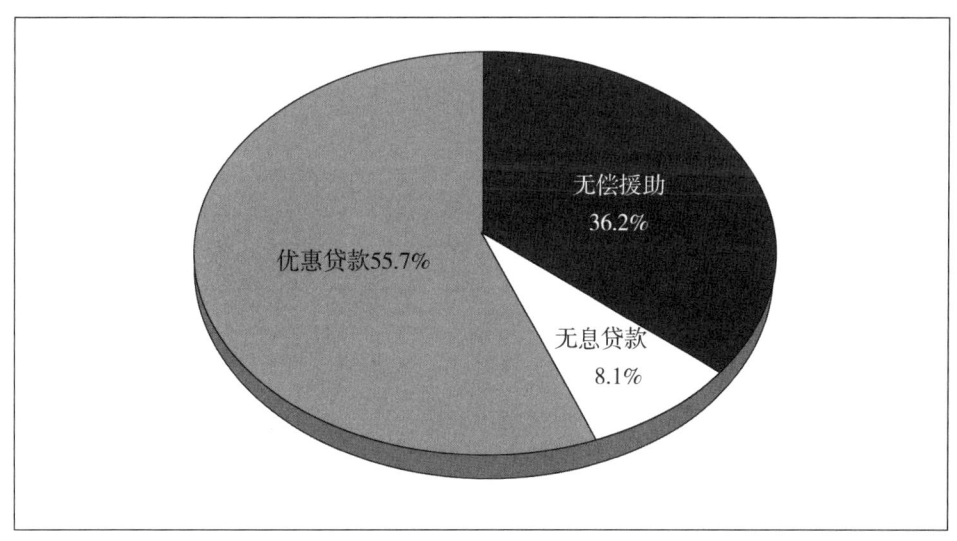

图9-19　中国对外援助资金构成(2010—2012年)

资料来源:《中国的对外援助(2014)白皮书》

近年来,不少发达经济体逐步缩减对外援助资金。经合组织公布的2015年度发达国家向发展中国家提供的官方发展援助报告显示,28个发达经济体的官方发展援助总额仅占其国民总收入的0.3%,远低于联合国提出的0.7%的门槛。与之相对照,中国对外援助继续稳步增加。据中国财政部公布的数据显示,中国对外援助决算数从 2012 年的 166.91 亿元，分别提高至 2013—2015 年的 170.49 亿元、184.57 亿元和 193.87 亿元，2016 年中国对外援助预算达 206.35 亿元，是 2004 年的 3.4 倍。

中华人民共和国成立 60 多年来，共向 166 个国家和国际组织提供了近 4000 亿元人民币援助，派遣 60 多万援助人员。此外，中国以积极的姿态、多种方式参与国际发展合作，发挥了建设性、引导性的作用。中国先后 7 次宣布无条件免除重债穷国和最不发达国家对华到期政府无息贷款债务；在外经贸领域，2014 年中国在 G20 国家中率先提出对最不发达国家给予 97% 税目的输华商品提供零关税进口的优惠待遇。

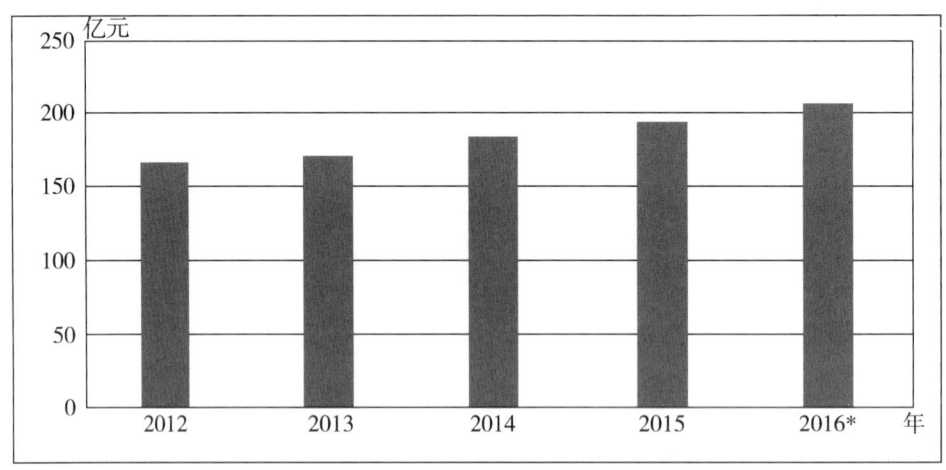

图 9-20　中国对外援助预决算增长情况（2012—2016 年）

资料来源：中国财政部统计，2016 年为预算数。

5. 为解决全球性议题贡献中国力量

随着全球性议题不断出现，中国积极参与国际探讨与合作应对，在全球减贫、气候变化、能源安全等诸多领域，展现了一个负责任的大国形象，促进了相关问题的解决和全球治理的推进。

一方面，通过自身努力为应对共同挑战做出积极贡献。以国际发展为例，中国 30 多年减贫 6 亿多人，为全球完成千年发展减贫目标贡献高达 70% 以上。2015 年 9 月联合国发展峰会通过了《2030 年可持续发展议程》，这是联合国继制定《21 世纪议程》《千年发展目标》之后在可持续发展领域确定的又一全球性重要行动，设定了未来15年全球在减贫、健康、教育、环保等17个领域的发展目标。习近平主席代表中国政府提出了一系列新举措，包括中国将设立"南南合作援助基金"支持发展中国家落实2015年后发展议程，首期提供20亿美元；继续增加对最不发达国家投资，力争2030年达到120亿美元；免除最不发达国家、内陆和小岛屿发展中国家截至2015年底到期未还的政府间无息贷款债务；未来5年向发展中国家提供"6个100"的项目支持等。此外，我国对《2030年可持续发展议程》高度重视，将可持续发展目标融入《中华人民共和国国民经济和社会发展第十三个五年规划纲要》中。2016年9月发布《中国落实2030年可持续发展议程国别方案》，12月国务院出台《中国落实2030年可持续发展议程创新示范区建设方案》，进一步敦促各地积极落实，体现了中国作为负责任发展中大国为全球可持续发展做贡献的责任担当。

另一方面，通过大国协作为全球问题的解决提供榜样和新动力。以应对气候变化为例，中国积极与美国沟通磋商，促成2014年达成《中美应对气候变化联合声明》，美国首次提出到2025年温室气体排放较2005年整体下降26%～28%，中国则提出2030年碳排放有望达到峰值并将非化石能源在一次能源中的比重提高至30%。2015年9月习近平主席访美期间，两国发表《中美元首气候变化联合声明》，中方承诺2017年启动全国碳市场和为气候变化南南合作注资200亿元人民币（与美国向绿色气候组织承诺的30亿美元相当）。中美合力，为达成《巴黎协定》中的各国"自主贡献原则"发挥了至关重要的推动作用，国际社会高度评价。美国保尔森基金会主席称，中国新的表态"为之前的承诺增加了更多实质性内容"；世界资源研究所主席则认为，两份声明"为各国年底在巴黎达成一份有雄心的协议奠定了基石"。

6. 为推进经济全球化提供中国方案和智慧

2016年G20领导人峰会在中国杭州举行。中国对此次峰会高度重视，充分发挥东道国设置议题和主导会议议程的优势，在全球经济复苏乏力的背景下，以中国方案、中国智慧，为推进全球经济治理和宏观经济协调做出了积极贡献。

一是本次峰会议题涵盖全球经济治理中金融、贸易投资、能源和发展治理四大重点领域，特别是首次将发展问题置于全球宏观政策协调议程之中，不仅拓展了G20传统的议题领域，还回应了新兴经济体和发展中国家的诉求与期待，进一步提升了G20作为全球经济治理最主要平台的地位和作用。

二是促进G20领导人峰会从应对世界经济危机的应急机制向全球经济治理的长效机制转型，在各界普遍担忧G20有效性的背景下，增强了其在全球经济治理及管理架构改革方面的重要性。例如，在中方积极建议和推动下，结构性改革和财政货币政策成为G20宏观经济政策协调的重点领域并达成了《二十国集团深化结构性改革议程》，具体提出了用以监测和评估改革进展的量化指标体系。

三是倡导更具包容性的开放型世界经济。在中方倡议下成立了G20贸易投资工作组，并将贸易和投资作为峰会重要议程，制定了《G20全球贸易增长战略》和第一份《二十国集团全球投资指导原则》，重申维护多边贸易体制和反对贸易投资保护主义，推动更具包容性的经济全球化进程。

四是积极探索和倡导创新发展。发布《G20创新增长蓝图》，为促进创新、新工业革命、数字经济、新技术和新业态发展，制订一系列具体的行动计划，为促进全球经济复苏发展寻找新动能；峰会发起《G20支持非洲和最不发达国家工业化倡议》。

五是推动可持续发展取得成果。在中方倡议下，二十国领导人达成了《G20落实2030年可持续发展议程行动计划》和发起《全球基础设施互联互通联盟倡议》，促进全球经济治理在可持续发展领域发挥更加积极的引导和推动作用。

第五节
开展先行先试探索：以主动开放，迎接高水平国际竞争

中国是一个人口众多的大国，在相对封闭的环境下长期实行计划经济管理体

制。在改革开放初期，邓小平同志提出"摸着石头过河"，设立经济特区、开放城市，通过局部先行先试探索体制机制改革创新，是我国对外开放过程中至关重要的宝贵经验。

试点开放是我国改革开放的重要探索。十八届三中全会以来，我国提出要以开放的主动，迎接经济发展的主动和国际竞争的主动。近年来，根据世界经济发展的新趋势和新特点，我国探索设立了一批自由贸易试验区及一系列区域、重点行业领域的开发开放试验区或综合试点，在丰富试点实践的同时，以制度创新和政策突破，为我国深化改革和扩大开放探索了新路径、积累了新经验，为迎接新时期高水平国际竞争与合作、培育我国国际竞争新优势发挥了积极作用。

一、选择局部地区先行先试，是中国探索改革开放的重要成功实践

中国改革开放政策的形成，首先是领导人审时度势做出的正确战略决策。其次就是采取先局部试点、后向全国复制推广的创新举措，通过先行先试为深化改革、扩大开放，特别是体制机制建设积累成功经验，加快推动了我国改革开放和现代化的进程。

1979年，党中央、国务院批准广东、福建在对外经济活动中实行"特殊政策、灵活措施"，并决定在深圳、珠海、厦门、汕头试办四个经济特区；1984年4月，党中央和国务院决定进一步开放14个港口城市；1985年起在长三角、珠三角、闽东南和环渤海地区开辟经济开放区；1988年建立海南经济特区；此后逐步设立经济技术开发区、保税区、边境经济合作区等多种特殊经济区；1992年中央做出了上海浦东新区开发开放的决定（见表9-5）。21世纪以来，我国又设立了出口加工区、保税港区和综合保税区等一系列海关特殊监管区，以监管模式和管理机制改革进一步促进贸易发展；十八大以后挂牌设立自由贸易试验区、构建开放型经济新体制综合试点试验区等①。

---

① 济南市、南昌市、唐山市、漳州市、东莞市、防城港市，以及浦东新区、两江新区、西咸新区、大连金浦新区、武汉城市圈、苏州工业园区等。

表9-5 我国主要特殊经济区域及发展情况

开发区	首先实施（年份）	目标	数量/个
经济特区	1980	灵活的经济政策和特殊的经济管理体制，发展外向型经济	5
沿海开放城市	1984	灵活的经济发展和特殊的经济管理体制，发展外向型经济	14
经济技术开发区	1984	以发展知识密集型和技术密集型工业为主	219
高新技术园区	1988	发展高新技术的产业开发区	145
保税区	1990	促进保税仓储、出口加工、转口贸易发展	12
边境经济合作区	1992	边境经济开放发展	17
国家级新区	1992	承担国家重大发展和改革开放战略任务的综合功能区	19
出口加工区	2000	促进加工贸易	63
保税港区	2005	发展国际中转、配送、采购、转口贸易和出口加工等	14
综合保税区	2006	发展国际中转、配送、采购、转口贸易等	52
国家自主创新示范区	2009	推进自主创新和高技术产业发展	14
沿边重点开发开放试验区	2012	深化与周边国家和地区合作的重要平台	7
中国自由贸易试验区	2013	高水平的开放（贸易投资自由化和便利化）	11
开放型经济新体制综合试点	2016	构建开放型经济新体制	12

资料来源：根据商务部、两区协会、中国开发区等网站信息整理。

可以说，在开放地区和特殊经济区的带动下，我国经济管理体制不断改革完善，对外开放进入新局面。从理论和实践成果来看，选择局部地区大胆推进探索实践，越来越成为中央推进改革开放、在体制机制创新做出科学决策与顶层设计的重要依据，两者相辅相成、共同驱动，都是不可或缺的。习近平总书记在中央全面深化改革领导小组第十二次会议上强调："试点是改革的重要任务，更是改革的重要方法。试点能否迈开步子、趟出路子，直接关系改革成效。要牢固树立改革全局观，顶层设计要立足全局，基层探索要观照全局，大胆探索，积极作为，发挥好试点对全局性改革的示范、突破、带动作用。"这一讲话，阐明了试点在我国改革开放全局中的重大意义和积极作用。

近40年的改革开放历程表明，先行先试是探索改革开放的新路径，有助于突破重重困难，特别是体制机制和法律法规上的障碍，再通过复制推广惠及更广泛地区和更多人民，是中国改革开放取得卓越成就的宝贵经验。

二、以建设自由贸易试验区为代表，中国正在形成制度性、系统性的开放体系

党的十八大以来，中国通过自贸试验区建设、外贸综合服务试点、服务业扩大开放综合试点、开放型经济新体制综合试点等先行先试，探索在贸易监管、跨境投资管理体制、政府职能转变、风险防范体系建设等领域进行一系列改革和创新，通过加强改革举措的整体性、系统性和协同性，加快构建开放型经济新体制，打造法治化、国际化、便利化营商环境，以系统性的制度开放促进高水平的对外开放。

最为突出和引发国内外关注的，就是设立自由贸易试验区，有国外媒体将自贸试验区列入2013年关于中国的十大关键词前列。

建设中国自由贸易试验区，是党中央、国务院在新形势下全面深化改革和扩大开放的一项战略举措。经过四年来的率先探索和推进，上海及天津、福建、广东等四大自贸试验区制度创新特点突出，亮点纷呈，尤其是在构建开放型经济新体制方面形成了一批基础性的核心制度，不仅为开放型经济新体制建设奠定了制度框架基础，也为新时期我国全面深化改革、扩大开放起到了标杆作用，具有重大示范带动意义。

其突出成效在于：

第一，坚持以制度创新为核心，对标高水平国际投资贸易规则，率先构建开放型经济新体制的探索取得阶段性成果。按照自贸试验区总体方案和深化改革方案的

要求,在加快推进以简政放权为核心的政府职能转变、建立与扩大开放相适应的投资管理体制、推进以便利化为重点的贸易监管模式创新与发展方式转变、深化金融和服务业开放、完善事中事后监管和风险防范体系、服务区域协同发展等方面,大胆试、大胆闯,实现了体制机制创新突破,为我国进一步扩大开放探索了新路径、积累了新经验,成为十八届三中全会以来我国市场经济体制改革,特别是构建开放型经济新体制进程中的一大亮点。

以上海自贸试验区为例,在构建开放型经济新体制的基础性制度创新、框架设计和实际运行中,敢于率先探索、在实践中不断发现和解决问题,取得了显著的阶段性成果,实现了"五个率先":(1)率先对接国际投资通行规则,实行"准入前国民待遇+负面清单"的外资管理模式、建立了对外投资备案管理制度。(2)率先转变政府职能,在深化商事登记制度改革和加快完善企业准入"单一窗口"的同时,探索构建高效的事中事后监管体系和风险防范体系。(3)对接WTO贸易便利化新要求,率先建立国际贸易"单一窗口"并实施一系列贸易便利化改革。(4)率先对标国际市场开放新趋势,扩大服务业和先进制造业领域的对外开放。(5)主动吸收国际经验,建立自由贸易账户、外汇资金池、放宽债权债务管理和建设面向国际的金融交易平台等,率先在金融开放制度创新、完善金融监管与风险防控、提升金融服务水平等领域实现了重要突破。

第二,加快成功经验的复制推广,服务和引领全国改革开放的制度创新探索。一是尽快形成一批可复制、可推广的创新制度和举措,是自贸试验区发挥"试验田"作用的重要体现,加快向全国复制推广了114项创新成果。二是中央三次扩大自贸试验区的区域范围,每个试验区的区域占地范围扩大;从海关特殊监管区扩大到区外(有利于服务业开放探索);从上海拓展到沿海其他三个重要改革开放的前沿地区(天津、福建和广东);2016年8月,党中央、国务院决定在辽宁、浙江、河南、湖北、重庆、四川、陕西新设立7个自贸试验区,自贸试验区建设进入了新阶段。第三批重点选择中西部和东北地区的省份,不仅是增强试点针对性和更快地在全国范围更高层次、更广泛领域进行推广,也是更好地服务国家战略,如西部开发、东北兴起、中部崛起、东部率先和京津冀协同发展、长江经济带发展、"一带一路"建设等重大战略。

第三,不断深化改革开放方案,加大测试力度,对接最高水平国际经贸规则。自 2013 年 9 月上海自贸试验区挂牌以来,上海自贸试验区率先开展试验探索,2015 年 4 月国务院印发《进一步深化中国(上海)自由贸易试验区改革开放方案的通知》,提出以建设开放度最高的自由贸易园区为目标,在投资、贸易、金融、创业创新等领域进行了大胆探索。习近平总书记针对上海自贸试验区成立三周年批示要求"继续解放思想、勇于突破、当好标杆,对照最高标准、查找短板弱项,大胆闯、大胆试、自主改",李克强总理也提出"更大力度转变政府职能,更大程度激发市场活力,在新一轮改革开放中进一步发挥引领示范作用"的要求。为此,在商务部、上海市深入总结评估的基础上,2017 年 4 月 27 日国务院制定并印发了《全面深化上海自贸试验区改革开放方案》,这已是上海自贸试验区设立以来的第三版方案。这一方案对上海自贸试验区提出了更高的要求,突出了四个方面的全面深化:(1)对照国际最高标准、最好水平深化改革开放。(2)坚持制度创新,加强改革举措的系统集成。(3)进一步加大压力测试力度。(4)更加突出开放引领、风险防控及与地方的联动发展。

总体来看,新一轮自贸试验区的设立与全面改革方案,将是以建设开放度最高的自由贸易园区为目标,全面深化体制机制改革,也是向世界展现我国全方位扩大开放的态度与决心。

第六节
对外开放面临前所未有的新形势、新挑战

经历了近 40 年的改革开放,中国已经从世界经济的边缘角色走到了舞台中央,从一个被动开放的、受外部影响巨大的国家,到一个对世界经济增长贡献最大的、与世界经济深度融合的、日趋开放的经济体。在这一过程中,中国经济取得了举世

瞩目的成就，成为全球化最大的受益者之一。

在世界经济陷入深度调整、世界经济格局深刻变革，尤其是不确定因素显著增加的背景下，我们也面临着前所未有的新形势和新挑战。新形势下，中国经济发展的长期战略机遇期的内涵和条件发生了巨大变化，必须深入分析、准确研判时代特征和变化走势，才能把握大势、趋利避害。

一、全球经济面临大调整、大变革

1. 世界经济陷入深度调整，面临持续低增长局面

造成全球金融危机的基本问题并未根本解决，应对危机政策措施的后续影响也逐步显现：短时间内，发达经济体结构性矛盾难以得到根本性解决，复苏进程缓慢而曲折；受发达经济体宏观经济政策溢出效应、全球初级产品价格大幅下跌等多重因素的影响，新兴经济体和发展中国家增速明显回落。全球经济仍处于危机后的深度调整期，债务风险压力加大，资产泡沫风险持续抬升，世界经济增长速度明显下降。国际货币基金组织（IMF）认为，世界经济下行风险加大，复苏前景不明，全球经济将陷入"平庸"增长；经济合作与发展组织（OECD）认为各国经济分化显著，并伴有很大风险和脆弱性。从长期预测来看，大多数国际机构预测未来10~20年全球经济增长速度将低于3%。如OECD预测，2011—2030年全球经济的年均增长率大约为2.8%；经济学人智库（2015）预测，2020—2030年的全球经济增长速度仅为2.5%。我们采用世界银行开发的全球可计算一般均衡模型，从中长期角度分析，未来10~20年全球经济增长的速度为2.8%左右，仍明显低于危机之前20年的平均水平（3.1%）。值得一提的是，比较OECD在2011年4月和2016年4月作出的两次长期预测，多数经济体中长期增长前景都有一定幅度的下调。

2. 全球国际贸易和跨境投资形势严峻

据世界贸易组织（WTO）统计，2012年后全球贸易增幅下降，远低于前十年（2002—2011年）5.8%的增长水平，也低于全球GDP增速。2015年全球贸易额下降14%，成为2009年以来表现最差的一年。专家预计，短期内不太可能出现危机前世界经济推动全球贸易迅猛增长的情景，有些学者将之称为世界贸易发展的"超

全球化"时代（即国际贸易以两倍于全球经济速度增长）。全球跨国投资未恢复到危机前水平，2014年低至1.23万亿美元，比危机前降低近40%。尽管联合国贸易和发展会议发布的《全球跨境投资监测报告》称，2015年全球跨境投资超预期增长36%，但主要是跨国并购高增61%，绿地投资则没有明显起色（仅增0.9%）。未来，全球贸易与跨境投资前景不明，仍面临世界经济脆弱复苏、金融市场动荡、需求持续疲软、地缘政治风险增高等诸多不确定因素。

表9-6 2007—2015年全球贸易投资增长

年份	2007	2008	2009	2010	2011	2012	2013	2014	2015
GDP/%	4.0	1.5	-2	4.1	2.0	2.4	2.5	2.6	2.8
全球贸易/%	8	3	-10.6	12.6	6.8	2.8	3.5	3.4	-14.1
跨境投资/%	34	-20.4	-20.4	11.9	17.7	-10.3	4.6	-16.3	36
跨境投资总额/万亿美元	1.9	1.49	1.19	1.33	1.56	1.4	1.47	1.23	1.6

资料来源：UNCTAD数据库。

3. 全球经济格局发生深刻变化

2008年国际金融危机后，新兴经济体群体性崛起改变了世界经济格局，发展中国家在全球经济中所占份额迅速上升，对世界经济的影响日趋加大，成为解决全球性问题不容忽视的力量。2014年，发展中国家在全球贸易（出口）中的比重提高到41%，在吸引外资中的占比已经从十年前的35.6%升至55.5%，在全球对外投资中的比重也从13.8%上升到34.6%（见图9-21）。当然，力量对比并未出现根本变化，发展中国家人均GDP水平和综合竞争实力仍将在较长时期内落后于发达经济体。例如，受跨国并购激增和发达国家在资本市场实力的影响，2015年发达经济体占全球跨境投资的比重回升到55%，发展中经济体受绿地投资不振影响而占比显著回落。

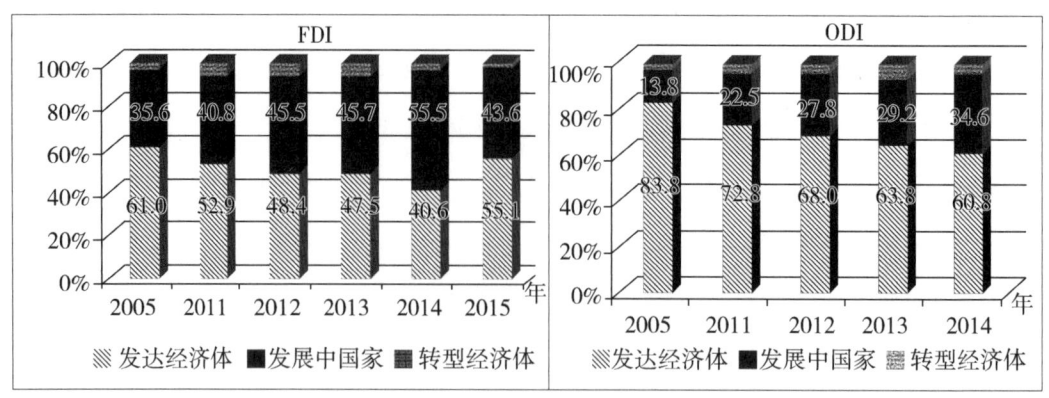

图 9-21 2005—2015 全球跨境投资格局变化

资料来源：UNCTAD 数据库和《世界投资报告》。

4. 全方位国际竞争日趋激烈

随着信息技术与全球化深入发展，新一轮技术革命正在改变全球产业竞争与价值链分工模式，各国经济联系日益紧密、利益交融不断加深，国际竞争也进一步加剧。

一是发达国家"再制造业化"和新兴经济体加速工业化进程，各国对全球市场、资金、能源等要素资源的竞争更加激烈。

二是为抢占全球技术创新与新兴产业制高点，各国纷纷推出"创新发展"战略和新兴产业发展规划，着眼于在新一轮国际产业分工抢占制高点，围绕技术人才、知识产权与标准、创新资源的争夺不断加剧。值得注意的是，掌握尖端技术的企业更加注重研发的内部化，发达国家也因前沿创新投入巨大而对重大研发和产业化成果实行严格的知识产权保护，以便将附加值最高的环节牢牢控制在企业内部、将最前沿的创新活动控制在本土，以最大限度地防止创新成果过早扩散，延长获利周期。

三是全球价值链日益发展，各国更关心全球利益分配格局①。全球价值链的最新研究表明，与 20 世纪 80 年代和 90 年代相比，目前全球价值链的微笑曲线更加

---

① 多个国际组织和国家积极研究以增加值为基础的国际贸易统计方法，以更全面、清晰地反映各国在全球价值链和国际贸易中的收益。

"凹陷",这意味着随着价值链分工不断深化,传统产业和价值链的低技术环节在全球价值链中获利将越来越低,提升价值链分工地位日益成为各国产业升级的重要目标和迫切要求。规则制定是决定全球利益分配的重要手段,在此背景下,各方围绕价值链核心环节的掌控力、围绕规则制定主导权的争夺亦更加激烈。美国前总统奥巴马曾在国情咨文和《2015年贸易政策议程》中指出,"如果不能加快区域一体化,中国将获得区域合作和国际经贸规则制定的主导权"。

二、全球经济治理面临新挑战

在全球经济陷入深度调整、世界经济格局发生巨大变化的背景下,全球治理出现议题分散、主体增多、改革呼声高而权力分化等新趋势,新兴经济体参与治理的呼声提升到前所未有的高度,而各国之间政策目标差异与利益纷争导致治理难度日益加大。

1. 全球治理呈现碎片化趋势,议题增多、治理主体多元化

随着全球化深入发展和经济不断融合,从应对危机到促进全球经济增长,国际社会面对的共同挑战不断增多;气候变化、资源保障、粮食安全和人口老龄化等全球性议题显著增加。这些议题影响广泛,必须通过国际协商合作共同应对。

面对全球性挑战,"如何治理"的重要性提升,"由谁治理"的主导权问题看似弱化,但各种明争暗斗转换方式仍继续存在。在此背景下,参与全球治理的主体也日趋多元化。从传统意义上的国际组织、国家,逐步发展到跨国公司、非政府组织,而区域集团或所谓"志同道合者"联盟成为引人注目的新主体。

值得注意的是,美国实力相对弱化,世界经济格局出现多极化趋势,但其他大国尚无法弥补或替代其全球影响力。为此,英国学者巴里·布赞在《没有超级大国的世界秩序:无中心的全球化》一书中提出:世界是非均衡的关联式发展(Uneven Combined Development),未来在全球化世界中,根本没有超级大国,顶多只会有一般意义上的普通大国(Great Powers);在这样一个世界中将有很多易于合作的因素,并且形成的是一个无中心的、共存的国际社会。曾任美国国家安全事务助理的布热津斯基也在《战略远见》中提出:拿破仑以来持续了200多年占主导地位的霸

权之争后,世界经历了深刻变化,"对任何国家来讲,独霸天下都是遥不可及的事情";未来20~30年,全球秩序混乱的趋势日益明显,美国地位可能是突出的,但不再有唯一无所不能的超级大国,世界将在"无序和混乱"中形成多边主义。

2. 代表性和公平性不足,新兴经济体实力提升未充分体现

新兴经济体群体性崛起引发世界经济格局变化,已成为解决全球性问题不容忽视的力量,在现有多边机制和G20中的话语权不断扩大、影响力有所提升。但发达国家意欲长期主导全球治理及其改革走向,新兴经济体经济联系紧密程度相对较弱、利益诉求分化、协调能力有待提升,均制约其在全球治理中发挥作用。

一是现有全球治理体系的代表性和公平性均显不足,也缺乏广泛参与的议题选择机制。可以说,发达国家部分话语权的让渡,尚未反映世界经济贸易格局的改变,发展中国家实力的提升并未在全球经济治理中的话语权与影响力中得到充分体现。国际货币基金组织(IMF)于2010年就投票权份额与治理改革方案达成历史性协议,但该方案因未获美国国会通过而久拖不决,虽然它于2016年1月生效,新兴经济体也仅获得稍高于6%的份额转移。加快全球治理体系改革为各方所关注。二是新兴经济体与发展中国家利益交错、能力亟待提升。例如,新兴经济体和发展中国家在全球治理中很难协调立场,相互间合作组织多元交织、协调效率低,形成了如金砖五国(BRICS)、基础四国(BASIC)、印度巴西南非对话论坛(IBSA)等不同利益群体。

3. 多哈谈判面临前所未有的挑战,未来走向存在诸多变数

规则是全球治理的核心,也是区分全球治理与国际合作的关键。规则滞后,特别是无法及时反映世界经济格局变化与各方诉求,将导致全球治理实效有所降低。

现有国际多边贸易体系的构架是美国等发达国家"二战"后建立的,如今全球经济与地缘政治环境已发生大的变化,WTO全体成员一致原则和决策机制面临着严重的效率低下问题。金融危机后,自2001年启动的、旨在进一步推动贸易自由化的"多哈发展回合"谈判长期陷入僵局。在2013年部长级会议上,经艰辛努力达成WTO首份全球性贸易促进协议《贸易便利化协定》,在2015年底第十次贸易

部长会议上，162 个成员就取消农产品补贴达成一致①，使各方重拾对多边贸易体制信心，稍稍巩固了 WTO 在全球贸易谈判中的地位。

但是，多边贸易体制发展走向存在诸多变数。一是短期内多哈谈判取得全面、实质性进展仍存在诸多困难，缺乏效率，各方利益诉求错综复杂。特别是 2016 年贸易部长会议前，美国谈判代表撰文公开表示要"取消授权、放弃多哈谈判"，以发展为主题的多哈回合谈判受到前所未有的挑战，存在发达经济体"另起议题"的可能性。二是诸边谈判兴起，且存在多边化趋势，成为制定全球经贸规则的重要路径，交错重叠的区域贸易自由化安排和诸边协定增加了维护多边贸易体制的潜在成本。

4. 利益纷争导致治理改革博弈加剧，宏观协调难度明显加大

一是当前的经济治理不能充分适应国际分工不断深化的新要求，但近期各国经济表现明显分化，在全球化中的利益诉求和关注议题不同，政策目标和措施间的差异凸显、利益博弈的复杂性上升，导致宏观政策协调的空间受到挤压、相互掣肘，全球经济治理体系面临的变革诉求与力量博弈不断加剧。发达国家将促进全球经济复苏的国际责任向发展中国家转移，客观上挤压新兴大国发展空间；同时，希望通过主导新一轮国际贸易投资规则重构，继续维护发达国家在全球化中的利益和在国际事务中的主导权，各方围绕规则制定主导权的争夺更加激烈。面对资源环境约束和气候变化等全球性挑战，虽然各国的共同利益增强，但在解决问题的途径上往往会引发新的矛盾和分歧。

二是新老治理机制的作用和有效性有待提升。区域性机制安排的快速发展，使得世界银行、国际货币基金组织等传统全球治理架构主体的全球影响力有所弱化；G20 等新型治理平台在应对危机中发挥了积极作用，但由于峰会声明实质上是反映各国共识的文件，缺乏约束性的强制实施制度，如何加强成果落实、提升自身有效性将成为 G20 面临的巨大挑战。

5. 危机易发频发，国际经济金融风险因素持续积累

尽管在多个国际组织和全球经济治理平台加强了监管合作，但全球经济联系日

---

① 发达经济体承诺立即取消，发展中经济体将于 2018 年取消。

益紧密，任何局部问题都易通过全球货币体系、大宗商品市场、金融市场等，将影响快速扩散至整个世界。世界经济论坛发布的《2016全球风险报告》中提示资产泡沫、通货紧缩、结构性失业和能源价格冲击等多种经济风险。

从中长期看，由于各国结构调整压力加大、全球需求减弱、新兴经济体增速放缓、国际金融条件收紧、失业率高企，当前全球经济体系处于危机易发、频发时期。未来，主要经济体走势进一步分化，大宗商品价格波动、跨国公司全球产业链布局调整，都将推动全球经济贸易与投资格局不断演变，国际经济金融风险隐患也显著增多。危机一旦发生，不仅将以超前的速度和破坏力向各国经济蔓延，而且各类风险因素交织联系，危机应对更趋复杂、恢复期更长，全球性风险防范能力仍需增强。

三、我国参与全球经济治理面临的问题和形势

1. 参与全球治理，中国作用未达各方预期

我国已成为全球第二大经济体，但实力提升并未在全球治理和区域经济合作的影响力和话语权上得到充分体现，既未达到各方的期望，也难以满足自身新的发展需求。

（1）在全球治理平台争取平等权利的路还很长。2016年1月底国际货币基金组织（IMF）"份额及治理改革方案"正式生效，中国所占表决权份额从第六位升至第三位，但仍未撼动美国"一票否决"的主导地位（按照IMF和世界银行的决策规则，重要决议须由85%以上表决权同意才能通过，美国表决权份额仍分别为16.479%、15.85%）。而且，我国在全球经济治理中的议题设置能力尚显不足，被动应对难以充分维护自身利益诉求。如何获得平等的机会和权利、加强议题设置能力，是中国等新兴经济体与发展中国家面临的首要问题。

（2）在多边贸易投资体系中影响尚弱。中国参与了多哈回合所有相关谈判，并在谈判陷入僵局后坚持推动多边的积极态度发挥了独特作用。但以往我国过于强调发展中国家和新成员的定位和利益诉求，缺乏建设性意见，无论从国家对多边谈判走向的主导权还是个人影响力上，仍有提升空间。

(3) 区域贸易安排构想受到冲击。中国的自贸区战略取得了积极成效,但是和世界一些主要经济体和周边国家的实际进展相比还存在差距(如韩国与欧美的 FTA 均已生效且自由化水平较高,日本作为创始国加入并完成 TPP 谈判、正加快与欧盟的双边谈判)。我国的 FTA 伙伴多为周边国家、发展中经济体或经济体量较小的发达国家,尽管我国在与韩国、澳大利亚商签 FTA 后,自由贸易覆盖率已经提升到 38%,但仍明显低于其他发达经济体(包括韩国等周边国家)的水平。在亚太地区自贸安排快速发展的背景下①,我国长期以来主导的东亚区域制度性安排受阻,新一轮大型 FTA 快速发展,特别是 TPP 完成谈判,对我国构建高水平自由贸易区网络形成较大压力。

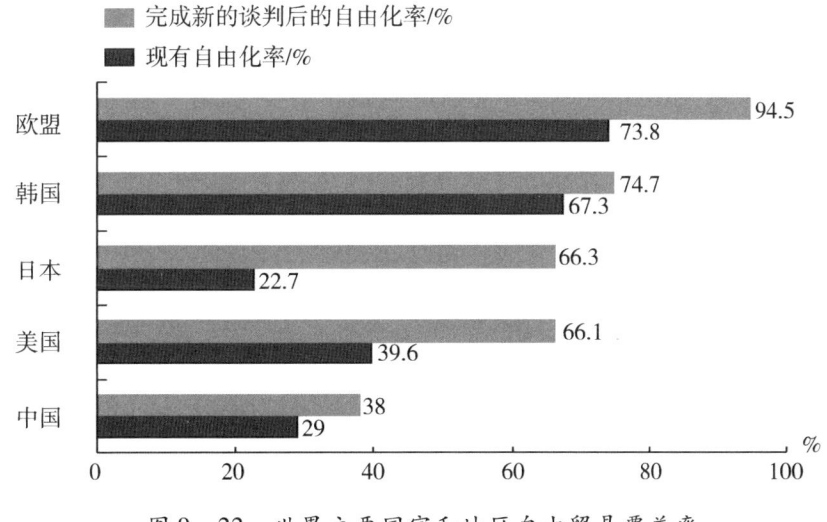

图 9-22 世界主要国家和地区自由贸易覆盖率

资料来源:日本贸易振兴机构(JETRO)。

(4) 参与和引领国际经贸规则制定受限。由于在多边倡导"新议题"遇阻,近年来发达经济体召集所谓"志同道合者"开启诸边谈判,希望在其优势领域探寻主导世界经贸规则的新领域、新途径。例如,新的服务贸易协定谈判(Trade - In - Services Agreement,简称 TISA),参与方已覆盖了全球 70% 的服务贸易,以"秘

---

① 据亚洲开发银行统计,2014 年成员方已签订自由贸易协定 144 个,其中已经生效 119 个,另有 68 个自由贸易协定正在谈判之中。

密"的、非谈判国不能列席旁听的形式展开谈判,且更高标准的服务贸易开放涉及数据跨境自由流动等中方较为敏感的议题。一旦 TISA 达成新的服务贸易新规则并实现多边化,作为服务业发展相对落后的中国就要面临巨大压力,有可能成为中国对外开放必须面对的另一道高门槛。

2. 外部担忧增强,对中国影响力加以遏制的意愿提升

面对中国对世界经济增长、国际经贸格局和国际事务的影响力日益提升,不少国家在期待分享中国发展机遇的同时,对中国过快发展的担忧和遏制之意也有所增强。

一方面,担心中国强大对现有世界经济体系和经贸规则造成冲击。由于经济管理体制,特别是政治体制的不同,许多国家希望中国作为一个发展中经济体,能够按国际规则行事,成为全球经贸规则的遵守者、建设者,最担心的是中国强大造成对既有世界经贸规则和体系的冲击。同时,"中国威胁论"和"中国崩溃论"不绝于耳,不少国家既希望中国承担更多国际责任,又质疑中国未来发展或夸大中国经济下行对世界经济的负面影响。

另一方面,长期受西方主导理论影响,对中国角色转换后的政策走向产生质疑。根据罗伯特·吉尔平的"霸权稳定理论",西方学者先是指责中国在全球化发展和国际事务中没有做出应有贡献,带头"免费搭车"(Free Rider)导致国际公共产品供应不足。近期,各国日益认清中国实力和影响力提升的现实,如欧盟 2014 年民意调查显示"超过一半以上受访者认为中国的全球影响力将在五年内超过欧盟",但又开始担心所谓"公共产品被霸权国家私物化(Privatization)而用以谋取自身利益"。例如,"一带一路"倡议提出后,特别是亚投行倡议得到沿线国家和区域外国家的积极响应,使得美国各界受到极大震动,不少官员和学者发出"我们在经历国际形势剧变""We lost the game"等声音,美国前财政部长萨默斯甚至称,要充分理解中国崛起的现实,"2015 年 3 月见证了美国失去全球经济体系最后背书者(Underwriter)地位"。为此,发达经济体以多种手段主导世界经贸规则走向、对中国影响力提升加以遏制;周边国家则借助区域外大国进行平衡和遏制,避免近邻中国日益强大成为其潜在威胁。这些遏制与平衡,将给中国和平发展的外部环境

带来不利影响，也阻碍中国促进全球治理向公正公平发展的努力。

3. 逆全球化思潮抬头，外部环境中不确定不稳定因素显著增加

逆全球化风险因素不断累积。全球经济复苏乏力、国际贸易投资形势严峻，加上各国内部贫富差距加大、结构性矛盾短期内难以解决，不少国家和民众将之归因于经济全球化。世界各地逆全球化思潮抬头，贸易投资保护主义开始蔓延。

政治局势变化和政策选择不明朗，短期内存在全球经济治理弱化和失序的可能性，通过国际合作解决全球性议题的努力或被边缘化，导致全球经济治理及改革遭受停滞风险。近期全球政治局势正在经历巨大变化，全球经济问题政治化和主要国家政治事件对经济的影响，都有进一步加强的趋势。例如，英国脱欧、美国新总统上任、欧洲主要国家大选等，都会给现有政策走向带来变数。

尤其要注意的是，美国总统特朗普的政策走向，以及其对全球治理体系及其架构的态度充满了不确定性和危险信号。特朗普在竞选中和当选后几乎没有提及全球经济治理和相关架构改革，治理理念和思路均不清晰，而声称退出《巴黎协定》和 WTO，则体现出其短期内对通过承担国际责任维护全球秩序不感兴趣。与此同时，其个人及团队反对自由贸易的立场和政策取向，被视为将动摇"二战"后世界秩序的两大根基（开放的国际贸易体系和安全盟友体系）之一。此外，WTO 集体谈判、全体一致的原则，不利于美国主导全球经贸规则制定和政策框架，近年来美国已失去对多边贸易体系的兴趣。美国是"二战"后全球经济治理体系的主要构建者，降低对 WTO 等多边机构的兴趣和参与度，将直接影响多边体系在国际经贸秩序中的地位、影响力和未来发展；特朗普转向双边谈判和逐一交易的讨价还价，有可能使得美国转向因事而议（Case by Case）的不定向政策，不仅将增加政策走向的不确定性，还有可能逐步弱化多边贸易体系、弱化应对危机和共同挑战的全球经济治理及其架构的改革进程。这将是各国，尤其是新兴经济体和发展中国家不愿看到的。

四、我国开放发展仍受多重因素制约

中国改革开放近 40 年，取得的成就超乎国人和世界想象，但参与全球经济治

理和区域合作的经验不足,特别是经济实力大幅提升后,在全球化深入发展的新阶段,如何进行战略调整,在世界经济中从跟随者、被动开放,转向以主动开放争取国际竞争的主动、培育和引领全球经济治理的新优势,对我国的可持续发展至关重要,也是我国提升国际影响力必须面对的重大考验。

中国领导人已经提出了"构建开放型经济新体制"的任务和打造"人类命运共同体"的新理念,各级、各部门亟须切实转变思想,以主动的开放对接高水平国际经贸规则新趋势,以承担与自身能力和地位相匹配的国际责任和义务,提供全球和区域公共产品,积极参与国际合作,共同应对危机和潜在风险,促进国际经济秩序更加公正合理地发展。

我国有关全球治理的研究成为近期热门,但理论研究支撑尚显不足,制度准备有待加强。一方面,发达国家十分重视前瞻性、全局性的国际战略研究,我国在国际战略理论研究上起步较晚、积累不够深厚,长期战略性思考和理论支撑明显不足。例如,在如何处理新兴大国与守成大国之间的关系上,在互利共赢的新型大国外交战略领域更为欠缺,难以适应国际形势发展的要求和我国战略调整的需要。再如,从全球贸易投资规则制定走向看,涉及成员方内部经济管理体制甚至监管一致性的议题日益增加。中国已签订或正在谈判的FTA已显示出参与经济一体化深度持续增强的趋势,但多以货物贸易关税减让为主,近期逐步涉及投资自由化和服务开放,对劳工、竞争政策和国有企业等规则议题可能带来的影响尚缺乏深入全面的分析评估和及时的应对策略。

另一方面,国内部分产业及相关部门对进一步开放缺乏足够信心、对主动开放的必要性认识不足,未来参与高标准自由化经贸规制谈判的制度准备不足、能力有限,仍存在较大难度。

此外,经济管理体制差异仍是不可忽视的影响因素。尽管我国不断改革完善经济管理体制、扩大对外开放,但有些国家刻意将中国排除在"志同道合"者之外。根据传统基金会和《华尔街日报》每年进行的世界各国"经济自由度指数[①]"调查

---

① 该机构研究的"经济自由度指数"包括10项指标,分别是经济自由度、贸易自由度、货币自由度、政府规模、财政自由度、财产权、投资自由度、金融自由度、腐败影响力和劳工自由度等。

结果，中国始终处于较不自由的第三类经济体，2017年发布的全球最新排名中国升至第111位，但得分仍略低于平均的自由度指数（60.9），居于中等自由和较为不自由之间的水平。实际上，中国申请加入国际服务贸易协定（TISA）谈判，也因所谓可能"影响谈判最终的自由化水平"为由未获批准，是参与谈判方排除"异己"的典型表现。经济管理方式没有好坏优劣之分，重在是否适合国情现实及发展需要。虽然中国经济管理体制仍需改革创新、对外开放的广度与深度仍有提升空间，但有些国家刻意以此为标准将中国视为异类，这成为干扰我国深度融入全球经济、参与国际经贸规则制定的重要因素。

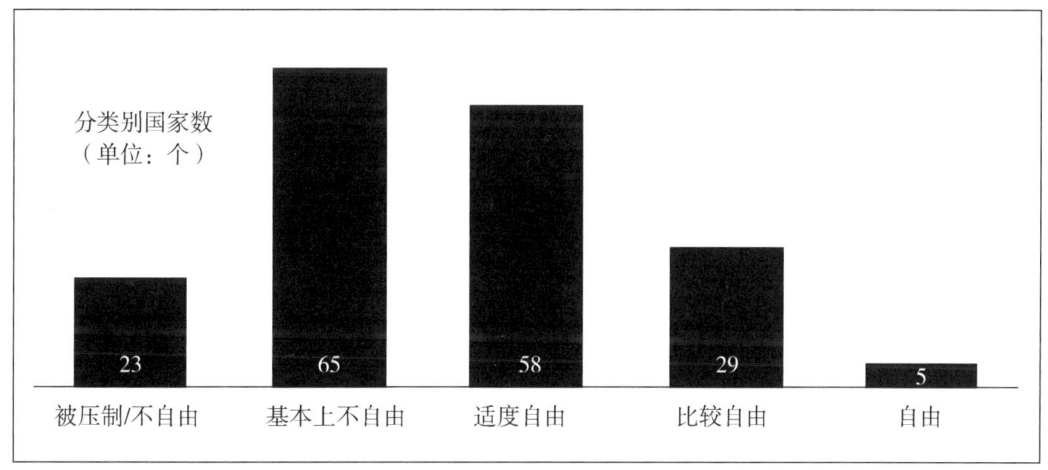

图9-23　2017全球经济自由度指数－国家分布

资料来源：美国传统基金会发布的《2017全球经济自由度指数报告》（2017 Index of Economic Freedom）。

值得注意的是，全球贸易投资保护主义快速蔓延，我国贸易投资外部环境有所恶化。在世界经济关系更趋复杂、发展前景不确定性凸显的背景下，经济全球化的进程面临挑战。在经济增长乏力的背景下，实施贸易保护、设置贸易壁垒，用反倾销手段干预正常贸易成为有关国家抢占国际市场份额的重要手段。2017年3月召开的G20财政和央行行长会议公报甚至因美国反对导致的分歧，而没有使用"反对贸易保护主义"。

随着中国深度融入全球经济，面对来自发展中国家和发达经济体双重竞争的压力,针对中国的贸易投资保护主义措施频发,外部环境中的不利因素明显增加,总体上呈现贸易摩擦政治化、措施极端化倾向明显、终裁税率普遍较高的特点。根据商务部最新数据显示,2016 年中国共遭遇 27 个国家和地区发起的 119 起贸易救济调查案件,涉案金额 143.4 亿美元,案件数量和涉案金额同比分别上升了 36.8% 和 76%,中国已连续 20 多年成为世界上遭遇反倾销调查、连续 11 年成为遭遇反补贴调查最多的国家。贸易环境恶化也是中国出口下滑的重要原因,相关调查主要集中在钢铁、轻工等劳动密集型产业以及机电、化工等附加值较高的企业,而光伏等重点产业以及瓷砖、轮胎产品等遭遇多国设限。其中,由于受国外反倾销、反补贴等措施的影响,2016 年中国钢铁及其制品出口同比减少 147 亿美元,对总体出口的负贡献规模仅次于电动机械(HS85,同比减少 411 亿美元)和非电动机械(HS84,同比减少 205 亿美元)。

表 9-7 中国遭遇的贸易救济调查案件

(单位:起)

贸易救济调查数	2013 年	2014 年	2015 年	2016 年
反倾销	75	57	71	91
反补贴	14	14	2	19
保障措施	19	24	14	9
总计	108 (↑40.3%)	95 (↓12%)	87 (↓8.4%)	119 (↑36.8%)
涉及国家数目/个	21	24	22	27

注:括号内为案件数同比增速。数据来源:商务部、中国贸易救济信息网、《中国贸易救济》。

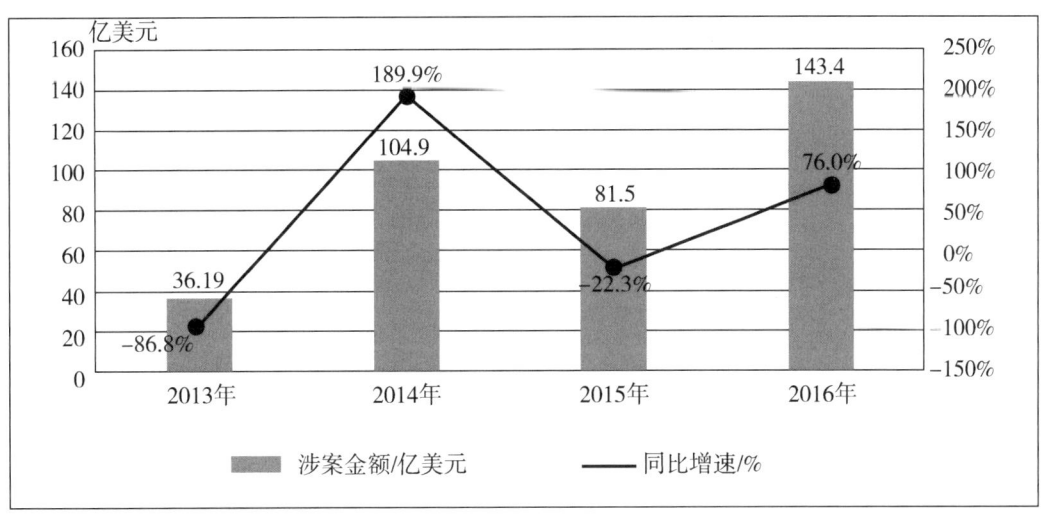

图 9-24　涉案金额及同比变化

资料来源：DRC 课题组根据商务部发布信息计算。

此外，投资保护以新方式出现且力度空前。从全球投资规制上看，根据《2016 世界投资报告》，近两年新出台的限制性措施占比呈下降趋势。值得关注的是，近年来中国海外投资并购的超高速增长引发各方高度关注，尤其是中国海外投资由单一的资源驱动向市场、技术、品牌等因素倾斜，促使发达国家日益成为中国海外直接投资的新热点。据 Merger Markets 统计①，2015 年中国企业在欧洲和北美的并购投资额合计接近 800 亿美元。为此，欧美发达国家的投资保护更多以安全审查等方式出现，成为中国海外投资的现实障碍。

---

① 由于中国官方 ODI 中，缺乏对大量经由香港地区出海的资金的最终目的地统计，我们借助了 Merger Markets 的统计数字来考察中国 ODI 地理分布的变化。

第七节
新形势下对外开放的战略选择

展望未来,经济全球化深入发展仍将是世界大势,但国内外形势和发展趋势演变,使得我国面临的外部环境,特别是战略机遇期的内涵和条件发生了深刻变化。与以往有利于发展中国家快速推进工业化进程和规模扩张不同,未来的机遇主要是通过进一步融入全球经济给中国产业结构升级和价值链升值带来的机遇:新技术革命促进产业结构加速升级的机遇、高端产业活动加速向中国转移的机遇、参与全球资源整合与优化配置的机遇、新兴经济体崛起带来新的需求增长、参与新一轮全球基础设施建设高潮的机遇、促进区域经济合作和深度参与全球经济治理的机遇。

与此同时,我国经济规模和综合实力提升带来了新的变化,即全球第二大经济体的地位使中国拥有更多的国际经贸政策选择。如何善用自身的国际影响力,在全球经济治理中承担应有的责任,发挥对世界经济的稳定与促进作用,都是新时期我国对外开放战略中不可或缺的新内容,也决定了新形势下我国对外开放的战略选择。

一、认清发展大势

1. 未来 10~15 年全球化深入发展趋势不变

近年来,世界经济格局发生很多重大变化,中国融入全球经济的外部经贸环境呈现很多新特征,融入全球经济面临诸多新挑战。例如,全球经济陷入低增长困境、贫富差距拉大、国际经济格局变化和全方位竞争加剧,导致逆全球化思潮抬头、贸易投资保护主义升温、经济一体化遇阻,世界经济发展前景和中国开放发展的外部环境面临的不稳定和不确定性显著增强。但长期来看,我们对未来外部环境走势仍坚持两大判断:和平发展仍是人心所向,是国际经济社会发展的主题;全球化仍将继续深入发展,世界经济日益相互依赖,经济融合尤其是竞争与合作将不断深化。

第一，新一轮技术革命（产业革命）正在快速发展，由此产生的"四新"——新技术、新产业、新业态、新模式不断兴起，将进一步减少全球不同经济体之间的交易时间，降低空间成本，重塑全球产业竞争和分工模式，为全球化深入推进提供重要的物质基础。未来全球化和国际产业分工带来的全球产业转移也将为发展中国家加快工业化进程提供机遇，加上全球交通基础设施和信息通信技术的发展，越来越多的发展中国家将有更多的机会参与全球分工。国际价值链分工日益深化，在产业和市场竞争更加激烈的同时，将促进各国利益不断融合、相互依存不断增强。

第二，人类面临越来越多的全球性议题和挑战（如气候变化、环境保护、恐怖活动、网络安全、传染性疾病等）。尤其是，应对全球性危机和促进世界经济复苏需要加强全球宏观经济协调，也对全球化的发展，特别是加强经济治理和创新国际合作的模式和路径，提出了更高、更紧迫的要求。

第三，近期全球化在局部放缓的同时，也出现了积极发展的正能量和新趋势。例如，作为 WTO 成立 20 多年来达成的首个多边货物贸易协定——《贸易便利化协定》①，截至 2017 年 2 月已有 112 个成员批准，超过协定生效所需的法定门槛，协定生效并对已批准协定的成员正式实施。据 WTO 秘书处测算，该协定实施后将使全球贸易成本平均降低 14.3%，为全球带来 1 万亿美元的出口增长。此外，在美国退出 TPP、欧美双边自由贸易协定（TTIP）搁置不前的同时，欧盟-加拿大《综合经济与贸易协定》（简称《欧加协定》，CETA）签署并获得欧洲议会表决通过；亚太 16 个国家着力推动亚洲区域全面经济伙伴关系谈判（RCEP），也显示出相关各方加强区域一体化合作的较强意愿。

2. 我国对外经济关系发生重大变化

中国经济进入新常态，在增速从高速转为中高速、经济结构迈向中高端升级的同时，增长动力从要素数量型投入转变为创新驱动和结构转型升级。在对外经济关系方面也发生着重大变化，对中国竞争力提升的路径选择和开放战略提出新的要求

---

① 还就全面取消农产品出口补贴、限制农产品出口信贷达成协议。

和挑战。

一方面，中国参与国际竞争的传统比较优势加速弱化。近年来，我国基于低成本要素的传统比较优势逐步弱化，作为发展中国家，工业化和市场化改革尚未完成；传统产业和高新技术产业均存在重制造和规模、轻质量和品牌的特征；在多个重要产业上的基础研发与前沿创新、新产业培育、产品设计开发、标准制定和供应链管理等价值链关键环节的管控能力，仍主要由外国跨国公司掌握，本土企业参与国际竞争的核心竞争力和收益水平亟待提升。与此同时，我国基于完整生产制造体系、较高的人力资源素质和国内市场规模的新优势正在形成，但要转化为国际竞争新优势还需要一个过程。

另一方面，中国综合国力显著增强后，成为影响全球经济发展与国际经贸关系的重要变量，新兴大国外部环境更趋复杂。2008年国际金融危机后，中国对全球经济增长和各国发展的影响力和带动作用日益凸显。例如，我们以贸易增加值核算的方法得到的结果显示，除加拿大和墨西哥两个与美国签订贸易投资协定的国家外，对多数亚太国家来讲，中国需求对其GDP增长的拉动效应迅速提高，已超过美国最终需求的拉动作用（见图9-25）。

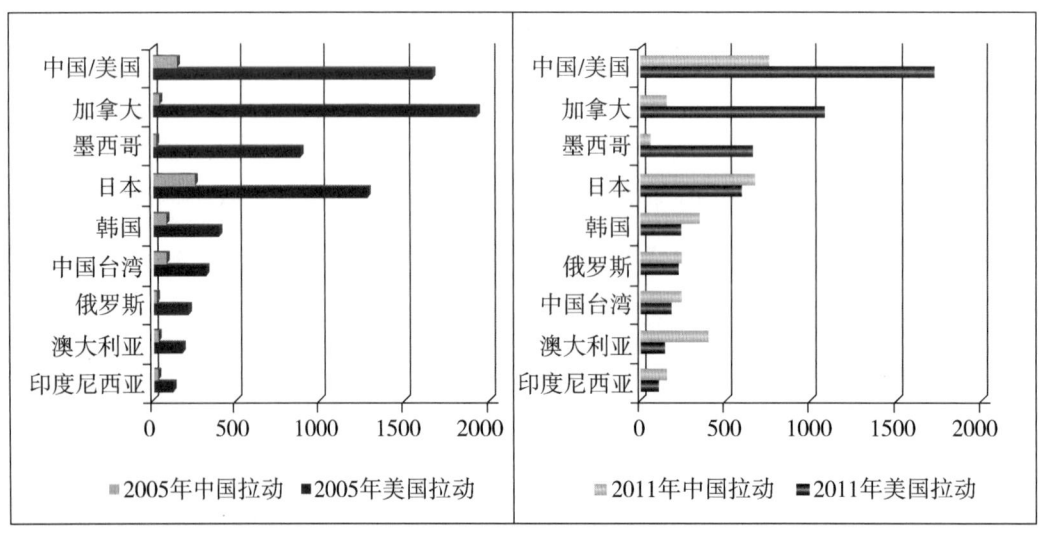

图9-25 中国和美国需求对亚太国家的拉动作用对比（单位：亿美元）

资料来源：赵晋平、张琦：《APEC经济体贸易增加值核算的政策含义与对策研究》，2015年。

中国有能力承担更多责任，也有意愿在保持自身可持续发展的前提下，在全球经济治理和经济繁荣发展中发挥倡导者、贡献者和引领者的作用，实现与世界各国的共同发展。在经济全球化深入发展、日益融合、相互作用的今天，如何善用自身的国际影响力，在全球经济治理中承担应有责任、与各国分享发展机遇，发挥对世界经济的稳定与促进作用，都是新时期中国对外开放战略中不可或缺的新内容，是中国在进一步融入全球经济过程中需要关注和探索的重要课题。

二、新时期推进参与全球经济治理的总体思路

1. 明确战略目标

全面深度参与全球治理，不仅与中国经济实力的显著提升和大国地位更相匹配，也有助于实现我国在新时期转型发展和提升全球战略定位的总体目标。

（1）加快培育国际合作竞争新优势，增强市场主体对全球价值链核心环节的掌控力，提升我国在全球价值链中的收益和地位。

（2）通过融入全球经济，深化与不同国家的利益交融，维护稳定的贸易投资关系，降低外部经济不确定性，以及减少潜在风险造成的摩擦、制约和冲击。

（3）倡导开放包容、互利共赢的国际合作，增强参与全球治理与区域合作的能力和制度性话语权，为国内经济发展赢得更长的战略机遇期，促进世界经济繁荣发展、构建公正合理的国际经济秩序。

2. 提升战略定位

为顺利实现上述目标，在融入世界经济的过程中、在参与全球治理中，中国应逐步提升自身战略定位。

（1）从贸易投资大国向强国迈进，提升全球价值链中的地位。以"提质增效"为核心推动贸易结构转型升级，显著提高出口企业的效益，从制造业大国向商品、服务、技术的综合供给来源发展；增强对大宗产品的国际定价权，发展成为全球核心消费市场；促进双向投资，增强我国在全球范围内配置资源与吸引高端要素的能力，培育国际竞争新优势，提升我国跨国企业的核心竞争力，加快我国在全球价值链中的地位从中低端向高端延伸、提升。

（2）从全球经济治理的普通参与者到核心建设者、贡献者。实力的提升和各方期待的增强，要求我国在全球治理中从普通参与者、受益方，转变成为核心建设者、贡献者。习近平总书记提出"以中国理念和实践引领全球治理机制的改革与完善"。在世界各国关注中国发展模式、期待分享中国发展机遇的背景下，应以中国创新理念和成功实践，着力提升各方对中国倡议和方案、中国影响力的认同，进一步增强我国对国际经贸规则走向和标准制定的影响力，积极参与和引领世界经济治理架构改革，促进全球经济体系向更加公正合理的方向发展，为区域和世界繁荣发展贡献中国智慧。

（3）做负责任的新兴经济体。提升国际影响力、营造有利的外部环境，必须承担与实力相匹配的国际责任。作为世界第二大经济体、全球最大的发展中经济体，我国的综合经济实力大幅提升，是2008年国际金融危机后对世界经济增长贡献最大的国家，参与全球治理的能力和意愿也明显提高。与此同时，全球化议题增多和全球治理难度加大，国际社会对我国承担国际责任的期待也与日俱增。为此，我国应以积极合作、建设性的姿态参与全球性议题的解决，在争取自身利益的同时，敢于承担与我国实力相适应的国际责任。当然，也要尽力避免因急于树立大国形象牺牲自身重大利益而导致战略透支。

3. 坚定战略选择

未来15年是中国跨越中等收入阶段迈入高收入国家行列的关键时期。面对经济进入新常态和新阶段的新要求，面对国际环境中机遇与挑战并存的局面，如果能够善加利用、趋利避害，就能够做到机遇大于挑战，维持乃至延长战略机遇期。中国成为影响全球经济增长与格局变化的重要变量。中国的政策选择会影响世界经济发展与治理体系改革，反过来也会成为中国发展的外部因素。为此，有三个方面的战略选择是必须坚持的：

一是坚定不移推进经济全球化，共同构建开放型世界经济。"世界好，中国才能好；中国好，世界才更好"，维护良好的国际环境，对中国经济进入新常态后的转型升级、对世界分享中国发展机遇至关重要。要共同解决全球化出现的不平衡问题，坚决反对贸易投资保护主义；坚持以"命运共同体"新理念为引领，推进国际合作和全球经济治理，共同维护和构建开放型世界经济，促进全球化深入发展，营造互利共赢的国际环境；着力改善国际经贸关系与投资环境，挖掘增长和需求潜力，减少极端事件或贸易战对各方的不利影响，以合作增强抵御全球性风险的能力，为全球经济发展发挥稳定作用，提供合作机遇，注入增长新动力。

二是坚持对外开放的基本国策。无论是在国内设立特殊经济区域的试点举措，还是加入世界贸易组织（WTO）、参与区域经济一体化和全球经济治理，制度性安排都在中国改革开放中发挥了至关重要的作用。十八届三中全会做出了构建开放型经济新体制的总体部署，习近平总书记在 2015 年 7 月中央政治局学习上强调"必须以更加积极有为的行动，推进更高水平的对外开放……以对外开放的主动，赢得经济发展的主动、赢得国际竞争的主动"。进一步扩大对外开放是我国的必然选择，通过构建开放型经济新体制和打造全方位开放布局，促进国内外各种要素跨境自由流动、资源高效配置、市场高度融合，积极培育国际竞争新优势，提升应对变局、把握机遇、创造机遇的能力。

三是倡导开放包容、互利共赢的国际合作，构建公平合理的全球治理体系。面对全球性挑战，必须在更加广阔的全球视野下谋求发展之道、倡导开放包容、互利共赢的国际合作。我们需坚持权利和义务相平衡的全球治理与跨国合作；通过政策协调促进增长联动、通过协商妥善解决分歧与摩擦；应以开放创新的思维探索参与全球治理的新模式，在以往空白的领域发挥作用。例如中国加入经济合作与发展组织（OECD）发展中心、以联盟国名义加入国际能源署（IEA），改变了作为系统性重要国家未能参与相关领域的国际合作与规则制定的局面，有助于我国发挥应有的作用。

三、全球经济治理的重点领域和政策建议

全球经济治理领域众多、议题繁杂，我们应以下面六个领域为重点，深入参与全球经济治理，使进一步对外开放为我国经济发展再添新动能。

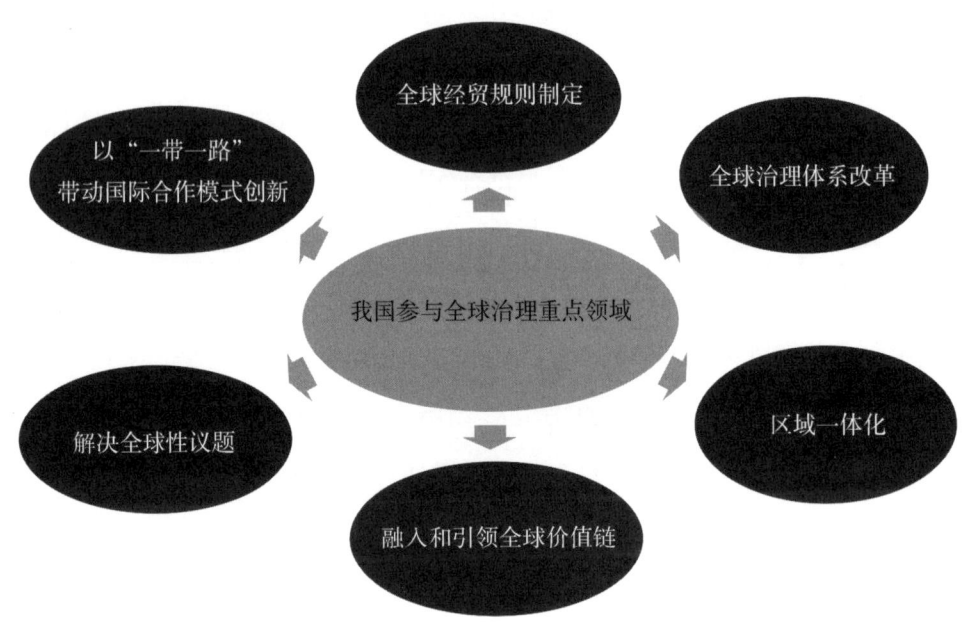

图 9-26 我国深入参与全球经济治理的重要领域

1. 从规则的接受者，到积极参与和影响全球经贸规则的制定

作为世界贸易组织新成员和诸多国际机构的后来者，我国一贯是国际经贸规则的被动接受者。经贸规则是参与全球化利益分配的关键，是各方争夺的焦点，也是世界经济格局变化后发达国家维护其主导地位的核心领域。约瑟夫·奈在 2015 年出版的《美国世纪是否终结》中明确表示，美国仍在观念、知识和文化等领域具有超强的软实力；沃尔特·米德更是提出，在军事实力、经济实力和软实力之外，还包括一系列经济制度和政策组成的"黏性实力"，吸引其他国家跟随和依附于这些制度和规则。这其实就是美欧多年主导全球治理和经贸规则制定权的关键因素和实力所在。

未来，我国应积极参与相关国际谈判，通过增强影响力，打造于我国有利的外部规制环境，维护公平有序的国际经贸秩序。

一是要继续维护多边主导地位，推动多边贸易体制发展。多边贸易体制是推进全球贸易投资自由化、化解发达国家主导经贸规则重构压力的重要机制。今后，我国需努力维护全球贸易规则制定的公平性，继续反对贸易保护主义，发挥多边贸易体制对全球贸易和投资自由化、便利化的促进作用，积极推动多边贸易体制争端解决机制和审查监督机制的完善，重新树立多边贸易体制权威，使全球化更好地惠及各国人民。

二是积极推动全球《贸易便利化协定》等多边协定的落实。根据经济合作与发展组织（OECD）发布的2015年度《贸易便利化指标》测算，该协定将有助于全球贸易成本降低12.5%～17.5%，发展中国家获益最多；而世界贸易组织《2015世界贸易报告》称，如果《贸易便利化协定》得到落实，2015—2030年全球GDP将每年多增长0.5%，出口增速提高2.7%、总量增加约1万亿美元。目前，该协定已经获得世界贸易组织2/3成员的国内核准程序并开始生效，我国要切实推进相关举措的落实，以提升贸易便利化、降低交易成本。

三是密切关注诸边谈判新趋势。如《全球服务贸易协定》（TISA）、《政府采购协议》（GPA）、《信息技术协议》（ITA）等谈判，显示从世界贸易组织全体一致的谈判机制转向基于自愿基础上开展的诸边协议，正成为推进国际经贸规则制定的现实途径。特别是，诸边谈判达成后向非成员方拓展，而呈现最终规制多边化的趋势。中国应积极参与规则的制定，促进相关领域的规则制定与完善，并在谈判中维护自身和发展中国家的利益。

2. 从区域一体化的跟随者，到主动推进构建高水平自贸区网络

我国一直是"开放、兼容"地区主义的倡导者，近年来积极跟随区域一体化浪潮加快实施自由贸易区战略。美国在特朗普总统执政后退出TPP，给全球区域一体化带来巨大影响和冲击，一度高歌猛进、以高水平自由化为目标的全球大型区域贸易投资协定（Mega-FTA）进程受阻。而在亚太地区，由于次区域制度化安排多、交叉重叠严重，协调整合这些不同发展水平成员之间达成的、水平与涵盖范围各异的自贸协定，进而达成高水平、高质量的亚太区域自贸协定并非易事。

习近平主席强调"区域自贸协定是我国积极参与国际经贸规则制定、争取全球经济治理制度性权力的重要平台"。为切实落实《国务院关于加快实施自由贸易区战略的若干意见》，需多种途径努力推进。

一是加快构建高水平自贸区网络，以实际成果吸引更多贸易伙伴重视与中国的双边或区域自由化安排。在我国明确推进自贸区谈判的路线图后，首先要集中精力完成已启动的自贸区谈判。实际上，中国已有FTA的积极效应，也在一定程度上增强了更多国家与中国商谈贸易投资安排的意愿和决心。彼得森国际经济研究所的比较研究表明，新西兰在与中国签署双边FTA后，奶制品对华出口迅猛增长，与同样具有优势的澳大利亚对华出口形成鲜明对比，刺激澳大利亚与中国加快推进双边贸易协定的谈判。

二是勇于承担起推进亚太区域一体化的大国责任。坚持"求同存异、互利共赢"的原则，在明确反对排他性、歧视性的区域经济合作方案的基础上，鼓励探索有利于亚太经济一体化的不同构想，尊重各成员的路径选择，加快推进我国在APEC峰会上提出的亚太自贸区（FTAAP）建设。

三是加快规则谈判的预判和制度准备。密切跟踪和深入分析TPP和TTIP等高水平自贸安排进程及国际经贸规则发展趋势，结合我国对外开放总体规划和FTA整体战略，尽早提出规则谈判的应对预案，并加快与我国改革开放目标一致的相关领域改革。

3. 积极参与全球治理体系与架构改革

从历史看，只有欧美少数发达国家具有改变治理体系规则、改变国际合作条件的能力。从以往实践看，中国是全球化和现有国际经济体系的受益者，随着自身实力和世界形势的变化，需要推动全球治理体系改革以适应发展的需要。

当然，中国推动相关改革，是作为全球治理积极的建设者和贡献者，并不是要另起炉灶，当前阶段中国既没有这样的实力也没此必要。我国深度参与全球经济治理的核心目标，主要包括两个方面：一是提高全球治理的有效性，二是提高治理架构的代表性和公平性。通过提升新兴经济体和发展中国家的发言权，更好地维护发展中国家和自身的利益诉求。

2016年中国首次作为G20东道国，抓住了这一历史性机遇，展现了中国参与和引领全球治理的意愿和能力。未来，中国应以建设性的姿态，增强应对复杂局面、协调各方利益诉求的能力，积极探讨如何在应对全球性危机和促进全球经济复苏中形成合力，在促进全球增长、扩大贸易投资、全球治理机制架构改革等议题上积极提出中国方案、提供中国智慧，全面提升国际影响力。从实践来看，中国可以通过倡议成立新的全球治理机制对现行体系进行补充。例如，金砖发展银行和亚洲基础设施投资银行的设立，都是新的有益尝试，开局良好。未来也可进一步探讨国际合作模式与机制创新，在多边、诸边或区域合作中提供更多的全球公共产品。

4. 发挥优势、创新挖潜，引领和促进全球性问题的解决

近年来，全球性议题和挑战不断涌现，领域广泛，既包括减贫、国际发展等传统治理问题，也涵盖危机应对、绿色发展等新议题。中国在气候变化、后发展议程、基础设施互联互通等影响人类生存发展共同利益的、易于达成共识的领域，应充分发挥自身优势，通过整合资源、创新合作模式，尤其是率先在相关领域做出努力和贡献，引领和促进问题解决，充分体现我国承担大国责任的努力与担当。

例如，在基础设施领域，许多国家和地区由于经济发展水平较低，交通、通信、港口等基础设施建设落后，有些发达国家因设施年久失修，也难以满足发展需要，互联互通便捷度严重不足，更是大大影响了跨境贸易和投资的规模与效率。国际金融危机以来，各国为促进经济复苏、顺应发展需要，都将基础设施建设作为撬动经济增长新动力，纷纷确立为发展战略的优先领域，全球基础设施建设进入新高潮。世界银行研究表明，2016—2030 年全球基础设施建设投资需求为 49 万亿美元，每年预计需要投入 3.3 万亿美元。经过多年的发展，中国在基础设施的勘探、设计、工程施工、装备制造、管理运营各个环节具有较为成熟的经验技术、较高的性价比。全球新一轮基础设施建设，不仅有可能为中国企业提供海外工程承包的机遇，而且有助于带动中国成套设备等技术密集型产品的出口，提升中国出口结构和竞争力。应加强合作机制建设与创新，整合各方优势和资源、抢抓新一轮全球基础设施建设高潮带领的机遇。

再如，在全球可持续发展，特别是对外援助领域，也可通过创新合作方式（如开展三方国际合作）提升效率。对外援助不仅有利于受援国的经济社会发展，也可巩固与发展中国家的良好关系从而稳定外部环境。近年来，随着中国对外援助的持续增长和无条件援助理念，引发了欧美发达国家的关注。部分学者认为，这是对既有援助国及其援助方式的挑战；有些学者则认为，中国援助与欧盟倡导的有效多边主义（Effective Multilateralism）并不矛盾，反而是相互补充的关系。今后可在坚持

对外援助基本原则的基础上,在保持现有援助方式、内容和重点的同时,着力加强在对外援助领域积极探索开展新型的国际合作。例如,在受援国提出意向倡议的基础上开展多边合作,特别是与传统援助国的合作,发挥其知识、经验、管理体制等能力优势,合力推动发展中国家减贫和解决民生困难等,以增强对外援助的力度、适应性和有效性。

5. 以机制建设推进"一带一路"建设,带动国际合作模式创新

"一带一路"倡议是引领中国对外开放的重要战略,也是中国提供全球性公共产品的有益尝试、参与全球治理的一个重要突破口。

"一带一路"是国际合作模式的创新,为进一步顺利推进,须处理好五大关系[①]:一是"着眼长远和务实推进的关系";二是"各国特有利益和区域共同利益的关系",特别要顾及小国、最不发达国家的关切,使其切实享受区域合作的好处;三是"竞争与合作的关系",以良性竞争促进区域合作、激发发展活力;四是处理好政府引导、民间参与和市场为主之间的关系;五是"区域内合作与区域外合作的关系",特别是要处理好与区外大国的关系,释疑解惑,吸引更多的国家和资源参与"一带一路"建设。

《推动共建丝绸之路经济带和21世纪海上丝绸之路的愿景与行动》强调,推进"一带一路"不以构建新机制为目标,不是要另起炉灶挑战现有国际经济体系,这是符合当前国际实力对比、避免改变大国博弈格局的明智选择。但从沿线地区现有合作机制看,其地域的代表性、合作的内容都难以实现"一带一路"全方位合作的目标,且各机制的宗旨与合作目的已经固化,调整确属不易。长期来讲,随着合作逐步深化,我国也应不排除、不排斥形成新的、覆盖"一带一路"沿线国家合作机制的可能性。

建议构建"一带一路"合作机制从三个方面入手:

一是加强发展规划及合作机制的对接,寻找利益共同点。既包括与各国发展规划的对接,也要充实和深化既有的多双边机制,借助行之有效的区域合作平台,为

---

① 参考国务院发展研究中心主任李伟在"2015丝路国际论坛"上的讲话:《把握四大关系,共建"一带一路"》。

其注入新的内涵和活力。

一是以机制创新为手段，在重点领域探索高水平合作新模式，让沿线区域切实体会到实实在在的收益、增强进一步合作的意愿。

（1）探索互联互通建设合作新模式。基础设施联通是大多数沿线国家的薄弱领域，更是加强区域经济合作的必要条件和重要基础。应抢抓沿线各国推进工业化发展、加快基础设施建设的机遇，将我国优势与沿线国家发展需求相结合，探索创新互联互通建设合作机制。可借鉴亚洲基础设施投资银行的经验，在发起倡议后，吸收有共同意愿的国家加入作为初始成员，提升这一机制的成员覆盖面、权威性和影响力；共同商议、共同制定合作机制的宗旨使命、工作重点等；在运作中不断吸收新成员加入，并根据参与方意见以及不断变化的形势进行完善。

（2）以跨境经济合作区和产业合作园区为纽带，构建国际产能合作新平台，不仅有利于中国企业开拓海外市场，形成贴近市场的产业链和产业集群，也将带动相关国家的制造能力建设和更快融入区域生产网络。

（3）完善区域货币与金融合作机制。在货币合作上，继续与沿线国家签署并扩大货币互换协议、本币结算协议，降低汇兑风险、增强区域抗风险能力。在投融资合作上，发挥国家战略的引导作用，以政府引导基金、国家信用担保为基础，构建吸引区域内外资金的多元化融资合作机制，以撬动更多社会资金参与解决区域经济社会发展的综合性、长期性需求。

三是汇聚整合多方资源，构建服务支持合作机制。加强政策沟通与协调机制、构建地方政府合作机制；加强智库合作，提供决策咨询与支持；加强文化和民心相通，加深相互了解、理解，真正形成共识，为推进"一带一路"建设创造更加有利的条件。

总体而言，"一带一路"建设是"交响乐"、是"集体舞"，机制化建设是动力、保障，条件也日趋成熟。首届"一带一路"国际合作高峰论坛的召开，是"一带一路"国际合作从双边对话走向多方共商的重要一步[①]。"一带一路"合作机

---

① 赵晋平：《"一带一路"成效渐显，机制化建设亟待加强》，《中国经济时报》，2017年4月14日。

制建设,不仅不会替代现有区域或次区域合作机制、不与既有机制相竞争,反而会通过机制创新为完善区域合作注入新内涵。

6. 培育我国跨国企业,主动融入和引领全球价值链发展

近年来,全球价值链的快速发展,促使全球贸易投资格局与传统的国际分工及贸易关系发生了根本性变化。作为推动全球价值链发展的重要力量,近年来跨国公司加快推进供应链布局的全球调整,国际化水平不断提高,在全球经济中占据更加重要的地位。相比之下,我国企业跨国发展仍面临诸多亟待解决的问题:

(1)根据贸发会议(UNCTAD)年度调查,全球前100强非金融类企业的国际化水平不断提升,"跨国指数"(TNI)从1993年的47.2%上升至2014年的60.3%。尽管我国跨国经营企业海外资产规模较大,但跨国指数排序较为靠后,中外运TNI为48.9%,仅排全球第80位,进入前100位的中海油和中信集团TNI分别仅为18.6%和17.1%。

(2)目前,我国综合竞争优势主要体现在中低端制造业领域,日益面临要素成本快速提升、传统比较优势弱化等挑战;而在高端制造业领域,我国仍处于追赶状态、尚未取得技术优势和主导新兴产业发展的领先地位。

(3)跨国公司引领全球价值链布局,我国企业处在全球生产链中低端,增值收益较低,且受外部经济波动影响的风险较大,仍处被动地位,更为重要的是,产业升级受制于居于价值链中高端、控制核心环节的跨国企业。

(4)标准制定程序和规范上的主导权控制,是发达国家在新一轮规则重构中的着力点,跨国公司更是通过制定国际标准掌控行业和价值链发展走向,对我国企业国际经营、提升全球价值链地位构成新的制度性障碍。

我国加快经济发展方式转变,进入以创新驱动为主的经济"新常态",提升国际分工和在全球价值链地位的紧迫性日益凸显。大力培育我国的跨国企业,立足于全球配置资源和更高水平的国际经济竞争与合作,有助于更加主动地融入全球价值链发展,甚至在部分产业引领价值链整合,更好地实现我国提升全球价值链地位的目标。

四、练好内功,加强能力提升与机制保障

提升参与全球治理的能力有诸多方面,既包括通过加强沟通协调和强化议题设置,进一步提升国际影响力和话语权,也包括自身理论和体制准备、能力建设与机制保障等。关键是练好内功,提升在全球治理中把握机遇、应对挑战的能力。

1. 增强自身综合实力,不断提升全球影响力和吸引力

曾任美国国家安全事务助理的布热津斯基在《战略远见——美国与全球权力危机》一书中讲到"一个被其他国家视为正处于历史巅峰的国家,要想维护本国利益就没那么困难了……这使得美国的自我复兴比以往更加关键"。奥巴马时期在国际上收缩战线、特朗普从大选到上任后力推关注国内建设的"让美国再次强大"(Make America Great Again),可以说都是美国以自身复兴发展重塑国际影响力、维护其主导权的切实体现。

中国已是全球经济规模第二的国家,但人均GDP仅为美国的1/4,金融市场的规模和影响力也远逊于美国,2016年全球竞争力排名第28、全球创新指数排名刚刚进入前25位。全面深入参与全球治理必须有实力做后盾和支撑,必须不断增强自身综合实力和竞争优势,才有可能进一步提升中国的影响力和制度吸引力,使"中国的持续成功成为另一种可供选择的体系"。

2. 强化议题设置,加强中国方案、中国倡议的国际认知度和接受度

增强新兴经济体话语权、改革全球治理框架、提升G20有效性,不是一句空话。我国应通过主动参与乃至主导议题的设置和解决路径的设计,增强对全球重大议题和舆论走向的影响力,以建设性的姿态,凸显我方作用,更好地维护世界经济健康发展。

值得注意的是,在G20和多种国际协调、谈判场合,各国利益诉求相互交织、错综复杂,我们需采取灵活应变原则:既要旗帜鲜明地表达发展中国家的利益诉求,又要以议题为核心,深入分析各方立场、寻找利益契合点,增强宏观经济协调与多边区域合作基础,争取更广泛的国际支持。

3. 借鉴国际经验，加强国内外宏观协调

面对世界经济长期低迷的"增长困境"和不断增多的不确定因素，需加强全球宏观经济协调，采取措施共同推动各国经济结构调整，应对全球经济波动和风险，促进全球经济稳步复苏、提振市场需求。同时，要进一步完善国内协调机制建设，如建立和强化高级别的全球宏观经济协调运行机制，加强事前协调、事中应对调整、事后评估反馈等环节，提升综合协调能力和政策实施方案的权威性。例如，对于多种平台和金融机构参与"一带一路"建设中优质项目资源竞争激烈、难点项目鲜有问津的情况，应加大多种投融资平台在对象目标、政策条件与项目支持上的协调与合作，避免内耗，提高资金利用效率，增强对实现国家战略目标与企业运作的服务支持力度。

4. 加强理论研究，增强战略思维与布局能力

新的国际形势和世界经济格局变化，需要全球视野与战略思维（Strategic Thinking）。我国应加大对国际战略、全球治理等问题的理论研究，为综合研判形势变化和确定全球战略定位与总体策略，提供前瞻性的科学决策依据。同时，按照国际经贸规则走势和我国构建开放型市场经济体制的高标准，对相关规则进行深入研究，对我国服务业市场开放、市场化改革和经济体制改革早做谋划，为参与高水平区域一体化和全球经贸规则制定，做好理论准备和制度安排。

5. 以先行先试激发体制改革活力，切实改善营商环境

融入全球经济、迎接高水平国际竞争，需要建立与国际经贸规则及其发展趋势相适应的经济管理体制。为此，应按照"主动、渐进、可控"的原则，主动实施更加开放的战略，为更好地融入全球经济做好制度准备，以国际化、市场化的高标准形成推动国内改革的新动力，有效推动我国经济转型升级。

一是进一步发挥特殊经济区、自由贸易试验区和各类试点在引领开放，特别是探索构建开放型经济新体制方面的先行先试作用。2017年3月底国务院发布《全面深化中国（上海）自由贸易试验区改革开放方案》，提出"对照国际最高标准、最好水平的自由贸易区，全面深化自贸试验区改革开放，加快构建开放型经济新体制，在新一轮改革开放中进一步发挥引领示范作用"的新要求。按照这一精神，积

极对接国际高标准经贸规则,加大压力测试,加大体制创新与扩大开放的力度,进一步释放改革与开放红利,积极总结并向全国复制推广成果经验和政策举措。

二是加快管理体制改革,大力改善营商环境。应着力深化市场化改革,简化行政审批程序,加强事后监管,积极营造公平透明、国际化、法治化的市场环境;加快落实扩大开放和吸收外资新"20条",扩大高端制造业和服务业开放,加强知识产权与资产保护,增强外资企业对华投资信心;加快监管模式与体制改革,进一步激发市场活力,推进新型贸易业态和贸易平台的发展。

表9-8 2016年中国与具体单项营商指标最好经济体的比较(排名)

经济体	营商环境便利度	开办企业	办理施工许可证	获得电力	登记财产	获得信贷	保护少数投资者	纳税	跨境贸易	执行合同	办理破产
新加坡	1	10	1	6	17	19	1	5	41	1	27
新西兰	2	1	3	31	1	1	1	22	55	15	31
丹麦	3	29	5	12	9	28	20	12	1	37	9
韩国	4	23	28	1	40	42	8	29	31	2	4
中国香港	5	4	7	9	59	19	1	4	47	22	26
芬兰	10	33	27	16	20	42	66	17	32	30	1
奥地利	21	106	47	17	26	59	36	74	1	6	18
葡萄牙	23	13	36	25	27	97	66	65	1	20	8
波兰	25	85	52	49	41	19	49	58	1	55	32
法国	27	32	40	20	85	79	29	87	1	14	24
荷兰	28	28	85	43	30	79	66	26	1	91	11
斯洛伐克	29	68	84	48	5	42	88	73	1	63	33
斯洛文尼亚	29	18	71	35	36	126	7	35	1	117	12
阿联酋	31	60	2	4	10	97	49	1	101	18	91
西班牙	33	82	101	74	49	59	29	60	1	39	25
捷克	36	92	127	42	37	28	57	122	1	72	22
罗马尼亚	37	45	105	133	64	7	57	55	1	34	46
克罗地亚	40	83	129	66	60	70	29	38	1	10	59
匈牙利	42	55	88	117	29	19	81	95	1	23	65

(续表)

经济体	营商环境便利度	开办企业	办理施工许可证	获得电力	登记财产	获得信贷	保护少数投资者	纳税	跨境贸易	执行合同	办理破产
比利时	43	20	54	53	132	97	57	90	1	53	10
意大利	45	50	86	59	24	97	36	137	1	111	23
卡塔尔	68	109	8	111	28	133	122	1	119	112	51
中国	84	136	176	92	43	79	134	132	96	7	55

资料来源：Doing business，World Bank.

6. 加强智库合作和人才培养，提供高水平智力支撑

世界经济进入大变革、大调整时代，国际形势变化快、利益交织错综复杂。亟须构建国际智库之间的政策沟通和交流合作机制，遵循开放包容的原则，分享发展理念与经验、共同探讨解决全球性议题的途径，逐步加强理解、减少误判，营造良好的国际合作与政策沟通氛围，为政府决策与国际合作提供重要的智力支持。

人才是创新发展、参与国际高水平竞争的关键，是进一步融入全球经济的基础条件。一方面，我们要有"聚天下英才为我所用"的气魄，采取多种措施吸纳全球高端人才，培育有创新能力、国际化运营和管理能力的人才队伍；另一方面，我国需大力培养国际公共事务和经济外交专业人才，增加院校相关专业设置和对外谈判人员教育培训投入，着力加强涉外谈判队伍建设，并着力吸收各类专业人士开展相关谈判的预案研究、效果评估，助力科学决策。

参考文献

[1] 邓小平. 邓小平文选. 北京：人民出版社，1993.

[2] 中央财经领导小组办公室. 邓小平经济理论学习纲要. 北京：人民日报出版社，1997.

[3] 吴仪. 如何面对一场没有硝烟的世界商战——关于外贸体制改革问题. 中国改革，1994（7）.

[4] 马洪. 马洪集. 北京：中国社会科学出版社，2000.

[5] 季崇威. 论中国对外开放的战略和政策. 北京：社会科学文献出版社，1995.

[6] 张卓元. 张卓元文集. 上海：上海辞书出版社，2005.

[7] 国务院发展研究中心课题组. 全球化与政府职能转变：国际比较研究. 国际贸易，2002（5）.

[8] 《经济研究》编辑部. 中国经济理论问题争鸣1990—1999. 北京：中国财政经济出版社，2002.

[9] 张小济. 中国对外开放的前沿问题. 北京：中国发展出版社，2003.

[10] 陈文玲，丁俊发，郭冬乐，等. 现代流通与内外贸一体化. 北京：中国经济出版社，2005.

[11] 杨继绳. 邓小平时代：中国改革开放纪实. 北京：中央编译出版社，1998.

[12] 杨圣明. 中国对外贸易理论前沿. 北京：社会科学文献出版社，1999.

[13] 厉以宁. 中国外贸体制改革和发展外向型经济问题. 社会科学辑刊，1989（4）.

[14] 王林生. 外贸体制改革的回顾与反思. 科技导报，1990（1）.

[15] 李晓西. WTO与政府管理体制的创新. 求是，2001（22）.

[16] 张松涛. 宏观经济、对外经济、世界经济——改革开放新阶段的思考. 北京：中国商务出版社，2001.

[17] 隆国强, 等. 加工贸易: 工业化的新道路. 北京: 中国发展出版社, 2003.

[18] 江小涓, 杨圣明, 冯雷. 中国对外经贸理论前沿 (3). 北京: 社会科学文献出版社, 2003.

[19] 李晓西, 张生玲. 对外开放的新思维. 中国流通经济, 2005 (2).

[20] 李雨时. 外贸体制改革的难点及可供选择的出路. 科技导报, 1990 (1).

[21] 王子先. 关于中国实行"大经贸战略"的若干问题. 国际贸易问题, 1994 (12).

[22] 于立新, 袁伶娃. 对"八五"期间外贸体制改革的几点思考. 宏观经济研究, 1991 (4).

[23] 郭克莎. 为什么提出"统筹国内发展和对外开放". 人民日报, 2003-11-6 (9).

[24] 杨圣明. 社会主义市场经济基本理论问题研究. 北京: 经济科学出版社, 2008 (1).

[25] 赵海均. 30年: 1978—2007年中国大陆改革的个人观察. 北京: 世界知识出版社, 2008.

[26] 张小济. 走向世界市场: 30年对外开放回眸. 北京: 中国发展出版社, 2008.

[27] 张丽平, 赵峥. 产业升级与国家竞争优势. 北京: 北京师范大学出版社, 2012.

[28] 戴翔, 金碚. 服务贸易进口技术含量与中国工业经济发展方式转变 [J]. 管理世界, 2013 (9): 21-31.

[29] 范小新. 服务贸易发展史与自由化研究 [D]. 北京: 中国社会科学院, 2002: 33.

[30] 奇波拉. 欧洲经济史: 第1卷 [M]. 林尔蔚等, 译. 北京: 商务印书馆, 1988.

[31] 克拉潘. 现代英国经济史 [M]. 姚曾广, 译. 北京: 商务印书馆, 1964.

[32] 乐夏瑕. 中国服务业对外开放的内部结构变迁效应——基于对外贸易和FDI的视角 [D]. 宁波: 宁波大学, 2014.

[33] 刘绍坚. 国际服务贸易发展趋势及动因分析 [J]. 国际贸易问题, 2005 (7): 69-73.

[34] 裘莹，于立新. "互联网+"新业态促进中国服务贸易与货物贸易协调发展研究——基于浙江省的经验[J]. 宏观经济研究，2015（12）：14-21.

[35] 宋则行，樊亢. 世界经济史[M]. 北京：经济科学出版社，1998.

[36] 王清. 中美服务贸易竞争力比较研究[J]. 财经科学，2014（9）：99-109.

[37] 伍业君，张其仔. 比较优势演化与经济增长——基于阿根廷的实证分析[J]. 中国工业经济，2012（2）：37-46.

[38] 郑长娟，谢晓峰. 服务国际化的内涵及动因分析[J]. 国际商务，2006（4）：74-78.

[39] 周念利. 缔结"区域贸易安排"能否有效促进发展中经济体的服务出口[J]. 世界经济，2012（11）：88-111.

[40] 中国银行业协会行业发展研究委员会编. 中国银行业发展报告（2016）. 北京：中国金融出版社，2016.

[41] 国务院发展研究中心课题组著. 新兴大国的竞争力升级战略. 北京：中国发展出版社，2016.

[42] 中国人民大学国际货币研究所. 人民币国际化报告2016——货币国际化与宏观金融风险管理. 北京：中国人民大学出版社，2016.

[43] 中国金融四十人论坛，上海新金融研究院. 人民币国际化的成本收益分析. 北京：中国金融出版社，2017.

[44] SAPIR A, WINTER C. Services Trade. GREENAWAY D and WINTERS L A (eds.). Surveys in International Trade. Blackwell, Oxford UK and Cambridge USA[R]. 1994：278.

[45] BENDER S. The Changing Trade and Revealed Comparative Advantages of Asian and Latin American Manufacture Exports[Z]. Working Paper, Economic Growth Center, Yale University, 2001.

[46] CHEN H J, WHALLEY J. China's Service Trade[J]. Journal of Economic Surveys, 2014, 28（4）：749-774.

[47] NAYYAR D. The Political Economy of International Trade in Services[J]. Cambridge Journal of Economics, 1988,（12）：279-298.

后记

POSTSCRIPT

本书是多位作者的集体成果。按照丛书要求，经讨论确定提纲后分头执笔，由隆国强统稿而成。各章执笔人分别为：

第一章：隆国强；

第二章：张丽平；

第三章：张丽平、姜峰；

第四章：潘悦；

第五章：潘悦；

第六章：张丽平；

第七章：杨广贡、杨正位；

第八章：杨正位、杨广贡；

第九章：张琦。

由于时间紧张，水平有限，书中不足之处在所难免，敬请大家批评指正！

本书作者

2017 年 8 月